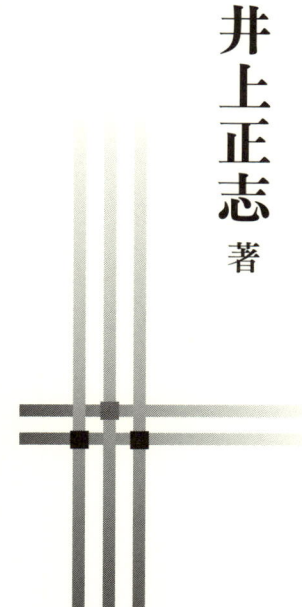

教育制度の構造と機能

井上正志 著

東信堂

はじめに——研究の意図

　私たちの社会では「教育」と言えば、そのほとんどが「学校教育」の意味で受け取られてもさほど不思議に思われない。教育といえば、暗黙のうちに学校教育を中心にしてその実質が想定されてしまい、その他の家庭教育や社会教育は付け足しのように考えられがちである。だが、教育の成り立ちからすれば、学校教育は教育の一部を占めるにすぎないのに、あたかも部分でもって教育全体が置き換えられてしまうことが多い。

　それというのも、近代以降の学校教育は国家的・社会的に避けられない緊要な役割を担うことになり、それだけに人びとからの期待も大きくふくらむことになった。学校教育は次第に過大にして抜き差しならぬ時代的問題を抱え込まざるをえなくなってきたのである。したがって、それら問題の解決は学校教育自体で図ることが余儀なくされがちであり、これ自体今もって変わりない。

　だが、問題の解決が学校教育の枠内で図ることが当然視されればされるほど、学校教育は荷の重さのあまり、機能麻痺をおこしてもやむを得ないことだろう。なぜなら、ひろく社会的国民的に取り組まれるべき重要な課題が、暗に学校教育に対して解決不能の無理難題を押しつけているかの印象を免れてはいないからである。

　それほどまでに、学校教育は時代の要請と期待に応えられるのであろうか。ラフな見方をすれば、これまでのところ学校教育は、せいぜい「社会性」「公共性」「規範性」の一部と「知識教育」の一部を、場合によっては可能にし、場

合によっては不可能にしてきたのではないか。

　学校教育は時代の期待に応えられるほど万能ではありえず、現代の青少年の問題を少しでも観察してみると、もっと学校教育を超えて、そして学校教育を支える、多くの社会的諸関係と青少年の問題との微細な連関に筋道をつけるべき課題が見えてくるのである。

　現代のように複雑な社会になればなるほど、教育の問題もグローバルで多元的な視野を欠かすわけにはいかない。青少年の問題にも総合的なアプローチが必要とされることであろう。それに、「問題」の核心たる捉えどころをあやまれば適切な問題解決など覚束なく、具体的な解決の方途と手順を見出すこともできない。

　総合的なアプローチと言っても不十分で、端的に言えば、「社会」と「教育」のトータルな関係をたえず見据えながら、それら協働連関の中に、因果的に連関する問題の所在を突き止め、地道に問題を再構成し、解決のための多面的・多重的な方策を探っていくことに迫られるであろう。まずは、そうした問題解決の所在と方法を導き出すことが、この研究の意図する点である。

　なるほど、日本の教育において、明治期このかた「学校教育」の役割と意味が近代国家形成に寄与することを通して、青少年の問題も解決が図られてきた。かつての家族の教育機能の多くも学校教育の機能に取り込まれてきた。とくに学校教育が、かくも社会の隅々まで行き渡るようになったのは、明治期以来の近代的国家プロジェクトによる政策実現の制度的敢行の成果であった。

　それは確かに、明治期から高度経済成長期以降まで含めて、国民国家の中央集権体制のしからしめるところが大きいと同時に、メリトクラティックな等価交換市場システムの形成に寄与するところが大きい。また、近代的な国家の形成（とりわけ近代的な産業基盤の整備）に俟つところが大きいと同時に、近代的な国民（住民）と市民の形成に寄与するところ大であった。

　この意味では、集権化した学校・大学制度を抜きにすれば近代の国民国家と市民社会の創出もありえなかった。この点、国民国家による学校制度の整備の時代的遺産までもが否定されるわけではない。

　しかし現代の社会のように、問題解決のための学校に世論が多くの期待を

寄せることになり、そのことと、学校がその世論の期待に応えて実際に優れた教育効果をあげることの間には、大きな隔たりが生じてきている。

　端的に言えば、学校（教師）を梃子にして青少年のあらゆる問題解決を図ろうとする現代の日本社会の過大な期待に、現実の「学校教育」はとても応えられなくなっている。

　むしろ実情は、学校教育に過大な期待がかけられるあまり、学校教育が機能麻痺をおこしてしまい、問題の所在とその解決の方途を探れぬままに呻吟している。あげくの果てに、学校も教師も問題解決を阻んでいる主因であるかのように「身代わりの羊」に仕立てられ、解決のための悪循環に陥ったりしている。さらに追い打ちをかけて、これら問題の解決を急ぐあまり、拙速にも学校教育にも市場原理を持ち込むことで打開が図られようとしている。

　だが、こうした教育政策の行き着くところは、国力と経済力の「成長」を促す国民国家の政策ではあっても、真に迫られている国民相互間の互酬性や民族相互間の相互性を根づかせる政策とはならないではないか。

　もう一度論点を戻せば、社会の「教育」はけっして「学校教育」では覆いきれるものではない。教育は広大にして根深い社会の深層に支えられて成り立っている。しかし、そうだからといって「家庭教育」も「社会教育」も大事だ、などと他の部分の問題を取り上げてみても学校に自閉する傾向には変わりがない。家庭教育も社会教育も「生涯学習」も大事にちがいがないが、学校教育をふくめて重要なことは、教育全体がつねに時代の社会に深く埋め込まれた「社会装置」として機能していること、この点を看過してはならない。それゆえに、教育にかかわる問題の把握はトータルな視点を欠かしえないのである。

　いずれの「教育」もいずれの「社会の潜在的事象」とも切り離しえず、切り離せば、青少年の教育、その成人の「問題の在処(ありか)」を見失うであろう。それでは「問題解決の方途」を社会総体・社会の責任の問題として取り上げられなくなる。差し迫った青少年の「教育」の問題を複眼的に直視できるためには、学校教育やその教職員だけに限って「犯人」捜しをしてはならない。こうした視野狭窄におちいると、見かけの上であたかも解決に導かれるかの「幻想」に陥るが、これには十分に慎重かつ警戒を要する。

　どんな教育も社会から独立して存立しえたことはないし、これからも恐ら

くあり得ない。教育は常に歴史的社会に埋め込まれながら機能することになるし、このことは家庭内の私的な教育たりとも免れがたいことで、相互主体的な社会的な営為であることに間違いない。

どのような「教育」も、一種の社会の共同事業であり公共の事業であることを思い起こし、その成立の歴史的由来から制度化した学校教育を軸に「教育」がその根底から検討されなければならない。

そうすれば、教育のパラダイム変換は、これまでの国家規模での学校教育中心の教育制度から、潜在する社会事象を基礎にした国民相互間の互酬性や民族相互間の相互性を樹立していく教育制度への方向転換に導かれることになるだろう。

これまでは、教育は集権化した国民国家の存立のための公共的なセクター（pubic sector＝公的部門）として組織化されてきた。その公教育制度は、国民の生活水準の平準化の途にそって展開し、施設設備においても、教育内容においても、教職員組織においても、国家単位で標準化がはかられてきた。そして、それら内部のそれぞれの準位に、初等教育、中等教育、高等教育、そして社会教育という階序化した制度が設えられ、各段階の教育課程を修了した者には、法定の資格が与えられた。教育活動の基本組織とその履修内容が目的合理的に定められることによって、どの地域にあっても同等・同質の教育が受けられた。こうして公教育の機会均等原則が徹底して推し進められたことは、目的合理性の傾向をいっそう強めることであり、実際の教育活動が画一的な様相を強く帯びることに他ならない。

現代が行き着く教育システムの合理化は、この点で「意図せざる結果」をもたらした、とも言える。その結果とは、誰も予期することのない、現代社会が抱える格差社会や社会病理としての「教育諸病理」という負の成果である。そのように疲弊する病理現象は、いわば出現すべくして出現したのである。そうだとすれば、特定の病理現象が、家族・学校・社会の潜在する複合要因からどのような時代的な社会を背景として顕在化してきたのか、病理現象の潜在要因に遡及して解明していく、綿密な作業をこそ必要とするのである。

はたして国家的に整備された教育、教育行政による条件整備だけを問題視すればよいのであろうか。そうではなく、社会的に派生する多くの教育機会

を具体的に取り上げないことには、学校・大学教育のよって立つ社会的基盤の動態を見失ってしまうことであろう。つまり、これまでのところ、公教育制度が人びとの「量的な教育機会」の拡大を先導してきたことはまちがいないだろう。それはそうだが、量的な教育機会の拡大が、広範な国民大衆から優れた人材を引き出す（プルアウト）装置であり、人材選別の機構として機能してきたし、現代においてもそのことには変わりがない。

　量的な教育機会の拡大はかならずしも人びとの質的な教育機会の向上をもたらすものではない。言い換えれば、量的な教育機会の拡大だけが、良質の「教えと学び」の機会をもたらすわけではない。量的な教育機会の拡大の整備にとどまらず、教育制度編制における質の転換が図られなければならない。教育が人びとのさらなる互酬と共生の関係を基礎にしながら、人びとにとって意義深い機会を創出できる新たな質的な制度編制を必要とする。これまで見失っていた、それぞれの良質な教育機会の実現のプロセスを掘り起こし、良質の機会を再構築することが望まれるのである。

　社会的な協働連関のうえで、これまで見失っていた多様な教育機会が質ねられ模索され再構築される。それというのも、機会均等原則の実現は、たえまなく「人びとすべて」の、「実質的な教育機会」の実現をはかる運動するシステム（auto-poiesis）を措定していくことだからである。

　日本の少子・超高齢社会であればこそ、こうした志向的動向は、具体的な質的定着の方向を示すことであっても、教育機会格差拡大を是認することではない。そうだとすれば、教育機会格差を是正する阻害要因が何であるかを究め、それらを一つずつ取り除いていく解明のための作業を欠かすことはできない。

　当座の目標として、教育の諸関係において「社会性」、「公共性」、「実践性」が再構築されることを置いてみる。そうすると、そのためには、家庭教育、学校教育、社会教育をとおしてそのような「価値」の多数が追求される「方法」が見出されなくてはならない。どうすれば疲弊した状態から脱出して新たな状態を生みだすことができるかは、教育の罪障からの脱出と新たな社会構成のための「方法」、ある種の「回り道」こそが必要である。それは、教育現象の深層的諸位相が探索されることによって、問題の所在を突き止め新たな道を見

出していく避けられない作業にほかならない。

　非力も顧みず、G. ギュルヴィチの所論の一端に触発されて、本研究は、あえてこの種の「回り道」を試行しようとする。もちろん、その試行が真に実りある成果をもたらすものではないにしても、この研究のモチーフそのものは筆者積年の「教育研究」を志して以来のものである。

　G. ギュルヴィチは、課題の難しさを次のように指摘していたのであった。

> 「社会的現実を構成している個々の位相は、つねに全体との関連づけにおいて説明されなければならない。なぜなら、現実の深層の諸位相は、つねに相互に不可分に関連しあっているし、潜在的・顕在的な葛藤、闘争状況にあるからだ」（G. ギュルヴィチ・寿里茂訳『社会学の現代的課題』、現代社会学大系第11巻、p.430.）。

　この研究は、まず第1章で「教育制度の基礎として社会制度をどう理解するか」を取り上げ、教育現象の社会制度的基礎を検討する。とくに、社会制度の「場」の理論を基礎にして、制度的「客観性」というこれまでの問題設定のあり方を問い返すことのなかから、実のところ、社会制度が「述語的深層の世界」の「隠喩的・換喩的な深層的思考」によっても支えられているダイナミズムの実相を理解する。

　つぎに、第2章では、教育のプロトタイプに遡って「教育の基本構造」を明らかにする。教育がいかなる社会的機能から派生したかを見極めるためには、イニシエーション儀礼を取り上げて検討するのが好便である。

　第3章では、教育の基層を、親族関係に遡って「世代間の交換―世代継起」という諸関係に据えて教育事象の生成を論じる。その手がかりとして、まずは É. Durkheim の教育の定義を再検討するなかで、教育事象を構成する諸要素の全体連関が、いかなる潜在する諸力によって支えられているかを検討する。

　第4章では、世代継起の問題を基礎にして、年齢階梯の回転と第一次教育機制という問題に焦点を当て、世代間における支配と従属の関係を、集団的な世代組織の中で解明し、権威および権力形態が発現する「年齢階梯制」の「循

環システム」(système cyclique) について検討する。

　第5章では、「知識の商品化と近代教育の価値形態の成立」を取り上げ、近代的教育制度に内包される「教育と学習」の「不等価」交換関係の特質を解明し、専門的「職業教師」の、一般的価値形態の成立過程を論証する。教育価値が全社会的に統一されてくるのは、社会的分業が昂進し教育が商品化し、その教育商品が他の多様な教育商品と不等価交換される中で、教育商品の「一般的価値形態」の成立をみるからである。

　第6章では、教育における「再生産」の構造と機能というテーマのもとに、近代市民社会における「教育と学習の関係」の生産と再生産を通して、社会的（文化的）・制度的な再生産がいかなる機制のもとで存立するかを分析する。

　第7章では、「文化資本」(capital culturel) の社会的基礎と制度的位置を見極めるために、P. ブルデューの謂う「ハビトゥス」(habitus) から「文化資本」がどのように成立し、また教育システムにおいて「文化資本」がいかなる機能をはたすかを検討する。

　第8章では、文化的に条件づけられた、教育制度の自治領域の性格を明らかにする。この章では、文化的内容に媒介されながら、社会的再生産を担う教育行為の展開の様相がどのように変化するなかで文化的に生産されるかを検討する。なかでも、教育制度の自治の領域の様態を明らかにするために、時代的に制約された文化的内容を媒介にして、しかも教育的に解釈された内容を通して、社会的再生産を担っていく行為者の特質を明らかにする。

　第9章では、社会的統合をはかっていく教育制度がどのように支配の構造に連関するか、「文化資本」の分配の視点から分析する。具体的には、教育制度による文化・知識管理を分析の対象とし、学校管理・経営が支配の体制に組み込まれていく様態を分析する。

　第10章ではオートポイエーシスとしての教育システムを主題として取り上げる。教育システムは、社会全体と他の機能システムを環境としながら作動していることを分析することによって、教育システムは、自己自身の作動を観察することになるから、自己言及的な性格をもつシステムであることに論及する。

　第11章では、情報資本主義の教育環境を問題として取り上げ、情報資本主

義の教育が「ヴァーチャル」化の問題に関連し、メディアのイデオロギー的条件を克服し、どのような条件の下に「メディア・リテラシー」が可能になるかを論じる。情報資本主義への高度組織化、高度消費社会の昂進によって生じた困難な教育状況において、メディア的な状況の問題解決をはかるには、メディアのイデオロギー的条件を検討する必要があるからである。

　最後に第12章では、現代の変貌するメディア社会のなかで、子ども・若者の特性に応ずる「教職活動」とは何か、をパブリック・コミュニケーションの視点から問い返していくことを試みる。このことは、「教職メディア」(Teaching Media Professionalism)の内実を問うことでもあり、重要なことは、たとえ「子どもや若者」の行動は変わってしまったといわれる時代にあっても、たえず「実践的経験」と「理論的知識」との間にある「生きたつながり」に留意しながら、理論＝物語＝テクストを相互媒介、再構築していくカリキュラムの実践的なデザインとマネジメントを創出していく活動にあると思われるからである。

　以上の諸問題を取り上げることによって、本書を首尾一貫して流れる教育制度の構造的性格と社会的諸機能を明らかにしようとしている。

目　次／教育制度の構造と機能

はじめに──研究の意図　　　　　　　　　　　　　　　　　　　　iii

第1章　教育制度の基礎たる社会制度をどう理解するか　　3
1　はじめに──社会制度を問う………………………………………3
2　制度論をめぐる係争問題 …………………………………………5
3　制度的現実──疎外論と物象化論…………………………………9
4　場所と拘束条件──オートポイエーシス ………………………14
5　述語的世界の深層──ノモス・コスモス・カオス・ピュシス………19

第2章　教育の基礎過程における
　　　　　イニシエーションの意味と機能　　29
1　問題の提起 ………………………………………………………29
2　原初的養育過程とイニシエーションの始動 ……………………32
3　イニシエーションと教育の構造的類似性 ………………………38
4　リミナリティと教育の象徴的機縁 ………………………………44
5　教示の構造の権威的シンボリズム ………………………………50

第3章　教育の基層──世代間の交換と世代継起　　57
1　問題の提起 ………………………………………………………57
2　親族による子どもへの教育の無償贈与 …………………………59
　　(i)　社会的交換と互酬性の論理　　60
　　(ii)　贈与交換　　63
　　(iii)　競争のメカニズム　　68
　　(iv)　威信財と社会的価値の表示　　71
3　象徴体系の萌芽 …………………………………………………77
4　親族関係の組織原理と世代の継起 ………………………………81
5　基本的態度の循環 ………………………………………………86

第4章 世代継起と第一次教育機制　99

1. 社会的関係と世代組織 …………………………………………… 99
2. 世代組織の回転とその帰結 …………………………………… 106
3. 命令と禁止による一次的教育機制 …………………………… 113

第5章 知識の商品化と近代教育の価値形態の成立　127

1. はじめに ………………………………………………………… 127
2. 教育商品の社会交換的基礎 …………………………………… 130
3. 教育の「価値形態」論 ………………………………………… 137
4. 教育価値の現象形態とその行く末――むすびにかえて …… 149

第6章 教育における再生産の構造と機能　159

1. はじめに ………………………………………………………… 159
2. 当事者意識の生産と再生産 …………………………………… 163
3. フェティシュな観方の再生産 ………………………………… 166
4. 自由な法的主体と生産的労働観の昂進 ……………………… 169
5. 家族における精神的能力の再生産 …………………………… 172
6. 教育制度の外的諸関係の再生産 ……………………………… 176
7. 学歴資格の再生産と社会的統合 ……………………………… 178
8. 権力関係の構造の再生産 ……………………………………… 180

第7章 文化資本の社会的基礎と制度的位置　187

1. 教育の常識を問う ……………………………………………… 187
2. ハビトゥスの位相 ……………………………………………… 189
   - (i) 認知的・動機的な構造体系としてのハビトゥス　190
   - (ii) 制度を維持するハビトゥス　192
   - (iii) 蓄積資本としてのハビトゥス　193
   - (iv) 身体に蓄積される資本としてのハビトゥス　195
3. 文化資本の様態 ………………………………………………… 198
   - (i) 身につけられる文化資本　199

		(ii) 客体化する文化資本	201
		(iii) 制度的な文化資本	202
	4	文化資本の分配構造 ………………………………………	204

第8章　教育制度における自治とその条件　213

	1	問題の提起 ………………………………………………	213
	2	教育審級に内在する強制力と権威 ……………………	215
		(i) 教育行為の基本的性格	215
		(ii) 教育行為の文化的な性格	217
		(iii) 教育権威	219
	3	制度化する教育と相対的自治 …………………………	223
		(i) 教育労働	223
		(ii) 教育制度の相対的自治領域	228
	4	むすびにかえて …………………………………………	232

第9章　教育制度の支配的構造と文化的再生産　239

	1	はじめに　問題の提起 …………………………………	239
	2	ブルデュー＝パスロンの分析視角 ……………………	241
	3	文化資本と社会再生産――フランスを事例に ………	247
	4	教育制度の正当性と文化・知識管理 …………………	254

第10章　オートポイエーシスとしての教育システム　265

	1	はじめに …………………………………………………	265
	2	システム概念の変化 ……………………………………	267
	3	オートポイエーシス概念の展開 ………………………	275
	4	部分システムとしての教育システムの機能分化 ……	281

第11章　情報資本主義の教育環境のイデオロギー的検討　291

	1	はじめに …………………………………………………	291
	2	高度情報化社会 …………………………………………	292
	3	情報による消費の創出 …………………………………	296

  4 消費社会における情報環境の変化と情報資本主義 ………………298
  5 情報資本主義の心性 …………………………………………………301
  6 日常的実践の教育環境 ………………………………………………304
  7 イデオロギー的環境の反省 …………………………………………308

第12章　変わりゆく情報環境と教職メディアの構築　　317
  1 はじめに ………………………………………………………………317
  2 プロブレマティック──教育問題の正常と異常 …………………319
  3 「遊び」を再考する──その成長的意味……………………………324
  4 失われた遊びと新たなメディア環境の遊び ………………………330
  5 イメージ社会と映像文化の優位 ……………………………………335
  6 メディア・リテラシー教育はどのようにして可能か ……………338
  7 変貌するメディア環境における「教職メディア」の構築 ………344
  8 教職メディアの基礎構造 ……………………………………………349

あとがきにかえて　　355

索　引　　362

教育制度の構造と機能

第1章　教育制度の基礎たる社会制度をどう理解するか

1　はじめに——社会制度を問う

　社会科学においてこれまで、「制度問題」がどのように立てられてきたのか、ふり返っておこう。

　端的に言って、これまでの社会科学において、問題の立て方は、人びとの主観の世界を超えた「社会の客観性」を根拠にして展開されてきた、と言えるのではないだろうか。

　社会の秩序問題の扱いと同じく、「社会制度の問題」も、人びとの主観の世界を超えた「公共的な客観性」を根拠にしてその存立が論じられてきた、と言いうるであろう。社会科学の多くは、暗黙の裡に「客観性」に根拠を置くことで、「主観性」との関係をさほど詮索することもなく「制度」を自明視する「現実」を措定してきたのではないか。

　たとえば、教育制度の社会的な存立にしても、その社会階層的な機能と文化的再生産の効果についてはかなり仔細に論じられるようになった（苅谷[2001]）が、しかし、「教育」の「制度」の基底をなす「存立機序」に視座を据えて、制度の「現実」を論じることは今もって稀である。たといいかに「客観」視されがちの制度といえども、人びとの「意味世界」と無関係に成り立っているわけではなく、この意味世界において「制度的」現実が成り立つ「機序」を点検することは緊要の課題となっている。もちろんだからといって、反対に、「主観的世界」に軸足を移せばそれで事足りるわけでもない。

制度存立の現実について、もっとグローバルかつ大胆に問うてみる必要があるのではないか。「制度」とは、本当に人々の主観的な「意味世界」からかけ離れてあり得るのか。決してそうとはいえないだろう。「社会制度」の成り立つ「場所」と「意味」とが緊密な関係で結ばれていてこそ、時代的な制度の制約と変化があり得るし、またそのダイナミズムも理解できるというものだ。そして新たな生成をもたらすものこそ、「場所」と「意味」の動態を内含するはずの「ノモス・コスモス・カオス」の力動性（弁証法）のたえざる再審の過程から生起するに違いないことだろう。

　大澤真幸氏は、最近の論文のなかで、H. アーレントに倣って、何か新しいことを創発させることを意味する自由と、このような自由を可能にする公共的空間、つまり徹底した開放性を特徴とする公共性とが、同時に満たされる社会的な状態を「公共性」として定義している。そして、「『自由』を、あるいは少なくとも何らかの行為に関して自由が保証されているということを肯定的で望ましい状態であると見なすとすれば、公共性は、追求するに値する倫理的状態である。」と論ずる。そして続けて次のような問いを提起する。

　「無限の開放性を備えた公共性は、いかにして可能なのか？　真に普遍的な公共的空間は、いかにして可能なのか？　われわれは、ダブル・バインドの状況に立たされている。一方では、公共性の、もう一つの不可欠の要件である、構成員の（平等な）自由を全的に否定するような、脅威の他者がいる。他方では、そうした他者をも包括できなければ、公共性は構成しえない。」これを要するに、われわれの課題は、普遍的な開放性を備えた公共性の可能条件を再考することにある、と（大澤[2002:4-21]）。

　この人一流の「個人主義的社会実在論」を提案する盛山和夫氏も、その著作の冒頭で次のような疑問を示している。

　そもそも制度とはいったいどういうものであるのか。ルールとか規範とか組織という概念とはなにか。ところがこうした問題の背景には、制度的なものがどのようなものであるかについて、検討する必要がないほど熟知している、あるいは少なくとも、その発生や変動や機能についての理論的探求を要しないほどに存在のあり方は確定的だ、ということが暗黙の内に前提にされている（盛山[1996]）。なるほど人びとの間では、「制度は重要だ（the institution matters)」という直観は共有されている。にもかかわらず、制度があまりに客観視されることが支配的であったために、社会制度が現実には人びとにとっていかなる「意味」によって支持され正当化されているか、その実情が把握されることが乏しかった。ラフな見方から言えば、自然科学の「秩序や規則性」であれば人びとはそれを実験し観察し検証することになる。ところが、社会科学の「秩序や事実」であれば、自然科学のように観察し検証するだけではなく、人びとの間に新たな「秩序」を構築していくことが必要になる。これは大きな違いと言えるだろうし、後者の場合にはとても大きな困難を抱えることは間違いない。

　こうした困難をあらかじめ覚悟しながらも、以下においては、「客観」視されている制度の存立が、いかに人びとの意識せざる制度存立の機序に負うているか、さらにその根本からの見直しの作業はどのようであればよいか、多少の課題を残すにしても、これらの根源的な問題圏を点検してみることにする。

2　制度論をめぐる係争問題

　まずはポイントとなる争点を取り上げておこう。さきの盛山和夫氏によれば、社会学的な見方からすると、以下のような理論と方法が批判の対象となる。

　これまでの進化論的社会理論では、自らが属する制度的文化を自明のものとして受け入れるエスノセントリズムに陥ってきた。機能主義的社会理論では、制度の「機能」が定立される地平としての「社会」それ自体が制度的な存在であることが見過ごされてきた。方法論的個人主義では、それが前提とする諸個人やその諸行為が制度的に定義されている。行為理論や合理的選択理論でも、人々の「選好」と「行為」が生起する地平においてそれ自体が制度的に規定されているのにその当然すぎる事実を見ていない。マルクス主義では、生産力および生産関係が物質的な客観的な存在以上のことを立ち入って検討しない。法実証主義では、法の実効的な強制＝支配を客観的事実として現実を肯定するために連関するその範囲を超えた事象を論究することが少ない。そして計量分析家の多くは、数値データが客観的な事実として与えられている

ことに安住してきた。いずれにしても、これらの理論や方法に共通するのは、「客観的なもの」として妥当するのは人びとの抱く「間主観的な世界」とは独立したものだ、という方法的な「思い込み」にあるのが現状である（盛山[1996]）。

ところで、バーガーとルックマンによると、社会秩序は人間活動の所産としてのみ存在する。社会秩序とはそもそも人間の産物〔人為的所産〕だということ、たえず進行中の人間の活動の所産だということ、これ以外のいかなる存在論的地位も認められない。社会秩序は人間によって不断に進行中の外化する活動において創出されるのである。そして、人間の外化活動（externalization）そのことは、人類学的に必然的なことである。それというのも、人間の存在は世界に対して閉じられておらず、たえず自己自身を活動のなかに外化しなければならない（human being must ongoingly externalize itself in activity）からである（Berger & Luckmann[1966:52=1977:90-91]）。

この人類学的な必然とは、A・ゲーレンによれば、おおよそ次のようなことを含意する。すなわち、変化する広大な「世界」に対して人は開放的であって、動物のように本能に従って行動するわけではない（Scheler[1947=1977]）。この意味で本能行動を壊されてしまった人間は過剰刺戟にさらされて、有機身体の確たる自然的適応ができない《欠陥動物》となっている。だから、人間の欲求は、ありとあらゆる外界の事物によって挑発され、衝動過剰（Triebüberschus）に陥ることになり、それら事物のもつ性質に深くはまりこんでいく。だから事物の性質が人の欲求の性質になるのである。第二に、こうした衝動過剰におちいった人間は、刺戟過剰・欲求過剰の複雑な現実から、生きる労力の負担をまぬがれなくてはならない。これがゲーレンによって名づけられた負担免除（Entlastung）という概念である。

たとえば、自分の欲求をあとからつくりだす人間は、労力の負担軽減のためにシンボル、つまり言葉を産み出した。このシンボルこそ人間社会の原初的な「制度」と見なすことが出来るが、それはただ単に生存に役立つだけではなく、大幅に現実の労力の負担をまぬがれさせてくれる。つまり、万物を名づけ外界を整理するシンボル行動によって現実の労力の負担を軽減し、そのうえさらにいっそうこの負担免除能力を高めてきたのである。こうした「生物学的装置」を基礎にして、ゲーレンは、国家、家族、経済的・法的

権力などの制度の起源と始源の問題を「制度の哲学」として展開した（Gehlen［1966=1985,1975=1987］）。

あえてここに補充すれば、清水博氏も次のように言う。「生きているシステムは絶えず情報をつくっている」。ここに生物の普遍的な性質があり、「生きているシステムの普遍的な特徴は、生命現象を出現する能力をもっていることである」。そして「その生命現象とは、システムが自ら秩序を生成する現象である」。システムが秩序を自律的につくり出していくこの能力が「自己組織能」である。自然界にはシステムの内部の秩序が次第に壊れて、そのランダムさ（無秩序さ）が自然に増加する傾向（エントロピーの増大の傾向）があることが知られているが、生きているシステムが秩序を自律的につくり出す性質は、一見したところ、この傾向と対照的に見える。それだけに生きているシステムは目に付きやすいとも言える。情報が負のエントロピー、つまり一種の秩序であることを指摘したのはシャノンである。このことから、この生きているシステムの自己組織能は、システムの中で絶えず情報をつくり出す現象（すなわち情報の自己創出現象）の原動力になっている」（清水［1994:71］）。

エイゼンスタットは『社会科学事典』（International Enciclopedia of the SOCIAL SCIENCES, 1968）において社会制度について次のように言及している（Eisenstadt［1968］）。社会制度は、どのような社会においても、社会組織の最も基礎的なものとして焦点化されるのであり、〔制度次元において〕社会生活の秩序をどう樹立するかという普遍的な問題に連動する。もっとも基礎的には、社会制度には三つの特徴が指摘できる。一つは、どんな社会でも、永続し基礎的でもあるような〔個人の〕行動のパターンが制度（制度化）によって制御されること。二つには、社会の諸個人の行動は、既存の組織化された行動パターンに対応して、さまざまな制度によって制御されること。最後に、これらの行動パターンは、諸規範や規範的に正当化されたサンクションに依拠して、一定の規範的な秩序づけと規制的行動（normative ordering and regulation）を行うということである（Eisenstadt［1968:409-429］）。

こうして制度、すなわち制度化のパターンは、三つの要因を規制原理にして、社会的諸個人のほとんどの活動を、永続する基礎的な諸問題の解決と秩序ある社会生活の樹立に向けて、一定の組織的なパターンへ組織化されてい

くことになる。そして、エイゼンスタットによれば、社会的諸個人の活動は次のような主領域に定まるという。一つには、家族的・親族的領域であり、二つには、教育の領域であり、三つには経済の領域、四つには政治的領域、五つには文化的(宗教的、科学的、芸術的)活動を創造し維持していく領域、そして最後に、社会的地位、報酬、諸資源への機会(アクセス)をさまざまに分配する社会成層化の領域である。

　こうした六つの領域からすれば、制度とは、特定の社会的目標や機能に対応して成り立つ「集団や役割」とよく類似する問題であり、事実こうした観点から社会制度はさまざまに論じられてきたのである([Eisenstadt, 1968:409-429])。

　社会制度によって「社会構造」が組み立てられると見た、ガースとミルズは、また社会制度は「役割組織」によって制度化したものだと理解した。ガースとミルズはこの関係を次頁のように図示している(Gerth and Mills[1953=1970])。

　ガースとミルズはおおよそ次のように言う。『性格と社会構造——社会制度の心理学』(Character and Social Structure ; the psychology of social institutions)は、人間のさまざまなパーソナリティを、社会的—歴史的構造の諸タイプとの関連で社会科学的に研究することであった。具体的には、行為と性格とを分析することから、社会構造のなかの異なった位置を占める人びとの動機づけを理解し、これと併せて、「制度化された構造のなかで、所定の役割を行う人びとの動機づけに対して、信念とシンボルがどのように役だっているか」を理解することであった(Gerth and Mills[1953=1970:9])。

　こうして著者たちは図にあるように、有機体、心的構造、性格構造からパーソナリティ〔人〕を構成し、この人を役割概念を媒介として、役割の組織としての諸制度に結びつけたのである。これらの制度において、役割は制度的権威によって保証されており、具体的には、政治、軍事、経済、宗教、親族の五つの制度的秩序を構成する。このような制度的な秩序に裏付けられて、相対的に自律性に乏しい社会的行為が局面と呼ばれ、これにはテクノロジー、シンボル、地位、教育の四つが分類された。要するに、この制度的秩序と局面から社会構造が構成されたのである。

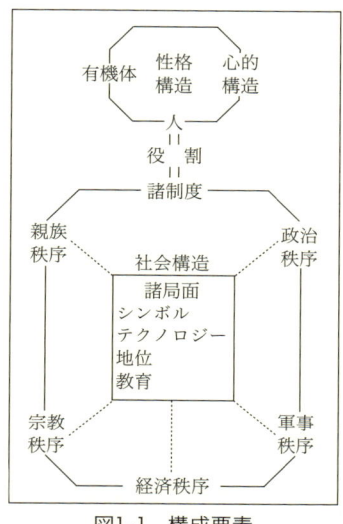

図1-1　構成要素

3　制度的現実——疎外論と物象化論

　中村雄二郎氏は、彼みずからが「五十年に及ぶ私の哲学の歩みの総決算」(あとがき)と記す『述語的世界と制度／場所の論理の彼方へ』という浩瀚な力作を著している。その著作において、彼は「歴史や社会に固有な側面とはなにか」と問い、それが「人間を拘束してくる構造体、つまり〈制度〉(institution)である」という論点を示している(中村[1998:22])。

　中村の言う「人間を拘束してくる構造体」とは、既存の「構造化した構造」を指すのであろうが、それはまたP. ブルデューにおいては「構造化する構造」でもあった(Bourdieu[1987=1988])。この点については、ここでは深く立ち入ることができないが、それにしても中村の言う「歴史や社会に固有な側面とはなにか」。

　中村雄二郎は次のような説明をする。「それは、人間活動、とくに精神活動の所産であり、客体化して定立されることで社会関係の秩序化に役立つと同時に、その反面で人間を拘束してくる構造体、つまり〈制度〉(institution)である。そして、〈制度論的思考〉と私が呼ぶものは、歴史や社会や文化について制度の持つすぐれて媒介的な働きを考慮に入れた考え方のことである」。

そして、〈深層の現実〉と対比的に、彼は制度論の要点としておおよそ次のように言う。われわれ人間は、集団のなかで他人との関係のうちに生きている。この集団のなかの他人との関係は、集団が大きくなり複雑になるにつれて、直接的なものから間接的なものになる。つまり、人間活動の所産が人間関係を間接化するということである。その結果、人間相互の関係もコミュニケーションも直接的なものから間接的なものになり、意思の疎通を欠きやすくなる。こうしたなかで社会関係そのものが調整し統御できるように、合理化され客観的に示されなければならない。逆にいうなら、社会関係の合理的客体化をまって複雑な社会生活の運営が可能になるのであり、人間の労働や文化の所産も、人間にとって役立つようになる。法律に代表される制度とは、集団内部の人間関係が合理的に調整され客体化されたものにほかならない。

　このように〈合理的に調整され客体化された〉社会関係を〈制度的現実〉と名付けるならば、これは、なによりも人々の共同の意思の働きによってつくり出されたものであり、そのようなものとして人間から独立した客観的な実在、いわば第二の自然として、われわれに対してもう一つの環境を形づくることになる（中村［1998:22-23］）。

　しかも制度は、それに固有の法則あるいは論理を持つことになる。すなわち、それは、人間の意思によってひとたび設定されると、規範として現実を組織し物質的な裏づけを持たなくてはならないから、どうしても惰性的な性格を帯びるようになる。それゆえ、制度の働きを十全に保つためには、たえず人びとがこうした社会制度の惰性的性格を問いなおすことで、人びとの意思から乖離しないように人びとの意思によって支えられることが必要である。人びとがそのような努力を怠るとき、制度は、ヘーゲルの考察にもかかわらずマルクスがそれの否定的な側面に光を当てたように、人間に対して客観的、外在的な存在であるだけではなく、疎遠な、拘束的な力として、つまり疎外的に働くことになるのである。

　中村によれば、この疎外的働きは「疎外的客体性」ともいうべき在り様をするがゆえに、疎外的客体性の認識を媒介としないことには捉えることができない。このように制度的現実が、一つの具体的な人間的現実として、歴史的世界に属する以上、疎外的客体性を考慮しない場合には、その歴史把握はそ

れだけ貧しいことになる(中村[1998:23-4])。

　ここに見られるように中村は、「疎外論」的な立場から「制度的現実」の疎外的客体性を指摘し、後に展開する彼の「述語的世界」を措定するために制度論の根源的な見直しを図っている。本稿は、こうした中村雄二郎の「場所から述語的世界へ」の論理に触発されて「制度存立の機序」を検討する作業に着手する経緯をもつものである。だがしかし、周知のようにヘーゲル流の「疎外論」とマルクスの「物象化論」とは切り離して論ずることができない。だからここでは、疎外論的把握と物象化的意識の批判に架橋するためにも、最小限必要になる論点をまずは確認しておこう。

　よく知られているようにヘーゲルは『精神現象学』において、精神が自己を外化し、自己を疎外し、疎外した自己を不断に回復するという、疎外回復の弁証法を示した。ヘーゲルにとって、精神とはそれ自身の歴史を通じ、そしてまたそれ自身の歴史として、自らを実現してゆくことになる。そして、精神の歴史は意識の諸形態(Gestalten)の歴史であり、それを経ることによって、自然的意識は物事を物化して把える、思考の不完全性を経験する、というわけである。人間は自己自身を外化し、モノ(即自的他者＝in-itself-others)のなかに自己を喪失してしまうが、しかし、思惟のなかで再び自己自身をとりもどす、というのである。だが、ここでは対象は主体を凌駕し、主体に対抗する〈即自性〉として経験されるにちがいない。ヘーゲルは、意識が対象と自己自身のなかでたどる弁証法的運動を「意識経験の学」とよんだが、その弁証法的運動こそは、意識による知ることを基礎にした上向する意識による「実践」の運動、存在と思惟の対立を止揚する高次元に導かれる運動でもあった。

　バーガーとプルバーグは、疎外という概念を次のように捉えなおしている。「疎外(alienation)とは産出活動(the producing)と産出物(the product)との一体性が断たれていく過程のことを意味する。産出物は、もはや制作者にとっての所産であるとはいえない、それ自体で存在し、制作者に威圧してくるところの一つの疎遠な力としてあらわれる。いいかえれば、疎外とは人間が自己の住む世界が彼自身によって創造されたものであることを忘却する過程である」(Berger & Pullberg[1966:56-71=1974:101])。

　だが、マルクスにとっては、ヘーゲルの超越論的観念論は疎外回復の道を、

もっぱら思惟によって把握していること、それゆえヘーゲルの弁証法は単なる知の実現に過ぎないこと、これではヘーゲルの弁証法は現実を神秘化してしまい、こうした神秘化こそが乗り越えられなければならない課題であった。マルクスにとっては人間は単なる思惟の産物に解消できず、単なる思惟の産物である客観主義的な科学主義もまた批判されなくてはならない。それは、一つには、人間による意味付与を欠いた自然や現実などは存在しないし、いま一つは、科学それ自体が人間の活動の所産だからという理由によるのである。

たとえば労働は、現実には世界を構築する人間的能力の実現になるのではなく、「労働力」商品、一つのモノになるのであり、量的に評価される市場の売買の対象にされる特有の力に転化する。これこそは、商品の物神性〔価値形態論〕という「社会的権力」(soziale Macht)の秘密のメカニズムの本質を示すものであるが、この商品の物神的性格の根源には、人と人との関係を「物と物との関係」へと自立させる「物象化」(Verdinglichung-reification)の意識が働いているのである。

バーガーとプルバーグは、物象化の意識形態を説明するのに、意識の三つのレヴェルを区別する。まず第一に、世界に対する直接的で反省以前のあり方である。第二に、この日常的意識を基礎に、世界と自己自身の関係を反省する意識がある。第三に、第二の意識レヴェルをもう一歩すすめて、状況（場面）に関するさまざまな理論的定式を行う段階である。要するに、われわれは意識について、前反省的レヴェル、反省的レヴェル、理論的レヴェルの三つを区別することができる。しかしながら、物象化する意識はあとの二つのレヴェルに伴うものであるが、理論的な物象化も、もちろん理論以前の、世界と自己自身の関わりを物象化することに基礎をもっているのである(Berger & Pullberg[1966:65=1974:107])。

マルクスは物象化の機制について二つの側面から応える。その一つは、人間の「活動的対象・対象的活動」と「客体的なもの」との関係を切り離して考えてはならないこと。つまり、客観視されがちなもの〔たとえば社会制度〕が人間の対象的活動によってどのように存立しうるように意味づけられているかを看過してはならず、客観的なものを独立自存させてはならないこと。もう

一つは、人間の生活関係をモノとモノの関係に転化してしまうこと、経済的なものを文化的な活動から自立させてしまう理解である。たとえば、労働「力」商品を物神化してしまうことによって「物象化意識」に陥り、経済的なものを経済決定論的に独立のものと考えることこそ、社会関係のさまざまな領域の客体的なものを自立化させる論理あるいはパラダイム産出の機縁となってしまう。つまり、物象化の論理あるいはパラダイムは、いいかえれば、物神化された商品だけの問題ではなく、「物神化され権力、物神化された性、物神化された地位など」の問題にも及ぶということだ。

　「商品の物神性がその理論的表現を物象化された政治経済学（あるいは物象化された経済学）に見出すのと全く同様に、他の諸々の物神化もまた、物象化された政治学、物象化された社会学、物象化された心理学、あるいは科学哲学にさえ、理論的に定式化され、そのことによって神秘化されるのである」。こうした理論的物象化は、基本的には、人と人との関係を欠くモノ a thing という特性を実体化した「客観的な基準」に基づく知であって、このように物象化されてしまうと、それはまた理論以前の疎外や物象化を永続化させ、正当化するものにもなるのである（Berger & Pullberg［1966:59-60＝1974:100］）。

　物象化する意識を根本的には、日常的な意識の「錯視」から生じると見る廣松渉は、物象化と呼ばれる事態は、それ自身としては、とりたてて特異なことがらではない、と言う。「それは日常的意識にとって物象的な存在に思えるものが学理的に反省してみれば、単なる客体的存在ではなく、いわゆる主観の側の働きをも巻き込んだ関係態の「仮現相（quid pro quo＝錯視されたもの）」である事態を指す」。人びとは日常的には、「自然物とも関わる自分たちの相互の関係」が独立の物象であるかのように見えていることに気がつかず、対象的に現われる物象に意識も行動も規制されている。その最たるものが"貨幣の力"とか"財産の力"とか、いわゆる"経済的な力"である。さらに、社会習慣的な力とか、政治的な力とかも、やはり単なる物理力とは異なって、人々の一定の関係が屈折して独自の力であるかのように現象するものである。たとえば、われわれは日常、社会とか国家とかいう「もの」が在るかのように思っている。しかし、社会や国家という「もの」が、独立自存するわけではない。それは、人々の「対自然かつ相互的な関係」が独特の「もの」であるかのよ

うに屈折して意識されているものにほかならない。とはいえ、この錯覚には現実的根拠があるのであり、指摘されただけで消失するような安直な代物ではない。それは、ちょうど、色とは客体と主体とのしかじかの関係態が屈折して物体の表面に付着しているかのように見えるのだと指摘されたり、地球と太陽とのしかじかの運動関係が地上では太陽が廻るかのように見えるのだと指摘されたりしても、色は依然として物自身の性質に見え、不動の地球を太陽が廻るように見え続けるのと類比的である。

　物象化された諸々の力にせよ、社会的制度にせよ、文化的形象にせよ、これらが、単なる物質的存在でもまた単なる精神的存在でもない一種独特の存在であることが重要である。マルクス的弁証法の存在観は、「実体」すなわち"自己同一性を保つ不易な自存体"なるものを端的に斥ける。この存在観を支えるのが物象化論の論理であり、マルクスはこれに拠って「実体主義的存在観」の地平を超出しえたのである。

　「社会科学的には、経済学にいう価値のみならず、文化理論にいう意味や価値、それの存在と独自の存在性格を「対自然的かつ間主体的な関係」の物象化ということで説き、さらには、規範・権力・制度、等々を物象化の所産として説く途が拓けた。このことによって、旧来の社会観における二元的対立、すなわち、社会有機体論流の「社会実在論」と社会契約論流の「社会名目論」との対立を止揚する途も拓かれることになった。」「物象化論は、社会の構造論的把握を可能にしたばかりでなく、社会の歴史的動態の法則性の説明をも可能ならしめた」（廣松［1996a］）。

4　場所と拘束条件——オートポイエーシス

　ところで、社会制度はどこにあるのであろうか。いきなりこのような奇妙な問いかけを受けると、早速にわたしたちは、まず「社会制度」とは何かという定義を要求することになるだろう。いかなる社会制度なのか、それが定まらないことには「どこにある」かには応えられないからである。このように、わたしたちは「主題」とすべき「主語」を先立てて考えることに馴れきっている。あるいは、とかく何らかの「主体・主題」を成り立たせるための「時空間」を暗

黙裡に想定しがちである。だが、ここで問うてみるべきである。施設設備としての制度ではなく、人びとの社会意識の中に成立する「社会制度」ははたして現実にはどのような存立の仕方をしているのか、と。

　このような疑問に応えていくのには、あらかじめ〈場〉に先立てて「主体」概念を想定することはできない。そうではなくて、それ以前の存在論的な〈場〉に立つことを余儀なくされる。つまり、制度が存立するところの〈場〉または〈場所〉に溯ることが要件となる。

　この点を具体的に考えるために、中村雄二郎にしたがって、まずは根源的な〈場〉の性格を取り上げてみよう。物理学において場（field）というのは質点（material point）の反対概念と考えられている。それにたいして、哲学においては、「場所」というのは「主体」の反対概念と見なされている。しかし実際には、物理的に質点を成り立たせるのが場であるように、哲学的にも主体を成り立たせるのは場所である。

　かつては場や場所が少しも考慮されずに、もっぱら質点や主体だけが想定されていた。それはなによりも、客体化と単純化によって諸現象間にリニヤーな因果的連関を見る見方が支配的であったことにより、哲学でいえば、他者から限定されていることを考えずに、決断や実践に際して、自己をまったく自由なものと見なす在り様が人びとの意識を支配していたからである。しかし場所そのものについて立ち入って考え、それとの関係で主体を捉えなおすことが必要となっているのである（中村［1998:7］）。

　歴史的に見ても、もともと共同体からの個人の発生・自立は、場所からの個的な主体の――ギリシア悲劇でいえばコロスからのヒーローの――発生・自立に対応している。だからこそ、自我にしても主体にしても、それぞれ根拠となる共同体や場所の存在を忘れたとき、つまりはそれらとの接触とか緊張関係を失ってしまい、いたずらに自己充足的になったとき、たちまち本来の力を失ってしまうのである。

　だから、中村によれば、古代ギリシア＝西欧の哲学において、プラトン（〈コーラー〉）やアリストテレス（〈ヒュポケイメノン〉や〈トポス〉）を除けば、全般的に場所（場）に対する考察がきわめて乏しかったといえる。どうしてかというと、それは根本的には、「存在と結びついた主語的な思考の支配が強かった

ため」であると言うことができるだろう（中村［1998:8-11］）。

　相対論的な場の量子論からしても、ミクロ粒子は独立したものではなく、場における相互作用のうちに存在し、場と相補的な関係にあることが明らかだ。ミクロの世界つまり物質の究極の実在は、相互作用する場の広大な活動舞台と見なされており、エネルギーと物質、粒子と場という二元論が相互作用する量子場と見なされるようになった。

　「場（フィールド）は真空ではあっても空虚ではなく、実際にはそれは、自発的に創成と消滅を繰り返す粒子と反粒子から成っていた。何もないように見えるのは、激しい量子の創成と破壊がきわめて短時間かつ短距離のうちで行なわれているからである」（［中村1998:27-28］）。

　さらに、中村は、西田幾太郎の場所の論理、つまり「無の場所」や「絶対無の場所」を、「無限の可能性を持った場所、根源的な出来事の生起する場所、さらには、複雑性を持った動的システム」として捉えなおした。「無限の可能性を持ったシステムは、その可能性の豊かさのゆえに透明化して、かえって無に見える」という。だからこそ〈論理的〉にはそれは〈無の場所〉と言わざるを得ないのである（中村［1998:29］）。かくして、中村は〈場所〉を特徴づけて《物質的実在が場である》《実在とは場の振動である》《性起し振動する場所》という表現を用いることになったのである（中村［1998:27-46］）。

　振動という概念は、線形の場合には、空気の振動や音や電磁波として見られるが、もっと複雑なかたちでは、非線形のリズム振動としてもあらわれる。そしてこの非線形のリズム振動の系から生命活動や精神活動にかかわる複雑な、さらには高次なリズム振動が産み出される。ここで注目すべきは、非線形振動同士の「引き込み（entrainment）」と「同期化（synchronization）」という現象が見られることである。

　この現象は、すでに始原的な「母子関係」の情緒的関係において観察されている（廣松［1996b］）。こうして、「振動とリズム」への着目は、《実在とは場の振動である》とする量子論的な場のとらえ方と合致するし、また「西田の無の場所を別の角度からとらえたハイデガーの性起――始原の存在の在り様を示す――が振動の領域と見なされていることも、決して偶然ではない」。

　「リズム振動が単に生の原理であるにとどまらず、たえずそれ自体のうち

に死への反転の契機を含んでいるからである。さらにいえば、生と死つまり生成と消滅との相互反転こそ、もっとも根源的なリズムであるからである」(中村 [1998:50])。

 それでは場所とは果たして、自立してそれだけで存在するものなのか。また、場所のなかだけで、何かがひとりでに生起し、具体化し、実現するのであろうか。中村によれば、ここにおいてどうしても必要になるのは、場所を成り立たせていく拘束条件(boundary condition)であって、それは場所を限定するものとしての制度でもあることになる。

 ここにいう拘束条件は、数学上の用語であり、発生学の、場における細胞の発生運命の限定を意味する用語〈拘束〉commitment にも深くかかわる。そして、制度による場所の限定には、大別して、外部からなされる場合と内部でなされる場合とがある。制度のうちには、永い間かかって人々のうちで自然発生的に形成されたもの、日常の習俗から次第に整えられて得られる慣習法のようなものと、共同社会の成員間の明確な合意によって意思的に制定される、制定法のような制度とがあることはよく知られている。前者は、場所の内部において生み出された制度(拘束条件)であり、中村によれば、それは一方では、ある一定の範囲のうちにおいて、事態の変化に柔軟に対応でき、場を安定させる働きを持っているが、それだけでなく、他方では、それはよく生かされると場所の活動を高め、述語的世界を豊かなものにするというのである。

 それに対して、後者は、場所の外部から持ち込まれ、設定された制度(拘束条件)であり、新しい場をつくったり、あるいは、場に潜在するものに働きかけて場を根本的に組みかえさせたりする働きを持っている。

 このように二種類の制度(拘束条件)がありうるのは、場所がそれ自体だけで存在するものではなく、外部との関係において成り立っているからである。自己組織系やオートポイエーシスという現象も外部との関係の一つの在り様にほかならない(中村 [1998:51-3])。

 ところで、河本英夫によれば、オートポイエーシス論は、神経系システムをモデルにして、(1)自律性、(2)個体性、(3)境界の自己決定、および、(4)入力と出力の不在、の諸点を強調することによって究明されてきた(河本

［1995:158］)。

　常識からすれば、問題なのは、このうち(3)境界の自己決定、(4)入力と出力の不在である。中村は、拘束条件との関係から、(4)入力と出力の不在と言う問題よりは、むしろ(3)境界の自己決定という問題の方を重視している。境界の自己決定ということは、拘束条件の自己創出の問題でもあるからである。

　この点について、マトゥラーナ＆ヴァレラは次のように書いている。「オートポイエーシス的機械の作動が、自己産出のプロセスのなかでみずからの境界を決定する。これは、非オートポイエーシス的機械には当てはまらない。非オートポイエーシス的な機械の境界は観察者が決めるのであり、観察者は外的な入力と出力を見定め、機械の作動に関係があるのはなにかを特定するのである」(Maturana and Varela 1980＝1991:74)。

　このように、オートポイエーシスの場合は、〈境界の自己決定〉という性格がつよいわけである。

　マトゥラーナ＆ヴァレラがいうように、オートポイエーシス・システムにおいては、外界からの作用因は、直接には構成素の産出を行なわず、構成素はもっぱらシステムの産出プロセスからのみ産出されるのである。また、システムの作動にきっかけを与える要因も、それがシステムの内部であれ外部であれ、システムそのものにとっては両者の区別はないのである。

　このように、システムは、その作用因について内部も外部も区別しないのだから、インプットとアウトプットという関係では、自己の境界を定めることはありえないのである。システムの境界が決定されるのは、ただ、システムを構成している構成素をシステム自体が産出するという〈産出関係〉においてだけである。つまり、システムは自己の構成素を産出することだけによって、自己の境界を決定するのである。

　中村によれば、システムにとっては、自己の作動の要因という意味での作用関係に対しては際限なく〈開かれて〉いるが、その反面、システムそのものの産出関係については一貫して〈閉じた〉システムを形づくっている。まさに、システムは産出関係を通じて、自己の境界を画定し、さらに二次的に作用関係の境界を自己自身で導入する。つまり、システムは自己と環境世界の境界

をそのつど画定するように作動しているのである。

　したがって、拘束条件という観点からすれば、オートポイエーシス・システムとは、徹底して内側からみずからがみずからの拘束条件、つまりは境界条件をつくり出している典型的なシステムだと言うことになろう。社会システム、とくに法システムについてほとんど忠実にオートポイエーシス理論を導入したルーマンの場合には、〈システム〉とその外部にある〈環境世界〉とを、それぞれ規範的次元と認知的次元という次元を異にするものとすることによって、やはりシステムを内側からみずから拘束条件をつくり出しているものとしてとらえたのであった（中村［1998:168-174］）。

　このように、生命体と社会システムという二つの領域を結びつけると、それが恣意的であるようにみえるが、決してそうではない。というのは、生命体に関して個体として自律性を備え、境界の自己決定を行なうのは、生命的自己創成の運動であるが、個々の生命体がまとまって集団化するとき、とくに人間が社会を営むときには、法を初めとする社会規範の自己創成（オートポイエーシス）的な運動が起こるからである。法は近代法だけを見るときには、自然発生的で自己創成的な性格を持つ〈慣習法〉よりも、圧倒的に、現実改革的な〈制定法〉——外部からの拘束条件の性格を持った制定法——が中心であるようにみえる。しかし実は、制定法といえども、社会に内在する自己創成的な活動によって受けとめられなければ実効性を持って根づきえないことは、周知のとおりである（中村［1998:174］）。

5　述語的世界の深層——ノモス・コスモス・カオス・ピュシス

　P. L. バーガーは『聖なる天蓋』(The Sacred Canopy)において、ノモスとコスモスとカオスの関係を次のように論じている。ノモスとは、世俗的な秩序を支配する規範的に制度化された世界のことである。コスモスとは、ノモスを正当化する聖なる秩序の世界のことである。コスモスもノモスも秩序をもった世界であるのに対して、この世界に根源的に対立しているのがカオスである。すなわち、このノモス・コスモス・カオスの三次元は、秩序と無秩序あるいは混沌（カオス）との対立を含むが、それだけではなくさらに、日常性（ノ

モス)と非日常性(カオス・コスモス)との対立をも含んで成り立つ力動的関係である。これに対して、おなじく非日常性に属するものとして、カオスとコスモスは、相互に対立する関係にあるのである(Berger[1967=1979])。

では、それら三次元とピュシス(自然)との関係はどうであろうか(Heinimann[1945=1983])。中村はこの関係について、アリストテレスの形相(エイドス)と質料(ヒュレー)のパラダイムを織り込んで次のように説明する。

一般にピュシス(自然)がきわめて質料に近く、なによりも無規定的なもの、あるがままのものであるのに対して、ノモスの方はそれにのっとりながら、それに規範を与える人為的、約定的なものを指している。しかし、人間の文化的秩序のなかにあるかぎり、手つかずの、あるがままの自然などというものはありえない。文化の成立とは、人間的世界があるがままのものではなくなったことだからである。

だから、「文化とはピュシス(自然)からの逸脱であり、ピュシスに代わるものを人間がつくり出す営みにほかならない。そして、人間がピュシスから逸脱して文化をつくり出したとき、かつてのピュシス(自然)からは、〈宇宙的自然〉としてのコスモス、〈第二の自然〉としてのノモス、および暴力や狂気を含む〈根源的自然〉としてのカオスという、文化の三つのエレメントが生み出された」と見なすことができる。

もっとも、この場合、「カオスは、コスモスやノモスと同じように文化のなかにあるのではない。それは秩序の外に置かれていながらも、秩序(コスモス、ノモス)を挑発しつつ、活力を与えるものとして働くのである」(中村[1998:142])。

これら四つの〈自然〉の関係については、パスカルが『パンセ』のなかで、実に鋭い論点を示している。パスカルにとって、〈自然〉とは、外界の自然であるとともに、人間の本性(自然)であった。人間自然の研究者としてのパスカルにとって、習慣や制度は〈第二の自然〉であった。そればかりか、親子の情のような自然(本性)を〈第一の習慣〉ではないか、と根源的に問いかけているのである。

彼は言う。「父親たちは子どもたちの自然な愛が消え去りはしまいかとおそれる。では、消え去りうるこの自然性とはいったいなんなのだろう。習慣は

第二の自然であって、第一の自然を破壊する。しかし自然とはなんなのだろう。なぜ習慣は自然ではないのだろう。私は、習慣が第二の自然であるように、この自然それ自身も、第一の習慣にすぎないのではないか、ということを大いにおそれる」（『パンセ』断章93）（中村［1998:141］）。

そして、根源的自然との関係において、パスカルは言っている。「人間は必然的に狂気のうちにあるので、気違いでないことも、狂気の別のあり方からいって、やはり気違いであることになるのであろう」（断章414）と、人間における「狂気の不可避性」を直視し、人間自然研究者の本領を発揮している。

この論点が、のちにF. ニーチェ、S・フロイト、さらにはM. フーコーらに連なる「無意識」的人間研究の系譜を築くことは周知のことであり、社会制度論研究においても逸することができない問題圏であるといえるだろう。

根源的自然（場所）に突き当たった地点で改めて問題を確認しておけば、中村にとって、二つの問題が生起することになった。一つには、パスカルを借りて表現される、根源的自然（場所）との関係から立ち上がってくる、「制定法のようなもの」と「慣習法のようなもの」を統一的にとらえることが重要であった。もう一つには、「カオス的でもあれば欲動的でもあり、無意識的でもあるような世界」、言い換えれば、「まったく無垢の世界ではなく、とくに言語とのかかわりのうちで、その原初性があらわれる」ような「述語的世界」の問題が重要であった（中村［1998:40］）。

前者については、これまでのところでは前項までにおいて不十分ながら、オートポイエーシス的なシステム論にどうにか結びつけることができた、とかんがえる。しかし後者については、ピュシス（自然）から逸脱する、ピュシスに代わる人間がつくり出す営みである「述語的世界」については、ほとんど論じることができていない。そこで、残された紙幅の範囲ではあるが、「述語的世界」がどうありえて何を意味しているか、それの基本的理解に努めてみよう。ただしここでは述語的世界の〈深層の知〉を仔細にたどることは別に論じることにしよう。

ここでは、「述語的世界の深層」がまずは「場所」としてあることから確認しよう。「それはなによりも、この世のさまざまな拘束、束縛、約束事、制度、法則などによって支配されず、そこから解き放たれた世界、カオス的でもあ

れば欲動的でもあり、無意識的でもあるような世界」を意味している。「しかしそれは、まったく無垢の世界ではなく、とくに言語とのかかわりのうちで、その原初性があらわれる」世界を意味している（中村［1998:40］）。

　以後においては、こうした問題圏から発して、制度論的思考との関係を問い返し、制度変容のための契機と要因を探ることに努めてみよう。

　述語的世界とは、場所の持つ原初的で動的な性格を言語的な観点（現象学的にいえば、ノエシス的な観点）から捉えなおしたものである。言い換えれば、通常の論法の主語的同一性ではなく、述語的同一性が開示する心の深層あるいは欲動のカオス的な在り様を指している。またその世界に〈制度〉が対置されるのは、制度をもって、そのような述語的世界（つまりは場所）を限定する拘束条件（初期条件）boundary condition として、捉えられているからである。

　いささかトートロジックであるが、これを簡単に言い直せば、述語的世界とは、主語的同一性の世界に対する「述語的同一性から成る世界」のことである。主語的同一性の見直しという点では、前項で問題にした廣松渉の「物象化」論の問題設定とも共鳴しあっている。

　では「述語的同一性」から成る世界においては事態はどのように運ぶのであろうか。分かりやすい形式論理学の三段論法から確認しておこう。よく知られているように、《人は死ぬ、ソクラテスは人である、ソクラテスは死ぬ》という判断については、われわれはよく理解できるだろう。この三段論法の場合には、〈主語の同一性〉、主語的同一性によって保たれた推論が成り立っているからである。しかしつねにこうした判断ばかりで現実が成り立つわけではなく、これと違う述語的同一性から成り立つ推論もある。

　この点についてG・ベイトソンも問題にしているので彼の示す三段論法を挙げてみる。それは《草は死ぬ、人は死ぬ、人は草である》という推論である。中村も同じように《りんごは丸い。乳房は丸い。ゆえにりんごは乳房である》という推論を挙げている。

　ベイトソンはこう付け加えている。「自然史はまさにこうした三段論法からなっているのだ。生物学的世界に規則性を探していくと、いたるところでこの種の三段論法に出会う。フォン・ドマルス（E. von Domarus）が、ふつう草の三段論法で話したり行動したりする精神分裂病者についてふれたのは、ずい

ぶん昔のことである」(Bateson[1987=1988:53-4])。

　中村の場合には、このような述語的世界が発見されたのは、西田幾多郎を介してであった。中村によれば、西田が「作用者」としての自己を出発点に据え「自覚」の捉えなおしをはかったのは、自己自身を映し出すことをモデルとしていたからであった。西田は言う(以後西田からの引用《　》はすべて『述語的世界と制度』からの重引)。

　《或体系が自己の中に自己を写し得る時に無限である》。そこから見ると、われわれの自己意識も同じような構造を持っている。《我々は我々の反省的意識に於て、自己を思惟の対象とする》。そして、「あるものが働く」ということと、「あるものが意味を表現する」ということの区別は、「働き」と「その場所」との関係として考えることができる。意識作用も《自己の中に自己を形成していく》ものである。そのことの本質は、《自己の中に自己を写すといふ自覚》において明白である。だから、「働くものと場所」とは、判断においては、それぞれ「主語と述語」としてあらわれる。なぜなら、《特殊なる主語が一般なる述語の中に包摂せられるのが判断の本質である》からだ。また、主語になるものは実在であり、すべての判断の基礎にはいつでも具体的一般者が存在している。こうして西田は、論文「場所」(1926)において、プラトンの〈イデアの場所〉としてのコーラーから場所という用語を借りて、次のように言う。

　従来の認識論では、主観と客観の対立のなかで、知るとは形式(形相)によって質料(内容)を構成する働きと考えられてきた。だが、《私は自己の中に自己を映すといふ自覚の考から出立》し、判断の立場から意識を定義してみると、意識とは〈どこまでも述語となって主語とならないもの〉と言うことができる。まさに《意識の範疇は述語性にあるのである》。したがって、《我とは主語的統一ではなくして、述語的統一でなければならぬ》。《我が我を知ることができないのは述語が主語となることができないからである》。それは、一般がおのれを特殊化すること、つまり一般者の自己限定である。ある判断が現実に妥当するためには、その根底に〈具体的一般者〉がなければならないが、この具体的一般者というのは、豊かに自己において自己を映すような場所のことなのである。自己のうちに完全に自己を映し出す、具体的一般者の自己限定がポイントである(中村[1998:11-17])。

そして、この点について中村は次のように言う。「西田のいう自己限定という用語の曖昧さから免れようとすれば、場所や場面を限定するものは〈制度〉であるとしてとらえたらどうだろう。それは働きからして、拘束条件と言いかえてもいいものだ。拘束条件あるいは制度の生み出すパラドックスは、一面、それらが場所や場面を限定したり拘束したりすることによって、かえって場所や場面の内部が解放され、自由度が高められる。制度や拘束条件の在り様や働き方によって、場所や場面の内部組織や内部構成が変化するのである(中村［1998:355］)。

このようにして、それぞれの場所や場面において述語的な展開がありうる。その際には、問題にする実在の相に応じて、トポスのつくられ方があるし、それに応じて、適切なことばと論理が選ばれることが必要である。

この点で中村にしたがえば、ケネス・バークは『動機の文法』のなかで、R・ヤコブソンの人間の思考方法を体現する二つの比喩、隠喩と換喩を再評価している点に注目しておきたい。すなわち、隠喩(メタファー)と換喩(メトニミー)については、前者が類似関係による語の代置(たとえば、ライオンによって王者をあらわすような比喩)、後者は隣接関係による語の代置(たとえば、線路によってその上を走る電車をあらわすような比喩)から成り立つ比喩である。この代表的な二形態は、人間のさまざまな表現＝認識活動に妥当するものとして、記号論的にモデル化されている。抒情詩、ロマン主義や象徴主義の小説、シュールレアリスムの絵画、フロイトの夢の象徴などが隠喩的であり、それに対して叙事詩、写実主義の小説、キュービスムの絵、人間の欲望の働きなどが換喩的なものである。

このような二形態は、バシュラール(G. Bachelard)によっても、芸術と科学が人間の二つの思考の軸として捉えなおされてきた。すなわち、芸術は、現実界と異なる想像界にあって互いに類似し連想されるものが選択され、重ね合わされるから隠喩的であり、反対に科学は、人間の営みとして、原因によって結果を代置し現実の事物の関係を明らかにするから換喩的である(レヴィ＝ストロース)。

たしかに、分析的理性に支配され非線形的な全体性が封じ込められてきた、弁証法の論理も〈科学的〉であると言われ続けてきた。だがしかし、その一方

では、一つの定立に対してあらゆる反定立を設けることが可能になるように、定立と反定立とのダイナミックな関係をとおして、一定の事象のあらゆる全体的連関を問題にすることができることも看過されてはならない。いいかえれば、弁証法は思考が事象の非線形的な全体性に深くかかわることによって、一方で多くの不確定性やゆらぎをもたらすとともに（深層的思考）、他方では、形式性＝規範により過剰を限定することができるのである（制度的思考）。

だからして、問題が社会関係のなかでの対象的な認識や実践的な思考のレヴェルのものであっても、形式論理学のような三つの基本法則（同一律、矛盾律、排中律）に閉じ込められることはなく、自己組織性の現象が示すとおり、場の境界の内と外とにおいて相互の反転がありうるのである。

こうしてここで重要なのは、述語的世界が制度の相関者であり、そのかぎり、相互の反転がありうることである。すなわち、制度的・意識的・表層的なものが述語的世界を領有し、述語的・無意識的・深層的なものが制度にとって代わることである。述語的世界と制度とは、現実の総体を構成する二つの極限の領域であると同時に、重層的に互いに密接に結びついて成り立ち、ダイナミックな仕方で、全体的に自己運動しているのである（中村[1998:355-7]）。

以上のような方法的な展開を暫定的にまとめてみると次のように言うことができる。まずは手始めにここでは、「教育制度の基礎たる社会制度の存立をどう理解するか」を取り上げ、教育現象の社会制度的基礎場面を再検討することにした。とくに、社会制度の「場」の理論を基礎にして教育制度の「生成」に焦点づけ、自己創成（オートポイエーシス）を存立せしめる条件を軸に、述語的世界の深層に定位する中から、社会制度の新たな存立の可能性を創出する実践や弁証法を、新たな「制度生成」として描くことになった。しかしながら、最初に意図した制度的「客観性」という問題設定のあり方を問い返すことのなかから、社会制度が「述語的深層の世界」の「隠喩的・換喩的な深層的思考」によって支えられているダイナミズムを明らかにすることには、存分に論及できてはいない。この点については、以下の各章の問題圏において具体的に論及できるように努めてみよう。

[引用・参考文献]

Bateson, Gregory and Bateson, Mary Catherine 1987 *ANGELS FEAR*, Toword an Epistemology of the Sacred. John Brockman Associates InC., New York＝星川淳、吉福伸逸訳『天使のおそれ―聖なるもののエピステモロジー』(青土社、1988)

Berger, Peter & Pullberg, Stanley 1966 "Reification and the Sociological Critique of Consciousness", *New Left Review* no.35, pp.56-71＝山口節郎訳「物象化と意識の社会学的批判」(『現象学研究』第2号、1974、pp.94-117.)

Berger, Peter L. and Luckmann, Thomas 1966 *The Social Construction of Reality*-A Treatise in the Sociology of Knowledge, New York＝山口節郎訳『日常世界の構成―アイデンティティと社会の弁証法』(新曜社、1977)

Berger, Peter L. 1967 *The Sacred Canopy*-Elements of a Sociological Theory of Religion, Double-day & Co., N. Y.＝薗田稔訳『聖なる天蓋―神聖世界の社会学』(新曜社、1979)

Bourdieu, Pierre 1987 *Choses dites*, Éditions de Minuit＝石崎晴己訳『構造と実践―ブルデュー自身によるブルデュー』(新評論、1988)

Burke, Kenneth 1945 *A GRAMMAR OF MOTIVES*, Prentice-Hall, InC.＝森常治訳『動機の文法』(晶文社、1982)

Eisenstadt, Shmuel N. 1968 SOCIAL INSTITUTIONS, DAVID L. SILLS EDITOR, International Enciclopedia of the SOCIAL SCIENCES, VOLUME14, 1968, The Macmillan Company & The Free Press, pp.409-429.

Gehlen, Arnold 1966 *Der Mensch*. Seine Natur und seine Stellung in der Welt, Athenaum, Frankfurt.aM. M. / Bonn＝平野具男訳『人間―その本性および世界における位置』(法政大学出版局、1985)

―― 1975 *Urmensch und Spatkultur-Philosophische Ergebnisse und Aussagen*, Aula-Verlag Frankfurt am Main/Bonn＝池井望訳『人間の原型と現代の文化』(法政大学出版局、1987)

Gerth, Hans H and Mills, C. Wright 1953 *Character and Social Structure ; the psychology of social institutions*, Harcourt. Brace & World InC., New York＝古城利明、杉森創吉古訳『性格と社会構造―社会制度の心理学』(現代社会学大系15巻ガースミルズ、青木書店、1970)

Heinimann, Felix 1945 *NOMOS UND PHYSIS*, Friedrich Reinhardt Verlag, Basel＝廣川洋一・玉井治・矢内光一共訳『ノモスとピュシス』(みすず書房、1983)

廣松渉「現代的世界観への道」(『廣松渉著作集第13巻 物象化論』岩波書店、1996 a)pp.3-6

――「役割理論の再構築のために」(『廣松渉著作集第5巻 役割存在論』岩波書店、1996 b)

苅谷剛彦『階層化日本と教育危機不平等再生産から意欲格差社会へ』(インセンティブ・ディバイド)(有信堂高文社、2001)

河本英夫『オートポイエーシス―第三世代システム』(青土社、1995)

Luhmann, Niklas 1984 *Soziale Systeme*: Grundris einer allgemei-nen Theorie, Suhrkamp Verlag, Frankfurt am Main.＝佐藤勉監訳『社会システム理論』(恒星社厚生閣、1993)

Maturana, Humberto, R. and Varela Francisco, 1980, *Autopoiesis and Cognition*. D. Reidel Publishing Company＝河本英夫訳『オートポイエーシス―生命の有機構成』(国文社、1991)

中村雄二郎『述語的世界と制度／場所の論理の彼方へ』(岩波書店、1998)

――『中村雄二郎著作集 第二期I かたちのオディッセイ』(岩波書店、2000)

大澤真幸「〈公共性〉の条件(上)―自由と開放をいかにして両立させるのか―」(『思想』No.942、2002)

Pascal, M., 前田陽一由木康訳『パスカル―パンセ』(世界の名著24、中央公論社、1966)

盛山和夫『制度論の構図』(創文社、1996)

Scheler, Max 1947 *Die Stellung des Menschen im Kosmos*, Munich, Nymphenburger Verlagshandlung＝亀井裕・山本達訳『宇宙における人間の地位』(シェーラー著作集第13巻、白水社、1977)

清水博「自己組織現象と生命」(岩波講座現代思想12『生命とシステムの思想』、1994)pp.71-120.

第2章　教育の基礎過程における
イニシエーションの意味と機能

1　問題の提起

　イニシエーションという儀礼は、じっさいそのほとんどが過去の遺物であるかのようにすたれてしまい、あるいは残っていても、カルト集団の用いる危険な宗教的なイベントであるかのように理解され、現在において、もはやその現象の教育的意義が取り上げられることは稀であろう。

　たしかに、人類史から見れば、イニシエーションの宗教的起源は争いを差しはさむ余地なく明白なのだが、それにしても、宗教学者のエリアーデが語るように、イニシエーションは特別な人類史的な意義をもっている。

　「まず第一は成人式儀礼で、これによって若者は聖なるもの、知識、性を身につけ、要するにここで一人前の人間となる。第二には特殊化された加入礼で、ある種の個人がその人間状況を超越し、超自然者にひとしくさえなるためにうけるものである。この第二の範疇の加入礼は、なにほどかの特殊性を持つ一定の型を利用もできるが、おおむね成人式儀礼に典型的な型を用いている」(Eliade[1958＝1971：結びの言葉])。

　世界の多様な文化の中にあって、イニシエーションそれ自体は、はるかに古くから行われてきた宗教的・集団的儀礼であった。イニシエーションは人間の成長には不可欠の意義と機能をもつと同時に、あまねく見られる人間社会を統合的に成り立たしめるための社会的儀礼の一形式であった。

　古代に発する人間教育の過程としてのイニシエーションは、ライフ・サイ

クルにおけるさまざまな通過儀礼のなかでも、教育という文化現象をプロトタイプ的に示す集団的儀礼の典型的な型式であった、といってよいであろう。

だが、それが現代の日本の社会でみられるように、イニシエーションが、たとえば「成人式」のようにきわめて形骸化してしまっていることも確かである。

ではどうしてイニシエーションは形骸化してその存在理由も見失われてしまったのか。その疑問を解くのにはすこし人類史を遡ってみればその答えの周辺にたどり着くことだろう。というのも、いずれも名だたる人類学者や社会学者は、それぞれに違う社会構造と文化水準に応じて、多数のイニシエーションの型とその無限の変化型があったことを人類学的に確認しているからである。

さきのエリアーデも言うように、「すべての前近代社会では、イニシエーションの理論と技術に、第一義的な重要性が与えられていたという事実」が重要である(Eliade[1958＝1971：4])。ところが、それが近代化の過程において、M.ウェーバーの指摘にあるように、世俗化・合理化のプロセスをとおして「脱魔術化」(Entzauberung)がすすみ、古来、人間の成長について深い意義をもっていたイニシエーション儀礼が消滅していったのである。

「近代人」は、「聖なるもの」や「超自然的なもの」から離脱し、脱聖化された世俗世界に生きるようになり、教育的に見てもどんどん合理化され近代化され個人化されてきたからだ。前近代社会では、厳粛に不可避に繰り返し行われ、人生そのものといえるほどの重みをもった通過儀礼は、近代以降急速に廃れ、科学的合理主義の台頭、宗教的世界観の否定などにより、制度や慣習としての深い意義をもったイニシエーションは急速に消滅したのである。

かくて近・現代人は、明瞭な人間像を欠き、確固とした世界観をもたず、社会的連帯性を喪失し、孤独な自我像を欲望のおもむくままに追求するようになった。だがこのような人間形成の帰趨はそのままに是認できるだろうか。個々人の望むままに孤立化して生きる人格の形成が現代の教育の使命たりえようか。このままであれば、現代人とその世界の行き末が混沌と絶望の淵に陥ることは必定であり、子どもたちをめぐる「教育問題」は増大するばかりではないか。

教育が目的を失い機能不全に陥ってひさしい現代にあって、あえて教育過程を人間社会のイニシエーションの存在理由から問い返そうとするのは、こうした危機意識にもとづいているからだ。イニシエーションが人間の成長の促進に果たす決定的に重要な意義と役割を明確に確認すること。そしてその上で、教育過程に取り戻すべき視点がいかなる問題でどこを克服すべきかを点検していくこと。この二点が当面の主要な課題である。

　結論先取り的にいえば、イニシエーションは、儀礼に表現されるシンボリズムを通して、個人に試練を課しながら、繰り返しある特定のステータスから、別の特定のステータスへと移行させる、教育のプロセスそれ自体の祖型を示す。

　民俗学者ファン・ヘネップの凝縮した表現を借りれば、(1)分離、(2)移行(過渡)、(3)統合、という通過儀礼(rites de passage)の三段階が、人間の成長過程と教育過程に作用する内容としてきわめて重要である(Gennep[1909＝1999＝1995])。脱聖化された現代においてもそれは、また人間教育のミクロな対面的な過程においても重要なのである。

　エリアーデ流に表現すれば、より完全な人間になるためには、このプロセスを辿ることによって、象徴的に繰り返し死んで、「始め」に戻ることが必要なのだ。イニシエーションには、(1)分離、(2)移行(過渡)、(3)統合、というシンボリックな「生と再生」の体験が含意されているからにほかならない。

　現代の若い世代には、学校教育を含めて、こうしたイニシエーションの機会がほとんど与えられていない。「イニシエートされていない人」は自我コンプレックスの「トランジション」の経験をもたないために、社会的な人格を喪失したまま、いじめ、非行その他の反社会的行為に走るのかもしれない。

　現代社会が抱える子どもの教育をめぐる問題はまことに根深いとはいえ、教育の基礎過程がいかなるものであったかを確認することは、教育を再発見し現代教育の制度化の難点を省察するためにも決して無駄なことではないだろう。

2　原初的養育過程とイニシエーションの始動

　まずは教育の原初的意味を知るためにも、家族や親族における子どもの養育過程からイニシエーション儀礼に転化する人類学的・文化的契機を検討しておこう。

　文化人類学者であるB. マリノフスキーは、人間の養育過程にしめる「文化的教育」が人間の生活に特有な「文化的習慣」を生みだすメカニズムに注意を促している（Malinowski［1962＝1993 : 288］）。その事情はこうである。

　われわれが関心を「人間の生における観察可能な親族関係の変化」に集中すれば、「親族関係が展開してゆくドラマのなかで登場する人物」の変化が捉えられる。これらの登場人物たちは、当初あきらかに三人（二人の親とその子ども）からなる。そこでのドラマの展開は、一見すると、懐妊、妊娠、出産という生理学的な過程であるかに見えるが、むしろそれらは文化的伝統に即して解釈されるべきだ。

　たとえばどの社会にも、懐妊の属性と原因に関する理論がありうるが、しかしそれとても、慣習的に守るべき務めの体系、宗教、呪術ないし法的な体系に認められ支えられている。それらこそが母親の、そして時には父親の行動を決定づけているのだ。とくに、妊娠中に両親が守るべき数多くのタブーがある。こうして、親族関係の生物学的基礎はひとしく文化的なのである。

　さらに、B. マリノフスキーは、親族関係はひとしく「個人的な側面」をもつとともに、またほとんどの場合「共同体的な側面」をもつ点に及ぶ。そして、それぞれの側面は異なる過程の産物でもあるが、その産物は個人的・共同体的に「異なった教育的機制」によって形成される。教育機制は、したがって、それぞれに独特の充足すべき役割をもっている。だとすれば、真に科学的な態度は、実際の個人的・共同体的に「異なった教育的機制」の、親族関係の二つの局面のいずれに、その存在の道徳的な権利や論理的な正当性があるかを論ずることではなく、その相互の関係を研究することが重要なのである。

　してみると、家族においては、メンバーの統合の過程と、もう一方では部分的に分解していく過程を、教育的機制を通して理解できるのである。家族は教育過程によって一方では統合されていく側面と、反対に他方では親から

の分離、親の家族からの分裂する側面を見ることができる。多くの社会において両親は子どもを教育し物質を供給するばかりではない。幼少のときの親族の絆は第一段階に端を発し、一生を通して持続する。しかしそれらの絆は一方ではいわば統合の過程を、そしてもう一方では部分的な侵食と分解の過程を経過するのである（Malinowski［1962＝1993：294］）。

初期の段階における家族の絆の統合は、子どもが両親に生理的に依存することに始まる。依存はやがてゆっくりと、幼時の本能を訓育することに変化してゆき、そして教育へとつながってゆく。親になるということの社会的な意味をひろく考えるとすでにそこに教育がなんらかの形で結びついている（Malinowski［1927：218-219＝1972：217］）。人間にとって不可欠な文化的習慣を発達させる必要性がある。自分の子どもたちに芸術や工芸の知識や技術、言語と道徳文化の伝統、社会組織をつくりあげている慣習などを教えこまなければならない。なかでも、ことばの教育が日常生活の中で意識されることなく普遍的に行われる。

ことばを「文字の文化」と対照させて「音声ことば」の特性から追求したW-J・オングは言う（Ong［1982＝1993：72］）。ことばは音である。ことばは、事件でありできごとなのだ、と。すべての感覚は時間のなかで生じるのだから、「ことば」と「できごと」は切り離せない。オングによれば、マリノフスキーが明らかにしたように、「原始的な」（つまり、声の文化のなかで生きる）人びとのあいだでは、一般的にいって、言語とは、行動の様式であり、たんに思考を表現する記号ではなかった（Malinowski 1923, pp.451, 470-481）。

声の文化のなかで生きる人びとがふつう、またおそらくは例外なしに、ことばには偉大な力が宿ると考えていること、また音声は力を使わなければ、音としてひびくことがないことはよく理解していた。つまり、なにかが起ころうとする内部からすべての音声、とりわけ口頭での発話が生ずるから、「力動的 dynamic」なのだ。端的に言って、声の文化のなかで生きる人びとがまず例外なしに、ことばには魔術的な力があると見なしている事実は、かれらのことばにたいするつぎのような感覚と無意識下で結ばれている。つまり、ことばとは、かならず話されるものであり、音としてひびくものであり、それゆえ力によって発せられるのだ、という感覚だ。

声の文化においては、ことばは音声にかぎられる。このことは、そうした文化における表現の様式ばかりでなく思考過程をも決定している。というのも、声の文化にはテクストはない。では声の文化においては、どうやって系統だったことがらを思い出すのか。それは、知っているということは思い出せることだが、つまり、記憶術ときまり文句をもつことによってである。声の文化においては、長くつづく思考は、つねに人とのコミュニケーションと結びつく。しかしどのようにして苦労して考え出したものを精神に呼び戻せるのか。答はただ一つ。記憶できるような思考を思考することである。一次的な声の文化では、すぐに口に出るようにつくられた記憶しやすい型にもとづいた思考をしなければならない。このような思考は、強いリズムがあって均衡がとれている型にしたがう。反復とか対句を用いたり、頭韻や母音韻をふくむ。あだ名のような形容句を冠したり、その他のきまり文句的な表現を用いたり、紋切り型のテーマごとにきまった話しかたにしたがう。たえず耳にしているために難なく思い出せ、それ自体も、記憶しやすく、思いだしやすいように型にはまったことわざを援用する。あるいは、その他の記憶をたすける形式にしたがったりすることだ（Ong［1982＝1993：p.76-77］）。

　声の文化にもとづく思考は、それが長くつづくときには、非常にリズミカルになる傾向がある。というのも、リズムは、生理学的にみても、なにかを思い出すのをたすけるからである。ことばを口に出すときのリズムの型、息のつぎかた、身ぶりが、人体の左右対称性と密接なつながりをもつこと。きまり文句は、リズミカルに話すのをたすけるとともに、あらゆる人びとの耳と口を介して流通する慣用表現 set expression として、それ自体記憶のたすけとなる。

　このように声の文化に特有なしかたで教育された人たちの思考の型、（隠喩的）きまり文句が洗練されればされるほど、熟練した技能によってたくみに用いられる慣用表現がますます目につくようになるのである（Ong［1982＝1993：p.77］）。

　かくして、親は、音の文化を通していろいろな技芸を子どもに教える。さらには、このことを起点にして子どもが父親ないし母親の兄弟の仕事、道具、土地ないし猟場を継承することにも連なっていく。また教育は、部族の伝統

の学習を身につけさせてもいく。この場合部族の伝統とは、社会組織と社会のなかで果たす子どもの役割に関するもので、それはふつう子どもが父親ないし母の兄弟から無償で受け継ぐものである (Malinowski[1962=1993 : 294-6])。

こうして、人間の家族は持続しなければならないから、そのときから、文化のもとにある家族ではすでに無償教育の過程がはじまっているのだが、しかしこの場の文化的訓練は、単に生得的な能力を少しずつ発達させるだけではない。技術や知識を教えこむほかに、この訓練は情操の態度を形づくり、法と慣習を教え、道徳性を発達させる。これらすべては、子どもと母親の関係のなかで、ひとつの要素、つまりタブー、抑圧、否定的命令の要素を発動している。つまり、教育の段階においては、複雑で人工的な習慣的反応を形成し情動を情操に組織するということが重要である (Malinowski[1927 : 256=1972 : 248])。

親による教育のこの過程によって文化の連続性が保たれるのだが、この過程の中には、人間の社会における役割の分担の最も重要な形態、つまり指導する者とされる者との間、文化的優越者と劣った者の間にある区分がみられる。教えるということ——つまり、技術的な情報と道徳上の価値を伝える——は、特別なかたちの協同を要することになる。

つまり、親が子どもを教育することに関心を持ち、子どもが教わることに関心を持たなければならないだけでなく、特別な情動的状況もまた必要だ。そこには、一方に尊敬、服従、信頼が、他方に優しさ、威厳、指導することへの願望がなければならない。それに訓練は、何らかの権威と威信がなければできない。真実を明かし、模範を示し、命令をくだすだけでは、目的を達成することはできない。それらは、子どもと親の全ての健全な関係の特徴である、心からの信従と愛情のこもった権威とによって支えられていなければならない (Malinowski[1927 : 219-220=1972 : 218-9])。

親子関係の具体的なかたちは、人間が伝統によって教育されて身につける習慣なのである。法による社会的制裁、世論の圧力、宗教による心理的制裁、相互性という直接的な誘因などが、本能という自動的な動因にとって代わる。慣習、法、道徳規範、儀式的宗教的価値が、親子関係のあらゆる段階に入りこんでくる。

両親に文化的教育という重荷を課すことができるのは、子どもが文化的、社会的反応をどの程度取り入れられるか、子どもの性質によって決まる。さらに、文化に対して人間の持つ関係は、協同作業なしには伝えることができない。一方で文化的教育を、他方では共同作業を可能にすることができるのは、家族のきずなを厳密に生物学的な意味での成熟をこえて、その後までのばすことができる場合なのである（Malinowski［1927：225-242＝1972：224-232］）。

　教育の後期の段階の内容は、物質的財およびそれにともなう伝統的な知識と技能を、伝えることである。それらはまた社会的態度、義務と特権を教えることでもあり、これらは地位や身分の継承と関連している。物質的財、道徳的価値観、個人的な特権を伝えることには二つの側面がある。すなわち、それは、子どものために教育し、努力し、忍耐強くはたらかなければならない親にとって負担となること、さらに両親にとって自分たちの貴重品、財産、独占的な権利を譲り渡すことでもある。

　こうして、両方の理由のために、世代から世代へと文化を伝えることは、強力な情動的基礎に基づいて行われないと不可能である。これは、愛着という強い情操で結ばれた個人のあいだでおこなわれねばならない。社会はそうした情操を形成する際、たよるべきただ一つの源として、親としての傾向という生物学的資質しかもたない。

　こういうわけで、こうした側面における文化の継承は、子どもに対する親の生物学的な関係といつも関連しており、それはいつも家庭内で行なわれる。（Malinowski［1927：266-268＝1972：256-257］）。

　家族からの分離、とりわけ母親の支配からの分離、母親の兄弟、ときには父親の姉妹ないし兄弟の影響のような外部からの影響、イニシエーション、新たな世帯の形成——これらすべての影響はもともとの親子の絆に反作用し、親子の絆と親の影響の持続性をそこねる方向に働く。

　だがこうした分裂的な影響は、親族関係の否定までを意味しない。母系社会では、母の兄弟が母系氏族の核となっているが、部族法とりわけイニシエーションで劇的に与えられる事柄に習熟することは、少年を家族内だけの教育から引き離すいっぽう、当人に氏族への一体感と連帯感の観念を吹き込む（Malinowski［1962＝1993：296］）のである。

しかしある年令になると、男の子は家庭から離されて世の中へ送り出されるときがくる。イニシエーションのある社会では、これは手のこんだ特別な制度によってなされるが、そのなかで法と道徳のあたらしい秩序が新参者に説明され、権威の存在が示され、部族の置かれている状況が教えられる。それらはしばしば苦行や試練によってからだにたたき込まれる。
　イニシエーションは、少年を家庭という避難所から引き離し、彼を部族の権威に従わせることにある。イニシエーションのない文化では、その過程はゆるやかで散漫だが、それがまったくないということはない。少年は、家を離れたり家庭の影響から自分を解放することを少しずつ認められ助長されるようになり、部族の伝統を教えられ、男の権威に従うようになるのである（Malinowski[1927 : 257-8＝1972 : 249]）。
　イニシエーションを行う共同体においては、そうした慣行の社会的な役割はしばしば家族から子どもをひきはなすことにある。とくに母親の影響から離して、氏族制の母系か父系のどちらか一方の繋がり、とりわけ同じ氏族の男性の成員との絆を認識させる点に、イニシエーションの機能が存在する。家族からすると、このことは統合化というよりも分裂を促す影響にほかならない。男子ないし女子は家族から離れ、外婚の規則によって自分が氏族の一員であることに思い到るようになる。結婚による新しい世帯の形成は、いってみれば両親の世帯からの最終的な離脱ということになる（Malinowski[1962＝1993 : 295]）。
　かくして、氏族のアイデンティティは部族生活のある特定の局面でとくにめだつようになってくる。大勢の部族民が集まると、氏族の絆が優勢となり、家族の影はほとんど消滅する。さまざまな地域から報告される、大規模な宗教的ないし呪術的な儀式の場合には、とくにそうである。そうした機会には、社会のなかに社会的構造の再結晶化が起り、氏族制が実際に存在することを老若の人びとの心にくっきりと刻みつけるのだ（Malinowski[1962＝1993 : 296-7]）。

3　イニシエーションと教育の構造的類似性

　マリノフスキーが言うように、一方では自然的・生理的教育をこえる文化的教育があり、他方では共同作業を可能にする家族のきずなが基礎となり、その上で人はイニシエーションを体験してきたのである。

　親が子どもを育てる延長で、「教育」がどのように社会機能的に派生したかを見極めるためには、原始社会、あるいはいわゆる未開社会（無文字社会）におけるイニシエーション儀礼を取り上げてみるとよい。なかでもまずは通過儀礼の機能を明確にすると、家族をこえて成り立つ「教育のプロトタイプ」が明確になり、「教育の基本構造」が浮かび上がってくる。それというのも、いかなる社会であれ、親が子どもを育てる過程において社会的に「一人前」の人間として承認するイニシエーション儀礼が必ず見出されるからである。

　どのような社会でも、生まれてから死ぬまでの人の生涯には、さまざまな段階の社会的区分がある。年齢または職業集団の間には、よく発達した区分があり、成長に伴う個人や集団の社会的地位の変化と移行がある。人の成長や変化を容易にし、ある段階から次の段階へ移行することを促す儀礼（誕生祝、成人式、結婚式、特定集団へのイニシエーション儀礼、歳祝、葬式など）が「通過儀礼」（Les Rites de Passage）として執り行われる。

　民族学者ファン・ヘネップは、さまざまな通過儀礼の事例の中にそれらに共通する「儀礼の構造」を見出した（Gennep［1909：3-4＝1999：8］）。通過儀礼とは、個人や集団をある状態から別の状態へ、ないしはある世界から他の世界へ、ある特定のステータスから別のステータスへと通過させることである。彼は儀礼の構造が①分離期、②過渡期（移行期）、③統合期という3段階から成ることを見出した。

　さらには細分化して「分離儀礼」（rites de separation）、「過渡（移行）儀礼」（rites de marge）、「統合儀礼」（rites d'agrégation）の三つに分類した（Gennep［1909：14＝1999：16］）。そして、それぞれの儀礼を「境界状態」（リミナリティ liminality）（＝さまざまな見習い期間）」を軸にして、理論的には前リミネール期（préliminaire 分離）、リミネール期（liminaire 移行）、後リミネール期（postliminaire 統合）として図式化したのである（Gennep［1909：27＝1999：26］）。

通過儀礼のなかでも、「イニシエーション initiation」は、一般には「成人式」、「入社式」、あるいは「加入礼」とも表現される。それは社会的な承認をうるための通過儀礼であり、成人式などの儀礼、年齢集団・秘密結社・宗教集団などの加入儀礼である。それらの儀礼には、社会的に定められた特定の試練や死と再生のシンボリズムが伴うことになる（清水1988：117-145；大林1972；綾部1975）。

　イニシエーションに代表される「通過儀礼」では、常に文化的なさまざまな関門が設けられ、さまざまな形の試練が通過者と社会全体に課される。それを無事にくぐり抜けた者が通過してこそ、より上の地位を得ることができる。だが、この"くぐり抜ける"関門には、その社会の文化的な工夫が、知識の伝授から芸能まで最大限の趣向をこらして設けられる（青木［1984：295］）。こうした関門をくぐり抜けること、さまざまな試練や修練が課されること、さしずめこれこそが「教育の基礎過程」の象徴的表現の実質である。

　他方、宗教学者エリアーデは、その著『生と再生——人間文化におけるイニシエーションの宗教的意味について——』において、イニシエーションとは、「一個の儀礼と音声教育群（oral teachings）」からなると論じた（Eliade［1958＝1971：4］）。そしてその目的は、加入させる人間の宗教的・社会的地位を決定的に変更することにあり、きびしい試練をのり越えて、まったく別人に生まれ変わらせることにあるとした。

　彼においても、イニシエーションは三つの範疇に分類された。第一の範疇は、集団儀礼から成り、その機能は幼年期もしくは少年から成人（大人）へ移行（過渡）させることで、親族や年齢階層制社会などの全成員に義務づけられる。これらの儀礼は、「成人式」（puberty rites）、「部族加入礼」もしくは「年齢集団加入礼」とよばれる。

　第二の範疇は、社会の全成員に義務づけられないで、また大部分が個人的に行なわれたり、比較的小集団で行なわれる点で、成人儀礼と区別された。第二の範疇は秘儀集団、ブント（Bund）すなわち結社集団に加入するための儀礼である。秘儀集団は性によって限定されたり、それぞれの秘密が漏れないようにされた。大部分は男性の秘密結社（Männerbünde）を構成するが、しかし女性だけの秘儀集団もある。

第三の範疇は、未開宗教の段階における呪医やシャーマンを召命し、きびしい試練をうけさせながら強烈な宗教体験にあずかるものである。これは超自然者のお召し（"the call"＝よびかけ・「天職」）を通して、呪医とかシャーマンとなるには、より高い地位を獲るために必ず受けねばならない（Eliade［1958＝1971：16］）。

　ファン・ヘネップによるイニシエーションの三段階構造は、V.ターナーに引き継がれ次のように敷衍された。

　すなわち、加入者ないし新参者はイニシエーション儀礼のなかで低い地位と役割から高い地位と役割へと移動し、開放的な役割から秘儀的なそれへと移行する。新参者は森とか洞窟などの隠れた場所に隔離され、境界以前の活動および社会的な相互作用の場から遠ざけられる。そこで彼らは、仮面、さまざまな聖なる物、身体彩色、岩絵など主として非言語的な象徴的コミュニケーションによる教育をうけるのである。

　それとともにしばしば文化の基層をなす難解な起源神話、格言、秘儀言語、歌が教え込まれる。部族社会ではこうした境界状況に付随する特性が遍く見られる。境界状態は、外からみるときわめて単純に見えるが、すぐれて宇宙論的な意味を豊富に含んでいる。

　シンボルを伝達する媒体そのものはそれほど目を惹かないが、伝達されるメッセージはきわめて複雑である。日常性から隔離されて、さまざまな文化におけるこうした隔離は、懲罰、浄化、贖罪、認知、教育、治療、変換などの様相を示すのである。

　基本的にいって、境界状態の過程は、境界以前の社会構造のほとんどすべてを否定し、別の秩序にもとづく状況と関係を肯定すると言える。つまり、以前の社会構造から境界状態が分けられるのだ（Turner［1974＝1985：163-4］）。

　境界状態と以前の社会構造との関係については、エドマンド・リーチが時間概念にまで遡って、イニシエーションにおける「境界状態」（boundary）を検討している。すべての境界は、自然のままに連続しているところに人工的に切れ目を入れた分断である。身体的な経験として現われる生物学的な時間の流れも連続的である。この体験の時間に寸法をつけるために、秒、分、時、日、週などの節目をつけて分断する。だから、それぞれの分節は時間の幅を

もつのだ。その時間の幅が社会的時間に転換すれば、それ自体が、ある時間の長さをとることになる(Leach[1976：34＝1987：73])。

　社会的に認知された存在である個人の全生涯の経過にもこの原則があてはまる。彼(彼女)は一つの社会的地位から次の地位へと一連の断続的な飛躍を行なって地位の移動を繰り返す。子どもから大人へ、未婚者から既婚者へ、生者から死者へ、病人から健康人へ、という具合である。それぞれの地位に留る期間は、社会的な継続期間という社会的な時間の幅をもち、移行を印づける儀礼、つまり成人式、結婚式、葬式、病気なおしの儀礼などは、社会的無時間性を示す時間の間隔なのだ(Leach[1976：34＝1987：75])。

　辺境や閾をよぎるときに常に儀礼がついてまわるが、ここでは二つの点に留意しておこう。すべての人間社会において大多数の儀式は、一つの社会的範疇と別の範疇との間の境界を移ることを仕切る「通過儀礼」だというのが第一の点。イニシエーションがそれのもっとも明白な例である。第二点として、われわれは外界に名前をつけていろいろな範疇に分けたり、その範疇を社会の便宜に合わせて整えたりする。外界を変更できるわれわれの能力はきわめて限られるけれど、脳のなかでわれわれは環境の変更については操作できる内面化された解釈をもつことができる。この点で、われわれは本質的に無限の能力をもつのだ(Leach[1976：35＝1987：77])。

　さらに、E.リーチは「時間の象徴的表象に関する二つのエッセイ」の中で二つの「時間」概念を究明した(Leach[1961：125＝1974：210])。第一に、繰り返しの概念。時間を計ろうとする場合、われわれは自分自身をある種のメトロノーム、つまり、時計の刻む音とか脈搏とか日とか月とか季節の移り変わりとかの循環に関係させる。そこには常に繰り返す何かが存在している。第二に、繰り返さないという概念。すべての生けるものは、生まれ、育ち老い、死ぬ、そしてこれは不可逆的、もとに戻せぬ過程だという意識が働いている。

　要するに、時間がもつ持続とか歴史的連続とかは、二つの基本的経験、(1)自然現象は(自ら)繰り返すものだという経験と、(2)人生の変化はもとに戻らない、という経験に由来している。しかも、現代人の感覚からすれば、それは時間の可逆性から時間の不可逆性へと重点をおく傾向が強まるのだ。

　このように人の生涯の時間の可逆性と不可逆性に視軸をおくと、イニシ

エーションの三段階構造と教育の基礎過程との「構造的類似性」が見えてくる。この点に留意して教育の基礎過程の性格を整理してみると次のように理解できる。

まず第一段階で、社会的人格に成る者は彼(彼女)の最初におかれた状態・位置(役割)の外に出る(「分離の儀礼」)、つまり親元から離れる。次いで第二段階で、彼(彼女)は、世俗的・日常世界の外にある時間と空間の境界状態で、しばらく滞留し、何らかの「聖なる者」として扱われる(ファン・ヘネップの「周縁の儀礼」)。これは「学校"学派"」を含むあらゆる種類の""見習い"結社」に移行するとも言える。そして最後の段階で、彼(彼女)は世俗界・実社会に戻り新しい位置(役割)に就く(「統合の儀礼」)、つまり実社会(日常性)に復帰するわけだ。

こうして人の一生涯をマクロ的に見ると、教育の始まり(分離)、教育の過程(移行)、教育の終わり(統合)、の三つの基礎構造には、分離、移行、統合の三つの段階が対応しているのである。

では、家族(分離)、見習い期間(移行)、実社会(統合)という教育過程の「三段階構造」をミクロ的に見ればどうであろうか。それぞれの段階・局面には、教え育てるというプロセスが基礎的に存在する。つまり、教え―学ぶそれぞれの過程内部において、分離、移行、統合という「三段階構造」が検出できるともいえる。ミクロ的に教育の基礎構造を見てみると、はじめの家族・親族教育においても、過渡期の見習い教育においても、また日常的な実社会における教育においても、それぞれの教育過程において、始まる部分、途中の部分、終わる部分、という三つの区分が連続することが分かる。

すなわち、それぞれの教育の局面において前段の状態からの分離、変化する状態を求めての移行、新たな状態への統合という「三段階構造」を見極めることができる。言いかえれば、それぞれの段階の成長過程やそれぞれの局面における学習過程においても、ある状態からの分離、ある状態に向けての移行、ある状態への統合というミクロな三段階構造が検出できるのである。

これを要するに、イニシエーションにおける「分離・移行・統合」の施行が、それぞれの「分離儀礼」・「移行儀礼」・「統合儀礼」へと社会的に分化することは、構造的に見れば、それは一つのイニシエーション儀礼において、子ども

を「分離・移行・統合」していく「儀礼化」と「社会化」の機能を果たしていることになる。端的に、これは育てることが儀礼化して「教え育てる教育」に展開していくメカニズムにもなっていると言えるのである。

　三つの局面のおおよその仕組みは**図2-1**のように一般化できる(Leach[1976：78＝1987：160])。たしかに全体としては、象徴的な死、儀礼的な過渡期、象徴的再生というように部分に分かれている。ところがこの儀礼は、明らかにある種の時間表象あるいは概念化と必然的に結びつけられている。つまり、この死―誕生の同一化を論理的にもっともらしくすることのできる時間概念であって、基本的には、振子形の概念である。かくて、時間は先へ先へと進むとも考えられるし、円を描いてまわり続けるとも考えられるのである(Leach[1961：133＝1974：226])。

　ところが、社会的時間にみられる不連続は、ある期間の終わりであり別の期間の始まりである。そして生／死は、始まり／終わりの自明で「自然な」表現なのだ。そのため、すべての通過儀礼には死と再生のシンボリズムがもちいられ、そのシンボリズムは多くの事例のなかで、はっきりあらわれているのである(Leach[1976：78-79＝1987：161])。つまり象徴的に言えば、大人が生まれる前に子どもは死ぬことによって、子どもの状態に訣別しなければならないし、また教育の始まりと終わりの間には教育過程が必ず含意されること

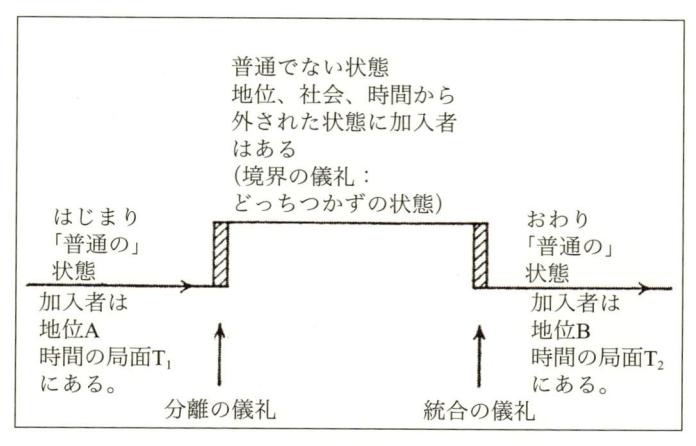

図2-1(Leach[1976：78-79＝1987：161])

になるのである。

　ターナーも言うように、図にあるようなイニシエーション儀礼の隔離期間を例にとると、そこでは、新入者はキリスト教と仏教の僧院生活の慣例と同じような生活をする。彼らはいつも同じ一人の長老とか熟練者から、部族伝承、歌唱、舞踊に関する指導を、時間をきめて授かるのである。べつの時間には、長老の目の前で、狩をしたり、きまりきった課業をはたすことになる。

　聖なるものはまた、神話の形をとることもあり、神秘的な発話としてあらわれることもある。神話や発話自体、そのなかに登場する視覚的なシンボルと同じほどに謎めいている。視覚や聴覚にもとづくこれらのシンボルは、文化のなかで記憶術としての役割をはたす。あるいは情報の「集積所」として作用する。その場合、集積されるのは、実利的な技術ではなく宇宙論、価値、文化の規範に関する情報である。そうして、社会の根源にかかわる知識が世代から世代へと継承されてゆくのである。無文字文化では、文化的ないろいろな蓄積を継承するためには、それを語りや、あるいは規格化されたパターンや作品を繰り返し眺めることによって伝えるといった行為が欠かせない（Turner [1974＝1985：221]）。

4　リミナリティと教育の象徴的機縁

　儀礼を時間の視点から分析したE.リーチは、一年の社会的時間は、一連の儀礼が定期的に区切られ、それが年の進行を告げるのだと言う（Leach [1961：134＝1974：227]）。つまり、日常的秩序から聖なる非日常的秩序への転換をなしとげ、ふたたび日常の秩序へ戻るといった循環を繰り返して一年の周期を了える。全体としての儀礼は、象徴的な死、儀礼的な隔離の期間、象徴的再生の三つのレヴェルからなる。儀礼の過程を通過する者は、象徴的に死に、どっちつかずの生と死の両方から分離された状態にとどめおかれ、そして生まれ変わる。そしてさらに言えば、問題は、このような時間の流れは人間が作ったものだということである。これは、祭礼に参加する社会（デュルケム学派の用語を使えば「モラル人間」である）によって秩序づけられたものである。儀礼そのもの、とくにいけにえの儀礼は、このモラル人間の地位を、俗から聖へ、

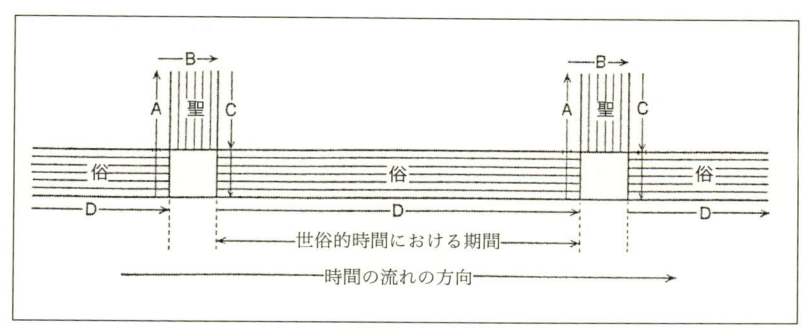

図2-2 (Leach[1961：134＝1974：227])

聖から俗へと変えさせる技術である。こうして全体の流れは四つの区別された局面、あるいは四つの「モラル人間の状態」を含むことになる(Leach[1961：134＝1974：227])。

リーチは図2-2の、A〜Dの各局面を簡潔に次のように説明している。

局面A。ここで聖別あるいは分離の儀礼が行なわれる。モラル人間は俗界から聖の側へ移行する。彼は仮構的に「死ぬ」。

局面B。境界にある状態。モラル人間は、聖なる状態に存在する。どっちつかずの状態にある。一種の仮死状態。社会の日常的時間はとまった状態にある。

局面C。脱聖化あるいは統合の儀礼。モラル人間は、聖界から俗界へ戻される。彼は「再生」する。日常的時間・世俗的時間があらためて始まる。

局面D。これは日常の世俗生活の局面。普通の生活。次の儀礼があるまでの間隔期である。

かくして、局面AからDへいたる一つの過程には、三つの特質がみられる。第一に、儀礼が果す多様な機能のなかで重要な機能は時間の秩序づけである。二つのつながった儀礼の間の休止は、一つの「期間」である。たとえば「週」とか「年」とか名付けられている期間である。祭儀をしないと、こうした期間も存在しなくなり、社会生活からすべての秩序がなくなってしまう。われわれは、社会生活における間隔期を創り出すことによって時間を創り出すのだ。第二に、日常性の中の"期間"は儀礼によって終わり儀礼の終わりで始まるが、同じように儀礼自体にも初めと終わりとがある。そして、儀礼がうまく

時間を秩序づけられるのは、個々の儀礼によるのではなく、全体としてのシステムから個々の儀礼を捉えることによってである。第三には、役割の転換がある。局面Aと局面Cの儀礼は、ある意味では、互いに転倒した関係にある。そのダイアグラムによれば、局面Bはある点では局面Dの論理的な対立物となっている。しかし、局面Dは、日常の世俗生活である。その場合、局面Bに対する論理的に適合する儀礼行動は、正常な生活をあべこべに演ずるのだ。この意味で、「役割転換」の問題がある。それは、俗から聖への完全な移行の象徴であり、正常の時間が休止し、聖なる時間が転倒して演じられ、死が誕生へと切り換わるときである。

　青木氏によれば、これは厳格な形式(公式)性に対する非日常的な乱痴気騒ぎ、蕩尽しつくす「無礼講」と表現されている(青木[1984：264])。

　E.リーチとは異なり、V.ターナーはファン・ヘネップの提起した三段階構造(始まる部分、途中の部分、終わる部分の三つの区分)を受けて、「リミナリティ(「境界状態」)」と「コミュニタス」の概念を発展させた。

　彼は、ファン・ヘネップのいう「リミネール儀礼 rites liminaires」という概念に留目して、その著『象徴と社会』(*DRAMAS, FIELDS, AND METAPHORS*)において、次のような理論を展開した(Turner[1974＝1985：210])。彼によれば、はじめの分離の局面で、個人や集団は、象徴行為を通じて社会構造上で占める定位置や固定した文化条件(「状態」)から離脱してゆく。そして、中間の境界段階になると、儀礼の「通過者」や「境界人」は分類のできない、どっちつかずの曖昧な状態におかれる。そこでは「通過者」や「境界人」は、これから就く新たな地位の属性とも、以前の地位の属性とも関係のない、象徴に富んだ境域を通りぬけてゆくのである。そして最後の局面では、移行が完了した結果、儀礼の主人公が新入りとして、ほとんどの場合、以前より高い地位へ昇格するというかたちでふたたび社会構造のなかへ統合されることになる。

　ところが境界状態の局面では、どっちつかずの状態にあるから、通過者の姿はシンボリズムを通して社会構造の視界からは見えなくなる。すなわちそうした通過者は、文化の規範的な定義や分類という枠組でとらえられず、不可視の存在になるのだ。入門者(イニティアレ、「始めること」)、見習い(ノヴス、「新しい」「手つかずの」)あるいは新入り(新成人)が、こうした範疇に含まれる。

要するに彼らは、構造上の地位を示す徴(しるし)を剥ぎ取られてしまう。そして社会生活の表舞台から隔てられ、隔離キャンプに集められる。その場合、新入りは全員が等しく同格となり、同等の扱いを受ける。

　このような境界状態に生ずるのがコミュニタスである。それは、社会がおのずから作り出すというより、文化や規範がその発生を規定づけているのである。そうした場合に、コミュニタスとは、平等性とか仲間意識を規範とする関係であることを意味する（Turner[1974＝1985：211]）。

　リミナリティにある存在が端的に示されるのは、男性イニシエーションや女性イニシエーションにおける「通過者」（修練を受ける者）であるときである。彼らは、境界にある人間として、受動的であり謙虚であって、指導者に絶対服従し、文句をいうことなくその命令に従い懲罰を受ける。その有様はみんなが同じ条件の下で生きることに慣らされ、また人生の次の段階に適応させるための力を授けられる。リミナリティにある者どうしは、互いに強い仲間意識と平等主義を展開させる傾向にあり、序列や身分のような世俗的な差異の指標は消え、互いに均質化するのである（青木[1984：266]）。

　こうして、「リミナリティ」におかれた人びとが示す行動の特徴、それは、「服従」と「平等」である。つまり、一方では、「通過する者」や「新参者」は権威の命令に絶対服従する。たとえば長老の権威だけが彼らにとっては唯一の権威である。世俗社会の一切の権力や権利義務や法の埒から外されていても、この権威だけには従わなくてはならない。それはその権威だけが、この状態にある人間にとっての、共通の善、共通の規範となっている（青木[1984：275]）。

　なぜかといえば、そこに支配する権威は、「日常的現実」を支配するものとは異なる超体系であり、聖あるいは超自然である。また一般社会の法や規則を超えた、その背後にあって存在を存在たらしめる伝統である。

　「リミナリティ」にある人間はこうした絶対服従を生きると同時に、「全き平等」がそこでの生活の原理となっている。長老の権威への「絶対服従」といい、仲間どうしの間の純粋な「平等主義」といい、いずれも「日常的現実」の世界にあっては、単なる理想であり観念でしかないと考えられようが、「リミナリティ」においては、これは「真実である」というメタ・コミュニケーションのフレームで支えられているのである。

つまり、日常生活においては曖昧でしかありえないことが、どっちつかずの「境界」において、はっきりとした輪郭をあたえられて実現されるのである。これが「リミナリティ」における、日常的な社会秩序に対する「反省作用」である（青木［1984：276］）。

それは「日常的現実」では決して実現されない、そして曖昧にしか認知されない人間のあり方を、「理想化」して示すことにあるのだ。青木氏によれば、儀礼と遊びが、メタ・メッセージとして、「真実」と「虚偽」を表すように発せられるという。このことは、とくにイニシエーション儀礼には端的に現わされることである。ここで表現されるのは、さらに深くかつダイナミックに「理想化」と「反省作用」を示すことである（青木［1984：278］）。

しかし、この「反省作用」には、二つの方向があった。それは「絶対服従」と「平等主義」である。言いかえれば、「拘束」することと「解放」することとの二つの方向である（青木［1984：278］）。

リーチが図2-2で明快に図式化した儀礼の二つの要素、厳粛と乱痴気、そして両者の役割変換は、人間と社会の存在論的なパラドックスを示している。このパラドックスこそ、儀礼のあたえる「解放」と「拘束」に他ならず、両者ともにその絶対性において、「日常的現実」で受けとめられることのできない性質のものなのである（青木［1984：302］）。

ところでV. ターナーは、「リミナリティ」から「コミュニタス」への展開のなかで、コミュニタスという関係概念を、社会構造の概念と対照させて扱っている。ここでは、その要点となることに言及しておこう（Turner［1974＝1985：218-9］）。

まず、社会構造とコミュニタスとの差異について再考すると、そこには第一に、社会とは構造上の地位が分化し、分節化した体系であることを見出す考え方に気づく。第二に、社会を均一でかつ未分化な全体ととらえるまったく反対の考え方もある。第一のモデルが、ターナーがいう「社会構造」についての予備的な見取図である。その場合、社会構造を構成するものは地位と役割であって、具体的な個々人ではない。そこでは個人は自分の果たす役割のうちに分節化されてしまうからだ。つまり、唯一無比の個人とはちがい、ペルソナと呼ばれる役割の仮面が構成単位となっているからである。

それに対して第二のモデルがコミュニタスであり、文化のなかにしばしば登場するものである。文化の面でいえば、始源的かつユートピア的、あるいは千年王国的な形で表現されるのがコミュニタスである。ターナーによれば、その場合社会とは、個人を構成員とする、自由で平等な仲間たちから形成されるコミュニタスなのである。

　こうして、第一のモデルと第二のモデルとを関係づけて考えると、私たちが体験しているところの「ソキエタス」あるいは「社会」には、社会構造もコミュニタスも含まれており、その混淆に違いがあるにしても、それは一つのまとまりある過程であり、いわゆる操作モデルとして考えられる（Turner［1974＝1985：219］）。

　ターナーとは違って、J. S. ラ・フォンテインは、イニシエーションの執行者の権威が正当化される方向を追求している（La Fontaîné 1986 ＝2006：153）。彼女によれば、イニシエーション儀礼は子どもと大人の地位の区別をもたらすが、これは社会的定義の問題である。この区別およびこれに関連する、「男」と「女」という言葉で表される社会的役割、つまりジェンダーの区別は、社会組織の基本的要因なのだ。この二つは社会に関与するすべての者にとってきわめて重要であるが、それにしてもイニシエーションによって社会的責任を担う人格に変化することはさまざまな差異を示すことになる。だからして、儀礼的行為の目的は、その知識を有する儀礼を執り行う資格のある者が力を結集することによって成し遂げられる。

　その結果、儀礼の成功は、そうした技術の有効性を示し、それによって伝統的権威の力を誇示することになる。伝統的権威の力を誇示することのなかでも、イニシエーション儀礼には、一連の出来事の中で、試験とでもいうべき要素が存在する。こうした試験に通ることは、イニシエーションの受け手の新しい地位の相応しさを示すことであり、また同時に、儀礼そのものの効能を示すことになる。

　重要なのは、こうした試験では、イニシエーションの執行者に対して正しく応答することであり、イニシエーションの受け手が新たに認めた権威へ服従を課すことである。試験は、儀礼が滞りなく進んでおり、効果があることを示す上で重要な貢献をするのである（La Fontaîné 1986 ＝2006：252-3）。

5　教示の構造の権威的シンボリズム

　情報の「集積所」として働くイニシエーション儀礼において、宇宙論、価値、文化の規範に関する情報や知識が世代から世代へと継承されてゆくことについてはすでに言及した。そこでは、文化的な蓄積が継承されるために、語りや規格化されたパターンや作品を繰り返し教え伝える行為が欠かせなかった。そして重要なことは、移行を体験しつつある人間は神話や儀礼から、彼の移行のうちに含まれた社会関係の包括的なパターンとそれがどう変化するかについて学ぶことになった。そのため彼は、コミュニタスを体験することを通して社会構造に関する理解を深めてゆくことができた（Turner［1974＝1985：222］）。

　どの社会でも新入者は、学びの結果、聖なるものと文化のいろいろな面とのあいだの多面的な関係に気づくようになる。上下、左右、内外といった、諸関係の構造のなかで、聖なるシンボルが占める位置について学ぶのだ。そればかりか、性、色、配列、密度、温度といったシンボルの示す重要な属性から、宇宙や社会の重大な要素がどのように関連しているかを学び、このような結びつきを織りなすヒエラルヒーについても学ぶ。新入者は神話や儀礼の細部に宿り、視覚、聴覚、触覚のさまざまなコードで示された出来事と事物とのあいだの相同性の下に横たわるものを知ることになる。

　レヴィ＝ストロースはそれを「感覚のコード」とよんだが、この場合、媒体がそのままメッセージとなり、その媒体は、驚くほどきめ細かく構造化された、非言語的なものを示しているのである（Lévi-Strauss［1962＝1976］）。

　ターナーは、こうしたコミュニタスのもつ境界的な状況からある種の構造性を引き出した（Turner［1974＝1985：223］）。どのような構造性であるかといえば、それは社会構造とは異なり、むしろシンボルとアイディアを教えて伝達する教示の構造のことである。つまりそこには、レヴィ＝ストロース流の構造を容易に見出すことができる。

　レヴィ＝ストロースのいう構造は、新参者の心性のうちに、生成的な規則、コードそして媒体を刻印するものである。言いかえれば、このようなことのなかに、レヴィ＝ストロースのいう「具体の論理」を見出すことができる

(Lévi-Strauss［1962＝1976］)。「具体の論理」の背後には、人間精神ないしは人間の頭脳それ自体の普遍的構造が認められる。この教示的な構造が伝えられることで「具体の論理」が新参者の心のうちに植えつけられ、そのためには文化における重要な分類と範疇とが、神話、シンボル、それに儀礼を通して表現されることになる。すなわち、部族民が文化の深層構造、いな宇宙の深層構造についての知識を得るには、「具体の論理」を提示できるような教示の構造が大事な役割を担うのである。

　ターナーによれば、それは、アウグスティヌスのいうラティオネス・セミナレス、「生成の原理」のことであり、その原理をアウグスティヌスもマルクスも、有機体の発展と生長という点から、社会の運動を示すメタファーとして用いたのだった(Turner［1974＝1985：224］)。こうした深層構造に及ぶ「生成の原理」こそは、自文化を当たり前と思っている人に対して、彼らの公理や所与とするものを再考させるという意味で、教育的な機能を果たすといえよう(Turner［1974＝1985：245］)。

　これに対して、イニシエーションの目的がその執行者による伝統的知識の教示にあると見たラ・フォンテインにとって、事態はそれほど簡単ではなかった。儀礼上の知識として教えられることの多くは、何をすべきか、どのような素材を用いるべきかについてのものである。そうしたもののなかには、儀礼のエキスパートによって伝えられる奥義のようなものがあり、エキスパートは特別の知識を、それに関心をもち、資格のある後輩たちに教える。

　しかし、儀礼の場で伝えられる知識の多くは実生活での経験、および社会関係などに関する印象や連想などに基づいた事柄である。儀礼は経験に秩序を与える概念や考え方などを表したり、理想的な社会関係のかたちにおける道徳的権威を与えたりする。だが同時に、目の前で行われている儀礼を理解する上では、経験がものを言うこともある。

　このように儀礼に参加しながら新しい世代の人々がなすべきことを学び、経験によって理解が増していけば、儀礼の知識は明らかに年配の男たち、女たちの権威を支えるものとなる。階梯を上っていくことが儀礼の知識によろうが、あるいは富や政治的手腕といった資質によろうが、知識の獲得と個人的な達成とを強調することが、秘密結社の特徴なのだ。儀礼そのものは幹部

たちの権威と地位と知識とを結び付ける役を果たしているから、これが彼らの権威の基盤となっている。儀礼の有効性が共有された知識のもつ力を確認することになるから、知識と力の等価性が示され、権威に正当性が与えられるのだ（La Fontaîné［1986＝2006 : 254-5］）。

かくして、教示の構造を支えているのは正当化された専門家の権威である。すなわち、イニシエーションの参加者がその執行者の権威を正当化する働きをしている。青木氏によれば、一方の儀礼過程は全体として、上位レヴェルからの階層序列的システムによって操作されている。この象徴的性格は、上位レヴェルのモデルに従って作られており、社会の秩序を確かなものとして、それを維持するために行なわれる。

そして、儀礼のシンボルは、個人の内面性と客観的な社会秩序との間に、整合的でシンメトリカルな関係を作り出し、それを確かなものにする。そして反面では、これが子どもの地位から社会的人格への地位への社会的移行のメカニズムを形づくることになる。こうして、イニシエーション儀礼が、一つの地位から次の地位への変換を可能とするメカニズムでありながら、他方では、その変換は通常「少年（少女）から大人」へというような「下から上」への変換を意味するのである。

それは社会秩序の、あるいは社会的ヒエラルキーの確認の行為に他ならず、「上位レヴェル」によって組織されたものを「下位レヴェルから」正当化することになるのである。イニシエーションは社会の「上位レヴェル」からのヒエラルキー的統合のメカニズムを有するのであるから、その場合の「上位レヴェル」は社会の権威ないし権力の発生場を基盤にして作られたものである。だから、イニシエーション儀礼それ自体は一つの社会秩序を作り出すのだ（青木［1984 : 295-7］）。

それでは、シンボルとアイディアを教える教示の構造と、「下から上」への権威ないし権力の発生場を基盤にしている社会秩序とは、どのような関係にあるといえるのだろうか。それに答えるにはなによりも、イニシエーション儀礼のシンボルが個人の内面性と客観的な社会秩序とを接合するメカニズムにまで立ち入って点検してみなければならない。

ところで、いちはやくM. モースは、身体技法論において、社会生活にお

いて身体が作られること、しかも身体の使い方が教えこまれることを確認していた(Mauss[1968＝1976])。また、M. ダグラスはモースの技法論をさらに発展させ、身体と社会のあいだの隠喩的関係のなかで、身体が社会的状態を表現すること、「表現の媒体としての身体」に論及していた(Douglas[1970＝1983])。これらの所論を受けて、坂井信三氏は身体はつねに社会のイメージに合わせて作り直され、こうした身体の作り直しには、多くの場合儀礼が伴うことを観察している(坂井[1988 ; 194])。ではどのようにしてか。

　身体を作る儀礼行為をここでは坂井信三氏にならい、「身体加工」と呼べば、身体加工の主なものは、装飾、記号、変身、象徴である。なかでも、象徴的とよばれる「代表的なものは、イニシエーションにおける割礼や研歯、スカリフィケーション(scarification)などの激しい苦痛を伴う処置である。これらの加工は他者に向ってメッセージを伝えるばかりでなく、それ以上に自己の身体の内部に向ってメッセージを刻みこむ。この場合、身体に加工を施すこと自体が人格に対する加工であるという信念にもとづいて、社会的人格の変換をめざして加工が行われる。恐怖や苦痛に耐えて試練を克服することはその人格の変換を確実なものにする」のである(坂井[1988 ; 206])。

　このように、儀礼を通しての「身体の作り直し」と「作られる身体」が儀礼の象徴作用と権力作用とを接合するということができるであろう。一方では、なるほど、象徴とは、色や音、匂い、手ざわりといった感覚特性をもつところにその特徴があり、象徴の固有性は、これらの特性を通じて人間の心理と身体の深層に働きかける能力をもつのである。その意味で象徴とは、人間がみずからの心理―身体の層に働きかけるための一種の素材、手段である(竹沢[1987 : 299])。

　もう一つには、儀礼が人間の内なる自然としての衝動や情動、記憶といった要素に形式と安定を与えようとすること、しかも、儀礼体系は心的作用と同じくらいの重要性をもって社会的機能と権力的な機能を果たしていることである。つまり、人間関係を差異化、序列化すると同時に、社会の枠組を課し、社会をある形態に保つという機能である。かくして、社会において秩序が維持され、社会の統一性が保持されるのはまさにこの儀礼の効果によるものであり、社会的秩序と心的秩序が同時に達成されるのである(竹沢[1987 :

299-301]）。

　この章では、教育のプロトタイプに遡って「教育の基本構造」を明らかにしようとしてきた。そして、親が子どもを育てる延長において、教育がいかなる社会的機能から派生したかを見極めるために、イニシエーション儀礼を取り上げて検討をくわえることになった。教育の基礎過程をイニシエーション儀礼を軸に再考することで、通過儀礼の①分離、②移行（過渡）、③統合という三段階構造が「教育の基本構造」に対応していることを理解できたと考える。

　すなわち、これをマクロ的に視れば、教育の始まり、教育の過程、教育の統合は、それぞれに家族教育、過渡期の見習い教育、日常的な実社会の教育に、構造的に対応するであろうし、さらには、これをミクロ的に視れば、それぞれの三つの段階の教育の一つ一つからは、「前の状態からの分離、新たな状態への移行、次の段階への統合」という「教え─学び」の三段階構造が理解できることになる。このようなミクロな三段階構造が教育の基礎過程の基軸になっていること、その上にたって、「教示の構造」の権威的シンボリズムが成り立つことを論証できた。

　こうした第1章の社会制度の「場」の理論と第2章の教育のプロトタイプ論を基軸にして、次の二つの章においては、世代間の交換（互酬性）と世代継起から「命令と禁止」にもとづく「第一次教育機制」の働きによって、一つには、子どもの価値意識、規範意識、役割意識が内面化されていくこと、このことによって二つには、子どもが「満足をひきのばすこと」、まさしく子どもは、慣習的行動（pratique）としてのわざ・術（art）を、「自己の戦略」（monnaie de prestige）〔生きる術〕として獲得していくことを提起してみよう。

［引用・参考文献］
青木保『儀礼の象徴性』（岩波現代選書100、岩波書店、1984）
綾部恒雄『秘密結社』（現代のエスプリNO.90、1975）
Douglas, Mary 1970 *NATURAL SYMBOLS* Explorations in Cosmology Barrie & Rockliff, London＝江河徹・塚本利明・木下卓訳『象徴としての身体コスモロジーの探究』（文化人類学叢書、紀伊國屋書店、1983）
Eliade, Mircea 1958 *Birth and Rebirth*, Harper & Brothers Publishers, New york＝堀一郎訳『生と再生──イニシエーションの宗教的意義─』（UP選書75、東京大学出版会、1971）
Gennep, Arnold van　1909 *LES RITES DE PASSAGE*, ÉTUDE SYSTÉMATIQUE DES RITES, ÉMILE

NOURRY＝秋山さと子・彌永信美訳『通過儀礼』（新装版、新思索社、1999）＝綾部恒雄・綾部裕子訳『通過儀礼』（弘文堂、1995）

La Fontaîné J. S., 1986 Initiation Ritual＝綾部真雄訳『イニシエーション儀礼的"越境"をめぐる通文化的研究』（弘文堂、2006）

Leach, Edmund R., 1961 *Rethinking Anthropology*, London＝青木保・井上兼行訳『人類学再考』（思索社、1974）

――― 1976 *CULTURE AND COMMUNICATION* The logic by which symbols are connected. An introduction to the use of structuralist analysis in social anthropology, Cambridge University Press＝青木保・宮坂敬造訳『文化とコミュニケーション―構造人類学入門―』（文化人類学叢書、紀伊國屋書店、1987）

――― 1982 *SOCIAL ANTHROPOLOGY*, Fontana Paperbacks＝長島信弘訳『社会人類学案内』（岩波書店、1987）

Lévi-Strauss, Claude 1958 *ANTHROPOLOGIE STRUCTURALE* Librairie Plon, Paris＝荒川幾男・生松敬三・川田順造・佐々木明・田島節夫共訳『構造人類学』（みすず書房、1972）

――― 1962 *LA PENSÉE SAUVAGE* Librairie Plon, Paris＝大橋保夫訳『野生の思考』（みすず書房、1976）

――― 1962 *Le totemisme aujourd'hui* P.U.F.＝仲沢紀雄訳『今日のトーテミスム』（みすず書房、1970）

Malinowski, Bronislaw 1927 *Sex and Repression in Savage Society*, The International Library of Philosophy and Scientific Method, London ROUTLEGE & KEGAN PAUL LTD＝阿部年晴・真崎義博訳『未開社会における性と抑圧』（社会思想社、1972）

――― 1944 *A SCIENTIFIC THEORY OF CULTURE*, The University of North Carolina Press, U.S.A.＝姫岡勤・上子武次訳『文化の科学的理論』（岩波書店、1958）

――― 1962 *Culture and Myth*, Rupert Hart-Davis "Sex, Family and Community"＝梶原景昭訳『性・家族・社会』（人文書院、1993）

Mauss, Marcel, 1968 "Les techniqu du corps" in *Sociologie et Anthropologie*.＝有地亨・山口敏夫訳『M.モース 社会学と人類学 II 』（弘文堂、1976）

大林太良編『儀礼』（現代のエスプリ60、至文堂、1972）

Ong, Walter Jackson 1982 *Orality and Literacy*, The Technologizing of the Word, Methuen & Co. Ltd. ＝桜井直文・林正寛・糟谷啓介訳『声の文化と文字の文化』（藤原書店、1993）

坂井信三「身体加工と儀礼」（青木保・黒田悦子編『儀礼―文化と形式的行動―』東京大学出版会、1988、所収）

清水昭俊「儀礼の外延」（青木保・黒田悦子編『儀礼―文化と形式的行動―』東京大学出版会、1988、所収）

竹沢尚一郎『象徴と権力―儀礼の一般理論―』（勁草書房、1987）

Turner, Victor W.1974 *DRAMAS, FIELDS, AND METAPHORS* Symbolic Action in Human Society Cornell University Press＝梶原景昭訳『象徴と社会』（文化人類学叢書、紀伊國屋書店、1985）

第3章　教育の基層——世代間の交換と世代継起

1　問題の提起

　社会学者デュルケムの定義にしたがって、「教育」を広く理解すれば、よく知られているように、教育とは「成人世代による未熟な世代の《組織的・方法的社会化》(socialisation méthodique)である」ということになる[1]。この定義において、はっきりしていることは、教育が、古い世代としての「先行する世代」と新しい世代である「後続する世代」との間で成り立ち、それらの「世代間交換」としての「相互行為」(社会的・文化的コミュニケーション)に基礎づけられていることである。それはそうだとしても、では「世代間交換」に基礎をおく「組織的・方法的社会化」とは一体いかなることか、というと、この点は必ずしも明確ではないのである[2]。

　そこで、この章では、あらかじめその具体像を得るために、問題となる《組織的・方法的社会化》を構築していくことになる教育事象の全体連関を取り上げ、それら諸要素の全体連関が、いかなる潜在する諸力によって支えられているかを検討する。そして、その方法の手順を以下の四つの構成要因のアンサンブルとしての関係図式(教育関数 F(X))を想定してみよう。

　図3-1の図式にある教育関数 F(X)は、さしずめ大づかみにすれば、(A)社会集団の次元 ×(B)象徴体系 ×(C)年齢階梯の次元 ×(D)主体の構成要因［知覚・思考・表現・行為］の系　という四つの関係システムから成り立つ構造図である。

58　第3章　教育の基層―世代間の交換と世代継起

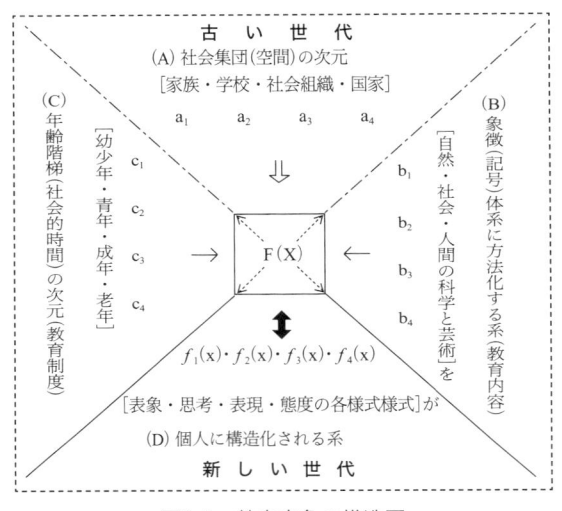

```
                    古　い　世　代
              (A) 社会集団(空間)の次元
              [家族・学校・社会組織・国家]
                a₁   a₂   a₃   a₄
(C)                                        (B)
年                [幼                b₁    象
齢                少                       徴
階                年          ┌──┐   b₂    (記
梯                ・    →    │F(X)│  ←       号
(社               青                b₃    )
会                年                       体
的                ・                b₄    系
時                成          └──┘        に
間                年                       方
)                 ・                       法
の                老                       化
次                年                       す
元                ]                        る
(                                          系
教                                          (
育              f₁(x)・f₂(x)・f₃(x)・f₄(x)   教
制                                          育
度            [表象・思考・表現・態度の各様式様式]が  内
)                                          容
              (D) 個人に構造化される系         )
                    新　し　い　世　代
```

図3-1　教育事象の構造図

　古い世代による《組織的・方法的社会化》を受ける新しい世代の個々人は、(A)次元、(B)の系、(C)次元の関係の総和において条件付けられ、しかも、(D)の系(主体)は、それら関係の束から形成されると同時に、主体の構成要因[知覚・思考・表現・行為]の系として再構築されるのである。こうして、上の図式にある教育関数 $F(X)$ は、こうした関係複合体の、関係態として表現されることになるのである。また、次元と系とのちがいは、現実原則で生起するレアールな事象を含む地平を次元で、相対的にイデアールな観念のレヴェルで操作される事象の範囲を系であらわしている。そして、各次元の四つの項(要素)のそれぞれは、顕在化した要素と考えられ、絶対的な要素ではない。その一つひとつは、その次元(系)の中の各項との示差的差異(écart différentiel)において区別され、価値をもち、意味をもち、したがって分節化される小項目を多分にもちうる。
　こうした意味で、教育の事象は、無限のようで有限の次元におさまり、ほぼ体系をつかむことができるが、しかし各項の機能がそれほどはっきり固定化される訳ではなく、あくまで関係論的に諸要因を取り上げシステム化しうるにすぎない(例えば、教育内容が社会意識を規定するような側面)。
　それに、教育の動態分析をむろん軽視するわけではないが、このような関

係分析が併行することによって、動態分析の不確定要素の検出もまた可能となるように思われる。半ばスローガン的にいわれる自己展開力(想像力・創造力)も一個人が構造化される系の中で定義づけられ、その潜勢力の重要性を科学的に明らかにできるように思われる。

　本稿では、デュルケムの定義をふまえながら、ひとまず「自生的教育」(Education non-institutionnelle)に遡り、主に次の二点を課題にする。一つは(A)と(C)の次元で示される教育制度の社会内在的な構成原理の検討であり、他の一つは、(B)の系で示される文化の型に制約される教育の象徴システムの側面である。もとより、(A)と(C)の次元で示される教育制度の問題には、近代以降の国家の役割との連関が欠かしえず、また、(B)の系で示される象徴体系(学校文化)には言語と科学・技術との両面への関係、しかも子どもの文化の設定の様式が関わらなければならないであろう。

　しかし本章ではその予備作業という意味を含めて、教育事象の基層に遡り、「自生的教育」の発生の現場に立ちあってみる。それには、比較的簡単な社会(いわゆる「未開社会」をここでは「アルカイックな社会」と表現する)に定位して、教育事象を構成する要因を整理する作業に取りかかることになる。

　まずは、親族関係に遡って「世代間の交換」において、教育事象が生起する様態をさぐることになり、そしてそこから、第一に、社会的価値を象徴(あるいは記号)に翻訳する機制を、第二は、それらの価値の担い手としての世代の継起の問題を検討することになろう。

2　親族による子どもへの教育の無償贈与

　まずはアルカイックな社会において、そうした社会に特有な価値がどのように成立するか、その機序を明らかにする。この課題は、社会的価値(文化事象)の維持機能がどのようにして「教育」という社会的装置に委ねられるかの解明に先立ち、社会的事象あるいはその上に立つ文化そのものの文脈全体を社会的背景として、そこから「教育事象」としての「前景」を浮き彫りにすることでなければならない。とりわけ、「社会事象」はトータルな性格を示し、デュルケム＝モースにならっていえば、「もの」(chose)であると同時に「表

象」(représentation)でもあるから[(2)]、ここではなによりも「もの」と「表象」の不可分性を保持しながら、「象徴体系」に凝集する機制を検討してみる。すなわち、まずは社会的価値を象徴(あるいは記号)に翻訳する機制を解くことを先立てることによって、やがて後の諸章において「教育価値」もしくは「規範」の成り立つヴェクトル場(事物の世界と意味の世界)の機制を明らかにしようとするのである。では、教育事象の派生以前の、社会的価値の成立のメカニズムとはどのようなあり方を示すのだろうか。

(i) 社会的交換と互酬性の論理

これまで人類学において古典的機能主義者と見なされてきたB. マリノフスキーは、主にニューギニア社会の直接の参与的観察により多くのモノグラフを残してきた。その中でも彼は、ニューギニア住民の物品の交換のありさまを詳細に観察し次のように伝えている[(3)]。概してそこでは、漁撈採集民と農耕採集民とのあいだで、その産物の交換が頻繁におこなわれてきた現場を問題にしている。ちょうど「内陸地の村落が漁撈採集民に野菜を供給し、海岸側の共同体が漁類でそのお返しをする」ように、生活必需品の交換の観察が行われてきたのである。つまり、二つの共同体はなによりも相互的に依存し合っていること、そして依存し合う一方が「胞族」(phratry)あるいは「半族」(moiety)とよばれ、社会組織を二分する「双分組織」(dualorganization)がそこには見い出されたのであった。

双分組織とは、「あらゆる社会的な相互行為や役務から生じる対称的な統合」の組織をいい、「それがないと、どのような未開共同体も存続しえない」と言われている[(4)]。しかし「双分組織は一部族が二つの半族に区分されるときに明確に現われたり、全く表面にあらわれなかったりするが……どのような未開社会にあっても、そこでは構造の対称性がみいだされ、それが相互性にもとづく義務の不可欠の基礎になっているのである」。そして特定の個人は特定の集団に属し、慣習的にきめられた集団と集団の交換の相手をもつと考えられている。こうしてたとえば、生活を維持するに必要なものの交換は、半族間の経済的な共同関係において行われるのであるが、それにとどまらず、品物の交換の連鎖は、さらに、個人と個人、親族集団と親族集団、共同体と

共同体、地域と地域とのあいだの交換として広がりをみせたのである。それと同じようにして、これらの交換の連鎖は、それぞれの集団のさまざまな下位レヴェルの集団の間においてもさまざまな品物を交換することになり、それらの集合体の結合を強めたのである[5]。

　それでは、交換の基礎単位となる双分組織の特徴とはどのように成り立っていたのであろうか。C. レヴィ=ストロースによれば、端的に言ってそれは、「社会的集団（部族・氏族あるいは共同体）が二つの半族に分かれていることにある。その成員はおたがいにきわめて親密な協働関係から潜在的な敵対関係までになるような関係にあり、一般にそのような二つのタイプの行動をともにおこなうのである。そしてある時は、この半族は婚姻の規制にもちいられることがあり、そのときには外婚的（exogamique）と名づけられる。また他の場合には、半族の目的が宗教的、政治的、経済的、儀礼的な活動にも用いられることがあり、さらにはスポーツ的活動だけに限られることもある」[6]のだ。

　このように双分組織にわり当てられる機能は、必ずしも一様ではない。なぜかというと、それは半族への分割が発生史的にきわめて異なった事情から生じたことにある。すなわち双分組織は、外部からの侵略により生ずることもあるし、相接した二つの集団が、さまざまな理由で混じりあうことによって生まれることもある。双分組織はまた、社会の均衡を維持するために不可欠と考えられる対立的な行動を、その集団内部において、一年の二つの部分、二種類の活動、住民の二つの部分に平均化することからも生ずるのである。発生的な事情はともあれ、大事なことは、こうしてさまざまな集団のレベルで、「相互的給付（prestation réciproque）で結ばれた社会単位の二つのグループ」をみいだすことができるのである[7]。

　このように、双分組織に基づく社会組織の相互的な関係は、まずは大括りにすれば、「相互的給付で結ばれた社会的単位の二つのグループ」の関係として理解できるわけである。しかもそこに見られる「相互的給付」は、実は生活必需品に限られず、さまざまな社会組織や親族組織の間でみられる、外婚的、宗教的、経済的、儀礼的、さらには年齢階梯的というような複合的な機能をおびるのが実際であった。そしてこの「複合的な機能」がさまざまに分節化した下位レヴェルの集団においても成り立っていたのである。

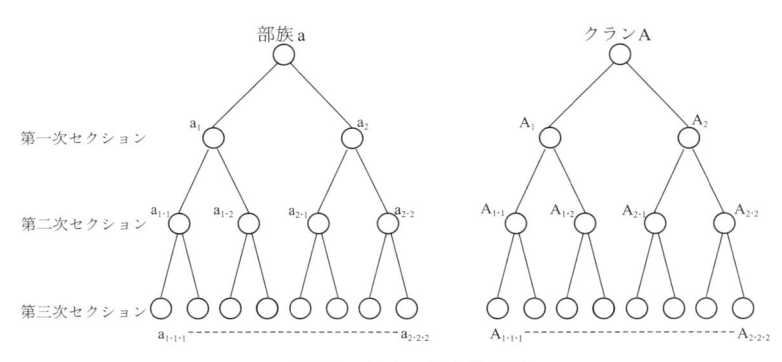

図3-2　リネージ分節体系

　議論が抽象化しないように、ここではエヴァンス＝プリッチャードのいう「リネジ分節体系」（lineage segmentary system）を示すことによって上で説明した「さまざまな集団のレヴェル」の様態を図式的に理解しておこう（図3-2）。

　ところで、分節社会における主要な集団はおおきく社会組織（地縁的関係）と親族組織（血縁的関係）に分けられる。これらはいずれも相対的な関係で分節的に把握されるべきであるが、エヴァンス＝プリッチャードの図式に従うと「集団のレヴェル」は、まず、部族組織が最大の地域集団となる。これが領土的もしくは観念的帰属意識のうえで両半族に分割する。しかし、この半族への分割が氏族組織と一致することもあるし、また一致しないこともある。

　ここでは上の図のようなある部族Σaを想定したとすると、部族Σaは、第一次セクションa_1・a_2に分かれ、その各々が第二次セクション$a_{1.1}$・$a_{1.2}$……$a_{2.1}$・$a_{2.2}$……等に分かれ、これがまた第三次セクション$a_{1.1.1}$・$a_{1.1.2}$・……等に分かれる。第三次セクションにあたるものが普通共同体とよばれる。

　他方氏族（clan）組織もそれと同じように分節する。エヴァンス＝プリチャードはこれを「リネジ分節体系」（lineage segmentary system）とよんだ[8]。たとえば、共通の祖先をクランΣAとすると、リネジ体系は次のように分節する。「最大」リネジはA_1・A_2に分節し、これらが$A.1.1$・$A1.2$……等の「大」リネジに分かれ、これらはまた$A1.1.1$・$A1.1.2$……等の「小」リネジに、そしてさらに「最小」リネジに分節するのである[9]。

　そして、部族Σaと氏族ΣAは必ずしも一致するとは限らないが、下位区分のレヴェルでは、リネジ体系が優越することが多い[10]。このように社会組

織と親族組織は、何重ものレヴェルに分節する。だから双分組織とは、このように分節化するレヴェルにかけられる対称的な組織（必ずしも対応するセクションではない）をいうのであり、「ほとんど双分制をもつ先住民の数と同じ数だけの双分組織の諸形態が存在する」ことになるのである[11]。

(ii) 贈与交換

　双分組織ではたらく交換や相互性の機能は、当然のことながら人間の意識あるいは表象の働きを伴っている。また相互に交換し合う機制が成り立つのは、当事者双方の意識や意向に支えられているからである。そして、この社会交換を動機づける意識こそは、もって生まれた意識ではなく、社会的に形成された双分組織を実践する「意識の使い方」でもある。交換しようとする意識こそは、言いかえれば、そのように交換しようとする行為を社会から教育されて、当事者が学習した「身体技法」であり、「ハビトゥス」に他ならない。この意味で、ここでは、贈与交換が成り立つのには、すでにして社会的に教育された「意識の使い方」、「身体技法」、「ハビトゥス」が形成されていることを含意している。この点にはあらかじめ留意されたい。

　ところで、アルカイックな社会では、贈り物を交換しあうという慣習がよく知られている。慣習として贈り物を交換しあうということは、人びとがその理由はよく知らないがそのように行う、ということを含意している。この慣習的に行われる贈与交換のメカニズムを解明しようとしたのがM. モースであった。E. デュルケムの甥であり優れた後継者であったM. モースはその注目すべき著『贈与論』(1925)において、贈与交換(échange)＝「原初的給付」(prestation primitive)を主題的に取り上げた。彼はその著で二つの型の特徴を問題にしている。一つは、「全面的給付」(prestation totale)＝「単純な給付」といわれるものである。それは、すべてが相互補完的におこなわれ「相互性が全面的」に貫徹する場合を指している。もう一つは、「競争的な給付」(prestation agonistique)であって「贈られたもの以上にお返しをする」という「対立性・不平等性」にまで展開する場合を指すのである。

　まずは第一の「全面的給付」とか「単純な給付」と称される贈与交換を、モースの示すポリネシア・マオリ族の事例に従って取り上げてみよう。この場合、

あらかじめポリネシア人がしめす、《マナ(*mana*)・ハウ(*hau*)の観念[12]》に注目してみる必要がある。これらの観念はポリネシア人には幼少期から社会的に教育された観念ではあるが、近代人になじみにくいものである。それは、モースによると、「呪術的・宗教的・精神的な力を媒介するもの」だという。現住民の理論からすると、それはどのようなものにも、また一切の所有物にも「一つの精神的な力」(un pouvoir spirituel)が宿るというわけである。それはひとに品物を「与え」「受け取り」「お返しする」という義務＝「精神的な力」を品物が宿す、というように人びとに観念される点に特徴がある。いわば、ポリネシア社会に生まれればこのような一種のアニミズムに類する教育が行われていることになる。これが、慣習的に贈与交換が行われるにしても、人びとがその理由はよく知らないがそのように行う、ということの含意である。

　だから、ここでの贈与交換の心理機制は次のように観念され了解されているのである。わたしがある品物(cadeau)をあなたから貰い、それを第三者に贈ったとします。そうしますと、その第三者はやがてわたしに別の品物を贈ってよこします。この場合、第三者は、わたしが贈った物に宿る「精神的な力」から、お返しを余儀無くされるのです。それに、わたしの場合もあなたから贈り物を受けているのですから、同じようにお返しする義務が生じるわけです。というのは——現住民の観念からすれば——わたしはあなたからの贈り物の「精神的な力」をひとり占めにしてはならないのです。「もしこれらの品物をひとり占めしようものなら、わたしは病気とか死という災厄にみまわれるでしょう」[13]。

　だから、「貰ったものにはある生命(une vie)が宿り」、そこには依然として贈り主の一部が残り続けるわけである。「貰ったもの」には、あたかも「お返しの義務」が集合的に観念されてそれを受け取った人を支配するかのような精神がはたらくのである。そこには、住民なりの理論づけがある。つまりおおよそ次のような理論である。物に宿る生命は、物が産みだされた「森、土地、産地のハウに生気づけられ」[14]ており、ハウそのものは「その誕生の地、森や氏族あるいは品物の所持者(propriétaire)のもとへ帰ろうとする」。だから「お返しの義務」(obligation de rendre)を生じさせるのは、その品物自体に内蔵された力によるのだ、という次第である[15]。

また、お返しが義務的に観念されるのは、贈り物を〈与えること〉と、それを〈受けとること〉がともに同じく、義務的なこととして観念されているからでもある。

　それをすこし説明しておこう。まず、「受けとる義務」(obligation de recevoir)が生じるのは、個人が諸集団のあいだにあって、さまざまな「相互関係」におかれ「相互依存関係」を保たないと生活できないからである。個人相互間で「贈り物を受けとらなかったり、取り引きを行なわなかったり、あるいは婚姻や血縁関係を結ばないわけにはいかない。……儀式、婚姻、財産の相続、一連の権利と利害、政治的・宗教的な地位など、一切のものが相補い合い」、相互依存関係にあるからである(16)。このような集団力学からして、規則的・慣習的な「連帯性の交換」(échange de solidarité)が生じ、特定の個人がもし贈られたものを受けとらない場合には、このような慣習的な連帯を破るものとしてそれなりの社会的制裁を受けることになる。

　他方、「与える義務」(obligation de donner)も同じように社会的拘束性をもつ。慣習的に、ものを与えなかったり、あるいは人を招かなかったりすることは、受けとることを拒否するのと同じく戦いを宣することに等しい。それは「親交と協同を否定すること」になるからだ(17)。この点については、のちに詳しくみることになるが、ともかく、社会的地位、身分が高くなれば、集合的に強制されて与える義務が増大する[Noblesse oblige](18)。この機制が展開すれば、与える義務が特権的な地位ときり離し難く結びついて、むしろ「与える権利」に転化するとも言うことができるであろう。

　以上の三つの義務を通じて重要なことは、「贈り物」の中身の問題ではない。むしろそれは、人間と人間との精神的な絆(lien)が事物を媒介にしてつくり出され、さらにそれが人と人との間の全体的な相互依存の関係をつくり出す、ということである。その限り、交換されるものには何が入ってもよく、常に置換可能性を含むことになる。だから「そこには、事物(人の一部)と精神(個人と集団の精神的絆)の混淆が存在するのである」(19)。事実、交換されるものには「食物、女性、子ども、財産、護符(talisman)、土地、労働、奉仕、宗教的・政治的地位」等々、すべてのものが可能である。また、何か事物を贈るということは、贈り主自身がなにものか(quelque chose de soi)、つまり精神、魂、精霊、

本音と呼ばれるようなものをも同時におくることも意味するのだ[20]。こうして「人と物とを包摂する精神と物質の恒常的な交換が地位、両性、世代にそって行われ、……すべてのものが往ったり来たりする」[21]のである。

　おおすじ贈与交換の成り立ちが明らかになったことであろう。しかしいま少し補足することがある。第一に、「全面的給付」という型の贈与交換では、三つの義務に示されたように、あたかも相互的に調和した交換のように、いまだ富とか権力が蓄積されてはいない社会構成体が描かれていた[22]。しかしこれが「社会的擬制」(fiction social)であり、完全なみせかけであることがやがて明らかとなる(敵対関係の産出)。第二に交換されるものは、生活の維持に必要な「生存財」ばかりではなく、そこには「社会生活のあらゆる所産」が含まれる。そしてここで留意されるべきは、品物それ自体以上を意味するもの、威信とか名誉とかを《意味するもの》(signifiant)が「原始貨幣」のたぐいや「貴重品」といわれる威信財によって担われることである。その威信財には個人や家族の名称(称号)、護符、特権、位階、呪文、神話、権威等々の観念的なものが多く含まれているのである。第三に、贈与交換は、「社会生活におきるさまざまな出来事」を契機にして生ずる。どのような個人も自分が成長する過程で必ず「通過しなければならない儀礼」を受けなければならない。つまり、

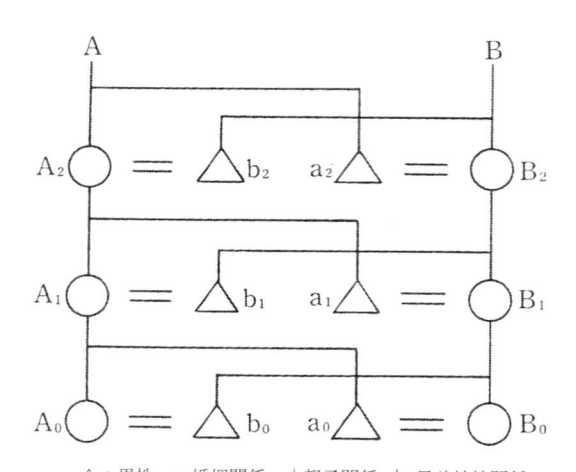

△：男性　＝婚姻関係　｜親子関係　⊓兄弟姉妹関係
○：女性

図3-3　母系双分組織系譜

社会的承認をうるための誕生の祝い、入社式(成人式、成女式)、婚姻、葬式、財産の相続等があり、これらの儀礼が人のライフ・サイクルに節目をつける[23]。

すでに前の章で触れたことであるので重複をさけるが、ここでは、あらためて「通過儀礼」のうちで、「子どもの誕生を機縁にして行われる贈与」の形態に留目しておこう。そのことによって、両親による子どもへの「教育という贈与」(親による教育という無償贈与)がいかに成り立つものであるか、そのための親族組織の条件に注目してみよう。

上に示す **図3-3** は母系双分組織系譜を示したものである。

子どもが生まれるとすぐに父方の親族(分配財産＝ biens de nature étrangère)と母方の親族(相続財産＝biens de nature indigène)の双方から贈り物がとどけられる。これらの贈与は慣習に従って義務的になされ、主に子どものために消費されるものが多い。ここポリネシア・サモア島では子どもは母系出自をたどるので、子ども(男の子)は幼少期は実の父親と暮らすにしても、ある年齢に達すると母方のオジ(母の兄弟)と同居し、母方の財産を相続することになる[24]。それまでは、実の父母のもとにとどまる場合もあるし、母方のオジにひき渡されてそこで養育される場合もある(母方のオジの配偶者は、実の父の姉妹、つまり父方のオバである)。

母系双分組織は、図3-3のような系譜をたどる。母権性ではなく母系制の特徴は、継承されるものが母系的に相続されることにある。したがってAリネジで説明すれば、基本的には、継承されるものは、たしかに図にあるような $A_2 \to A_1 \to A_0$ という女性を通じてのAリネジの連続性において相続されていく。しかし問題なのは、ものというより多くの権利のような場合には、$a_2 \to a_1 \to a_0$ というように母の兄弟(MB)から姉妹の息子(ZS)という系列において継承されることになる点に留意されなければならない[25]。これはBリネジでもAリネジとまったく同様に継承されることになる。いずれにしても、母系制にあっては、母方財産(相続財産)は一般に、氏族とか重要人物に結びつけられた富を表示するもの、権力とか威信を示すものに特徴があるのに対して、父方財産(分配財産)は、多くの場合、日常的な品物とか道具類、とくに父の個人的属性に結びついたものが多い点に特徴がある[26]。

だから母系制の場合、子どもが誕生するということは、いわば「母方の財産」の誕生＝豊かさの増大ということでもあった。そのうえこのことは、誕生を祝う一回限りの贈与にやむことなく、これを機縁にして子どもが成長するあいだじゅう行われる、父方の財産と母方の財産の絶えずくり返し合流する場でもあり機会にもなった。しかもそれにともなって成り立つ、精神的な交流の機会は、子どもにとっても精神的な交流を図る「育て」＝「育ち」の機会にもなっていたのである。

　母系制の場合、母方のオジは子どもに対して特権的な立場にあり、しばしば実の父の立場と対立する関係にある。その主なちがいを示せば、母方のオジはその姉妹の息子（オイ）に対し、所属するリネジの精神的な価値を贈与する義務を負い、その継承者にふさわしく教育する権利を有する。その際母方のオジは、その親族の権威者であり、実の母親は、いわばオジの代理として養育し教育するのである。これに対して実の父親は、自分の子どもと生活する限りでは、よき仲間であり、さまざまな生活技術の贈与者であるが、他方自分の姉妹の子ども（オイ・メイ）に対しては、その親族の威光を体現する権威者であり、威信財の贈与者となるのである。こうして、子どもの誕生を機縁にして成り立つ、父方財産と母方財産の贈与交換は、母と父と母方のオジによる子どもに対する「育て」という「無償贈与」を伴いながら行われていくことが理解できるのである。

(iii) 競争のメカニズム

　上で明らかにした三つの義務は、「贈与」する義務、「受け取る」義務、「等価のお返し」する義務という相互的に対称的で、たえず繰り返される関係に置かれていた。しかし、繰り返されるといっても、ここでは一つには、交換されるものが一様ではないということ、二つには、給付と反対給付が必ずしも等価でなく絶えざる循環の過程にあるということ、この二点において、相互性からすでに差異性、対立性にまで発展する契機が隠されていたのである。なるほど、人びとは実際、相互性を常に強調し、それによって「関係する相互の人々の間に親愛の感情を生じさせる」ことを疑わなかった。しかしながら、相互性は先住民の意識のうえでの、あるいは規範のうえでの想いであり、実

態は、「男も女もすべての人が争って気前のよさ(générosité)を見せようとし、他の人よりなお一層の気前のよさを競う」ことになった。その結果「他よりは高価なものを数多く贈ることを張り合う一種の競争(rivalité)」が生じたのである[27]。

このような、モースの二番目の型にある、「競争性にもとづく贈与交換」がオーストラリアや北西アメリカの先住民にみられるポトラッチ(potlatch)、またメラネシアのクラ(kula)といわれるものであった。

まずクラ交換に特徴的なこと。メラネシア・ニューギニアには多くの島々が散在している。これら島々をぬって、儀礼的で規則的な贈与交換がおこなわれている。そこでは、一種の原始貨幣が循環している。社会的諸価値の象徴物であると同時に威信を表示するものである。それは二種類の貝殻で装飾した、二つの貴重品である。一つは「赤貝の首飾り」(necklace of red shell)であって、熟練した職人が加工したものである。もう一つは「白貝の腕輪」(bracelet of white shell)であって、美しく細工され、みがかれたものである。前者はつねに時計の針と同じ方向(トロブリアンドでは東から西へ)へ回っているし、後者はそれとは逆の方向へ回っている。「これら貴重品は、それぞれ閉じた円環(ring)のなかを動いていくあいだに、種類のちがういろいろな品物と出合い、つねにそれらと交換されていく」[28]。この円環の中にそれぞれの共同体が位置づけられ、「これらの部族、海上遠征、貴重品、日用品、食物、儀礼、……一切の奉仕、男女のすべてが、一つの円環に巻き込まれ……時間的にも、空間的にも規則正しい運動を続けているかのようにみえる」。これが「クラ圏(kula ring)全体」の様相であった[29]。

マリノフスキーは、さまざまな品物と交換されていくたびに、価値を増していく、これら二つの貴重品を、ちょうど歴史の舞台で威厳をおびてくる王冠の宝石にたとえている。「それが歴史の舞台の上で輝き、歴史的人物の手をへて伝えられ、たいせつな歴史上の思い出を無尽蔵に封じこめた容器(unfailing vehicle)である限り」貴重に考えられ、「高位のしるしであり、富のシンボル」と考えられる。同様に「クラ圏」においても、二つの貴重な装飾品も「固有の名称をもち、それをめぐる先住民の伝説には、一種の歴史と物語がある」。どのような人もこれを所有することを大変な名誉とし、大きな儀式、

大祝祭、重要な行事にほこらしげに身につけるのである[30]。こうした「高位のしるしであり、富のシンボル」としての人びとの支持の基盤があってこそ、氏族固有の来歴や威信を表示する貴重品は交換ごとに価値を増していくのである。マリノフスキーのいうように、まさしく、だれもが欲しがる社会心理が競争をよび、その競争のメカニズムが価値の増殖を促すのである。

　このことはクラ交換の事例でみることができる。ここでの贈与交換のやりとりは、おおすじ以下の段階を踏むことになる。貴重なものを手に入れるには、自分の方にそれをまわしてもらわなければならない。そのためには、まず(i)最初の「かわきりの贈与」(openning gift)が相手におくられる。しかし得ようとするものが高価であれば、多くの人が欲しがり競争が生じる。そこで「豚、巨大なバナナ、ヤム芋、タロ芋」等の生存財がつけ加えられる。これでも特定の人物が定まらないとき、さらに価値が高い「せがみの贈与」(solicitary gift)がおくられる。これは生存財より価値が高い「貴重な斧」(valuable axe-blade)「クジラの骨製のスプーン」(spoon of whale bone)等であって、ここに異常な競争がおきるのである。(ii)次に、これらの贈り物が受けとられて、儀式的な引き渡しが行われる。もし「せがみの贈与」を受けとっている場合には、それにみあう等価の「お返し」(return gift)をしなければならない。またそのほか、(iii)交換をひきのばす「中継ぎの贈物」(intermediary gift)がある。これはお返しの義務を後にひきのばす贈与である。そして最後に、「しめくくりの贈与」(clinching gift)が返されることによって、一連の交換が完結する。これがクラ交換の大雑把な手順である[31]。

　この贈与交換に特徴的なことは多くの付加的な贈与をすること、「もらったもの以上に多くのものをお返しする」こと、「おまけをつけてお返しする」機制である。ここでは「競争、はり合い、見せかけ、権威と利益の追求」が契機となっている[32]。さらに、あと一つ重要なことは、このような交換において、首長の役割がきわめて大きいということである。首長は、部族や共同体を代表して対外的に競争を激化させ、対立的にさせる。このことは次の節で説明するポトラッチの交換によくあらわれる。つまり、拡大された相互性は、不平等、不均衡、敵対関係を産出するのだ。首長はある種の公的権利と特権、ある程度の権威をもっている。彼らは、技術的な労働を組織し、指揮ならびに主導

する地位にある。彼らは所有する権力に応じて交換の相手を多くもち、儀式的にも大きな価値がある交換をしようとする。そのような交換から獲得したさまざまな財は、支配下にある人々に分配されなければならないし、そのような義務が遂行されないことには、彼らの権力は維持されえないのである[33]。「身分が高ければ高いほど義務も大きい。当然、首長は食物を多くの人々に与えることが期待される。……有力者の主要なしるしは、富めることであり、富のしるしは気前のよさ（generosity）である。実際、気前のよさは善の本質であるのに対して、けち（meanness）は最大の悪である」。かくて、重要な人物であればあるほど気前よさを誇示しようとするが、反対にクラでけちなものは軽蔑される。だから「最も気前のよい与え手になろうとする激しい競争」[34]がおこなわれ、「人びとは気前のよさ、度量の広さ（grandeur）を示すために全力を尽くす」[35]ことになる。このようにして「与えるがために与える」「所有と権力を誇示しようとする虚栄」[36]、ここではたらくメカニズムは相互性にかわって、競争性であり、対立性であることである。

(iv) 威信財と社会的価値の表示

これまでのところ、首長制と競争のメカニズムが相即する関係にあること、そして事物（生存財）の絶えざる交換の過程から「貴重品」（貝がら等威信財）への蓄積が生じること、この二点を明らかにすることに努めてきた。はたして、モースが「人はどうして相互に物を交換するようになったのか」という問いをたて、「交換されるもののなかには……贈与をおこなわせ、受けとらせ、返礼させるある種の力が存在する」[37]という時、そのような「ある種の力」（une vertu）とは、未開人の理論ではマナの力であり、社会心理的には、「贈与に内在的なお返しの義務」であり、経済的にみれば、一種の「剰余価値」であったといえよう。

この節では、この「ある種の力」にもう一歩ふみこんでみる。なぜならば、「無償贈与」の教育が新たに展開していく性格を同じく把握しようとするからである。

この場合に役立つのが競争性がさらに拡大された〈ポトラッチ〉という贈与儀礼である。ポトラッチとは、簡単にいえば、自己の威信を高めるために、

また自己の威信を維持するために、名誉をかけて財および貴重なものを競争して贈り続けることである。この贈与競争にうち勝つことによって、新しい上位の身分についたり、名誉ある称号を獲得できるのである[38]。このようなポトラッチ慣行の過程から、社会的価値を表示する「威信財」の体系が成立するが、とりあえず人々をして競争に駆り立てるものから接近をはかろう。

人々が高い価値をおくもの、それはメラネシアでは特殊な貝殻であった。ここアメリカ北西部のインディアン社会では、そこで流通し、崇拝の対象となるものは銅板であった[39]。特に由緒ある系族を表示する「紋章入りの銅板」(cuivre blasonné)はポトラッチの本質的な財産とみなされた。そのいわれは次のような伝説から理解できる。いわく、銅板には生命(chose vivante)＝(生気・たましい・霊)が宿るという。すなわち、「銅は赤いから、太陽と同じである」という。事実、それを裏づける銅板そのもののよび名が、「天から降ってくる火」(feu tombé du ciel)という意味で呼ばれることもあった。そして、部族全体にとって神聖な魚であり、崇拝の対象となっている「鮭」(saumon)がその銅板をはこんでくるという。つまり、モースの解釈によれば、まちわびた「春→鮭の到来→新しい太陽→輝かしい赤い色→銅板」という文脈で神話が成立していた。だから、太陽が銅に仮身しているかのように観念され、崇拝の対象として申し分ない神話的な理論づけがおこなわれていたのである[40]。

これに類似する伝承としては、「銅の鋳造師」の家族に伝えられている神話がある。「銅の鋳造師」は「銅をつくる人」(faiseur de cuivre)という尊称をもつが、その尊称のいわれはこうである。「雷鳥の子」である男と「白鳥(太陽)の子」である女とが結婚し、この白鳥から「銅のにおいがする双児」が産まれた。「銅をつくる人」の祖先はこのように名誉ある双児の系族であるから、銅を鋳造する秘伝を保持するのであると[41]。

ここであえて神話をとりあげたのは、先住民なりの理論づけを素朴なかたちでみることができるからである。科学をもたない社会では、神話、呪術等によっておのれの観念(価値)の体系化をはかる。そこには、先住民にとって極めて明瞭な観念が表現されているのであるが、社会関係を異にする場合、いくつも翻訳を必要とする。ここで神話の細部にたち入る余裕はないが、しかしここで注意すべきなのは、どのような材料を使って理論づけがなされて

いるかということであろう。上で使われていた材料は、まず自然的事象であり、それに親族の事象であった。いずれも手もちの材料である。こうして、銅板は、自然現象の最高の崇拝物である太陽からその価値の存立が根拠づけられてすでにそこにある。だから、すでに価値的に実在するものとして、銅板そのものにさまざまな「意味」が胚胎する可能性をみてとることは、さほど困難なことではないであろう。

　さしずめ次の二点が重要であろう。まず第一に、価値が高い銅板はそれだけで他の《銅板をひきつけるもの》(l'entraineur de cuivre)とか、《財をもたらすもの》(cuivre d'apporteur de propriétés)とよばれたりする。この意味は、ポトラッチの循環の中でそれ自体が増殖することをいい、「あたかも富が富をよび、威信が名誉をもたらすように……他の銅板をひきよせる自律的な運動をする」[(42)]ことを現わす。また次のようにも表現されている。「小さい銅板がひとりでに大きい銅板になり、そのまわりに他の銅板がさらに集まってくる」と（ここで銅板のかわりに貨幣、銅板のかわりに権威を入れれば、それ自体の運動がよく説明でき、さらには贈与交換が周りで繰り返される人を想定すれば「威信財」を身につけた人を想像しうるであろう）。第二に、銅板は、これを身につけた人を《護るもの》(un fort)とか《平穏な神的なもの》(chose plate divine)と呼ばれたりする[(42)]。身を護る銅板という意味では、まさしく氏族のトーテムに似た機能をはたしている。事実、銅板の多くはトーテム動物や植物の似姿を現わし、儀礼（政治）上重要な統合の機能をはたす。この第二の点に示されているような敵とか災いから身を守ってくれる《ある種の力》が集合的に価値づけられれば、銅板はすでにひとり立ちする基盤をえるのであり、第一の点のように富をよび、威信をもたらし、他の銅板を従わせる自律的運動に転化することが容易に見てとれるであろう。

　それでは、この種の力が社会的に実現するのにはどのような集合的な機制がはたらいてのことであろうか。なかば、超自然的、神秘的、呪術的な価値であるかのように現象するこれら集合機制の事例については、多くを取り上げることはできない（モースは多くの事例を示している）が、要するにこのからくりを簡単に説明すれば、神秘的にうつるのは、氏族（親族）の精霊がその子孫を守護するという構図になっているからである。先住民の理論からすると、

どのようなものであれ、貴重なもののすべて（文明人からすれば神秘的、超自然的に映る）[43]は、先祖伝来の呪術的な力をもっている。そのような力が「貴重品」に宿るのは、祖先の精霊（たましい）が宿り、また「氏族の始祖である英雄」が仮身していると想念されるからである。銅板とか家宝としての護符（talisman）、称号（titre）は、先祖あるいは始祖である英雄その人と同じものであるかのように同一視される[44]。

そのうえ、次のことが極めて重要であるが、「家族の伝来財産」（praphernaux de la famille）は、親の世代から子どもの世代に継承されていく。これら伝来の財産は「たいてい紋章で飾られ、小さい箱（boîte）あるいは大きい箱（caisse＝容器とか金庫でもある）の中に納められる」。「一般にこれらの箱（＝容器 récipient）は、トーテムが表わす精霊（esprit）に似せた顔（仮面）で装飾されている」[45]。貴重なものは箱におさめられて、子孫に伝えられる。いまここでわれわれは、箱の中にどのような種類の、どのような材料で作られた貴重品が納められるかを問わない。ともかく神聖な価値である祖先の霊がこの箱（容器でも仮面でもいい）の中に納められることに留意したい。先住民にとって、銅板とか箱（意味するもの＝signifiant）には、精霊とか魂（意味されるもの＝signifié）が内蔵されているという集合的な表象様式が重要である。

これらの表象様式は文明人にとっての表象様式、たとえば、さまざまなジャンルの文化には、その民族の精神（もしくは価値）がうけつがれている、という主張とさして変わりがないであろう。特に「文化財」なる意味表現のうちには、ここで問題としている「威信財」という意味表現と図式的には同じ表象様式が成り立っている、と見てさしつかえない。いうなれば、先住民が彼らの内容（つまり威信）を表現するのに用いる材料（形態）は、比喩的なものであって、すでにこれは隠喩的な次元の問題となっているのである。もはやここでの神秘性は、その社会での値価（意味）を表現するうえで使用される各種の素材という形態の問題になるのである。だから、ポトラッチ競争から、威信とか権威を象徴する威信財の体系が成立するが、その場合、二つの点に留意せねばならない。第一に、価値表現のための素材に制約されて（例えば、金銀をもたないために）、相変わらず神秘的な様相をおびざるをえないことであり、第二に、それなりに神話とか伝説によって理論化がはかられ、その価値づけ

にふさわしい形姿をそなえた権威が象徴的に正当化されるのである（「無償贈与」する教育の展開は「威信財」を付与する贈与交換する教育に転化する）。

　威信財の体系には、この銅板（銅楯）のほかに護符、大小の箱、さまざまな容器、仮面（トーテムの顔・目・姿を彩った）、毛布あるいは織物（これらは貴重なものを何重にも包むことができる）、身分・地位を現わす装飾品等の多くの象徴物を数えあげることができるが、どの部族でも「威信財の一覧表」(liste des biens prestigieux)をもっている[46]。そのなかで、わけても重要な神聖な財産は、その氏族全体の精神を現わすトーテムであり、またその人格化の媒体としての仮面(persona)である。仮面は儀式、舞踊、行列等の公的な場で特定の地位・身分の人につけられ、その人個人の《面子》(face)を現わす。だから、ポトラッチ競争で、きそわれるのは、真にこの《面子》であり、その内容は精霊を化身した、トーテムあるいは紋章をつける権利であり、「賭けられたペルソナ」(＝人格、仮面)である[47]。

　このように威信財の体系、「威信財の一覧表」が成り立つのには、これらのトーテム、銅板、仮面……等々の事物そのもの[＝意味するもの]において、最も神聖な価値や世俗的な価値(富と社会的地位)[＝意味されるもの]が価値的(意味的)に付与され表示され了解されなければならない。そしてさらに、見逃してはならないことは、これらの価値(意味)が実現されるのには、実際に具体的なある人＝担い手(受容者＝récipiendaire)に占有され、その価値との一体化がはかられなければならない(威信＝価値の人格化)。したがって、これらの事物に内包される《ある種の力》とは、物自体に宿る力ではなく、「神聖な価値」として生気が付与されると同時に意味が付与される過程に支えられて成り立つということである。そして、これが世俗的な価値の場合には、絶えざる人びとの交換から生ずる過程、いいかえれば、贈与 → 受けとられる事物 → 返礼される事物[贈与 ＋ 力 ＋ 剰余][48]の過程において、たえず、「事物そのもの」、つまり「意味するもの＝signifiant」から「意味されるもの＝signifié」、つまり「価値や象徴的意味」が派生することが共同主観的に了解されてのことである。

　要するに、人びとの相互の間で成り立つこの「意味するもの」と「意味されるもの」との関係は、「威信財の一覧表」というような様相の中で日々実践され

ることであり、これは毎日の生活の中で意識されることなく新しい世代に伝えられことである［新しい世代への無償贈与の伝播］。

あらためて確認すれば、ここでは否応なく人びとの生活実践の中で行われる「無意識的な教育と学習」が行われているのであり、〈意味するもの〉と〈意味されるもの〉との関係から生ずる機制が確実に体得されているのである。そして、「威信財の一覧表」の中で占める具体的な価値と威信は、具体的な人によって担われて〈意味されるもの〉の一部となること、さらに「威信財の一覧表」はそれでまた〈意味されるもの〉全体に対応すること、新しい世代においてもすでに〈意味されるもの〉を象徴する体系が日々実践されるということである。

それはちょうど、モースが貴重なものを収めておく箱を例にして「箱の中に箱が、またその箱の中には箱がというように多数の小さな箱が順次に幾重も詰め込まれた箱もあるのだ」(*Il peut y avoir des boîtes dans les boîtes, emboîtées en grand nombre les unes dans les autres.*)⁽⁴⁹⁾というように、この限り、箱の入れ子構造は比喩的ではあるが、そこに示された〈意味するもの〉と〈意味されるもの〉との関係から、事物の循環を通じて、象徴形式が進む事態をよく示しているのである。

こうして、事物そのもの（形態）と社会的価値（意味と象徴）との関係、〈意味するもの〉と〈意味されるもの〉という関係が成り立つのは、大きくは価値の面と象徴の面においてであるが、これらそれぞれの二つの面で、異質なもの（であると同時に表象）であろうと、それら相互に異質なものが同一の場面で同一の機能をはたすとき、社会的活動の産物は、価値的に交換可能となるし、また意味的な同一性にそって分類が可能となる。

つまり、文化の各ジャンルでの産物、道具、手工品、食料、呪文、装飾品、歌、舞踊、神話、さらには表象様式や思考の様式さえもが絶えざる交換の過程にのせられる。また〈意味するもの〉＝記号の様式が「転移可能」という共通の条件を満たせば、象徴体系の分類化が進み、文化の枠組が成立するのである。この際、重要なことは、(i)分類化される文化の各ジャンルは、「結合、等価、連繋を発見できる一つの体系となり」部分相互では通約不可能となる。つまり、技術、経済、儀礼（政治）、芸術、宗教といった社会的活動は、それ

ぞれ相対的リズムに従うのである。(ii) しかし、各ジャンルの体系が「転移可能」(transférable) という共通の条件を満たすのであれば、「それらは単に比較が可能というばかりではなく、同一の操作において、異なったもろもろの値がおきかえられて」思考の様式すらも置換可能となるのである。「この相補的関係 (rapport de complémentarité) こそ、シンボル的思考 (pensée symbolique) の実際活動の条件なのである」⁽⁵⁰⁾。

3　象徴体系の萌芽

　前の項までは、社会的諸価値(主に原始貨幣と威信財)の表示形態と、そこで〈意味されるもの〉との関係を追うことによって、象徴体系との接点をみいだすことに努めてきた。そこでは、〈威信財〉という意味表現そのもののうちに、実は財(箱・容器)ということばの比喩的機能を示し、これに対応して文化のそれぞれの意味体系(意味付与の過程)が生ずるかのように扱った。その限り、〈財〉(bien) という表現は、固定された価値ではなく、不定な価値をあらわす、また意味を変換する可能性を含む一種の記号として扱われていた。モースの箱の重層構造の事例は、図式的には、事物 → 価値 → 象徴記号 → 意味内容という超自然的な機制をよくあらわしている。この節では、価値的に交換可能となり、意味的な「同一性」にそって価値を分類する様式に焦点をしぼり、ここに、象徴体系を成立させる基礎をさぐってみたい。

　モースの表現と同じく、レヴィ＝ストロースも〈意味するもの〉(signifiant) と〈意味されるもの〉(signifié) との関係を次のように考察している。「意味するものと意味されるものという二つのカテゴリーは、あたかも二箇の嵌め込み式の積み木のように、同時にかつ相連繋しつつ構成されるということである。認識 (connaissance＝知識) とは、意味するものの一定の面と意味されるものの一定の面とを相互に関係づけて、同一化を可能にする知的過程であり、あるいはまた、意味するものの全体集合(アンサンブル)と意味されるものの全体集合のなかから、もっとも満足ゆく相互の適合的な関係 (rapport de convenance) を示す部分を、選びだす知的過程である。このような知的過程はごくゆっくりでなければ進みようがない。……とりわけ、科学的認識 (connaissance scientifique) の進歩は、

自己自身と相補的で、閉じられた全体性のただなかで、切り方（découpage）を修正し、分類化（regroupement）を進め、付属物を定義し、新しい方法を発見することにおいてしか存在しなかった」。科学的認識の進歩は、これからでもそのように進むであろう[51]。

　このようにして意味するものの一定の要素と意味されるものの一定の要素の対応関係が肝要である。ただこの対応関係の論理づけが精緻で首尾一貫しているか否かが、科学性の指標となるが、科学をもたない人びとの場合、これを呪術とか神話で解決をはかることになる[52]。すでに、部族あるいは氏族全体の内部において、その内部的諸関係についての意味付与の過程が、トーテムや紋章に結実することについては、前にふれたが、さらにいわゆるトーテミスムといわれるものを、知的な分類活動として把握しなおすことができる。つまり、トーテムは、「現実の関係についての知識にかわる示差的な標識（marque différentielle）」をも表すものであった。

　レヴィ＝ストロースによれば、この「現実の関係」とは二つの側面をもつ。すなわち、一方では、人間の自然に対する関係、他方では、社会的集団の特徴づけ、この二つの側面にわたって人間が「同一性もしくは示差的特徴」（trait différentiel）」をもとにして事物に命名するという知的な論理操作である[53]。動物や植物がトーテムに使用されるのは、「ただ単にそこにあるという理由だけではなく、これらの動植物界が人間に一つの思考方法（méthode de pensée）を提供するからである」。

　つまり、モースとのつながりでいえば、集団間のトーテムや紋章の交換は、「自然界から借用した表示体系」の交換であり、さらには一つの思考様式の交換ということになる。いわば、そこでは「人間と世界とが互に他方の鏡となり」（l'homme et le monde se font miroir l'un à l'autre.）[54]、(i)自然系列と(ii)社会（文化）系列とにおいて、それぞれの関係の体系性をうちたて、分類することが先住民の無意識的な思考としてコード化されているのである。

　要するに、トーテム現象は次のような分類過程（知的な論理操作）の結果生じたものであった。つまり、一方では、人間の自然に対する関係、たとえば種xと種yとのあいだの示差的差異、他方では社会集団の特徴づけ、たとえば氏族aと氏族bとのあいだに存在する示差的差異、これら両系列が相互に他

方の体系の尺度となり、自然種と社会集団とのあいだで相同性(homologie)が求められたのである[55]。だから、このような二つの差異体系のあいだで相関性が求められることによって、おのずと両系列で内的整合性を追う作業とその論理的諸操作をどこまでも推及する「無限の拡張」が生じるのであった[56]。

　このことを比較的簡単な事例でうらづけてみよう。プエブロ・インディアン・ズーニ族(Zunis)の場合。まず、自然的事象、つまり太陽、月、星、空、地上、海、これらが示す現象、動物、植物、鉱物そして人間……これらすべてが、分類され、命名され、「一つの体系」のなかに規定される。そして、この体系に規定された各部分は、親族関係(degrés de parenté)をしたじきにして段階づけられる。また空間全体が七つの領域(région)に分けられ、宇宙のあらゆる事物がこれら七つの領域に配分される。その七つの領域とは、北、南、西、東、天頂、地上、最後に中央というカテゴリーを意味している。デュルケム＝モースに従って、これらの領域に配分されている事物を整理すれば、以下の表のようになる[57]。

　図3-4に分類された領域で、中心の領域を除けば、下線をひいた六つの動物は、各氏族のトーテム動物になっている。しかし、一つだけ例外があって、西の領域に配属されている「くま」は北の領域のトーテム動物になっており、西の領域のトーテム動物はコヨーテである。そして、中心の領域は、六つの氏族を代表した特権的な集団を形成している。ともかく、この表から、諸氏族の特徴づけ(名称化)と部族全体での役割配分、自然事象の分類とその象徴化とが、きわめて素朴な形ではあるが、対応づけられた関係にあることを見て取ることができるであろう[58]。

区分領域	動植物	自然事象	社会的機能	地域を性格づける色採
北	つる、ペリカン、らいちょう	風、空気、冬	戦争と破壊	黄　色
西	<u>くま</u>、<u>コヨーテ</u>、春の草	そよ風、水、春	平和と狩猟	水　色
南	<u>あなぐま</u>、とうもろこし、たばこ	熱気、火、夏	農業と医業	赤　色
東	<u>七面鳥</u>、しか、種子	太陽、霜、秋	呪術と宗教	夜明けの色(白)
天頂	<u>わし</u>	空、雲	上の機能の多様なくみあわせ	雲の多様な色
地上	<u>へび</u>、かえる	水		黒　色
中心	いんこ		すべての地域を代表する「中央」	上の色採をすべて同時にもつ

図3-4　分類表

つぎにトーテム動物で氏族全体を区分し、命名する様式を簡単にみてみよう。この場合、あるトーテム動物の身体全体が、氏族全体に対応づけられ、動物の身体器官の名称が分節化した下位氏族(サブクラン)に名づけられる。たとえばこうである。(i)動物の右腕の名が第一の下位氏族につけられ、北の領域に配分される(実際に北の方角に住む集団とは限らず、氏族の名称を弁別するためにこの領域の区分が用いられる)。(ii)左の腕は第二の下位氏族で西の領域。(iii)右の足は第三の下位氏族で南の領域。(iv)左の足は第四の下位氏族で東の領域。(v)頭は第五の下位氏族で天頂の領域。(vi)胴体は第六の下位氏族で地上の領域。そして動物の心臓が、特権的な集団に対応し、その氏族の首長の座と考えられる(59)。

このような分類の様式にしたがえば、さらに分節化した集団にも特徴づけが可能となり、そこに配属される特定の個人にも、トーテム動物のさまざまな状態や属性から、公的な名称をつけることができる。それによって、儀式等における一個人の全体に占める地位と役割を示すことができる。また個人の名称は、私的には、親族関係の中での位置を示すのであるが、それと同時にまた、その社会の年齢クラス(classe d'âge＝幼年、青年、成年、老年)に固有な名称に結びついているのである(60)。

以上のようなトーテム動物による社会集団の分類と個人の社会的地位の関係は次のように表わすことができる。もし、〈集団a〉:〈集団b〉::〈種「クマ」:種「ワシ」〉という対応関係が成立するなら、たとえば、〈aの成員x〉:〈bの成員y〉::〈クマの足l：ワシの足m〉という関係が成立し、これによってある個人の集団に占める地位や役割が、他の集団の人にも理解できるわけである(61)。だから、ここでまず確認できることは、トーテム動物が、社会的価値を相対的に測定する尺度として使用されていること、次に、尺度としてのトーテム動物自体が、身体器官の各部分や属性にまで分解していく過程をみることができるし、それに即応して測定される側も、集団全体に占める個人や、その具体的な役割の演じ方までひろく、個々に規定される過程が平行してみられるのである。つまり、その価値尺度の方のみに注目すれば、例えば、先住民をとりまくあらゆる動物種の概念から、個々のクマならクマという種へ、個々の種から特殊な個体としてのクマへ、そして個体の一つ一つから身体の部分や器官へという分解の過程が進み、そして次には、具体的な身体の部分から部分の抽象

概念(つまり象徴化)へ、部分の抽象概念から、概念化(象徴化＝記号化)された個体へ、という再統合の過程(forme de retotalisation＝象徴体系)が続く[62]。

かくて、先住民なりの属(genre＝類)、種(espéces)変種(valiété)、亜変種(sous-variété)が区別されるに至るが、このような分類活動の際、論理的には、共通の思考としての「親族関係」(relation de parenté)に従って[63]、あるいはまた、「類似性の関係」(rapport de ressemblance)とか「隣接性の関係」(rapport de contiguité)[64]にもとづいて概念化(象徴化)がはかられるという。

この限り、トーテム的な分類活動であっても、ヨーロッパ古代および中世の博物学者や錬金術師にかなり近い考えをとっているといえるであろうし、また、先住民なりの具体性の論理は、まさしく言語機能における〈意味するもの〉と〈意味されるもの〉とに共通する、論理操作の同定の過程にきわめて類似するといえよう。

ともかくも、さまざまな事物、個人、集団、特性、価値、場所などについての観念が、諸関係の「一つの体系」内で規定され、その関係に制約された「文化」の各ジャンルの分類様式をアルカイックな社会においても見出すことができるのである。そして、このような分類様式であらわされる表象あるいは思考の様式が再び様式そのものとして「交換可能」となるのであろうし、このような表象・思考の様式が文化の多様性をおし進めるものとなろう。

そして、ここで言いうることは、「一つの体系」内で規定された「文化」の各ジャンルの分類様式が、意味的に同一であれば、古い世代から新しい世代へと「無償贈与」されるということである。つまり、社会関係(社会生活)と象徴体系との相互連関性の中から生成した、「一つの体系」に規定された「表象あるいは思考の様式」が、世代間の交換の中で、「文化の教育」として「交換可能」とされていくのである。

4 親族関係の組織原理と世代の継起

これまでは、絶えざる交換の過程から社会的価値が成立し、それらの価値の「意味場」(champ néotique)からトーテム的分類活動を組織していく、象徴体系の萌芽を描出してきた。だが、意図に反して依然として、文化の各ジャン

ルに固有な象徴体系については、多くの問題を残したままである。言語との関連で象徴体系（文化）をとらえ直す作業は今後にまつほかないが、いま一つ教育事象の基本的問題になるのは、「世代」についての原理的な検討であろう。

とはいっても、世代の問題は、親族組織ときり離し難く結びついており、また親族組織は社会組織と結びついている。それに、特殊な社会組織、特に両性と年齢の区分による「結社」(société)とか「年齢クラス」とかいわれる組織においては、親族組織と同様に自然発生的な教育の機能をみることができる。

しかし、この章では、世代という問題に焦点づけて、親族関係に制約される教育の枠組のみを検討したい。その枠組とは、一つには、世代における価値継承の問題であり、さらに一般化すれば、「社会関係の絆」を新しい世代が習得するある一定の「規範に対する態度様式」の習得ということである。

さて、アルカイックな社会では、モースがいうように、婚姻そのものが社会的諸価値を通約する交換の一形式であった。子どもの誕生を契機にした父方親族と母方親族とのあいだの交換についてはすでにふれたが、これとても、もとをただせば、血族関係と姻族関係の上に成り立つ親族関係のあいだの価値の交換に起因することであった。だから子どもの誕生ということ以上に、婚姻という契機はより本源的であり、この契機を媒介にして精神、物質二面にわたる多くのものとことが交換されることになる。

「構造上一方向には『女性サイクル』で移動する女性とある種の財の循環があり、その逆方向には、『男性サイクル』で移動する他の財の循環」がある[65]。つまり交換という視点からみれば、婚姻とは単なる個別の夫婦関係の設定ということではなく、親族集団の相互のあいだで特に「物質的財、特権、権利、義務といった社会的価値」(valeur sociale)が全面的に交換される関係の設定であり[66]、また古い世代と新しい世代の交換を必然的に生じさせる対立性および相互性という関係の設定でもあった。だから、社会的諸価値が新しい世代に継承されていく機制は、基本的には、世代、両性、年齢がきり離しえなく結びついた親族体系(système de parenté)に左右されたのである。

レヴィ＝ストロースは、親族関係において基本単位となるものを次の三つとみる。(i)実の兄弟―姉妹(consanguinité)の関係〔同じ父母から生まれた子どもどうしの関係〕、(ii)婚姻(alliance)による関係〔夫と妻との関係＝夫と妻の両親族のあ

いだの対立性、つまり一人の男とその姉妹／その姉妹の夫という関係をも含む関係〕(iii) 生んだものと生まれたものとの関係 (filiation) 〔複数の親子関係〕[67]、これら三つの関係が血族関係 (consanguinité) および姻族関係 (affinité) のネットワークを作り出すというわけである。

　それではなぜこれらの三つの関係が生じるというのか。端的にいって人口の少ない社会では、結婚を禁止する範囲をひろげていくことによって集団のあいだの連帯をはかろうとする。たとえばある男は、自分の姉妹や娘たちと結婚できないが、それだけでなく、自分のリネジに属する女性との婚姻は禁じられる。このような規則が兄弟─姉妹の関係を区別する(両性の区別)し、また生んだものと生まれたものとの関係を明確に区別する(世代の区別)[68]。この禁止の規則を個人と集団とに対応づけると次のようになる。

　個人｛(インセスト・タブー(家族内の個別的な関係)に課される)：　交叉イトコ婚(親族内の主体を二つのカテゴリーに分ける)｝：集団｛(外婚規則(家族外の集団的な関係)に課される)：　双分組織(全社会、全村落を二分する)｝[69]。

　つまり、親族関係の規則の意味は、まず(a)インセスト・タブーが個人に対して結婚できない否定的な関係の範囲を定める。これに対して(b)交叉イトコ婚が好ましい婚姻の肯定的な関係を定める。そして(a')個別的な禁止の関係が集団と集団との関係において規定される。これが外婚規則である。また(b')双分組織が「ゆるされた配偶者の集団」を自動的に識別できる婚姻クラスを構成する。このような個人と集団での規制原理があることによって、先の親族体系の三つの基本的関係が最小の集合として固定化するのである。つまり、このような、個人と集団とを規制する普遍的な規則があれば、同じ父母をもつ一つの家族だけで「親族の基本単位」(élément de parenté) が構成されることはありえない。「その必然的な結果として、二つの家族、すなわちそれぞれ違った父をもつ二つの集団の結合がおこなわれ」、新しい世代に属する人間の再生産が生じるのである(生物学的意味ではない)。

　ところで後のために、親族組織におけるイトコの特殊な位置について予め簡単にふれておこう。双分組織とは次のような内容をもつものであった。ある共同体の全ての成員が二つの半族に分割される。二つの半族のあいだでは「あからさまな敵対関係から、すこぶる親密なつきあいまでの複雑な関係を

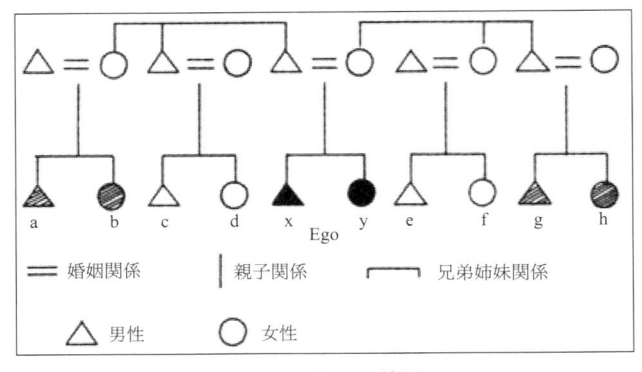

図3-5 イトコの範囲

結び、そのあいだにはさまざまな抗争関係(forme de rivalité)と協力関係(forme de coopération)」が混在していたのである。普通、これらの両半族が外婚単位をなし、一方の半族の男性は、他方の半族の女性と、また逆の関係で相互に通婚関を結ぶのであった[70]。いわゆる古典的なオーストラリアの通婚関係はこの型に属するが、さらに、この双分組織を個別的な親族組織においてみるとき、イトコを軸にして、「平行親族」(parenté parallele)と「交叉親族」(parenté croisé)とに二分されるし、また「イトコ」(cousin)というカテゴリーそのものが二つに分けられるのである。

上の図3-5のように、自分(Ego=x・y)からみて、イトコの種類は、aからhまで数えることができる。双分組織においては自分(Ego=x・y)にとって、父の兄弟の子ども(c、d)と母の姉妹の子ども(e、f)はEgoと同じ半族に属し、他方、父の姉妹の子ども(a、b)と母の兄弟の子ども(g、h)は必ず別の半族に属している。前者が実の兄弟姉妹と同じカテゴリーに分類されて「平行イトコ」(親どうしが同性の兄弟姉妹の関係にあるイトコ)として区分されることになる。後者は、実の兄弟姉妹とは別に分類されて、「交叉イトコ」(親どうしが異性の兄弟姉妹の関係にあるイトコ)として区分されることになる[71]。「生物学的には、平行イトコと交叉イトコとは同じ距離にあるのに、前者との婚姻が禁じられ、後者との婚姻がすすめられる」[72]というわけである。

こうして、レヴィ=ストロースは、上の図式に示されているように、交叉イトコ婚の機能と双分組織の機能としては、個別と集団との違いこそあれ、

結局のところ同じもの(普遍的規則)の二つの表現と考えたのである。つまり、双分組織によって外婚単位(集団間における禁止)をつくることだけではなく、これによって個人間においても可能な婚姻の型が特定化されることになるわけである。このことは、後にみるように、可能な婚姻の特定化が親子関係の特定化に影響を与えることになるのである。

かくして血族関係(親子関係と兄弟姉妹関係)と姻族関係(夫婦関係)とは、相互に補完的ではあるけれど、「常にある程度は相矛盾」してしまう。上に示した普遍的な規則のために、同じ父母をもつ一つの家族だけで親族の基本的単位が構成されることはありえないからである。このような矛盾に立って、親族関係にふくまれる問題は、次のような性格をもつのである。(i)親族関係は、生物学的な人間の再生産ということではなく、社会的あるいは規範的な人間の再生産である。(ii)親族関係は、姻族関係、兄弟姉妹関係、親子関係によって生ずる事象とみなしうる。(iii)だから、親族の体系とは、親族関係にある個人の相互のあいだの行動から抽象化される規則性の全体をいうのである[73]。

このように、新しい世代が生ずるということは、あらかじめ血族関係と姻族関係が前提にされ、血族関係と姻族関係に生ずる何らかのズレ(矛盾)が、次の世代で修正されようとする社会装置ともいうべきであって、この矛盾の解決の仕方が、世代継起の様態を類型づける。また規範の再生産ということでは、この二つの関係が、世代を直接に作動させることになるのである。

ところで、われわれはすでに、モースにならって、婚姻そのものが社会的価値を通約する交換の一形式であると言った。婚姻、つまり「妻の与え手集団」と「妻の受け手集団」との関係は、「女性の単一方向的な循環から成立する……一つのサイクルによって特徴づけられるのではなく、これは重要なことであるが、男性・女性という二つのサイクルの互酬的対立によって特徴づけられる」関係であった。「構造上一方向には、〈女性サイクル〉で移動する女性と、ある種の財の循環があり、その逆方向には、〈男性サイクル〉のその他の財の循環」があったのである[74]。こうしてわれわれは、親族集団は与える与えられる財と人とに強く結びついていることを理解する。またニーダムが示す「プルム族の象徴的分類のシーマ」をみるとき、世代継起は、親族関係の相互補完的、示差的対立関係と、その親族関係(社会関係)を表示する「象徴的分類

の双分体系」[75]を再生産する社会的装置であることを理解するのである。

プルム族の象徴的分類のシェーマ

妻の受け手(tu)	妻の与え手(pu)
左	右
表	奥
姻族	血族
公的	私的
他人	家族
劣位者	優位者
女性	男性
下	上
縁起の悪い	縁起のよい
女性的な財	男性的な財
女	豚、水牛
布	酒
機	儀礼的なサーヴィス
家庭内の財	労働(婚資労働)
人間	神、祖先の霊
太陽	月
地	天
北	南
西	東
悪い死	よい死
偶数	奇数
死	生
俗	聖
性的活動	性的禁欲
森	村
飢饉	豊作
悪霊	善霊

5　基本的態度の循環

　これまでのところ、世代は単に生物学的な親子関係が現われるというより、むしろ血族関係と姻族関係の示差的対立関係から作動すること、「各世代は、それに先行した世代とそれに続く世代とのあいだで、従属(subordination)

あるいは支配(dominance)の関係にある」[76]こと、これらのことがとりわけ親族関係をあらわす名称の体系に表現されること、これら三点に注意をはらってきた。そして、以上から予測できることは、世代間の交換とは、おおむね(i)親族関係、(ii)社会関係、(iii)象徴関係にわたっての絶えざる循環であって、これら三つの関係の循環が新しい世代に対する組織的・方法的社会化(意図的社会装置の出現)を準備するといえよう。

　だがその前に、前からやり残している「親族名称に還元される形での親族体系(système de parenté)」(静態的なもの)と「それに対応する行動(conduite)」(動態的なもの)とのあいだの相関関係にいま少し立ち入って調べてみよう。

　あらかじめ次の二点に留意されるべきであろう。まず、動態的に親族名称の規定からはずれていく行動・態度が考えられるが、基本的には「親族構造」との関係において、それらの行動・態度が把え直されなければならないということである。しかし、そのことは、静的な親族の名称体系と基本的態度の再生産が相互依存関係にあることを予想しているが、その相互依存関係が必ずしも一対一の対応の関係を示すということを意味しているわけではない。あくまで、行動・態度の体系は、親族の名称体系の「動的な再構成」(intégration dynamique)という意味での相関性である。事実、静的な親族名称の規定から離れていく行動・態度は、いわば血族関係と姻族関係との対立にはらまれる矛盾を解決しようとする軌跡の反面であって、それは、「この名称自体に内在する矛盾をのり越える手段(moyen)」ともなるのである[77]。だからといって「親族構造」と「基本的態度との相関性」を求めること自体が否定されるべきでもない。

　もう一つの点は、親族関係があらゆる文化、あらゆる社会において同じ重要さをもつわけではないということである。ある種の文化では社会関係の大半を律する積極的な原理になる場合もあれば、また他の社会集団では、この機能が存在しないか、きわめて微弱な場合もある。この意味で、親族の名称体系は一つの言語(langage)であるにちがいないが、普遍的な言語ではない。ある文化に占める親族名称体系の重要さはあくまで相対的な意味あいでしかない。しかし、世代継起の従属と支配の関係においては、その相対性は一定の意義をになう。親族関係の名称は文化の一形態であるから、その限り言語

である。逆に言語はある文化の条件ともなっているから、子どもの成長の条件ともなっている。集団の文化を習得するのは、主に言語を媒介とする。つまり子どもを教育し、しつけるのにもことばを使う。叱るのにもおだてるのにもことばを使う。その限り、親族関係を示す名称体系は、子どもの成長にとって不可分な要素である。

「言語と文化とは、ともに対立と相関関係(論理的関係)とによって成り立ち、それゆえ、言語は一つの土台(fondation)であって、その上に、より複雑な……文化のさまざまな面が対応している」[78]。だからあくまで相対的な意味あいにおいて、親族の名称体系は、「さらに複雑な体系(文化・社会)を構成する際の重要な素材(matériau)」となる。つまり、「この基本構造が次々に連結したものか、あるいはそこに新たな要素を加えて発展したものか」[79]、そのどちらかによって、子どもの複雑な行動・態度の形成の基盤が築かれるのである。特にそれは比較的簡単な社会においては社会規範の内面化の基礎を構成するものとなっているのである。

それでは、このような意味での「親族の基本構造」(structure élémentaire de parenté)とは何か。

レヴィ＝ストロースは親族関係の基本単位を次の三つでとらえた(cf. 図3-6)。
(i)実の兄弟一姉妹の関係〔同じ父母から生まれた子どもどうしの関係〕(a)、(ii)婚姻による関係〔夫と妻との関係〕(a)＋(b)、(iii)生んだものと生まれたも

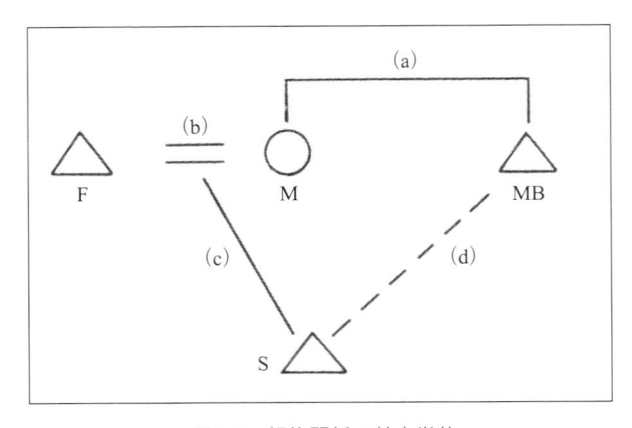

図3-6　親族関係の基本単位

のとの関係〔複数の親子関係〕(c)＋(d)[80]。この三つの基本的関係は、普通どのような親族名称体系でもはっきり区別され、「これらの名称を用いる個人または集団は、たがいに尊敬とかあるいは馴れなれしさ、または、権利・義務、さらには好意あるいは敵意といった特定の態度をとる」ことを無意識的に強制される。いわば「様式化され、義務的で、タブーや特権にうらづけられた、一定の儀礼を通じて表現される態度である」。

「この態度の体系 (systèmes des attitudes) は、それぞれの集団の統一と均衡を保つという役割を演じ」ていることは理解できるが、「いろいろな態度の反応様式のあいだの結合のしかたはよくわからない。……つまり機能はわかっているが、体系がみえないのである」[81]。

こうしてレヴィ＝ストロースは、「態度の理論」の出発点として人類学にみられる「母方のオジ」の特異な存在、特に、「母方のオジとそのオイとの関係」に注目し、ラドクリフ＝ブラウン (A. R. Radcliffe Brown) の見解を批判的に検討する。つまり19世紀の終りまでは、母方のオジの重要性は母系制の残存が影響したものと解釈されてきた。しかし「伯叔父権」(avunculat) は母系制だけではなく、父系制とも結びついている場合があって、母方のオジの役割は、母系制の残存または結果としては説明がつかないことがわかった。その後ローウィー (Robert H. Lowie) が、「母系たると父系たるとを問わず、一定の社会的関係を一定の親族関係に結びつけようとする、きわめて一般的な傾向」という解釈をくだした。しかし、それでも「なぜある種の態度が母方のオジとの関係に結びつくのか」、この点がまだ説明されていなかった[82]。

他方、ラドクリフ＝ブラウンによれば、〈母方のオジに対するオイの態度〉と〈父に対する子の態度〉とのあいだには、次のような二つの相反する態度が含まれていた。(i) 父と子の関係が親密な集団 (母系制) では、「母方のオジとオイとの関係はきびしい」。つまり母方のオジは母方親族の権威を代表しており、彼はオイから恐れられ、服従され、オイに対してある種の権利をもつ。(ii) 父親が親族の権威の厳格な体現者である場合 (父系制) では、子どもは母方のオジに親近感をもち、馴れなれしくする特権をもち、オジをないがしろにすることさえある。この二つの相反する態度から、ラドクリフ＝ブラウンは次のような一般的定式を導きだした。すなわち、父系制では、母方のオジは

「男性なる母」(mère masculine)とみなされて、母と同様に優しい。これに対して、母系制では、母方のオジが親族の権威を体現するから、父と子のあいだは、優しさと親しみで満ちていると(83)。

このようなラドクリフ＝ブラウンの一般化に対して、レヴィ＝ストロースは次の二点を指摘する。(i)ローウィの指摘にあるように、母方のオジの特異な地位は、母系制、父系制に直接結びついたものではないこと。(ii)母方のオジとオイとの関係は、親と子という二つの項だけの関係ではなく、四つの項のあいだの関係としてみられなければならない。つまり四つの項の関係とは、一人の男性、その男性の姉妹なたる女性、その女性の夫である義理の兄弟、そしてその義理の兄弟の子どもであるオイという四者である。「ラドクリフ＝ブラウンの解釈は、全体として扱わなければならない構造の、ある要素を恣意的に孤立させたものである」。だから、「母方のオジとオイとの関係」は、四者が有機的に結びついた全体的な体系の一つの関係としてあつかわれなければならない(84)。

これらの基本的な体系を描いたのが図3-6「親族関係の基本単位」であるが、まず、(i)親の世代における性の対立の関係(a)「兄弟／姉妹」とそれに替る(b)「夫／妻」、(ii)今度は、二つの世代にわたる生んだものと生まれたものとの対立関係、つまり、(c)父方親族における「父／息子」と(b)母方親族における「母方のオジ／その姉妹の息子」、これら四つの関係は有機的に結びついたものである。この四つの関係を一つの家族関係からみれば、これら四つの項は、(i)性による区別(兄弟—姉妹)(ii)世代による区別(父—息子)、これら二つの区別に基礎をうけた、ある一つの親子関係に還元されるように考えられがちである。しかし、実際には上の四つの関係は、血族関係と姻族関係にわたる相関的な二組の対立関係(性と世代)で結ばれている。このことがみのがされると再びラドクリフ＝ブラウンの個別家族の規定にまいもどってしまうのである。

したがって、(I)オジの立場からの世代と性という二組の対立関係は「母方のオジ(MB)／その姉妹の息子(ZS)」：「兄弟(B)／姉妹(Z)」で示される。また、(II)父の立場での、世代：性の関係「父(F)」／息子(S)」：夫(H)／妻(W)」で示される。だから、これら世代と性との対立に基づいて、オジの立場と父の立場、双方の対立関係を規定すれば、(I)と(II)から、〔MB／ZS：B／Z：：F／S：

H／W］という関係式がなりたつわけである[85]。そしてレヴィ＝ストロースは、この定式化が民族誌で観察された経験的な事実にもよく照応することを、単系出自集団で実証している[86]。すなわち、一方では、馴れなれしく親しい自由な関係を示し、またもう一方では、敵対、対立、遠慮の関係を示しているのである。

　こうして、「親族名称に還元される形での親族体系」に連関する基本的な態度の体系は、根本的には、世代と性との区分に対応して、相互性と対立性、つまり「親しく愛情にみちた気がおけぬ関係」と「敵対、対立、遠慮の関係」とにおいて一般化される。これらの態度はふつう個別文化によってさまざまな意味で観念的に定められ、規範、慣習、部族法などによって個人の意識のうえでまた無意識下で働く機制の一つとなるのである。しかし、実際には、例えば二人の個人のあいだの関係がこのように極度に単純化された態度で決定されるということではなく、具体的な場面では、これらの基本的な態度が幾重にも重ねられ、それゆえに多様に変形された束（paquet）[87]として、複雑な体系が構成されるのである。対立性が優越すれば、いわば「債権者をおもわせるような支配の態度」（droit）と「債務者をおもわせる服従の態度」（obligation）があらわれるし、相互性が意識的に強調される時には、いわば「平等性の態度」（mutualité）と「互恵性の態度」（réciprocité）が現われるのである[88]。

　さらに、この多数の態度の束としての複雑な体系を考える場合、次のようなことには特別に留意されるべきであろう。つまり、子どもが成長し、親族体系のカテゴリーを学ぶとき、子どもが親族体系を漸進的に理解するということは観察可能であろう。しかし、この個人的な学習の過程がそのまま子どもが生まれた社会（親族）の体系と連続的に重なると考えられてはならない。親族名称に含まれる示差性をより厳密に区分していく過程と部分的視点、内的な対立関係によって構造化された体系あるいは集合という意味での全体とは、質的にちがった次元に属するのである。だから例えば、マリノフスキーが示すような立場は、上に示されたような構造分析の立場から、再検討を要するであろう。つまり「教育は、特に単純な社会においては、社会的、道徳的、知的な原理をあからさまに教えこむことによってではなく、むしろ成長しつつある精神に対する文化的環境の影響によって行なわれる。子どもは、具体

的な方法によって教えられる忌避、優先、服従などの実際の例を通してカースト制度や地位や氏族集団の原理を学ぶのだ。ある範疇型（a certain ideal）がこのようにして心に刻みづけられる」云々[89]。

　たしかに教育はマリノフスキーがいうような形式で機能するのであるが、教育の機能全体は、個人的な学習過程と厳密に対応しているわけではない。教育の機能全体は、社会構成体と連携し、それなりに教育の体系を構成する。つまり、教育の機能する全体、ある目的に方向づけられた、機能する全体は社会構成体の内部での一要素となっているのであり、「要素は何らかの形で全体に従属することが暗黙のうちに仮定される」わけである。だから個人の「ある範疇型が心に刻みつけられる」過程も、一つには「部分的全体性の相互関係」の中で、二つには、「各々の部分的全体性内部の諸関係」でとらえなおすことを要する[90]。このことは、さしあたり、ジェネップが次に示す「年齢階梯制」のサイクル、「世代間の交換」の中で、個人の学習過程を位置づける作業を意味するであろうし、このような世代間の相互依存の関係の中で「組織的社会化」の意味もより明確になるように思われる。

　「どのようなタイプの社会においても、個々人の一生には順次に年齢の階梯を経ていくことと、ある仕事から別の仕事への移行とがある。年齢や職業による分離が存在するところでは、集団から集団への移行にはある特殊な行為……がつきものである。……個々の人間の境遇の変化に際しては、聖界と俗界との間の作用・反作用がみられるが、社会一般が迷惑も被害もこうむらないように己の作用、反作用が規制され、また見張られているのである。ある集団から他の集団へ、またあるステータスから次のステータスへ、次から次へなぜ移っていかなければならないのかということは「生きる」という事実そのものから来るのである。つまり、ある個人の一生は誕生、社会的成熟、結婚、父親になること、あるいは階級の上昇、職業上の専門化および死といったような、終りがすなわち初めとなるような一連の階梯からなっているのである。これらの区切りの一つ一つについては儀式が存在するが、その目的とすることは同じである。つまり、個人をある特定のステータスから別の、やはり特定のステータスへと通過させることに目的がある。目的が同じであるため、その達成手段は、細部にわたるまで全く同じということはないにして

も、少なくとも類似するようになる。……かつまた、個人も社会も自然や宇宙から独立した存在ではなく、その宇宙自体が、一定のリズムに従っており、このリズムは、人間の生活にも余波を及ぼすことになるのである。宇宙にも種々の発展段階と移行の期間、前進と停滞、停止などの期間がある[91]」と（傍点引用者）。

　この章では、教育の基層を、親族関係に遡って「世代間の交換—世代継起」という諸関係に据えて教育事象の生成を論じてきた。その手がかりに、まずは E. Durkheim の教育の定義を再検討するなかで、教育事象を構成する諸要素の全体連関が、いかなる潜在する諸力に依存するかを図式化した。この内部メカニズムを部分的に辿ってみると次のようにまとめることができる。つまり、集団的相互性から差異性、対立性が生じ、たえざる社会交換の過程から、「文化」とその「象徴体系」の分類様式が、言語記号と相補的に複合し、複雑化する。こうした記号・象徴体系において、集団間の交換が可能となり、また同時に、時代を通じる「世代間の交換」の内容が再現していくことになる。こうして教育制度の社会内在的な構成原理を「社会的世代」（générations sociales）と世代交換の意味を整理することによって教育が対価なき贈与（無償贈与）として与えられる実相が明らかになるのである。

　ひきつづき次の章では、世代継起の問題を基礎にして、年齢階梯の回転と第一次教育機制という問題に焦点を当ててみよう。世代間における支配と従属の関係を、集団的な世代組織の中で解明し、権威および権力形態が発現する「年齢階梯制」の「循環システム」（système cyclique）について検討することになるであろう。

[注]
(1) Émile Durkheim; *Éducation et Sociologie.*, 1966. p.41. 田辺寿利訳『教育と社会学』（石泉社、1954）。
(2) Émile Durkheim; *Les règles de la methodes sociologique*, 6e éd. 1967, préface de la 2e éd.
　　田辺寿利訳『社会学的方法の基準』（創元社、1952）。
　　佐々木交賢訳『社会学的方法論』（学文社、1973）。
　　Marcel Mauss; *Sociologie et Anthropologie*, 4e éd. 1968, pp.274-275、
　　有地亨等訳『社会学と人類学 1、2』（弘文堂、1973, 1976）。
(3) Bronislaw Malinowski; *Crime and Custom in savage society*, ROUTLEDE & KEAGAN PAUL,

LONDON ND HENLY. 6th impression. 1950, p.22.
青山道夫訳『未開社会における犯罪と慣習』(ぺりかん社、1967)。
(4)　B. Malinowski, *op.cit.,* p.25.
(5)　B. Malinowski, *op.cit.,* p.26.
(6)　Claude Lévi-Strauss; *Anthropologie structurale*, 1974, p.14.
荒川幾男等訳『構造人類学』(みすず書房、1972)。
(7)　C. Lévi-Strauss, *op.cit.,* p.15, p.19.
　　「カリフォルニアのMono族とYokut族の場合、そのある村落には双分組織があり、ある村落にはこれがない。われわれはいかにして同一の社会的図式(Schème social)が……実現されうるかを研究できる。これらすべての場合に、あるものが保持されている。……つまり、構造的要素のみが残るのである。双分組織の場合、そうした構造的要素とは次の三つである。一つは、規則上の必要(exigence de la règle)、二つは、自分と他人の対立を直接に統合する形式としての相互性の概念(notion de réciprocité)、三つは、贈与の全体的性格(caractére synthétique du don)である。これらの要素は……双分組織をもたない人々のあいだでさえ、これと対応する同じ機能をみいだすことができる」(C. Lévi-Strauss, 1974, p.30)。
(8)　E. E. Evans-Pritchard;「南部スーダンのヌエル族」(大森元吉等訳『アフリカの伝統的政治体系』みすず書房、1972、所収、335-363頁)。
(9)　リネジ(lineage)とは、その成員がたがいに系譜関係によってたどりうる範囲の単系出自集団(unilineal descent group)と定義されるが、この単系出自集団とは、祖先と個人とが世代を超えて、その集団に固有な権利、義務および財産・姓名・地位・称号・居住権・集団成員権によって結びつけられる共同の機能をもつ単位である(中根千枝「親族」〈『現代文化人類学3・人間の社会[1]』中山書店、1959、所収〉。長島信弘「親族と婚姻」〈『社会人類学』岩波書店、1967、所収〉)。個人が父系なり母系なり、一方の親だけの出自をたどる場合が単系出自集団とよばれ、父系、母系の二つをたどるものが双系(bilineal＝二重bilateral)単系出自集団とよばれる。また性別以外の要因による系統の連続性が維持されるものを一括して共系(cognatic)とよぶ。
(10)　Louis Dumont; *Introduction à deux théories d'anthropologie sociale*, 1971.
渡辺公三訳『社会人類学の二つの理論』(弘文堂、1977)74頁。
(11)　Lévi-Strauss, *op.cit.,* p.14.
(12)　モースに従って簡単に区別すれば、*hau* は主に無生物や植物の精霊、風、力を指し、*mana* は人や祖先の魂、精霊を指す(Marcel Mauss; Essai sur le don, forme et raison de l'échange dans les sociétés archaiques., in *Sociologie et Anthropologie*, p.158.)。
(13)　M. Mauss, *op.cit.,* pp.157-158.
(14)　M. ゴドリエは、ムブティー・ピグミー族について次のように報告している。「ムブティー族にとって、森こそ《一切》である。それは、そのなかにみいだされる生物、無生物の総体であり、地域バンドや個人よりも上位にくらいするこの現実は、ある人格、ある神聖をおびたものとして存在し、人々はこの森に、同時に父、母、友、恋人をさえあらわすことばで話しかける。森こそ……自分たちを守ってくれるものであり、獲物や蜜の賜物をおしげもなく与えてくれるもの、病気を追いはらい、罪人を罰してくれるものにほかならない。森は〈生命〉なのだ。……森とのコミュニケーションを絶つこと……みんなと狩をせず、みんなと歌わないこと、それは、生存の現実的、想像的諸条件の再生産のためにバンドに必要な、協同

と統一を破壊することにほかならない。それゆえ、森が表象しているのは、一方では、ピグミー族がその内部で社会として自己を再生産する、超地域的現実、自然のエコシステムであり、他方では、彼らの社会の物質的、社会的再生産諸条件の総体……にほかならない。ムブティー族の宗教は、だから、彼らの生産様式と社会の再生産諸条件がそこに表象されているイデオロギー的審級なのだが、しかしこの再生産諸条件が、そこでは、倒立して《物神化され》、《神話化》されて、表象されているのである。狩人が獲物をとらえるのではなく、獲物をとらえて生存し、再生産できるように、森が一定量の獲物を狩人にあたえてくれるわけである」
（Maurice Godelier; *Horizon, trajets marxistes en anthropologie*.1973. 山内昶訳『人類学の地平と針路』紀伊國屋書店、1976）102-103頁。

(15)　M. Mauss, *op.cit.,* pp.159-160.

(16)　Mauss, *op.cit.,* pp.161-163.

(17)　Mauss, *op.cit.,* p.161.

(18)　「神とか死者に対する贈与」＝いわゆる「供犠」（Sacrifice）についてモースは次のように解釈する。死者の霊と神とは「地上の物と財産の真実の所有者である」から、(i)「かれらと交換することは、特に必要なことであり、コミュニケーションをとらないことは非常に危険なことである。さらに(ii)供犠の目的は、まさしく贈与であるが、これには必ずお返しがともない、小さい物と引き換えに大きな物を得る結果をみ込んだ贈与になる」（Mauss, *op.cit.,* p.167）。

(19)　Mauss, *op.cit.,* p.163.

(20)　だから、だれかある人の「実質」（Substance）ははやくお返ししなければ、道徳的、身体的、精神的に危険である。なぜなら、贈られた物に付与された生気には個性がふきこまれ、その本質が自分の誕生の土地に帰還する摂理に妨げになるからである。（Mauss, *op.cit.,* pp.160-161）以上から、一つには、贈与交換を根拠づける呪術的あるいは神話的な思考がみいだせること、二つには、贈与のたえざる交換の過程から、事物（精神的・物質的）相互のとり換えが生ずることが予測できるであろう。

(21)　M. Mauss, *op.cit.,* p.163.

(22)　「こうした給付は、任意にもとづく、外見上は、自由で（気前よく）無報酬的（gratuit）にみえるが、実は拘束的（contraint）で利害的な性格をもっている」（Mauss, *op.cit.,* p.147）。

(23)　Arnold van Gennep; *Les rites de passage*.1909.
　　　綾部恒雄等訳『通過儀礼』（弘文堂、1977）。

(24)　M. Mauss, *op.cit.,* p.155.

(25)　長島信弘「親族と婚姻」（『社会人類学』、54頁）。

(26)　M. Mauss, *op.cit.,* pp.145-146.

(27)　M. Mauss, *op.cit.,* pp.172-173.「二項、あるいは諸項間の二関係、ないし二構造が対立しあっているといっても、それは相互の補完性を否定することではなく、ある限界までは補完的なのだが、この限界をこえると、補完性がもはや維持できなくなるほど対立が発展する」（M.ゴドリエ他著、山内昶訳『人類学の地平と針路』紀伊國屋書店、1976）66頁。

(28)　Bronislaw Malinowski; *Argonauts of the western pacific*. 8th imp.1972, p.81.
　　　寺田和夫等訳『西太平洋の遠洋航海者』（世界の名著59所収、中央公論社、1967）。

(29)　M. Mauss, *op.cit.,* p.176.

(30)　B. MalinowskI. 1972, *op.cit.,* pp.87-89.

(31)　B. Malinowski, *op.cit.,* pp.98-99, pp.350-356.

(32) M. Mauss, *op.cit.*, p.187.
(33) B. MalinowskI. 1972, *op.cit.*, pp.146-166.
(34) B. Malinowski, *op.cit.*, p.97.
(35) M. Mauss, *op.cit.*, p.177.
(36) B. MalinowskI. 1972, *op.cit.*, pp.174-175.
(37) M. Mauss, *op.cit.*, p.214.
(38) 村武精一「経済と社会生活」(『社会人類学』有斐閣、1991、35頁)。
(39) モースによれば、彼らは天然の銅を採取し、溶解し、鋳造する技術をヨーロッパ人が到来する以前から知っていたという。彼らはこれらの銅を紋章をほどこした楯の形にして、一種の貨幣とか誇示の対象(objet de parade)とした。彼らは二重の生活をする。つまり、春になると海や河で漁撈をし、山地で狩猟や、滋養豊かな植物の採取をする。農耕は営まない。冬にそなえて多くの蓄積をするのである。そして冬になると「町」(ville)とよばれる場所に集合し「この集合の全期間中、終始興奮した状態をつづける。そこでの社会生活は、部族の生活より烈しく、非常に強烈なものである。……つまり、全部族と全部族、氏族と氏族、家族と家族とが始終相互に訪問し合って、興奮状態が連続するのである。そこでは祭礼が継続的にくり返され、婚礼や様々の儀式が長期にわたって催される」。その際、春から秋にかけて蓄積した多くの収穫物を「ことごとく前後をわきまえず消費し」おしげもなく贈与するのである。このような贈与や反対給付が結社内での地位と昇進に結びついている。「これらのすべては無限にくり返されるポトラッチのさなかで行なわれるのである」(Mauss, *op.cit.*, pp.195-197, pp.221-222.)。
(40) M. Mauss, *op.cit.*, p.222.
(41) M. Mauss, *op.cit.*, p.223.
(42) M. Mauss, *op.cit.*, p.224.
(43) 改めて指摘するまでもなく、近代貨幣(交換価値の転化形態)もまた神秘的であり形而上学的でもある(cf. Karl Marx; Der Fetischcharakter der Ware und sein Geheimnis.)。
(44) M. Mauss, *op.cit.*, pp.226-227.
(45) M. Mauss, *op.cit.*, p.217.
(46) M. Mauss, *op.cit.*, pp.214-221.
(47) M. Mauss, *op.cit.*, pp.206-207.
(48) ロドルフ・ガシエ「太陽中心的な交換」(足立和浩等訳『マルセル・モースの世界』所収、みすず書房、1974、149-188頁)。
(49) M. Mauss, *op.cit.*, p.218.
(50) C. Lévi-Strauss; Introduction à l'oeuvre de Marcel Mauss, in *Sociologie et Antllropologie*.1968, pp.IX-LII.
(51) Claude Lévi-Strauss; Introduction à l'oeuvre de Marcel Mauss, in *Sociologie et Anthropologie* par Marcel Mauss pp.XLVII-XLVIII. 清水昭俊等訳「マルセル・モースの業績解題」(『マルセル・モースの世界』所収、みすず書房、1974)。
(52) M. モースは、呪術―技術―科学の関係と、それらの差異を次のように説明している。「呪術と技術はおのずから相互に結びつき、両者が混合しているのが常態である。……技術にともなう身振り(geste)もやはり効果を生むとみなされる。一般に漁撈、狩猟、農耕において呪術は技術と平行し、技術を補足するものである。その他の技術では、そのまま呪術に

とり込まれているものがある。……医術や錬金術である。……〔またその他では〕儀礼(rite)の効果と技術の効果(efficacité de l'art)はあまりはっきりと区別されない」。なぜか。それは「呪術のもつ転移的な特性(caractère transmissible)が同じく技術や手仕事にも共通するからであって、「職人(アルティザン)の一連の身振りは、呪術師(マジシャン)の一連の身振りと同じように画一的である」からである。逆にいえば、画一的に規制されてはじめて転移可能(transférable)となり、呪術の象徴的表現(身ぶり、ことば、しぐさ)も効果を生むものと集合的に信じられる。(Marcel Mauss; Esquisse d'une théorie générale de la magie, en *Sociolgie et Anthropologie*.1968. pp.11-12. 有地亨等訳『社会学と人類学』弘文堂)「呪術は一方では宗教と、他方では技術および科学と類似する」。宗教が形而上学、理想という抽象に向かうのに対して、呪術は神秘的とはいえ、世俗的生活に役立とうとする。「呪術は具象に向かう」。第二に、「呪術はわれわれの技術、産業、医学、化学、機械その他のものが働く方向に働きかけるが、……それは技術が労働によってなすものをことば(mot)、身ぶり、かけひき(savoir-faire＝手腕)、手先の器用さ(habileté manuelle)でもってなす。……虚無よりの創造の世界である(*ex nihilo*)。……まさに神秘的な性格によって、呪術は技術の形成に力を貸したし……呪術は技術に避難所(abri)を提供し、その保護下で技術は発展した」。「薬学、医学、外科手術、錬金術、天文学は……呪術の内部で発展したといいうるであろう。……しかし技術は呪術から借りた神秘的な側面を脱ぎすてた」。こうしたところから、道具の発明や製作がなされ、科学とも結びつく。科学における呪術のはたした役割は、一つには「実践的技術」(art pratique)であり、もう一つには「観念の宝庫」(trésor d'idées)でもあった。かくて、「具体的なものに専念する呪術は、自然を知ろとする。それは、植物、自然金属、諸現象、存在一般についての目録(index)、初歩的な天文学、物理学、自然科学の一覧表(répertoire)をすみやかにつくりあげた」(M. Mause; *op.cit.*, pp.134-136.)。

(53) Claude Lévi-Strauss; *Le totemisme aujour-d'hui*, 4e éd. 1974, *op.cit.*, pp.20-22
　　　仲沢紀雄訳『今日のトーテミスム』(みすず書房、1970)。
(54) Claude Lévi-Strauss; *La pensée sauvage*. 1962, *op.cit.*, p.294.
　　　大橋保夫訳『野生の思考』(みすず書房、1976)。
(55) Lévi-Strauss. ,1974, *op.cit.*,p.22
(56) Lévi-Strauss. 1962, *op.cit.*, pp.285-302
(57) Emile Durkheim et Marcel Mauss; *De quelques formes primitives de classification*. 1901, en Journal sociologique par Emile DurkheiM. ,1969. *op.cit.*,pp.425-427. 山内貴美夫訳『人類と論理』(せりか書房、1969)。
(58) Durkheim et Mauss, 1901, *op.cit.*, pp.427-429.
(59) Marcel Mauss; La notion de personne, en Sociologie et Anthropologie. 1968, *op.cit.*, p.338.
(60) Mauss. 1968, *op.cit.*, pp.343-344.「氏族(クラン)と家族(ファミーユ)は、一連の個人名を一定の順序で振り分けるが、その場合、常に氏族に起源をもつ神話に基づく特質と潜勢力(puissance)と性質によって、一種の論理的な配分(répartition logique)をおこなう。そして、このような配分が、個人にそれらの特質、潜勢力、性質についての力能(capacité)を与える」。(Mauss, *op.cit.*, p.344.)
(61) Levi-Strass, 1962, *op.cit.*, p.224.
(62) *Ibid.*, *op.cit.*, p.231.
(63) Durkheim et Mauss. 1901, *op.cit.*, p.458.
(64) Lévi-Strauss, 1962, *op.cit.*, p.297.
　　　つまり、〈隣接性〉とは、構造的に、または機能的に同一の体系に属しているものを見定め

るときに用いられる論理操作であるし、また、〈類似性〉とは、ものが同一の体系に属していることは要せず、黄色いとか、すべすべしているとか、翼があるとか、何か性質を共通にもつときに使用される操作である。(Lévi-Strauss, *ibid. op.cit.,* p.85)レヴィ=ストロースによれば、これら二つの論理操作は、「近代の分類学でも基本的な役割を演じた」ものであるし、また言語の「隠喩と換喩」(R. Jalcobson『一般言語学』21-44頁)、「範列(paradigme)と統合(syntagme)」(Ferdinand de Saussure『一般言語学講義』172頁)に対応されるものだという。

(65) Rodney Needham; Strcture and Sentiment. 1962. 三上暁子『構造と感情』(弘文堂、1977、136頁)。
(66) Claude Lévi-Strauss; *Les structures élémentaires de parenté*. 2e ed., 1967, *op.cit.,* p.135.
(67) Lévi-Strauss. 1974, *op.cit.,* p.56.
(68) Lévi-Strauss. The family. 1965, in Man, Culture and Society, *op.cit.,* p.279.
(69) Lévi-Strauss. 1967. *op.cit.,* p.139.
(70) *Ibid.* p.80.
(71) 中根千枝「親族」(『現代文化人類学3・人間の社会[1]』中山書店、1959、70-71頁)。
(72) Lévi-Strauss, 1965, *op.cit.,* p.281.
(73) Louis Dumont ; *Introduction à deux théories d'anthropologie sociale*. 1971.
1977 渡辺公三訳『社会人類学の二つの理論』弘文堂、15頁。
(74) ニーダム ; 120-136頁。
(75) 「象徴的分類(symbolic classification)とは、人間を含む世界の諸事象を抽象概念で分類する体系をいい、しばしば生と死、右と左、善と悪、天と地、東と西といった二元的諸対立の複合形式をとる。ニーダムは、非対称交換を行なう社会では取妻者と与妻者の対立を軸とした社会的分類体系に象徴的分類体系が重合して全体構造を成す傾向があると指摘した」(長島信弘「親族と婚姻」〈『社会人類学』岩波書店、1967、64頁〉)。
(76) Lévi-Strauss. 1974, *op.cit.,* p.343.
(77) *Ibid.*
(78) Lévi-Strauss. 1974, *op.cit.,* p.79.
(79) *Ibid. op.cit.,* pp.58-59.
(80) *Ibid. op.cit.,* p.56.
(81) *Ibid. op.cit.,* p.45.
(82) *Ibid. op.cit.,* pp.48-49.
(83) *Ibid. op.cit.,* p.50. A. R. Radcliffe-Brown ; Stmcture and Function in Primitive Society. 青柳まちこ訳『未開社会における構造と機能』(新泉社、1975)。
(84) *Ibid. op.cit.,* p.50.
(85) *Ibid. op.cit.,* p.51.
(86) *Ibid. op.cit.,* pp.51-54.
(87) *Ibid. op.cit.,* p.60.
(88) *Ibid.*
(89) Bronislaw Malinowski; *Sex and reprssion in sevage society*.1972, *op.cit.,* p.234.
阿部年晴訳『未開社会における性と抑圧』(社会思想社、1972)。
(90) デュモン、前掲書、26-28頁。
(91) Arnold van Gemep; *Les rite passage*.1909. 綾部恒雄他訳『通過儀礼』(弘文堂、1977、3-4頁)。

第4章　世代継起と第一次教育機制

　前章では、産業資本主義化以前の社会にあってE. Durkheimの意味する教育の内実が検討された。彼がいう「古い世代による新しい世代に対する組織的社会化」はM. Maussのいう意味での「全体的社会事象」を結節する「世代間の交換」を築くこと、そして、このような結節環にあって、C. Lévi-Straussのいう意味での三つの関係基軸、すなわち、(i)親族関係、(ii)社会関係、(iii)象徴関係にわたる三つの循環が「組織化され、方法化される」ことを立論した。

　しかしながら、相変わらず残された課題は多くあるのだが、その中でも、なにゆえに、世代間の交換が成立しうるのか、なにゆえに、このあいだで従属と支配の関係が生じうるのか、そして、この関係がいかように機能するのか、という主要な問題が解明されずに残されたままである。この章では、世代継起の問題を基礎にして、この網状組織の中に年齢階梯の回転と第一次教育機制という問題を立論する。そして、世代間における支配と従属の関係を、集団的な世代組織の中で解明し、権威および権力形態が発現する「年齢階梯制」の「循環システム」(système cyclique)について検討してみよう。

1　社会的関係と世代組織

　いわゆる伝統的な社会構成(formation social traditionnelle)では、親族組織のしめる比重が大きい。共同体内部では「親族関係が、政治的組織の諸機能と同時に、教育、伝統と価値の伝承、宗教、祖先崇拝といったイデオロギー機能

のすべてをひきうけている。そしてまた、生産関係の諸要素として、それゆえ、下部構造の諸要素としても親族関係が機能する。だから、親族関係は、多機能的、多規定的なものであり、この多様性こそが、社会生活における、それの支配的役割の原因なのである」[1]。

世代が次の世代へと連続する過程から、「それぞれの世代が、ある一定の時点においては、事実、それに先行する世代に従属する関係(relation de subordination)にあり、反面、それに続く世代を支配する関係(relation de dominance)にある」[2]ことが導き出される。いってみれば、ここでの支配と従属の関係機能は、「親族名称に還元されるかたちでの親族体系(système de parenté)〔性と世代との区分から分化した名称体系〕(静態的なもの)に「対応する行動(conduite)」(動態的なもの)が社会的特性に規定されてありうるということである。

それと同時に、そこではたらく教育の機制は、個別家族の域をこえて、伝統的な社会構成体に連繋し、それゆえ、社会によって選択された方向づけ(例えば、父系か母系かの選択)をうけることになる。ここでは「行動と態度」「権利と義務」があらかじめ規定されており、このような社会構造の新しい担い手が親族組織においても再生産されるのであった。以上のことを「社会組織」生成につながる「世代組織」においても再び読み取ることができるのである。

「いずれの社会でも、そこでの文化という象徴的・観念的な生産やそこでの技術・経済という物質的な生産からのみ表現されるわけではない。同時に、人間の再生産(reproduction de homme)を条件づける社会の諸様式からも表現される」[3]のである。

基本的には、このような人間の再生産をうながす社会関係の基層には、一方では、両性を区分する関係があり、他方では、「年齢組織」(group d'age)あるいは世代間を区分する関係がある[4]。しかし、これらの関係が現実に人間社会の基本原理として明瞭に機能している場合もあれば、すでに消滅してしまい、現実には社会的な深層〔社会構造〕においてしか働いていない場合もある[5]。しかしいずれにしても、イデオロギー審級で働く基本原理あるいは発生基盤を見逃すことはできない。

G. Balandierは、ポレミークな著書『人類の論理』において、基本的には、H.

Schurtzの所説にしたがいながら、次のようにいう。両性間の区分が原理的に、親族の秩序を支配し、そこから象徴(思考)様式における「二分法」(deux dichotomies)を生みだす。そしてまた、世代間の区分が、社会的な関係と階層の秩序を支配し、そこから、「三分法」(conception tripartites)を生みだす。これら観念上[6]の二分法と三分法が、本源的な社会関係(rapports sociaux originels)を生み、それが、なお維持されている場合もあれば、あるいは、その上に成り立つ歴史的生成の過程で、累積された諸関係が存続する場合もあるという[7]。

だから本源的社会関係に胚胎する象徴体系、人間相互の、集団相互の関係の体系も、これら二つのモデルにそって展開するわけであり、このことは、また社会的人間が、再生産される過程で、これら二つのモデルそのものが、いかように再生産されていくかの問題でもあるわけである。

つとにM. Maussは、未開もしくは繰り返し分節しつつある社会の権威と、そこでの凝集について、どのように観察するかという問題を提起し、地域集団とその分化を「性と年齢と世代による分化」(division par sexe, par âges et par générations)という問題によって解こうとした[8]。

要約すればこうである。社会関係にしめる凝集は、無定形(アモルフィスム)であると同時に、同質的に多様な現象(polymorphisme)を示す。共同体(コミュノーテ)は、「規範、給付、地位」という形態で成員たちの相互的な関係を規制している。このような規範・給付・地位において個々人の慣習行動(pratique)が成立している。

そして、例えば、Lobi族の例にみられるように、実践行動(プラティック)の秩序化の過程において、一定の「規律」(discipline)〔訓練・しつけ・学問〕と「権威」(autorité)が制度化する。集団の秩序をうむ凝集は、こうして、主要には、教育、伝統、下位集団間の日常行動に基礎をおくことになる。

加えて、「性と年齢と世代による分化」については次のように説明できる。地域共同体の分化は、両性への分化が、労働の技能的区分、財産の経済的区分を通じて、男性社会と女性社会との区分、あるいは「秘術を領有し合う結社」(société secrète)へ分化するにしたがい、と同時に、そこでの権威と凝集も一定してくる。この過程にあって、「女性は社会秩序の主たる要素(élément capital)となる」[9]。つまり、社会関係にあって性区分に厳格であれば、いわば、性分化による要素形態への結晶化が生じるというわけである〔相対的価値形態

→等価形態〕。

　さらに、「年齢による分化」も上の区分におとらない。これは次にあげる「世代による分化」と重なるが、その社会の「通過儀礼」(rite de passage)[10]によって、人生周期の社会的年齢に細分化して特徴づけられる。誕生時からの年数によるのではなく、そのときの社会の規準から特徴づけられ、継起する特定のステージにおいて性格づけられる。これによって、社会的出生の権利(droit de naissance)が保障されるとともに、隠退(retraite)に際し、諸権能が剝奪される。これに対し、世代分化は、「先にうまれたもの」(aîné)と「次にうまれたもの」(puîné)という二分化をとる。この二分化については、以下の展開で詳説[11]されるので、これ以上たち入らない。ここでは、こうして、「貨幣形態」にある「権力形態」が「父」に結晶している現実を予見するにとどめ、後に詳しく述べることになるであろう[12]。

　さしあたり、ここでは、まず社会関係を規制する世代組織における三分図式を検討するにとどめよう。その際「年齢階梯」について古典的足跡を残したH. Schurtzの立論にまずふれておこう[13]。彼はもっとも広く分布している民族事象から「最も単純な形態」として「年齢階梯の三体系」(System der drei Altersklassen)をとりあげた。(i)未熟な子ども(unreifen Kinder)、(ii)成熟した青年(mannbare Jugend)(iii)既婚の成年(verheiratete Erwachsene)、以上の三区分である。(i)と(ii)との区分は身体的な成熟度によるが、(ii)と(iii)との区分は、自然条件によるのではなく、「社会的な規約」によるという[14]。そして(ii)から(iii)への移行には、社会的な人間に条件づけるための《イニシエーション》(Knaben- und Mädchen Weihen)がおこなわれることになる。この試練時代（ブリーフングツァイト）が、「すべての精神文化財(geistige Kulturbesitz)が新しい世代に継承される一種の学校」とされ、ここでは社会的な凝集に不可欠な知識、観念、信仰という共通の基盤が形成されるという[14]。新しい世代は、親族組織からきり離され、新しい職能の担い手として、技能的・精神的・宗教的に形成されていく。だから、Schurtzは、世代組織を《親子関係、親族関係、婚姻関係》の上に立つ、社会関係の起源とみなし、子どもをたえず両親から分離し、青年を階層化し、成年に連帯させる社会関係を拡大する一つの様式とみたのである[15]。

　アフリカニストであるBalandierは、世代組織が社会関係の起源であ

り、それが基本的には三区分されるとみたSchurtzの先駆性を高く評価する。Balandierは、Schurtzを継承し、この三分図式の中に親族組織から社会組織への「通風弁」(registre)として機能した「世代組織(年齢組織)の原型」をみいだしている。この事象は現代の民族誌の中にも多くみいだされる。

　例えば、Fang族のそれである。(i)完全な権利と義務とを分有する人間：父の世代、(ii)社会的に承認されてはいるが、まだ依存的な状態にある若者：息子の世代、(iii)社会的に劣位者《infra-sociale》とみなされる子ども：成長しつつある世代、という三区分である[16]。こうした三分図式の事例は各地から多く拾うことができるのであるが、ここではその一々について詳しくたち入らない。

　とはいえ、次のような世代の関係については留意されるべきである。上の事例を用いれば、(i)の世代と(ii)の世代の「連続する世代」の間にあっては、対立する疎遠な、ゆえに権威的な性格をもつ関係がたてられるということ、また(i)の世代と(iii)の世代の「交替する世代」の間にあっては、比較的自由な関係と、それゆえ平等な接触様式がたてられるということである。つまり「交替する世代」の関係が「連続する世代」の間の緊張をやわらげるように働く現象が多々みられる[17]。

　この点については、(i)の世代と(iii)の世代はモデルとして同じ世代とみなされやすい〔同一化の機制〕。そして、基本的には、連続する世代における二分割が顕著に表現されることになる〔差異の機制〕。したがって、多少なりとも緊張をはらむ。ここで基本的にというのは、親族組織における両性間の区分、親子間の区分にしたがった二区分ということであり、また親族組織における基本モデルが社会組織にも適用されるということである。

　だからこのような基本モデルは、共時的な両性の間の区分と通時的な世代の間の区分とに対応し、たがいに相関しており、そこから常に「考えられる系」としてモデルのはたらきをするのである。と同時に、「生きられる系」として、本源的に「繰り返される強制」(Wiederholungszwang)[18]のはたらきにもなっているのだ。

　こうして、社会関係における「古い世代」と「新しい世代」という「最も単純な分割」は、社会過程における機能のちがいともなるのだ。つまり「ほとんど

の社会的な名称、指示、意味(désignation)が《年齢要因》(facteur d'âge)に依存」しているのであり、事実、性の区分と世代の分割を通じる二分図式は、「社会領野における、周辺化：統合化、親族：社会階層、同等：不等、権威：従属」というような関係を規制するうえでのモデルともなっている。同様にそれぞれの社会構成の全領域にわたる操作概念としても拡大されていくのである[19]。

ところで、世代組織における二分割は、年齢組織の細分化と、年齢階梯内部での連結をもたらす。西アフリカEbrié族の事例から。ここでは、男も女も全住民が〔1-2-3-4〕という四つのステージをもつ「不変の年齢階梯」にふりわけられる。それぞれの階梯はおよそ16年間隔で区切られている[20]。

一般に年齢階梯は、各年齢段階に固有な役割が付与されている体系をいうが、一つの段階(grade, Stufe)から次の段階への移行は役割の変化を意味し、その特性は儀礼によって明示されることが多い[21]。

またこれは二つの形態で識別できる。一つは、「線型体系」(système linéaire)といわれるもので、新しい段階に移行するたびに所属する名称を変え、前の段階の成員権を失い、名称そのものがかなり不規則に使用される体系をいう。もう一つは、「循環体系」(système cyclique)といわれるもので、名称の数が一定し、かつ順序が固定していて、名称そのものが循環している体系をいう[22]。

このEbrié族の場合、循環体系にあるが、〔1〕の下位組織と〔3〕の下位組織とは象徴的に、「父親と息子」との関係に同値され、〔2〕と〔4〕の下位組織も同様の関係にあるとされる。その社会全体が一方では、二つの父の組織と二つの息子の組織とに分けられることになるが、他方では「父系的な二つの半族」に分けられることにもなる。この点からもこれら四つの組織が親族組織あるいは系族(リネージ)から分離した社会組織であることがわかるし〔発生史〕、また、それぞれの組織が〔4〕若者(jeune gens)、〔3〕戦士(guerrier)、〔2〕成人(homme mûr)、〔1〕老人(homme vieillard)という社会的な機能で表現されてもいる[23]〔実在の関係と考えられた系〕。

ここで注意すべきことが二つある。一つは、〔1〕と〔2〕あるいは〔3〕と〔4〕とのあいだの関係が、「兄弟関係」から類推されるような「長：幼あるいは年長：年少の対立」(opposition aîné / cadets)〔最年長：二番目以下の弟妹たち〕の区分を含

むこと、また、「年輩：若輩の対立」(opposition senir / junior)というような年齢順による区分を含んでいるということである。

　親族組織における兄弟姉妹関係の中での「長兄」(aîné)とある階梯(クラス)内の「年長者」(senior＝年季のはいった熟練者)は、ともに他のものにくらべ「特権化(中心化・統合化)される非対称の関係」にある〔相対的な優越性 → 絶対的な優越性 → 価値付与の機制〕。このモデルもひろく慣用化されており、メタフォールに「人間、氏族、民俗集団、動植物の種概念、自然現象にまで適用される」[24]〔未開の思考〕。

　二つ目の問題は、〔1〕と〔2〕、〔2〕と〔3〕、〔3〕と〔4〕は「連続する世代」と同様に、緊張をはらむ関係にあり、対立と競合がはたらく。これに対して〔1〕と〔4〕は「交替する世代」と同様に、「祖父と孫」の関係に同一化され、それら下位組織間の関係では、「連帯(ソリダリテ)、共役(コニバンス)、援助、自由」がはたらく。現実には「父の父は、父がその子に行使する強制力を弱めるように父を拘束する」からである。「祖父：孫　関係は……あきらかに愛情あふれる関係をひきおこす。彼らは、ある意味で、社会的に同一の《集合(アンサンブル)》に属し、あたかも同一の水準……にあるかのように位置し、張り合いより連帯の関係で結ばれている」[25]。つまり、社会的、象徴的にも、一世代むかしの父親：息子という拘束関係は次の世代にも同じ方向で継承されるが、社会的な祖父と社会的な息子が換位される範囲で、以前の拘束する関係がやわらげられるのである。

　このように「両性」間での二区分と「世代」間での二区分は、基本的な社会関係(人間関係)における二分割として作動することになるし、さらには「三分割」「四分割」にも展開することになる。これは「実在の関係」でもあるし、「モデル」としても機能することでもある。さらに、以後でみられるように、単に同等な関係での分割であるだけではなく、上下の位階につながる分割をも導くであろう。つまり、「年長」(séniorité)という標識にもとづき、「現実に実効あるもの」による階層化である。そのため、例えば同等(égalité)、優越(supérieur)、劣位(inférieur)という位階の三分図式を生みだす。「この秩序が、親族組織の外で、不平等と権威にもとづく関係、そこから競争と緊張をひきおこす」[26]ことになろう。

　この点についてここではこれ以上たち入らない。「社会成層」(stratification

sociale)への展開の過程で改めて論じられるからである。ここではさしあたり、制度化した「年齢階梯」に共通した特性と、そこで詳しくふれられなかった点を補うにとどめよう。

　第一に、この組織は、親族組織から社会関係を再組織する制度である。この場合、社会的に区分される年齢を標識にして、一貫した階梯の中に、三もしくは四の等級クラスを形成する。場合によっては、これがさらに下位区分されて、その社会の人生サイクルをこまかく規定していくことになる。

　第二に、ある社会的な年齢階梯に所属するということは、一方では親族組織における子ども時代（人間の古層）からの分離を意味する。そしてこのことは、その社会の"おとな"（成熟）の成立条件を満たすことができるような、経済的、政治的、文化的ならびに宗教的な担い手の育成、一言でいえば、社会構成体のそれぞれの審級の担い手を再生産することを意味する。してみれば、その社会の子ども・若者に対する「処遇の仕方」〔traitant＝新しい世代を処理し、加工し、変換する様式〕も問題となるであろう。しかし、ここではそれ自体を問題にすることは、多様かつ、些細であることに立ち入ることになるため、さしずめ、それは、「全体的社会事象」(faits sociaux totaux)とそれぞれの具体的な「総体人」(homme total)との関数（フォンクシオン）として析出されざるをえないことを指摘するにとどめおこう[27]。それも、この場合には、量的というより質的区分においてである[28]。

2　世代組織の回転とその帰結

　先にみた世代間の二分割ということは、ここで展開する年齢にもとづく「社会コード」(code social)の様相の成立の説明にも立ち入らざるをえない。またそれは、新しくうまれてくる子どもが、どのようにその社会コードに位置づけられていくかを説明するものとなろう。ここではまず、子どもが社会的な舞台から排除される「意味」を簡単に問い、次に、年齢という「コード」がいかなる社会的な効果を発揮するかを考察してみよう。

　あきらかにどのような社会でも、社会人としての「成熟」(plénitude)という規準から、社会の頂点におとなを位置づけ、「欠如」（デフォ）あるいは「無」(incomplétude)

という視点から、社会の底辺または外に、子どもを位置づける。

その配置が社会によってさまざまにあるにせよ、一様に、「子どもはおとなではない」とされる。子どもは成熟した活動の場から排除される。その理由は、子どもは社会的に未熟な存在と見なされ、おとな中心の社会として存立しているからに他ならない。おとなは特定の文化や時代に応じて特殊化しているが、これにくらべると子どもは、現実に、身体的・精神的にたち遅れた存在である。

しかし、そのおとなその人は、その特定の文化的依存関係なくしては成熟した人ではあり得ないし、精神的・知的にも決して全能であることもできない[29]。同じ「よるべなさ」(Hiflosigkeit・détresse)[30]をおとなも子どもも共有し、同じくたち遅れをとり戻そうとするのだが、それにしても、年長にくらべた年少のたち遅れは、人間社会では、実際、「欠如(デフォ)」あるいは「無」という重大な意味をもつことになる。

おとなと子どもとの二分割は、比喩的に表現すれば、一方では人間の意識的な活動と無意識的な活動との区分であり、これは両性の区分にも類似して、一方が強調・拡大されると他方が排除・縮小される関係にある。

だからしてLévi-Straussはいう。子どもは「特定の社会が用いる基盤よりも……豊かな普遍的な基盤(fonds universel)から作られ」、「一種の普遍的基層(substrat universel)を形成している」。未開・文明をとわず、子どもが「すべての思考と文化とに共通する一種の公分母(dénominateur)」とみなされなければならないと。

Freudは、子どもを「多形倒錯者」(polymorph pervers)[31]とみたが、同じような意味で、Lévi-Straussはひとりの「多形社会人」(social polymorphe)を子どもにみる。「おとなの思考ほど特殊化されていないので、子どもの思考は、実際、つねにそれ自身の総合像を捉示するだけではなく、……〔おとなであったら〕他の条件でしか実現されないような総合像を提示」するからである[32]。

ともあれ、いずれの社会にあっても、頂点に位置するおとな、底辺に位置する子どもへの二分割が働くが、それは、「あらゆる社会構成が、一定の秩序、分化、差異、そしてその序列化の体系をもっている」ことの原因であり結果でもある。こうした差異化と階層化の体系は、「年長性」(séniorité)をメル

クマールにして構築されるのである(33)。それではそれはどのような様相を伴う序列化なのであろうか。

　さしあたり、子どもからおとなへの移行は一般にイニシエーション儀礼によって特徴づけられている。Haute-VoltaのBwa族の事例から拾ってみよう。

　ここでは「イニシエーションは社会的な生存を習得させるための試練(エプレブ)であって、それは象徴的に過去から切断し、再統合された生存に方向づけられる。」(i)「子どもの世界からの分離」と(ii)時の支配的権威体系への精神的な依存。(iii)社会から期待された意味体系内で上昇していく激情(révolte)とを意味している。ここでは、宇宙の秩序と社会の秩序を象徴する仮面が用いられるが、この意味は、(i)から(ii)への移行を象徴し、①加入者とその仮面との闘争、②その結果としての加入者の死、つまりその「幼児性」(enfance)が殺され、家族の世界から断ち切られて、共同体での関係に自己を登録することが意味される。次には、(ii)から(iii)への移行が象徴される仮面には、父のクラスとの儀礼的な闘争が象徴され、再現される。家族の世界と断絶するということは、「子ども性」と「生物的な父」からの訣別であり、あわせて、「社会的な父」「年長者」「指導者」「上位者」との統合が含まれている。こうして「生物学的な親子関係」は「社会的・象徴的な親子関係」に移し変えられていくのである(34)。

　一般に「年齢という社会コード」(code sociologique de l'âge)には「権威と従属、主導と依存、特権と義務という関係」が重なりあっている。Bwa族の事例にあっても「父という権威の象徴化」が次のように典型的に表現される。まず「生物学的な父親のモデル」が強くはたらき、この社会の子どもたちを支配している。「父は、子どもたちを生みだしたのだ；父のことばは、彼が父であるために力をもつのだ；子どもたちは父の力には何らたちうちできない」。

　次に、世代組織が回転する過程で、あるいはイニシエーション儀礼を経たあとで、「社会的な父親」と「社会的な息子」という図式がよく使われる。すなわち、集団間での、系族間での、社会組織間での、あるいは同年齢組織内での権威と従属というモデルの定着である。

　さらに、同年齢組織内にあって、長兄(父と祖先にもっとも近いとみなされる)と弟たちという対立図式が生みだされる。こうして「年長性」というメルクマールは、「祖先との関係」(系譜・généalogie〔その社会の憲章——Malinowski〕のう

えでより近いかより遠いかの位置関係)に移しかえられていく。その結果、社会的な地位、身分、資格、職能が格づけされることになる。そして村落組織の創設者(つねに時の権力によって再建される)に由来する社会秩序が法定化され、儀礼化されるのだ。

　長期にわたり継続されるイニシエーション儀礼もこのような内面化の一つである。ここでは「年長：年少」のモデルにしたがって、年齢組織が階層化され、職務への拘束と、それにともなう義務が配分されるのである[35]。

　以上は、イニシエーションを機縁とする社会関係の階層化のメカニズムであるが、次に、「年齢という社会コード」についてさらにたち入って検討すべきであろう。主にMalinké族の資料を使って、「年齢組織」がどのように展開するかを今一度仔細に吟味してみよう。

　彼らにあっても、子どもが「年齢組織」にくみ入れられることによって、はじめて子どもが「社会的に誕生」するといわれる。こうして本来的な意味での「仕事」(oeuvre)に参加することになるし、生活をともにする「兄弟関係のきずな」をうることにもなる。

　ところで、この「兄弟関係」は、「生きられた系」〔実在の関係〕であり、また「考えられた系」〔モデル〕でもあるために、多様な人間関係から多様な社会関係に橋わたしをする。以下において、この関係の展開過程をいくらか論理的にたどってみる[36]。

(I)　等価の形態(forme d'équivalent)：ここでは、社会的な兄弟は、相互にあたかも「双児」(jumelles)、「全く同一の子ども」(enfant identique)のようにみなされ、またみなしあうことが要求される。同じ年齢組織の成員すべてに、少なからずこのように要求される。事実、何らかの意味での差異、あるいは優劣が含まれていても、なお相互間での同一性(identité)が強調される。「彼らは同じ鋳型からつくられたのであり、必要に応じて身替りになりうる、無条件のきずなで結ばれている」(傍点・引用者)。

　だから無条件に平等(エガリテ)と連帯(ソリダリテ)が存在するとしても、このモデルは、現実的に有効かどうかは別にして、あらゆる集団での連帯のモデルとしてしばしば使われる。またいわゆる伝統的な社会にあっても、祖先との同一化の根拠としてしばしば用いられる[37]。

(II) 相対的兄弟関係(relation relative):「同一であるという観念」のもとに相対的な兄弟関係が築かれる。この関係にある限り平等な地位にあるとされる。〔frére / frére〕しかし、現実の年齢組織の編成にあって、また、社会的な兄弟である限り、「兄」(frére aîné)と「弟」(frére cadet)との差異があり、〔この要点は弟たちが兄を凌ぐことを自らに禁止するからである〕この限りでの不等な関係につながる。

ここで重要なことは、一方で「兄弟＝兄弟」というシンメトリックな関係が強調され、他方では、ここに「父親：子ども」の関係に示されるような支配・従属関係が重畳し、「年長：年少」という関係が萌芽する。そして、これにともない差異・不等・位階の関係がうちたてられる[38]。

こうして、「年長性」について二つの形態が生じる。

(i)「相対的な年長」;これはすでに親族組織にあって「父：子」関係にふくまれていた〔父系の場合には、父／子；母系の場合には、母方のオジ／オイ〕。この関係では、一方が他方に比して相対的に有利な立場にもとづく、ある種の「優越性」(supériorité)が性格づけられている。これが社会集団に拡大されると社会体系的には、不安定要因をともなう相対的な均衡(équilibrage)につながる[39]。

(ii)「絶対的な年長」;親族組織における「長：幼関係」で意味されるような絶対的な関係。ここでは、独特の優越性が結晶する。これが政治的に固着すると《君主的・強権的》になる[40]。

(i)と(ii)を通じて論理的に表現すれば《兄弟が等しく共通に接近しうる相対的な価値：相対的な優越性の原理の形成：象徴的な父：「貨幣形態」としての父に等しく接近可能な子どもたち：年序にもとづく条件の差異：子どもたちのあいだの優劣：関係の固定：不等な関係の出現》としてたどりうる。

(III) 非対称的な関係(relation asymétrique)と成層形成；この独特な関係の出現は社会的に何を意味し、社会制度にどのように結びついていくのか。「絶対的な年長」への結晶は、年齢組織からいえば「長：幼」の区分または、「年輩：若輩」の区分が明確であることと、この傾向が社会的にも固着するということであった。このことが、ひとまず三つのレヴェルでみることができる。(i)《出生順の年長》(aîné par naissance);長兄と弟たち、(ii)社会的な年長

者(aîné social)；長兄の子どもたちと二番目以下の弟の子どもたち、(iii)隠喩的に想定される年長者(aîné métaphorique)；考えられた系ではたらく優越性。

　これら三つの成層ではたらく区分はつねに非対称の関係にある。こうした非対称の関係は、同等の関係〔実際にはモデルとしてのみ〕から、優劣の関係へ、上下の関係へ、不等の関係、位階の関係へ移行をつねに可能にする。この機制が、人間の生理・生物学レヴェル〔Bwa族の象徴化された父による表現参照〕で、社会関係レヴェルで、そしてイデオロギー・レヴェルでたえず働いている。そしてこのような実在の関係とそのモデルは個々人が生まれてくる以前からすでに所与のものとして外在している。そして、この相対的な位階序列への機制が、いくつかの条件のもとに強力に促進されるとき、「絶対的な優越性」(supériorité absolue)に結晶するし、固定した社会成層を生み出すのである。
　かくて《社会的年齢》がそれぞれの権利・義務・職能そして権力をきわめて厳格に配分することを可能にし、これが「社会組織の基本原理となっている」[41]。また年齢組織の体系からいうと、他の社会審級が構成される基礎としての「社会調整器」(registre sociale)でもあり「社会関係の結び目」(trame du tissu social)にもなる[42]。つまり、世代組織が回転するということは、社会成層のたえざる累積を意味する。
　以上、年齢という社会コードの意味を問うた。年齢組織内部の個人間での接触は、規範として強調される範囲にとどまらず、組織内部の力学が外在する位階秩序に吸収されていく機制をここに見てとることができよう。
　次に、個別年齢組織がはたす主要な機能をMalinké族の年齢階梯体系にたどってみよう。先にふれたように同じ年齢組織内部では、《兄弟のように》結び合う関係が、機会あるたびに新加入者に教えられる。そして、彼らがまたそのようなきずなの担い手になることによって、それが強化される。少なくとも理念の上では、《兄弟のような社会》が維持され続ける。
　このような「同一性」の上に「複合的な機能をはたす結合(association)が築かれる」ことになる。してみれば、この上位組織は主に二つの機能をはたすことになる。Balandierによれば、「物質的生産」(production matérielle)のための組織と「象徴的・理念的な生産」(production symbolique et idéelle)のための組織であ

る(43)。

　前者はいわゆる「労働組織」(société de travail)であって、Malinké族では割礼(circoncision)をおえた若者全部を15才から30才までの「年齢成層」(couch d'âge)に編入するが、これ自体、労働活動をおこなうと同時に、自治活動(police)をとりおこなう。この結合単位を通じて個人は緊密な物質的な依存関係におかれている。後者は、「イニシエーション組織」(société d'initiation)であって、階梯化された、さまざまな文化的、政治的、宗教的小集団の結合体(confrérie)を形成している。

　これら小編成組織の特徴は、(i)新加入者に、文化的な象徴体系をしだいに認識させていくことにあり、さらに(ii)上位階梯の「さまざまな価値」「特権化された知識、記号、象徴体系を管理すること」にあるのである。(ii)の上位階梯はすべてのものに開かれているわけではなく、社会成層の一部のものに限られる。これら文化的な意味での小編成の結合体は、「貴族的条件とか年長性から生じる権力とは別種の権力(pouvoir)をつくりだす；彼らはそれによって相互を識別し、高い地位をうることが可能にされる」。こうして、文化的・政治的な地位が増殖されていくのである(44)。

　「生産力が相対的に緩慢なかたちで発達する一方で、技能(savoir-faire)と「知識」(savoir)の蓄積が、その伝達をうながし、知識の所有が、ますます特殊な地位にある、少数の文化的享受者に維持されていくことになる」(45)。

　こうしてMalinké族にあっては、「年齢組織」が多様な機能をはたしていることがわかる。階梯化した年齢関係は、「組織化された政治権力」、「位階化した知識と儀礼の実効性」と構造的に接合され、三つの社会的身分への通風弁になっている。①「貴族」(aristocrate)、②「自由人」(gens de condition libre)、③「隷属階層」(gens en servitude)である。

　だから、この社会にあっては、「年齢関係が社会全体において戦略的な地位(position stratégique)をしめる」のにたいして、他方ではこの関係で強調される「相対的な年長性」の関係が、現実に機能する「絶対的な年長性」の関係をかくしてしまうことになる。つまり、身分秩序(不平等)が厳然と存在するにもかかわらず、人の間では社会的な「兄弟関係」が称揚されるからである。このように見ると、外在条件なくしては「同等関係」が貫かれることはありえないこ

とになるのである。だから、「年齢関係」のストラテジックな性格が明らかになり、「差異と同一とのゲーム (jeu)」がこのように演じられることも理解されよう[46]。

ともあれ、階層化を促す(i)「父親：息子」関係、(ii)「兄弟関係」のモデルは、社会関係へ翻訳されるのであって、前者は、「権威と服従」の起源を、後者は、「不平等と兄弟性」の起源を説明する。第一の関係では、「命令」(commandement)が貫き、第二の関係では「連帯」(solidarité)が称揚される。社会成層における、上からの命令と下からの連帯が、「それぞれの世代、それぞれの年齢組織において実現されようとする」。このことは、全体社会が維持し、再生産されようとする「一つの社会的な均衡力(un équilibre des forces sociales)を、個人間に樹立する一つのはたらき」である[47]。

さらにBalandierはつけ加える。このような均衡が不安定になり、バランスがくずされるような過程で「権力が形成され、組織される」[48]と。だからその反面では、「年齢組織」は新しい加入者に対して権力機構としてもはたらくわけだ。そのコラリーとして、Ebrié族の事例であるけれど、「年齢の上に諸権力が基礎づけられ、年齢というコードにあわせて、経済的な優越性(支配)が伝達されるし、父というものに、あらゆる権力のモデル、あらゆる政治的権威のモデルが含まれる」[49]。

こうして、年齢組織における人間関係は、多様な象徴体系、記号体系さらには社会関係を翻訳した社会言語に表現されることになる。この意味での社会言語を通じて、新しい世代に対して、社会についての観念とその正当性が教えられるのであり、「このようにして彼らの教育と彼らの凝集が確保されている」のである[50]。

3 命令と禁止による一次的教育機制

先にみたようにいわゆる伝統的な社会にあっては、われわれの社会のように「教育」(éducation)と「教授」(instruction)を区別していない。M. モースによれば「すぐれて社会的な(それゆえにまた関係的な)教育という事象に、このように切り離された二つの用語をもちこむことほど危険なことはない」[51]。それ

は一面をみて他面を見失ってしまうからだ。

　ここで他面とは、(i)社会成層につながる「支配／従属」関係であり、「権威／不等」関係であり、さらには、(ii)年齢関係がその社会全体においてしめる「戦略的な地位」であり、(iii)社会言語を通じるイデオロギー機制であり、最後に、(iv)命令と禁止による心理機制である。

　まず、最後の命令と禁止との関係について、いくばくかをここで説明しておこう。おとなを社会の頂点にすえ、子どもを社会の底辺に位置づける階層化の体系は、一般的には、あらゆる社会構成が一定の秩序体系をもつことを条件づけていくと同時に、年齢という社会コードによる秩序体系の実現の過程の結果でもある。

　この頂点と底辺とのあいだにはたらく垂直関係は、相対的には、多様であるとはいえ、優位と劣位の関係を引き起こすことになり、そこには次のような二重の結合がみられる。

　①はじめにはイニシエーションに際してみられるような「権威による命令が特定の自己に対して禁止として働く機制」〔受動〕②これに対応して自己への禁止にともなって、命令する主体と同一化をはかる機制〔積極的主体の構成〕。②′さらに内面的には、「各個人が自分の自我理想を放棄し、指導者の中に具象化された集団理想とそれを交換する」機制〔対象選択〕[52]である〔超自我形成〕。

　概して、「子どもの教育はささいなこと(détail)で満ちみちている」といわれる。しかしモースは、子どもが特定文化に統合されていくうえで、どんなささいなことも極めて重大な意味をおびるという。いかなるささいなことも「社会的文脈」にそってあり得るからだ。おまけにこの「ささいな」事象は、外観からは、おとなに見逃がされやすいというより、おとなの観察にはひっかからないといった方がいいかもしれない。それというのも、おとなほど子どもは特殊化されておらず、まだそれぞれの文化にしたがって分化しておらず、とはいっても「分化の欠如というより、おとなの分化とは異なった別の分化の体系(système de différenciation)」にあり得るからであろう[53]。

　くわえて、たてまえの上になりたつおとなは、幼児期を〈隠蔽記憶〉(Deckerinnerung)のなかにしか残さず、たとい想い起したとしても、相変らず

後の事象で置き換えられた〈理念の上での子ども像〉を築きがちである[54]。

だからおとなと子どもとの実在の姿、その間の一定の関係を検討しようとするとき、人間の無意識的基層は欠かすことができないものとなる。

Lévi-Straussは民族学研究と精神分析との類似した操作について次のように指摘している。「精神生活の基本的諸現象、精神生活を制約し、そのもっとも一般的な諸形態を規定する基本的諸現象が、無意識的思考(pensée inconsciente)の層に位置するという考え方は……周知のものとなった。無意識とは、いわば、自己と他者とをつなぐ媒介項であろう。(L'inconscient serait ainsi le terme médiateur entre moi et autre.)……それは、この平面が、もっとも内密なわれわれの自己を包蔵しているからだ。……われわれはこの平面で、われわれ自身から逸脱せずに、しかも同時に、われわれのもの(nôtre)でもあり、他者のもの(autre)でもある活動の諸形態と、また、あらゆる人間、あらゆる時代の知的生活の諸条件と重なりあうからである。……精神分析において、われわれのもっとも異質な自己(notre moi le plus étranger)をわれわれが回復できるのも、また民族学研究において、他者のもっとも異質な相へ、それがあたかも、もう一つのわれわれ自身(un autre nous)であるかのようにわれわれが導かれるのも、つまりは同じタイプの操作であるからにほかならない」[55]。

このような「われわれのもっとも異質な自己」と「もう一つのわれわれ自身」を見失うことなく、①に示された命令が自己に対しての禁止としてはたらく機制を再度「世代連関」(Generationszusammenhang)[56]にたどり、このような社会関係が、人間の成層をどのように形成するかを基本的に確認しておこう。

ここでは「支配：服従」の典型例として、ヴォルタイクなMossi族の事例をとりあげるのが適切である。「Mossi族のケースは、一つの典型としての性格をもつ。それは関係モデルによる世代間の関係〔父：子関係〕の社会的な力学を知るうえでの唯一の貯水源となっている」からである[57]。

まず規定的な社会条件を要約する。(a) Mossi族の社会では王権の絶対権力が広い範囲にわたり支配している。(b) 日常生活の場にあっても、《強固な父系性》をともなう象徴的な「父親の形態」が永続的な準拠体系(référence)としてはたらいている。(c) 子どもたちのあいだには《伝統から特権化された長子権》が認められている[séniorité absolue]。(d) 子どもたちは、父との関係からのみ彼

らの社会的地位が規定される。

　このような所与の条件が外在すれば、前にあげた論理から、世代間における関係が強権的な色彩をおび、支配・服従の関係が典型的に表現されることになる。さしあたり、社会的に規定された支配服従関係とそこで帰結する態度、行動様式からみてみよう。

　社会的地位が高い家族の場合、男の第一子は、父母と他の兄弟と別れて暮らす。長兄は「年齢組織」に編入されるまで母方の親族と暮らす。そして母方のオジの家族で大事に育てられ、「オジの姿から愛情ある自由な父の心像(イマージュ)をつくりだす」。他方、現実の父に対しては、子どもは自分を抑制し、父を尊敬することが日頃から教えられる。そして、父を儀礼的に時々おとずれる。「尊敬を強要し、服従を強いる」この父からは「権威的な父の心像をつくりだす」[58]。

　この親子関係に特徴的なことは、両者が隔離されることによって、社会成層における支配・服従関係の「下位構造としてある命令・禁止関係」が、心理機制からも再生産されるということである。親子間でのこの関係が「それぞれの態度を命令的に(impérativement)に規定している」。さらに「父の世代と息子の世代とにたてられる社会的偏差(écart)も現実化する」のである。

　ところで、ここでの心理機制を説明すれば、父は子どもの「無力」(Hilfslosigkeit)をたてにとる。「権威的な父」〔命令・おきて〕への服従は、他方では自己の出自における愛情の断念〔喪失〕に対応している。この事態への補償は、Mossi族の事例では、母方の家族において実現されている。〔父による禁止　→　この限りでの奪われた除け者にされた不安・恐怖〕「息子は単に従属し、服従させられるだけではなく、明らかに目につくすべてにおいて父より劣っていなければならない」[59]。こうした命令と禁止から生ずる「不安・恐怖」〔自己の貨幣〕とひきかえに、彼はすすんで服従し、そのことによって、「子どもが想像によって父に期待するもの、保護や配慮やいたわりなど」を獲得する〔傍点・引用者〕。

　しかし、Freudがいうように、こうした禁止は、「いかなる動機づけも欠いている」し、また、このような断念は自己によって抑圧され、忘却されていく。だから、禁止あるいは義務そのものは意識されるが、「禁止の動機は不明のま

まであり、それに知性によってうめ合わせようとするすべての試みは挫折せざるをえない」のである(60)。

　もう一度Mossi族の事例にもどれば、この禁止の動機はより明らかとなろう。この社会では、実のところ、先にふれた「生物学的父」(géniteur)のモデル、つまり「自分がつくりだしたものに対しては全面的な権利をもつという原理」(61)「力への信仰」〔一つのイデオロギー形態〕が支配し、「表象と分類の体系において特別の位置を占めている」。

　ところが、このようにあらかじめ両者の位置関係が規定されておれば、現実の力関係が結抗すればするほど、張り合いの状況がもたらされ、「反目(antagonisme)と敵対(rivalité)」の関係が促進されることになる。Mossi族の「父と息子は相互に比較されるような状況では慎重に避け合う」けれど、この関係を越えることができない。なぜなら、この関係こそが、「家族間での諸関係を資格づけ、諸世代間にくみたてられる諸関係を資格づけ、〔社会的〕権威の様式を規定している」からである(62)。

　だから、こうした社会的な支配・服従関係から、禁止の動機も理解されなければならず、また、親子間の潜在的な敵対が掟・法(loi)そのものを否定するのではなく、逆に、掟ゆえに生ずる敵対がかえってそこでの社会構成を強化する側面も理解しなければならない。

　この意味で、先の父親の禁止は子どもの単なる制止だけではなく、「激しい競合」にたえられうるような、この社会での価値の再生産を強化していく力動的な機能をはたしているのである。そしてまたここには、父がそのような息子を強く望む戦略的な意味〔力への信仰〕も理解しなければならないのである〔力の関係が力を再生産する〕。

　このような「力動的なメカニズム」と「力(puissant＝権力)への信仰」はすでに親族間で生じているものであり、さらには物質的・精神的な交換圏に淵源するものであった。というのも、「交換とは、社会的諸活動にあって、外見上では相互に異なる多くの活動の公分母」(l'échange est le commun dénominateur d'un grand nombre d'activités sociales en apparence hétérogénes entre elles.)であったからである(63)。

　それゆえ、このような「力動的なメカニズム」と「力への信仰」は世代関係を

規定し、全体社会から「年齢組織」を支配することになっているのである[64]。

　Mossi族の事例に即してこの点を敷衍してみよう。若者たちは、家族から離れて、「大きな……一つの集団をなし、共に生活し、若者宿(maison de jeune)」に住まう。これは、前節でみたように労働組織でもあり、自治的・文化的な組織でもあった。父が組織する家族の単位の労働に従事することと、もう一つには年齢階梯に従う同世代のものたちとの、物質的・精神的な相互依存の関係にあった。ここでの、社会的な父と社会的な息子との世代関係に特徴的なことは、年長の世代が「政治的・儀礼的・社会的な諸手段を多く占有する」ことに現われている。特に財産と女性に対する支配が年長者に占有される傾向にある〔禁止・排除の機能〕。反面、年少者は「保護者と被保護者」(clientèle)という従属関係に長くおかれる傾向にある[65]。要するに彼らは、物質的・精神的 財ビヤン・公職セルヴィス・婚姻ファムの「交換サイクル」(cycle d'échange)から排除されているのである[66]。

　この世代関係の禁止の動機をさらにさぐっていくと、社会的競争にささえられた、物質的・精神的な勢力(puissant＝権力)の交換の綱の目にゆきつく。そこでは、一方では系族リネージ間での地位にあって、他方では国家的な地位にあって、競合にもちこたえた《お偉方》(dignitaire)があり、他者を凌いだ《首長》(chef)があり、彼らはともに若者に対して「権威オートリテ」をもっている[67]。彼ら高位者が占有する交換のサイクルこそ、先にふれた「絶対的年長という優越性」〔貨幣形態〕と結合し、彼らは、「女と財、高位の象徴と儀礼、権力と社会化を統制」している。

　他方、彼らは神格化された「祖先」に依託をうけて、「権力の権威を有効に概念化し、効果的に慣行化することによって彼らの統制権を維持している」[68]。

　こうして世代関係は、単に親子関係につきるのではなく、一方では、政治的な支配：従属関係を、他方では、命令：禁止関係を、これら関係を貫く法・掟を再生産しているのである〔社会制度と社会意識との相補性〕。

　以上の分析から支配と権力を通じる社会的な地位の配分についてはおおよそ理解できるであろう。

　次に、このような命令と禁止が子どもの自我形成途上でいかなる意味をもつのか、そして「全体的社会事象」が「成層化する人間」にどのようにつながる

かをFreudにしたがって概略し、理論的な裏付けを見出しておこう。

彼はいう。「禁止Verbotは、世代から世代へ、おそらくは単に、伝統の結果として、親や社会の権威(オートリテ)によって伝えられる。そしてそれが、やがて継承された精神財(psychischer Besitz)の一部として、すでに組織化されて、後代の組織となったものであろう」(69)と。こうもいう。「普通には、両親や両親に類似した権威は、子どもの教育にあたって、彼ら自身の超自我(Über-Ich)から指示される。……だから、子どもの超自我は、もともと両親〔その人〕を模範とするというより、むしろ両親の超自我を模範として築かれる〔傍点・引用者〕。

超自我は同一の内容でみたされ、伝統の担い手(Träger der Tradition)になるし、また、このようにして世代から世代へ継承されてきたすべての不変的な価値(zeitbeständige Wertung)の担い手になる」(70)と。うえでみた掟・法はこうして世代間の超自我を通じて社会的に継承されていくというわけである。

それではこの「超自我」は「心的人格」全体にあって、どこに位置づけられているのか。あまりにも有名なFreudの局所論的定式をあらためてここで引用するには及ばないかもしれない。だが、以後の社会意識再生産の機制を知るためには、是非とも思い起こされる必要があるように思われる。以下に要点となるところを引用し、問題の所在のみを指摘しておこう。

I　われわれが、人間の心的装置(Seelenapparat)を分解すると、「超自我」(Über-Ich)、「自我」(Ich)そして「エス」(Es)という三つの審級に分けて理解することができる。最後の「エス」はFreudによれば、Nietzscheの用語に倣ったもので、無意識を das Es と呼び、非人称代名詞によって「自我無縁性」(Ichfremdheit・もう一人のわたし)を言い現わすのにとくに適しているという(71)。

II　「超自我」：心的生活において自己を批判し、禁止し、検閲し、懲罰する審級をいうが、超自我は最も厳しい道徳的尺度を採用する。そして超自我がどのように形成されるかというと、まず第一局面、外的な権力(マハト)、つまり両親の権威がエスの衝動を抑制する役割をひきうける。それの二様態は「愛の表示による許容(Gewährung)」と罰による威嚇(Androhung)」である。愛の喪失による現実不安〔不安は広く流通する貨幣である〕(72)。第二次局面で、外的な抑制が内面化され、超自我が両親の法廷にとって代る。「今や超自我が

自我を、むかし両親が子どもにしたようにきびしく監視し、制御し、威嚇する」[73]。両親と子どもとの関係が超自我と自我との関係に変わるのは「同一化」(Identifizierung)の機制による。そして、「発達の途上で、超自我は、両親に代わる人々、教育者、さまざまな理想像(ideal Vorbild)から影響をうける〔先の年長者〕。

　正常な場合には、超自我は、本来の両親個人から次第に遠ざかっていき、いわば非人称(ウンペルゾンリッヒ)になる。……両親はみすぼらしいものになる」。こうした超自我は、「自我理想の担い手(Träger des Ich-ideals)であって、自我は自我理想に照らして自己を測定し、これにならい、ますます完全なものになれという自我理想の要求を満たそうと努力する。この自我理想が昔の両親の名残りである」[74]。

III　エス：人格の広大な無意識層であり、自我の対立物であるけれど、エネルギーの源泉である。「エスにおける諸過程には、論理的思考法則が通用しない。特に矛盾律は通用しない。……エスの中では、時間観念に相当するのがない。……明らかにエスは価値判断を知らず、善を知らず、悪を知らず、道徳を知らない。経済的要因が快感原則(Lustprinzip)と密に結びついて一切の過程を支配する。……エスは、〔無意識そのものというより〕無意識的である」[75]（傍点・引用者）。

IV　自我：心的装置の最上層部にあり、Freudによって「知覚─意識体系」(System W-Bw)とよばれる。この体系の機能がはたらいて意識という現象が成立する。「自我は欲求(Bedürfnis)と行動(Handlung)とのあいだに思考作業という猶予期間(Aufschub der Denkarbeit)をはさみ」、こうして「快感原則を退けて……それに代えてより多くの確実性とより大きな成果を約束する現実原則(Realitätsprinzip)を据え置く」[76]。

V　外界、超自我、エス：自我。自我は三人の暴君につかえる。「自我は三方面から痛めつけられ、三様の危険にさらされている。切羽詰まると、不安の発生(Angstentwicklung)をもってそれに対処する」[77]。

　以上の要約は便宜的に「Freudの発見」を確認したにすぎない。最後に二つのことのみにふれる。その一つは、世代関係に示される権力と権威による支配は、内面の超自我に継承され、自我そのものを規制すること。特に、家族

における父親、それに代る社会的な父親、「象徴的父親」〔父親の隠喩〕は、「象徴的母親」から子どもをひき離し、子どもの価値意識、規範意識、役割意識の内面化の「代理人(アジャン)」のみならず、モデルとしての、その社会・文化の「掟」の象徴表現として、否応なく子どもの変換を促す社会制度そのものであること。

「父親という名(nom du pére)のうちにこそ、われわれは象徴的機能(fonction symbolique)を支持するものを認めなければならない。この機能は、歴史的な時間のはじめから父親という人物を法の姿(figure de la loi)と同一視している」[78]。

二つ目は、「知覚─意識体系」に占める思考という遷延作用(Aufschub)は、直接には子どもが「満足をひきのばすこと」(retardement de la satisfaction)であり、これこそが各文化の恣意的な構造を教える上での様式につながっていること、すなわち、各文化・社会によって、延ばし方〔文化の恣意性〕が異なること、まさしく子どもは、このような慣習的行動(pratique)としてのわざ・術(art)を学ばなければならないし、「ひき延ばされた満足」のために、「自己の戦略」(monnaie de prestige)〔生きる術〕を獲得しなければならないわけである[79]。

いうなれば、子どもは、愛情、もの、象徴をめぐり、たえざる緊張関係におかれているからだ〔自己の不安とそれらとの交換〕。このことと、「年齢組織」における「ストラテジックな性格」とは社会構成において接続されているのであり、命令と禁止の上にたつ第二次的教育機制を構成している。この点については、稿が改められなければならない。

この章では、世代継起の問題を基礎にして、年齢階梯の回転と第一次教育機制という問題に焦点を当てた。そして、世代間における支配と従属の関係を、集団的な世代組織の中で解明し、権威および権力形態が発現する「年齢階梯制」の「循環システム」について検討を加えた。その結果、ここにおいて循環する「年齢という社会コード」には、「権威と服従、指導と依存、特権と義務」などの関係が重層していることを明らかにしようとしてきた。そして各種の世代組織において、「社会的な父親」と「社会的な子ども」という図式で観念されており、この図式は同じく社会的関係のオブジェクト・レヴェルとイデオロギーのメタ・レヴェルでも機能していることが明確になった。こうして、「社会的年齢」が各人の権利・義務・職務・権力を微細に配分していく制度の

社会的基盤を成していることが理解できるのである。

以上の各章を踏まえて、次章からは「近・現代」に特有な支配構造とその社会的諸機能を解明することになるであろう。

[注]
〔以下の引用では、多くの邦訳を参考にしている。しかし、必ずしもこれらに従っていないので原文のページのみを記す。〕

(1) Maurice Godelier, Le concept de《formation & économique et sociale.》in *Horizon, trajets marxistes en anthropologie*. 1962. p.89.
(2) Claude Lévi-Strauss, *Anthropologie structurale*. 1958. p.343.
(3) Georges Balandier, *Anthropo-Logiques*. 1974. pp.9-10.
(4) この点についての民族誌的事例にはこと欠かがたい。以下の叙述で引用したもの以外をあげれば、次のような文献である。
　　J. S. La Fontaîné, *Sex and Age as principles of social differentiation*. 1978.
　　Max Gluckman, *Essays on the ritual of social relations, reprinted*. 1975.
　　Philip Mayer, *Socialization, the approch from socialanthropology*. 1973.
　　Hartmut M. Griese, *Soziologische Anthropologie und Sozialisatioustheorie*. 1976.
　　Marcel Mauss, *Manuuel d' ethnographie*. 1967.
　　高橋統一「年齢集団」（講座『比較文化』第6巻、研究社出版、1977）
　　高橋統一「世代の継受」（『国家論研究』、1972）
(5) この点については、Lévi-Straussに「停滞的歴史」(histoire stationnaire)と「累積的歴史」(histoire cumulative)とについての分析がある。C. Lévi-Strauss, Race et histoire. in *Anthropologie structurale deux*. 1973. pp.377-422.
　　さらに両性区分における女性なたるもの(die Weiblichkeit)についてS. Freudに興味ある分析がある。Sigmund Freud, *Gesammelte Werke*. Bd. XV SS.119-145.
(6) この点については、「生きられる系」（ordre《vècues》）と「考えられる系」（ordre《conçues》）とについてのLévi-Straussの分析を参照。C. Lévi-Strauss, La notion de structure en ethnologie. in *Anthropologie structurale*. 1958. pp.303-351.
(7) G. Balandier, 1974. *op.cit.,* p.69.
(8) Marcel Mauss, Les systèmes de cohesion sociale. in *Marcel Mauss Oeuvre*. Tome 3. pp.11-26.
(9) *Ibid.* p.15. なおLévi-StraussとBalandierにも同じような一節がある。Lévi-Strauss「それゆえ、女性についても、交換貨幣(monnaie d' echange)のばあいと同じことがいえる。女性はしばしば交換貨幣とよばれる……」(Les structures élémentaires de la parenté. 1967. deuxième éd. p.549)「女性はすべての男性に対して媒介としての価値をもっている」(G. Balandier, 1974. *ibid.*, p.89)。
(10) Arnold van Gennep, *Les rites de passage -Étude systèmatiques des rites*. 1908. p.286.
(11) M. Mauss, *Les systèmes de cohesion sociale*. p.16.
(12) いずれの社会も世代区分により親族関係を明確にしている。そしてこの関係を規定する名称体系からみれば、親と子という関係(filiation)からみることができるが、これにつきるわ

けではない。この関係は基本的には〔祖先 ― ego ― 子孫〕という三区分を生みだし詳しくは、〔祖先(ancêtre)〕〔曾祖父 ― 祖父 ― 父 ―(ego)― 息子 ― 孫 ― 曾孫〕〔子孫(descendance)〕というような名称の連鎖に位置しているわけである。さらには、この三区分は、過去―現在―未来にわたる時間系列に結びつけられ、egoと祖先との関係、あるいはegoと子孫との関係という複雑な社会関係ならびにイギオロギーを生みだす。この意味で親族関係がきわめて頻繁に社会関係に適用され、基本的な教育が機能することになる。

(13) Heinrich Schurtz, *Altersklassen und Männerbünde. -Eine Darstellung der Gruudformen der Gesellschaft-* 1902.

(14) *Ibid*, SS.83-85.

(15) *Ibid*, SS.95-110. Schurtzにあたっては、このような三つの体系には、潜在的に対立的な性格がかくされているとみられていた。というのは家族内の親子間の対立がそのまま社会的な世代間の断絶に反映するという図式になっていたからである。これに対して、Lowieは「世代間の対立は家族内に限られない。けだしその本質において個人間の葛藤ではなく集団間の対立だから」という。Robert H. Lowie, *Primitive society*. reprint. 1970.
　R. H. Lowie, *Social organization*. 4th impression 1966.
　G. Balandier, 1974, *ibid*., p.69.

(16) G. Balandier. *ibid*., p.69.

(17) *Ibid*., p.71.

(18) Sigmund Freud, Jenseits des Lustprinzips. 1920. in *Gesammelte Werke*. Bd 13. SS.1-69.

(19) G. Balandier *ibid*., p.71.

(20) *Ibid*., p.73.

(21) P. H. Gulliver, *Age differentiation, in International encyclopedia of the social sciences*. vol.1. pp.157-161. 長島信弘「年齢階梯制」(『ブリタニカ国際大百科事典』第5巻、ティビーエス・ブリタニカ、1973)

(22) G. Balandier, *ibid*., p.73

(23) *Ibid*., p.102.

(24) *Ibid*., p.74. C. Lévi-Strauss, *La Pensée sauvage*. 1962.

(25) G. Balandier, *ibid*., p.102.

(26) *Ibid*., p.72. Balandierは、次のような仮説をたてている。基本的には親族組織を支配する両性間の関係が、二分法のモデルを生みだし、次に社会関係を本源的に規制する年齢組織が、三分法のモデルを生みだした。この三分法モデルは G. Dumézil によって研究されているが、インド・ヨーロッパ地域の広い範囲にわたって広くみられ、三つの社会クラスの編成と三つの権力体系においてよくみかけるモデルとなっているからだという。*Ibid*, p.71.

(27) Marcel Mauss, Rapports réels et pratiques de la psychologie et de la sociolgie. 1924 in *Sociologie et Anthropologie*, 4e éd. 1968. pp.281-310.

(28) C. Lévi-Strauss, *Introduction d l'oeuvre de Marcel Mauss*. pp.XXV-XXVI「社会構造(structure sociale)がその特徴を個人に刻むのは、身体的欲求に対する教育と身体的活動に対する教育という媒介を通じてである。……個人的なものに対する社会的なものの刻印に関する領域で無駄、無益、無用なものは何もない。子どもの教育は集団が個人の集団のイマージュに合わせて型づける機序(mécanisme)であって、人が些細なこと(détail)とよぶようなことで満ちちている。しかし、この大量な些細事がそれぞれの社会の子どもがとり扱われる様式を構成

しこれがまた社会事象に連繋している。……全体的社会事象は三次元的性格をもつ。①本来社会的な次元、多面的な共時的側面、社会的なもののさまざまな様態(différentes modalité du social) ②歴史的ないし、通時的な次元、個人史のさまざまな契機(différents momentes d'une histoire individuelle)〔出生、幼児期、教育、青年期、成人、その他〕③生理、心理的次元(phénoméne physiologiques, catégories inconscientes, représentations conscientes)〔反射、分泌、弛緩、緊張 などの現象、個人、集団の無意識的カテゴリー、意識的表象のさまざまな表現形態(différentes formes d' expression)〕である。これらすべては、すぐれて社会的である。というのもこれら要素がクローバルな一個の意味作用(signification globale)を獲得し、一個の全体性となりうるのは、社会的事象という形態のもとにおいてのみだからである。しかしながら、その逆もまた真である。というのは、ある全体的事象が……大量の些細事の恣意的な寄せ集め(accumulation arbitraire de details véridiques)であるのではなく、まさに現実と対応していること、……つまり、全体的事象が、第一に、空間ないし時間の内に位置している社会〔生きられた経験〕に関する具体的経験(expérience concrete)において把握しうるものであり、第二に、これらの諸社会のどれか一つのなかのいずれかの個人に関する、具体的経験において把握しうるものである」からである。ところが、別の意味では、すべてが逆転する。つまり、社会的なものの証明、それは、精神的なもの以外ではありえない。「われわれが、ある制度の意味や機能に到達したと確信しうるのは、ただその制度の個人意識へのできごと(incidence)をわれわれが追体験しうるときのみである。このできごとが制度というものの統合的な部分であるように……客観的な歴史的分析ないし比較分析を生きられた経験の主観性(subjectivité de l'expérience vécue)に一致させなければならない」。

(29) Marxは、人間の「身体的組織」(körperliche Organisation)が制約されている(bedingt ist)がゆえに歴史的な存在になっていく経緯を説明している。(Karl Marx, Friedrich Engels, *Die deutsche Ideotogie*. 1845-4846. in Karl Marx, Fricclrich Engels Werke. Bd 3. S.21.

(30) Gisela Dürichen, *Kulturanthropologisehe Befunde in pädagogischer Sicht*. 1973. S.42.

(31) Sigmund Freud, Vurlesungen zur Einführung in die Psychoanalyse. in *Gesammelte Werke*. Bd. 11. S.213.

(32) Claude Lévi-Strauss, L'illusion archaïque. in *Les structures élémentaires de la parenté*. pp.98-113.

(33) G. Balandier, *ibid*., p.106.

(34) *Ibid*., pp.76-77.

(35) *Ibid*.

(36) Balandier は同一組織内における人間の関係分析をMarxの『商品論』の分析にも等しいやり方で展開している。この点について、本稿では充分消化しきれてはいないが、Balandier の着眼はとても参考にすることができた。併せて Lepold von Wiese の Beziehungslehre もこの見地から再検討することができるように思われる。

(37) G. Balandier, *ibid*, pp.97-99, p.108.

(38) G. Balandier, *ibid*, p.97. p.107.

(39) *Ibid*. pp.106-107.

(40) *Ibid*.

(41) *Ibid*., p.73.

(42) *Ibid*., pp.97-98.

(43) *Ibid*., p.99. Pierre Bourdieu も Kabyle 族の調査にもとづいて、「経済的土台を再生産する労働」

とこの上に立つ「既存の関係を再生産する労働(象徴の再生産)」とから日常的慣習的行動を描出している。Pierre Bourdieu, *Esquisse d' une théorie de la pratique*. 1972. p.227 seq.
(44) Balandier, *ibid.*, p.99.
(45) Pierre Fougeyrollas, *Marx, Freud et la revolution totale*. 1972. p.355.
(46) Balandier, *ibid.*, p.100.
(47) *Ibid.*
(48) Balandier, *ibid.*, p.103.
(49) *Ibid.*, p.104.
(50) *Ibid.*, p.109.
(51) Marcel Mauss, *Les systèmes de cohesion*. p.338.
(52) Sigmund Freud, Massenpsychologie und Ich-Analyse. 1920. in *Gesammelte Werke*. Bd. XIII. SS.144-145.
(53) C. Lévi-Strauss. 1967. *ibid.*, p.110.
(54) Sigmund Freud, Über Deckerinnerung. in *Gesammelte Werke*. Bd. I. S.531.「すなわち、ごく早期の幼時記憶(Kindheitserinnerung)と称されるものは、体験の印象がそのままの形で再生されるものではなく、なんらかの加工が施されたものであり、この加工は、幼時期以後のさまざまな心理的な力の影響を受けているものと推定することができよう。したがって、われわれの幼時記憶はすべて隠蔽記憶(Deckerinnerung)としての意味を持っている」(S. Freud, Zur Psychopathologie des Alltagslebens. in *G. W.* Bd. IV. SS.51-60.)。
(55) Claude Lévi-Strauss., Introduction à l'oeuvre de Marcel Mauss. in *Anthropologie et Sociologie*. p.XXXI.
(56) Karl Mannheim, Das Problem der Generationen. 1929. in *Wissenssoziologie*. SS.509-565.
(57) G. Balandier, *ibid.* p.89.
(58) *Ibid.*, p.86.
(59) *Ibid.*, p.87.
(60) Sigmund Freud, Totem and Tabu. 1913 in *Gesammelte Werke*. Bd. IX. SS.169-194.
(61) G. Balandier, *ibid.* p.83.
(62) *Ibid.*, p.87.
(63) C. Lévi-Strauss. *Introduction à l'oeuvre de Marcel Mauss*. p.XXXVII.
(64) 全体的な社会現実への部分的な視点からいえば、「それぞれの部分的視点は、内的な対立関係によって構造化された集合(アンサンブル)あるいは体系という意味での一つの全体《tout》を遊離させるという特性をもつ。……一つは、下位体系すなわち部分的全体性の相互関係(rapports entre des sous systèmes ou totalités partielles)、もう一つは、それぞれの部分的全体性内部の諸関係(rapports à 1'intérieur de chacune de ces totalités partielles)である」。しかし、この二つの関係は「示差的対立」(opposition distinctive)を示すにとどまり、加えてもう一つ「階層的な対立関係」(opposition hiérarchique)が見逃がされてはならない。「これは基本的に、一つの要素の全体に対する関係であって、その全体にあっては一つの要素は部分を形成している。《機能する全体》、《組織体》また、ある《目的》に方向づけられた総体、ある一つの総体内部の一要素の機能が問題になるとき、要素の全体への従属(subordination de l'élément à l'ensemble)がなんらかの形で暗黙のうちに仮定されている。……現代人の階層性への反撥が、目的論の忌避につながっていること、また、《機能主義》の破産の原因となっていることを予見する。

……階層性の前提は、現代社会を支配する個人主義的原子論(atomisme individualiste)の底に姿をかくしているのである」。(Louis Dumont, *Introduction à deux théories d'anthropologie sociale*. 1971. pp.25-27.)

(65) G. Balandier, *ibid*., pp.32-84.
(66) *Ibid*., p.84.
(67) *Ibid*., pp.83-85.
(68) *Ibid*.
(69) S. Freud, Totem und Tabu in *G. W*. XV. Bd IX SS.41-42.
(70) S. Freud., Neue Folge der Vorlesungen zur Einführung in die Psychoanalyse. in *G. W*. Bd. XV. SS.72-73.
(71) *Ibid*., S.79.
(72) S. Freud, *Vorlesungen zur Einführung in die Psychoanalyse*.
(73) S. Freud., Neue Folge. S.68.
(74) *Ibid*. SS.71-72.
(75) *Ibid*. SS.80-81.
(76) *Ibid*. SS.81-82.
(77) *Ibid*. S.84.
(78) Jaques Lacan, Fonction et champ de la parole et du langage in *Ecrit*. I. pp.157-158.
(79) Pierre Bourdieu, *Esquisse d'une théorie de la pratique*. pp.153-243. 1972.

第5章　知識の商品化と近代教育の価値形態の成立

1　はじめに

　ずいぶん昔のことになるが、かつて筆者は拙い文献実証的な研究の中で、次のように記したことがある。「われわれにとっては『資本論』の論理を手掛かりとしながら、しかも手はじめに、第一部・第一篇「商品と貨幣」の論理に即して、主に「教育価値の発生」とその展開としての「職業教師の成立」の意味が論理的に再構成できるならば、この覚え書きの当面の意図は充分に満たされるというべきであろう」と。そして、ここに次のような注を付け加えていた。「近代の教師の『職業倫理』なり『教育価値』なる観念形態は、単なる観念（イデオロギー）のつみあげとして架空のものではなく、実在的に『流通・通用』している。普遍的には『使用価値』であるべき『商品』が、『価値』となってあらわれ、『貨幣』を生み、『資本』を自己産出するように、社会的基礎範疇が連関する枠内に抽象化された思想的凝結物〔真・善・美〕が『自己展開』をし、一定の歴史的社会の『教職倫理』(Lehrerschaft)が結晶化し『通用』し、実効性をもつのである。マルクス『資本論』第一巻『商品』の章の第四節「商品の物神的性格とその秘密」(Der Fetischcharakter der Ware und seine Geheimnis)がとりわけ参考にされるべきである。「労働生産物が商品形態をとるとき、その謎のような性格は、……明らかにこの形態そのものからくる」(Das Kapital, Bd.1. S.87)は、単にマルクス経済学『原理論』にやまるのではなく、社会的に通用する『教育価値』『教職論』生成の機制を解く鍵になろう」[1]と。

それからは筆者にとっては、思想的凝結物〔真・善・美〕が相対的に『自己展開』をすること、そのなかで社会的に通用する『教育価値』『教職論』の生成の機制を解くことが主要な課題として与えられることになった。

　しかしながら、それはまだ未熟な筆者にとっては、あまりに過重な課題でもあった。マルクス『資本論』の「価値形態論」を自己薬籠中の物としながらこの課題に応えていくことは難渋を極めることに他ならなかったのである。

　とりわけ、近世のデカルト哲学に代表される、「身体」と「精神」という二元論を超える視座に立って、いわば「物質的なもの」と「心理的・精神的なもの」とを別個に切断することなく、一体的に把握しうる方法論的な視座を貫く難しさであった。そのためには、まず教育現象を一つの「社会的な事象」(fait social) として扱うこと、「社会的な物象としての教育」(Erziehung als Sachen) という方法的視座をうること、これは社会学者E. デュルケムを援用することで得られた[(2)]が、しかしなお、教育事象における「物質×精神」という二元論、「精神＝主観」×「物質＝客観」の二項対立を越えていくのには、K. マルクスの「価値形態論」に定位して、教育事象を弁証法的に展開し説明すべく試行を模索するほかに方法がなかったのである。

　もとより『資本論』は商品世界と切り離すことができない。その論理構造を「教育世界」に推及するにしても、それでは、当の「物質的なもの」の「精神的なもの」への単なる還元に導かれてしまうのではないか。

　それにしても、この隘路を断ち切ることができるには、『ドイツ・イデオロギー』以降のマルクスの、とりわけ「物質」と「精神」とを統合的に把握する方法に従う以外にはないではないか。すなわち、『資本論』における「原基形態」(Elementarform) としての「商品」そのものは、「物質」でも「精神」でもなく、社会的諸「関係」にその基礎をおき、その場において上向して展開されてく方法に他ならないのである。

　というのも、あらためて振り返ってみれば、人間は三つの「事柄」に関係する。一つは「自然」、二つは「他者」、そして三つには「自己」との「関係」である。このことを言い直せば、人間は、「他者」関係をとおして、「自然」(もちろん人間的自然を含む) と「社会 (もちろん文化も含む)」という「世界」に向き合いながら「自己」自身を形成 (Bildung) するということでもある。したがって、「人間」に

とってまずは他者との関係こそがもっとも重要な初次的な事柄である。

言い換えれば、われわれが対象的・実践的に関わっていく世界に立ち返り、そこから「教育価値」を基礎にして「教育世界」の「自己展開」する現場に立ち会っていけるならば、人間は、「他者」関係をとおして、「自然」と「社会」という「世界」に向き合いながら「自己」自身を形成するということである。

われわれが世界に対して対象的・実践的にかかわるのは、広い意味での一定の「労働能力」をもたねばならない。われわれが「一般的な人間の天性を変化させて、一定の労働部門で技能と熟練とを体得して発達した独自な労働力になるには、一定の養成または教育（Bildung oder Erziehung）が必要である」。そして、これにくわえて、この「養成または教育」が行われるためには、「大なり小なりの額の商品等価物（Warenäquivalent）が費やされる。労働力がどの程度に媒介された性質のものであるかによって、その養成費（Bildungskosten）も違ってくる。だから、この修業費（Erlernungskosten）は、普通の労働力についてはほんのわずかだとはいえ、労働力の生産のために支出される価値のなかにはいるのである」(K. I. S. 186.)[(3)]。

われわれの近・現代世界においては、こうして、「一定の養成または教育」を対象的・実践的関係をはじめから組み込んでこそ、いわば「労働能力」の売りを前提にしてこそ、世界に対して対象的・実践的に関わる「人間の可能性」が理解できるように思われた。しかしそれとともに、にもかかわらず、生産物が使用価値となるとはかぎらないこと、つまり「労働能力」が売れないこともしばしばありうること、この点を理解することも重要なことであった。

いずれにしても、教育文化の世界も商品化の浸食に無縁ではありえず、「商品化した教育事象」の展開は、基本的には商品世界との共同事業として遂行され展開する。つまり教育は、「使用価値」の世界にとどまっているのではなく、他者に対して使用価値をもつ産物が商品となり、商品化した社会的な「教育価値」として展開しながら、「商品価値」として増殖していくことになるのである。

こうであれば、とりわけ重要なことは、「形成または教育」の「価値」への展開とはいかなることか、そしてその「価値」がおのれの妥当性をどのように根拠づけるか、少なくともこの二点を明確にすることが筆者にとっての近代世

界の基本問題として再措定されることになったのである。

　浅学菲才もかえりみず、『資本論』の「価値形態論」から商品の諸カテゴリー〔商品語〕に導かれ、教育のカテゴリー〔教育語〕を点検すべき道行き、筆者にはこの道行きに沿った課題を回避することができなかった。しかし、これに取り組むことは、何度も挫折と彷徨の経験を味わうことでもあった。にもかかわらず、そこには困難な問題を解くという魅力があった。それは、「他者にとっての使用価値」を生産しながらも、「教育価値」が文字通り実質的に実現されるというより、「価値形態化」するのはなぜか、その秘密を探ることであった。そしてこの問題を解くことは、やがて、近現代の公教育制度に包摂される「教育─学習」関係の特質を解明することでもあったのである。

2　教育商品の社会交換的基礎

　どのような人にとっても、生活の上で、有用なものであれば、そのものは「使用価値」があると言える。ともかく、生活の上のものであったり、また心理的な欲望を満たすものであったり、ひとつの外的対象(Gegenstand)であれば、そのような人間の欲望を満たす外的対象は、有用なものなのである。人によっては、この有用なもののなかでも、ものの消費ということだけではなく、〈知識(Wissen)〉を得ることが有用であったり、〈技術(Kunst)〉を身につけることが有用であったりすることは、言うまでもないことであろう。

　とくに社会が進んでくれば〈知識・技術・情報〉が有用である度合いはますます高まることになる。この意味では、〈知識・技術・情報〉も、それらの外的対象(「形象」)を媒介にして、人間にとって有用な使用価値(Gebrauchswert)をもたらすものである(K. I. S.50)。人間にとって便利なもの、有用なものはすべて使用価値をもたらすのであるが、使用価値は、実際にただ使用または消費されてこそ具体的個々人において有用に実現されるのである。

　〈知識・技術・情報〉という形象も、何らかの生活の何らかの必要に応じて、「使用・消費」されるからこそ使用価値であり続ける。〈知識・技術・情報〉が、実際に人間の生活で消費され通用してこそ、有用な使用価値でありつづける。言いかえれば、ある〈知識・技術・情報〉が人びとにとって有用なものであれ

ば、それの性質、種類には関係なく、使用価値でありつづけ消費される。したがって、教育文化の世界においても、誰かにとって〈知識〉が「有用なもの」であれば、すでにそれだけで教育の場において、有用な使用価値として消費され活用されることになる (K. I. S.50)。

ところがこれに対して、「外的対象」が「商品」としてやりとりされる場合には、これは単なる使用価値というだけではなく、「他者にとっての使用価値」をもたらす「交換価値」(Tauschwert) でなくてはならない。〈知識・技術・情報〉という形象が商品として、「売り買い」される場合には、それを買った人は、その〈知識・技術・情報〉を消費するのに対し、それを売った人は、ある「使用価値」を手に入れるが、ただし、それはただの使用価値ではなく、その「使用価値は同時に交換価値の素材的担い手」としてありうるのである (K. I. S.50)。

さらに、その交換価値は、ある使用価値が他の使用価値と交換される量的比率を定めるものとして現われる。しかし、その量的比率は時と所とに応じて、偶然的、相対的にきまるものであり、商品に内在的な交換価値であるのではない (K. I. SS.50-51)。

使用価値だけではなくなぜ交換価値が問題になってくるのか。たいていの人は、生活必需品を、他者との交換を通じて得ることだろう。自分ではもはや消費しないもの、自分の使用価値にならないものを、他者にとって使用価値あるものとして、交換しなければならない。自分が持てないものを持てるには、他者と交換をしなければならず、他人との交換関係をわれわれ誰ひとりとして避けられない。それを実現するには「他者に対する使用価値を、つまりは社会的な使用価値を生産しなければならないのである」。

しかしそれにしても、この社会的交換においては、ひとしくないものが等値されて交換されるのであるから不思議である。では、どのようにしてか。

たとえば、さしあたり一冊の辞書（どんな種類・大きさであっても構わない）が不要になってこれしか交換すべきものを持たない人が、この一冊の辞書と一着の上着とを交換したい場合には、二つの商品、そのような辞書と上着とを交換関係に置くことになる。端的に言えば、この関係は、一冊の辞書＝一着の上着というように、つねに一つの等式で表わすことになる。そうだとして、一体、この等式はなにを意味するのだろうか？

マルクスによれば、次のようなことになる。同じ大きさの一つの共通物が、二つの違った物のうちに、すなわち一冊の辞書のなかにも一着の上着のなかにも、存在するということである。つまり、両方のものとも、ある一つの「第三のもの」に等しくなければならないのである。だが、この第三のものは、それ自体としては、その一方でもなければ他方でもない。それらのうちのどちらも、それら二つが交換価値であるからには、この第三のものに還元できるものでなければならない。この第三のものは、交換価値であるかぎり、第三のものに還元されるものでなければならない。そしてこの共通なものは、商品の自然的属性ではなく、したがって使用価値とは関係がないだろう。商品の交換関係の特徴は、使用価値の捨象ということである。使用価値としては商品は相互に異質であるが、交換価値としては商品は互に同質で、ただ量的にのみ異なることになる (K. I. S.51)。

そこで、上で述べたような〈知識・技術〉の形象の使用価値を問題にしないことにすれば、そこにに残るものは、ただ労働生産物という属性だけである (K. I. S.52)。しかも、労働生産物の有用性といっしょに、〈知識〉の形象に表わされている労働の有用性も消え去ってしまう。したがってまた、これらの労働のいろいろな具体的な形態も消え去り、これらの労働はもはや互いに区別されることなく、すべてことごとく同じ人間労働に、抽象的人間労働に、還元されているのである (K. I. S.52)。

だから、これらの〈知識〉の形象に残っているものを考察してみると、それらに残っているものは、まぼろし(ゲシュペンスティヒ)のような同じ対象性にほかならず、無差別な人間労働の、すなわちその支出の形態にはかかわりのない人間労働力（学習労働も含めた）の支出の、ただの凝固物にほかならない。〈知識〉を教えられた、教育された商品に表わされているものも、ただ、その生産に必要な人間労働力が支出されており、人間労働（「教育労働」）が積み上げられているということだけである。このように考えられるのだから、それら教育された商品に共通な社会的実体の結晶として、これらのものは価値——「教育価値」と見なしうるのである (K. I. S.52)。

こうして、商品一般からいえば、ある使用価値または財貨が価値をもつのは、ただ抽象的人間労働がそれに対象化または物質化されてのことである。

教育商品においても、それが交換され消費されうる価値をもつのは、基本的には、抽象的人間労働がそれに対象化されているからであるが、教育商品に教育価値が含まれうると見なしうるのも、人間労働（「教育労働」）が積み上げられているからにほかならない。

　ところで、〈知識・技術〉の教育は、ひとまず単純化して言えば、相手に「知と技」を身につけさせ「使用可能」な能力を得させることだと言っておこう。この場合、「教育価値」とは「教える価値」のことをいうが、厳密に言えば、それには二種類の意味が含まれる。すなわち、それが〈知識・技術〉をもっぱら教える行為だけで価値があるということ、または結果として〈知識・技術〉を相手の学習者に身につけさせることによって価値があるということ、この二つである。しかしここでは、二つの意味を区別することなく広い意味で「教育価値」という言葉を用いることにする。それというのも、ここには、表現と理解というコミュニケーションの問題、教育と学習の微妙な「相互行為」の問題が絡んでいるのであるが、まだともかくも教育が外見のうえで成功裏におこなわれるならば、事後的には教えられた〈知識・技術〉には価値があったと評価されているからである。

　では、それの価値の大きさはどのようにして計られるのか？　その〈知識〉に含まれている「価値を形成する実体」の量、すなわち「教育労働」の量によってである。労働の量そのものは、労働の継続時間で計られ、労働時間はまた一時間とか一日とかいうような一定の時間部分をその度量標準としている（K. I. S.53）。

　マルクスによれば、いろいろな価値の実体をなしている労働は、同じ人間労働であり、同じ人間労働力の支出である。商品世界の諸価値となって現われる社会の総労働力は、無数の個別的労働力から成っているのではあるが、ここでは一つの同じ人間労働力とみなされるのである。「教育という労働」を含む、これらの個別的労働力のおのおのは、それが社会的平均労働力という性格をもち、このような社会的平均労働力として作用し、したがって一商品の生産においてもただ平均的に必要な、または社会的に必要な労働時間だけを必要とするかぎり、他の労働能力（フェアメーゲン）と同じ人間労働能力なのである。

　社会的に必要な労働時間とは、現存の社会的に正常な生産条件と、労働の

熟練および強度の社会的平均度とをもって、なんらかの使用価値を生産するために必要な労働時間である(K. I. S.53)。だから、ある使用価値の価値量を規定するものは、ただ、その使用価値の生産に社会的に必要な労働時間であることになる。個々の商品は、ここでは一般に、それが属する種類の平均見本とみなされるのである。したがって、等しい大きさの労働量が含まれていれば、同じ価値量をもつことになるのだ(K. I. S.54)。

たとえば、〈知識A〉の価値と他の〈知識B〉の価値との比は、一方の〈知識A〉の生産に必要な労働時間と他方の〈知識B〉の生産に必要な労働時間との比に等しいのである。したがって、このように言うこともできよう。すべての〈知識〉形象の教育商品の教育価値の違いは、「一定分量の凝固した学習労働時間」の違いに起因していると(K. I. S.54)。

ここでは、「学習労働」の問題にはこれ以上深くは立ち入れず、先送りしなければならない。それはなぜかというと、この問題に立ち入る前に解決しておかなければ問題があるからである。まず、〈知識〉の形象(Gebilde)がすでにして私的な使用物以上の、社会的交換関係(相互関係行為)におかれているからであり、そしてそれは、社会的使用価値＝交換価値＝「教育価値」(Erziehungswert)という形態を受け取るからであり、この「教育価値」形態が個人的な「学習過程」(レルネンガング)を包摂している事態が前提にあるからである。

してみると、その商品の使用価値を生みだす具体的有用労働から見れば何が言えるのか。

いろいろな具体的有用労働(教育労働を含む)の場合には、たしかに、「いろいろに違った使用価値または商品体の総体のうちには、同様に多種多様な、属や種や科や亜種や変種を異にする有用労働の総体――社会的分業が現われている(K. I. S.56)。……こうして、どの商品の使用価値にも、一定の合目的的な生産活動または有用労働が含まれているということがわかる。いろいろな使用価値は、それらのうちに質的に違った有用労働が含まれていなければ、商品として相対することはできない。社会の生産物が一般的に商品という形態をとっている社会では、すなわち商品生産者の社会では、独立生産者の私事として互いに独立に営まれる、いろいろな有用労働のこのような質的な相違が、一つの多肢的体制に、すなわち社会的分業に、発展しているのである

(K. I. S.57)。

　こうした社会的分業の発展した社会においても、人間は「特殊な自然素材を、それぞれの特殊な人間の欲望に適合させるために」、それぞれの「具体的有用労働」を行ってきた。「それゆえ、労働は、使用価値の形成者としては、有用労働としては、人間の、すべての社会形態から独立した存在条件であり、人間と自然とのあいだの物質代謝を、したがって人間の生活を媒介するための、永遠の自然必然性である」(K. I. S.57)。

　さらにマルクスに言わせれば、「労働はさしあたり、人間と自然とのあいだの一過程である。この過程で人間は自分と自然との質料変換(物質代謝)を自分じしんの行為によって媒介し、規制し、制御するのである。人間は、自然素材にたいして彼自身一つの自然力としてあい対する。彼は自然素材を、自分じしんの生活のために使用されうる形態で獲得するために、じぶんの身体にそなわる自然力、腕や脚、頭や手を動かす。人間は、この運動によって自分の外の自然に働きかけてこれを変化させることによって、同時に自分じしんの自然〔天性〕をも変化させる。彼は自分じしんの自然のうちに眠っている諸力能〔潜勢力〕を発現させ、その諸力の働きを自分じしんの統制のもとにおく」(K. I. S.192)と。

　ところが、社会的分業の中においては、それぞれの具体的有用労働は、質的に違った労働であるが、同じ労働の客体的表現ともなるのである。つまり、それぞれに違う労働様式が、ただ同じ個人の労働の諸変形でしかないかのように想定されたりする。ただ同じ個人労働の諸変形を前提してしまうのだ。

　したがってまた、労働の有用的性格を無視するとすれば、労働に残るものは、それが人間の労働力の支出だということである。それぞれの具体的有用労働は、質的に違った生産活動であるとはいえ、どれも人間の脳や筋肉や神経や手などの生産的支出であり、この意味でどの具体的有用労働も人間労働である。それらは、ただ、人間の労働力を支出するためのそれぞれに違う形態でしかない。たしかに、人間の労働力そのものは、あの形態やこの形態で支出されるためには、多少とも発達していなければならない。しかし、商品の価値は、ただの人間労働を、人間労働一般の支出を、表わしている。

　しかしながら、「ただの人間はひどくみすぼらしい役割を演じている」かの

ように見える。この場合の人間労働についても同じように見える。すなわち、それは平均的にだれでも普通の人間が、特別の発達なしに、自分の肉体のうちにもっている単純な労働力を支出しているかのようである。もちろん、単純な平均労働といっても、国が違い文化段階が違えばその性格は違うのであるが、しかし、現に在る一つの社会では与えられているといえる。かくて、より複雑な労働は、ただ、単純な労働が数乗されたもの、またはむしろ数倍されたものとみなされるだけであり、したがって、より小さい量の複雑労働がより大きい量の単純労働に等しいということになる。このような換算が絶えず行なわれているということは、経験の示すところである。ある商品がどんなに複雑な労働の生産物であっても、その価値は、その商品を単純労働の生産物に等置するのであり、したがって、それ自身ただ単純労働の一定量を表わしているにすぎないのである。いろいろな労働種類がその度量単位としての単純労働に換算されるいろいろな割合は、一つの社会的過程によって生産者の背後で確定され、したがって生産者たちにとっては慣習によって与えられたもののように思われる(SS.58-59)。

　もう一つ特別に留意すべき点に注意を払っておこう。「いろいろな有用労働または生産活動がどんなに違っていようとも、それらが人間有機体の諸機能だということ、また、このような機能は、その内容や形態がどうであろうと、どれも本質的には人間の脳や神経や筋肉や感覚器官などの支出だということは、生理学上の真理だからである」(K. I. S.85)。とはいえ、有用労働が人間有機体の諸機能だということはまちがいがないが、しかし、このような機能が本質的には人間の脳や神経や筋肉や感覚器官などの支出だということは生理学上の真理だ、と言ってすまされる問題ではないのではないだろう。なぜならば、すでに教育労働の多い少ないが、それぞれの人間の脳や神経や筋肉や感覚器官などの支出の違いを生じさせているからである。マルクスとしては、一般論として、有用労働が統一的な有機体としての人間から切り離しえないことが規定されればそれで十分であったかもしれないのであるが。

　ところで、すでに「凝固した学習労働」という概念を使用し、これに深く立ち入らないで棚上げにしてきが、「具体的有用労働」との関係で、ここでは簡単に「労働」と「学習」との差異と同一に言及しておこう。

すなわち、「手の労働」と「頭の労働」との分断を明らかに否認したマルクスにしたがって、われわれとしても学習を、労働を基底とする人間諸分肢の有機的連関から分節する活動であると理解する。そして、知的な合目的的にして対象的活動であると把えるのである。このばあい、「労働(Arbeit)が陶冶(Bildung)する」というヘーゲルの概念を考えることも背景としては大事である。こうした「労働＝学習＝形成」とでもよばれるべき対象的活動は、人間の本源に備わるものであり、また自然のままで生活を営む限り、"学ぶ"存在であること、学習は労働の分節化の中で組み立てられる「ゲシュタルト」であると理解する。学習がゲシュタルト的に分節した精神労働の部分である、とみなすことは容易にできるからである[4]。

　われわれにあっても、労働と学習との関係は、労働が人間活動の全体を指すとすれば、学習はそれの分節部分を指すことになる。学習は労働から離れて別個に存在するものでなければ、労働という全体的活動も人間諸分肢の有機的関連を離れては存在しえない。当然脳髄の諸活動〔知覚・表象・意識・思考等の機能的連関〕からも切り離しえない。逆に学習から考えれば、それは脳髄の諸機能において人間有機体の全体が分節部分をなした活動にほかならない。

　とはいえ、価値論的に言えば、要するにすべての労働は、一面では、生理学的意味での人間の労働力の支出であって、この同等な人間労働または抽象的人間労働という属性においてそれは商品価値を形成するのである。そして、すべての労働は、他面では、特殊な、目的を規定された形態での人間の労働力の支出であって、この具体的有用労働という属性においてそれは使用価値を生産するのである(K. I. S.61)。

3　教育の「価値形態」論

　さて、われわれの例題からすると、教育商品はまず〈知識〉形象をまとって、そして使用価値をもって、この世に生まれてきた。だが、それらが商品であるのは、それが使用対象であると同時に価値の担い手でもあるからである。それゆえ、商品としては、それが二重の形態をもって、すなわち〈知識〉形象

という現物形態と価値形態とをもつかぎりでのみ、商品として現われるのである（K. I. S.62）。

こうしてみると、まずは単純な交換関係から出発して、そこに隠されている価値を追跡してみる必要がある。というのも、すでに上で見たように、それらが人間労働という同じ社会的な単位の諸表現であるかぎりにおいて、価値対象性をもつことができるからである。そして、商品の価値対象性は純粋に社会的であるということを思い起こせば、価値対象性は商品と商品との社会的な関係のうちでしか、現われえないということもまたおのずから明らかだ（K. I. S62）。

ところで、マルクスによれば、いろいろな商品は、一つの共通な価値形態——貨幣形態をもつことだけは、だれでもよく知っていることである。しかし、いまここで問題にしなければならないことは、この貨幣形態の生成を示すことであり、したがって、いろいろな商品の価値関係に含まれている価値表現の発展を、その最も単純な姿から光まばゆい貨幣形態に至るまで追跡することである。これによって同時に貨幣の謎も消え去るのである。

最も単純な価値関係は、明らかに、なんであろうとただある異種の商品にたいするある一つの商品の価値関係である。それゆえ、二つの商品の価値関係は、ある一つの商品のための最も単純な価値表現を与えるのである。マルクスはこう言って、まずは「単純な価値形態」の考察をはじめる（K. I. S.63）。

われわれの事例からすれば、「一冊の辞書＝一着の上着　または一冊の辞書は一着の上着に値する」がそれにあたる。あるいはこれを一般化して、x量の商品A＝y量の商品B　または x量の商品Aはy量の商品Bに値する、である。

「単純な価値形態」では、このように左辺の商品と右辺の商品が一つの等式で結ばれて一つの交換が表わされている。マルクスはこの価値表現の左辺を「相対的価値形態」、右辺を「等価形態」と名づけて、それぞれに違う役割が演じられることを指摘する。したがって、ここでの「価値表現」の等式はいわゆる数式のような可逆的な等式とは違うことをあらかじめ理解しておく必要がある。ともかくも、すべての価値形態の秘密は、この単純な価値形態のうちにひそんでいるのである（K. I. S.63）。

ではどのように価値形態の秘密がひそんでいるのか。

すなわち、ここでは二つの異種の商品AとB、われわれの例では辞書と上着は、明らかに二つの違った役割を演じている。辞書は自分の価値を上着で表わしており、上着はこの価値表現の材料として役だっているからである。第一の商品は能動的な役割を、第二の商品は受動的な役割を演じている。第一の商品の価値は相対的価値として表わされる。言いかえれば、その商品は相対的価値形態にある。第二の商品は等価物として機能している。言いかえれば、その商品は等価形態にあるのである (K. I. S.63)（なお、「等価形態」の典型的・完成的な形態が「貨幣」であることをあらかじめ理解しておくことがこの先をわかりやすくする）。

相対的価値形態と等価形態とは、互いに属しあい互いに制約しあっている不可分な契機である。そして同時にまた、同じ価値表現の、互いに排除しあう、または対立する両端、すなわち両極を占めている。この両極は、つねに、価値表現によって互いに関係させられるにしても、別々の商品のうえに分かれている。というのも、たとえば、辞書の価値を同じ辞書で表現することはできない。つまり、一冊の辞書の価値は、ただ相対的にしか、すなわち別の商品でしか表現されえないのである。他方では、等価物の役を演ずるこの別の商品も、同時にまた相対的価値形態にあることはできない。それは自分の価値を自分で表わすことができない。等価形態は、ただ別の商品の価値表現に材料を提供しているだけである (K. I. S.63)。

かりに、上着の価値を相対的に表現するためには、この等式を逆にしなければならない。そして、そうするやいなや、上着に代わって辞書が等価物になることになる。だから、同じ商品が同じ価値表現で同時に両方の形態で現われることはできないのである。この両形態はむしろ対極的に排除しあうのである (K. I. SS.63-64)。だから、等価だからといって普通の数式のように左右を入れ替えることはできず、たえず左辺から右辺へと読まれるべき価値表現である。

そこで、ある商品が相対的価値形態にあるのか、反対の等価形態にあるのかは、ただ、価値表現のなかでのこの商品のそのつどの位置によって定まる。すなわち、その商品が、自分の価値を表現される商品であるのか、それともそれで価値が表現される商品であるのかということだけによって、定まるの

である（K. I. SS.63-64）。

　さて、マルクスは次のように言う。ある商品の単純な価値表現が、二つの商品の価値関係のうちに、どのようにひそんでいるかを見つけるのには、この価値関係をさしあたりまずその量的な面からは離れて考察しなければならない。というのも、量的比較が可能になるのには、すでにそれが同じ単位による表現となっていなければならないからである。

　われわれとしては、辞書＝上着という等式を基礎においた。とすると、その場合、質的に等置された二つの商品は、同じ役割を演じるのではない。そうではなくて、ただ辞書の価値だけが表現されるのである。では、どのようにしてか？

　それは、辞書が自分の「等価物」または自分と「交換されうるもの」としての上着にたいしてもつ「関係」によってである。この関係のなかでは、等価形態にある上着は、価値のある形態として、価値物として、すでに認められている。なぜならば、ただこのような価値物としてのみ、上着は辞書と同じであるからである。他面では、この価値関係のなかでは、辞書それ自身の価値としての存在が現われてくる。すなわち辞書にたいして独立な表現が与えられるということになる。なぜならば、ただ価値としてのみ辞書は、等価物に関係することができる、または辞書と交換されうるものとしての上着に関係することができるからである（K. I. S.64）。

　すでに前に、商品の価値は人間的労働の凝固したものだと言った。しかしマルクスによれば、これは価値的な抽象に還元することであって、価値形態を与えることではないのである（K. I. S.65）。たとえば、辞書＝上着という等式においても、上着をつくる労働は辞書をつくる労働とは異質な労働であることは明らかであるが、にもかかわらず両方の労働は人間的労働という共通な性格に還元されているのである。この回り道によって、両者の異種労働が人間労働一般に還元されるのである（K. I. S.65）。

　だが、辞書＝上着という関係では、上着の形態は価値形態であり、上着の使用価値で辞書の価値が表現されていることである。すなわち、商品Aが、人間的労働の物質化としての商品Bに関係することによって、商品Aは、使用価値Bをそれ自身の価値表現の材料、価値鏡とするのである（K. I. SS.66-67）。

言い換えれば、商品Bの身体が商品Aの価値鏡になり、商品Bの身体に価値形態が与えられるわけである。商品Aは、自らを価値体としての商品Bに関連づけることによって、使用価値Bを自分自身の価値表現の材料にしているのである。商品Aの価値は、商品Bの使用価値でこのように表現されることによって、相対的価値の形態をもつのである (K. I. S.67)。

マルクスは、この「価値鏡（ヴェルトシュピーゲル）」に注を付してさらに次のように注意を喚起する。

> 「見ようによっては人間も商品と同じことである。人間は鏡をもってこの世に生まれてくるのでもなければ、私は私である、というフィヒテ流の哲学者として生まれてくるのでもないから、人間は最初はまず他の人間のなかに自分を映してみるのである。人間ペテロは、彼と同等なものとしての人間パウロに関係することによって、はじめて人間としての自分自身に関係するのである。しかし、それとともに、またペテロにとっては、パウロの全体が、そのパウロ的な肉体のままで、人間という種属の現象形態として認められるのである」(K. I. S.67)。

この価値鏡の関係は、このかぎりで、相対的価値形態に「子どもや生徒」を、等価形態に「両親や教師」を、置き換えてみると、後に問題にする教育「価値形態」の等価形態の性格をよく示すことであろう。両者の関係論的性格の違いが、対立的に相互排除的に演じられていくからである。

さて次に「等価形態」の社会的性格を取り上げよう (K. I. S.70)。

すでに見たように、一商品A（辞書）は、その価値を異種の一商品B（上着）の使用価値で表わすことによって、商品Bそのものに、一つの独特な価値形態、等価物という価値形態を押しつける (K. I. S.70)。商品A＝商品Bという関係では、商品Aは、商品Bのありのままの形態で自己の価値をあらわすのであり、これは商品Bのほうからは直接に商品Aと交換ができることを意味する。つまり、ある商品の等価形態というのは、その商品Bの他の商品Aに対する直接的交換可能性の形態をいうのである〔一般的等価形態たる貨幣の役割を想起すべきである〕(K. I. S.70)。

なぜ価値形態が生じるかは、この交換関係の価値表現に秘密があるのである。

　ある商品B（上着）という等価形態は、他の商品との直接的な交換可能性の形態にあるにしても、それは、ただ任意の他の一商品A（辞書）が商品B（上着）にたいしてとる価値関係のなかにおいてだけでのことである。というのも、等価形態は、直接に等価物としての自分自身に関係することはできない。どんな商品も、等価形態にあるかぎりでは自分自身の相対的価値を自身で表現することはできないのだからである。つまり、他の商品との交換関係におかれてはじめて等価物として関係することができる。

　等価形態にある商品は、さしあたり、あくまで現物であり、この現物の身体で他商品の「価値鏡」「価値表現の材料」になっているにとどまる。それは自分の身体で他商品の価値を映し出している価値鏡である。したがって、ある商品Bにとって直接的な交換可能性が起きるのは、ただ任意の他の一商品Aが商品Bにたいしてとる価値関係のなかにおいてだけでのことである。こうした価値関係にあってこそ、商品Bという等価形態は、他の商品との直接的な交換可能性にあるのである（K. I. S.71）。

　マルクスは、ここで特に注目されてよいことであるが、あらためて社会的価値関係ついて注意を促している。

　およそこのような反省規定というものは奇妙なものである。というのは、たとえば、この人が王であるのは、ただ、他の人々が彼にたいして臣下としてふるまうからでしかないのだ。ところが、彼らは、反対に、彼が王だから自分たちは臣下なのだと思うのである（K. I. S.72）。

　こうして、相対的価値形態にある商品Aが等価形態にある商品Bにたいしてとる関係から等価形態の直接的な交換可能性が生じる。だが、実際にはそのようには見えないのである。ある物の諸属性は、その物の他の諸物にたいする関係から生ずるとは見えないで、むしろこのような関係のなかでは〔物の諸属性として〕ただ実証されてしまうのである。

　だから、上着もまた、その等価形態を、直接的な交換可能性というその属性を、生まれながらにもっているように見えてしまうのである。それだからこそ、等価形態の不可解さが感じられることになる。この取り違え〔Quid pro quo〕が等価形態において起きるのは、あらためて注意しておきたいのだが、ただ任意の一商品A（辞書など）が商品B（上着）にたいしてとる価値関係のなかだけでのことである（K. I. S.72）。

かくして、等価形態は、たとえば上着が、このあるがままの姿のままに価値を表現しており、したがって生まれながらに価値形態をもっているかのように見える。このことは、ただある商品Aが等価物としての上着のような商品Bに関係している価値関係のなかでのみ認められるのである。上着は、その等価形態を、直接的な交換可能性というその属性を、生まれながらにもっているように見えるのである。それだからこそ、等価形態の不可解さ（Rätselhafte）が感じられることになるのである（K. I. S.72）。

商品A＝商品Bの等価形態についてまとめると次のようにいうことができる。商品Bにたいする商品Aの価値表現を考察すると、この価値関係のなかでは、まず商品Aの現物形態は、ただ使用価値の姿として認められこと、そして商品Bの現物形態は、ただ価値形態または価値の姿としてのみ認められることである。つまり、言い換えると、商品の使用価値と価値との内的な対立は、一つの外的な対立によって、すなち二つの商品の関係によって表わされているのである。この関係のなかでは、自分の価値が表現されるべき一方の商品は直接にはただ使用価値として認められており、これにたいして、それで価値が表現される他方の商品は直接にはただ交換価値として認められるのである。つまり、ある商品の単純な価値形態は、その商品に含まれている使用価値と価値との対立の単純な現象形態なのである（K. I. S.76）。

しかし、この「単純な価値形態」の不十分さは明瞭である。それというのも、商品Bで商品Aの価値を表現するのでは、商品Aの価値をその使用価値から区別するだけであり、商品Aをただ商品Bとの交換関係におくだけであり、他のすべての商品との交換関係におかれるわけではないからである。

だからこの形態はもっと完全な形態に移行することになる。商品Aが等価形態におくのは、商品Bにかぎられることではなく、商品C、商品D、「知識商品E」、そのほか何であってもよいのである。したがって商品Aの価値表現は、等価物の異なるにつれて、いくらでも延長される、単純な価値表現の列に転化されるのである。

こうして、マルクスのいう、「展開された価値形態」は、一般的には次のように延長されるものである。すなわち、

　z量の商品A＝u量の商品B または ＝v量の商品C または ＝w量の商品D または「x量の知識商品E」または＝等々というように。

　かくして、ある一つの商品Aの価値は、いまでは商品世界の無数の他の要素で表現される。他の商品体は、どれでも商品Aの価値鏡になる。だから、この価値そのものが、はじめてほんとうに、無差別な人間労働の凝固として現われる。なぜならば、この商品Aの価値を形成する労働は、いまや明瞭に、他のどの人間労働にも等しいとされる労働として表わされるからである。すなわち、他のどの人間労働も、それがどんな現物形態をもっていようと、したがってそれがどれに対象化されていようと、すべてこの労働に等しいとされているからである。それゆえ、いまでは商品Aはその価値形態によって、ただ一つの他の商品種類にたいしてだけではなく、商品世界にたいして社会的な関係に立つのである。そして、商品として、この世界の市民となるのである。それと同時に、商品価値の諸表現の無限の列のうちに、商品価値はそれが現われる使用価値の特殊な形態には無関係だということが示されているのである（K. I. S.77）。

　だが、この「展開された価値形態」にも、マルクスによれば、三つの欠陥があるのである。それゆえ、つぎの新たな展開である「一般的価値形態」に移行せざるをえないのである。

　ここで、「展開された価値形態」の三つの欠陥を取り上げれば、それは、第一に、商品の相対的価値表現は未完成で、その表示の列は完結することがないことである。一つの価値等式が他の等式につながってつくる連鎖は、新たな商品種類が現われるたびに、いくらでも引き伸ばされる。第二に、この連鎖はばらばらな雑多な価値表現の多彩な寄木細工をなしてしまうようなものである。第三に、どの商品の相対的価値も、他の商品と異なった無限の価値表現の系列をもつということである（K. I. S.78）。

　これに対応して等価形態もつぎの欠陥をもつことになる。第一に、等価物同士は、相互に無数の他の特殊的等価形態とならぶ一つの特殊的等価形態にすぎないから、相互に排除しあう制限された等価形態である。第二に、それ

ぞれの等価商品にふくまれている労働は、人間的労働の特殊な現象形態であり、したがって完全ではないのである。つまり統一的な現象形態になっていないということである(K. I. S.79)。

われわれはこれまで、「展開された価値形態」において、
　　z量の商品A＝ u量の商品B
　　　　　または＝v量の商品C
　　　　　または＝w量の商品D
　　　　　または ＝「x量の知識商品E」
　　　　　または＝等々

というような価値表現を問題にしてきた。そして、この価値表現は、たとえば、上に上げるような、「z量の商品A」という相対的価値形態の視座からする、価値表現「z量の商品A＝ u量の商品B」であった。しかしこれでは無限の交換列となり、すでに示した矛盾する「三つの欠陥」をもたざるをえないのである。こうした矛盾する列の中から、右辺からの「視座の転換」がおこなわれるようになり、左辺の視座が「逆の関係」におかれることになる。このことが次から次へと行われれば、今度は一連の商品が相対的価値形態に位置し、商品Aが等価形態の機能を演じる位置におかれることになる。すなわち、上の「u量の商品B」という相対的価値形態の視座からする価値表現、「u量の商品B＝z量の商品A」が成立する。つまり、

　　　　u量の商品B＝z量の商品A
　　　　v量の商品C＝　　〃
　　　　w量の商品D＝　　〃
　　「x量の知識商品E」＝　　〃

すなわち、商品Aは、他商品全部の等価形態としての「一般的価値形態」を演ずることになるのである。

　以上、これまでのところ、三つの価値形態を見て来た。すなわち、第一が「単純な価値形態」(形態I)、第二が「展開された価値形態」(形態II)、第三が「一般的価値形態」(形態III)と呼ばれるものである。

　そのうち、「一般的価値形態」(形態III)が特徴的である。形態IIIは、いろいろな商品の価値を一つの商品であらわすから、単純にあらわしており、同じ

商品であらわすから、統一的にあらわしている。つまり、ここでは、価値形態は単純で共同的、したがって一般的である（K. I. S.79）。ここでは商品世界の価値は一つの商品で表現され、あらゆる商品の価値は、どんな使用価値からも区別されており、あらゆる商品の価値は、あらゆる商品に共通なものとして表現されている。この形態がはじめて現実にいろいろな商品を価値として関係させ、互いに交換価値として現われさせるのである（K. I. S.80）。

　形態Ⅰ・Ⅱでは、価値表現はそれぞれの商品の私的なことであるのに、一般的価値形態では、商品世界の共同の仕事ととしておこなわれており、価値形態が社会的に認められた形態になっている。それと同時にこの形態では、すべての商品が、量的に比較されうる価値量としてあらわれる（K. I. S.81）。

　これを等価形態の視座からすれば、商品Aは他のすべての商品と直接交換されうるものであり、これをつくる私的労働が同時に他のすべての労働と同等な社会的労働である、ということになる。かくて形態Ⅲはそれ自身の構造によって、それが商品世界の社会的表現であること、商品世界の内部では、労働の一般的社会的性格が労働の特殊な社会的性格となっていることを明示している[5]。

　マルクスによれば、「一般的価値形態は貨幣形態へ移行」するから（K. I. S.83）、たとえば、ここでの事例である、z量の商品Aは「2オンスの金」という貨幣形態によって置き換えられていき、これが周知の「価格形態」で表現されることになる（K. I. SS.83-84）。

　しかしながら、われわれの関心は商品一般にはなく、教育世界で通用する「知識商品」の価値形態にあるのだから、「一般的価値形態」にまでもう一度戻らなければならない。

　われわれがこれまで用いてきた等式は次のようなものであった。
　　　　一冊の辞書＝一着の上着
　　　x量の商品A＝y量の商品B
　　　　　商品A＝商品B
　x量の知識商品E＝z量の商品A

　ここで、左辺を相対的価値形態、右辺を一般的価値形態とし、教育世界における「知識商品」が「教育価値」という一般的価値形態の役割を演じるとする

と、次のような等式を得ることができる。なお、ここでは便宜的に、以下の三つの等式が、それぞれ上から、初等教育、中等教育、高等教育の価値表現をしめすことにしよう。すなわち、

　　　x量の知識形象A＝χ量の教育価値α
　　　y量の知識形象B＝ψ量の教育価値β
　　　z量の知識形象C＝ω量の教育価値γ

　あらためて言うまでもなく、これら右辺の一般的価値形態は、ただ教育世界の共同の仕事としてのみ成立するものである。一つの知識商品が一般的価値表現を得るのは、同時に他のすべての知識形象が自分たちの価値を同じ等価物で表現するからにほかならない。そして、新たに現われるどの知識種類もこれにならわなければならない。こうして、いろいろな知識形象の価値対象性は、それがこれらの物の純粋に「社会的な定在」であるからこそ、ただいろいろな知識形象の全面的な社会的関係によってのみ表現されうるのであり、したがっていろいろな知識形象の「教育価値」形態は社会的に認められた形態でなければならないということが、明瞭に現われてくるのである(K. I. SS.80-81)。

　等価形態に等しいものという形態では、いまやすべての知識形象が質的に同等なもの、すなわち教育価値一般として現われるだけではなく、同時に、量的に比較されうる価値量として現われる。すべての知識形象がそれぞれの価値量を同じ一つの材料、等価形態にある知識形象に映すので、これらの価値量は互いに反映しあうことになる(K. I. S.81)。

　というのも、知識形象の所持者が自分たちの知識形象を互いに価値として関係させ、したがってまた知識形象として関係させることができるのは、ただ、自分たちの知識形象を、一般的等価物としての別のある一つの知識形象に対立的に関係させることによってのみである。このことは、商品の分析が明らかにしたことである。

　しかしすでに上で見たように、ただ社会的行為だけが、ある一定の知識形象を一般的等価物にすることができる。それだから、他のすべての知識形象の社会的行動が、ある一定の知識形象を除外して、この除外された知識形象で他のすべての知識形象が自分たちの価値を全面的に表わすのである。この

ことによって、この知識形象の現物形態は、社会的に認められた等価形態になる。「一般的等価物であることは、社会的過程によって、この除外された商品の独自な社会的機能になる」のである(K. I. S.101)。

繰り返しになるが、教育世界の相対的価値形態にある知識形象(左辺)は、教育世界から排除された知識形象(右辺)にたいして一般的等価物という性格を押しつける。この知識形象自身の現物形態がこの世界の共通な価値姿態になっており、それだから、この知識形象は他のすべての知識形象と直接に交換されうるのである(K. I. SS.81-82)。ということは、交換される知識形象の間には、たとえば、上の等式の事例である知識形象Aと知識形象Bとのどちらにも、同じ質の人間労働があって同等の価値として結ばれるわけである。だからそこでは、等価形態にある知識形象を生産する私的労働が、同時に、一般的な社会的形態にあることになり、すなわち他のすべての労働との同等性の形態にあることになる。こうして、一般的価値形態をなしている無数の等式は、等価形態に実現されている労働(学習労働)を、他の知識形象に含まれているそれぞれの労働(学習労働)に順々に等置し、こうすることによって教育価値を人間の学習労働一般の一般的な現象形態にする。

このようにして、教育価値に対象化されている労働は、現実の労働のすべての具体的形態と有用的属性とが捨象されている労働として、消極的に表わされているだけではない。この労働自身の積極的な性質がはっきりと現われてくる。つまり、この労働は、いっさいの現実の労働がそれらに共通な人間労働という性格に、人間の労働力の支出に、還元されたものである(K. I. S.81)。

一般的に言えば、教育価値は、いろいろな学習労働生産物を無差別な人間の「学習労働」の単なる凝固として表わす一般的な教育価値形態である。だから、一般的な教育価値形態は、それ自身の構造によって、それが教育世界の社会的表現であることを示している。こうして、一般的な教育価値形態は、この教育世界のなかでは学習労働の一般的な人間的性格が、学習労働の独自な社会的性格となっているということを明らかに示しているのである(K. I. S.81)。

こうして学習労働の独自な社会的性格として一般的等価物となりうる教育価値は、他のどのような知識形象からも排除されたものである(K. I. S.84)。

この排除が、ある一つの知識形象に限定されてくると、はじめて教育世界の統一的な相対的価値形態は、いわば価値鏡として客観的固定性と一般的社会的妥当性とを獲得する。ここでの地位は、典型的には、貨幣商品によって演じられる地位と同じであるが、教育世界においては、一般的等価物の役割を演じるのは教育価値に統一されて、特殊な社会的機能が演じられることになる (K. I. S.83-84)。

そしてさらに言えば、近代的かつ合理的な「教育価値」が確立し、一般的な等価形態の、社会的に独占される「特権的地位」が人格化されれば、この社会的に独占された「教育エートス」が、専門的な「職業教師」によって演じられることになるのである。等価形態にある職業教師は、当の知識形象をただちに交換しうる地位に社会的に位置するからである。これこそは、歴史的に規定された「教育価値形態」の、社会的に妥当する「客観的な思想形態」(objektive Gdankenform)〔たとえば、真・善・美・聖の教育価値〕である (K. I. S.90)〔「教育権威」にも共通する〕。

4　教育価値の現象形態とその行く末——むすびにかえて

これまでのところ、近代公教育制度において現れる、「教育価値」という形態の発生と発展段階を解明し、全社会的に統一される近代的・専門的「職業教師」の、一般的価値形態の成立過程を論証してきた。

教育価値が全社会的に統一されてくるのは、社会的分業が昂進し教育の商品化が進展していきつつ、その教育商品が他の多様な教育商品と交換される中で、教育商品の「一般的価値形態」の成立をみるからである。

現実には、教育世界においても多様な分業の展開が広まる中で、各専門領域の「職業教師」がこの一般的価値形態を身にまとうべく公認された「資格」を獲得するのである。こうした「教育価値」の形態的な展開をマルクスの「価値形態論」を基軸にして考察してきた。

上の意味での専門的職業教師が築く「教育関係」(近代的学校)におかれると、生徒は、自己の将来において、「使用価値」となる「商品」を提供できるためには、自己にとって有用となる「知識・技術」の習得を求めながらも、自らだけ

ではそれを実現することができない。これに対して、教師は、当の「知識・技術」の「等価形態」(「価値鏡」)におかれて、それ自体をもはや直接に使用・消費しないでも、生徒の「知識・技術」の優劣を裁可する役割を演じることができる。マルクスの「価値形態論」の表現で言えば、前者は「相対的価値形態」を身にまとい、後者は「等価形態」を演ずる関係にある。近代的な学校教育の「教育関係」は、基本的にはこの関係を越えることができない。

　これは「教師・生徒関係」が近代的な「教育関係」におかれていることからくる性格である。すなわち、「教育サーヴィス」を提供する近代的学校の職業教師の「教育価値」が、「知識」形象という教育商品の交換を介して、近代的な「教育関係」の支配的位置にまで発展してきた成果を示すのである。この関係は、教師の姿態に人格化する教育価値が社会的分業の発達と共に、教育世界において、専門的に分化することを示すものであり、そこから「教育価値」総体が「物神的性格」を帯びることにもなる、もともとの源泉でもある〔教育権威の成立基盤〕。

　論理的にいって、教育が抽象化する以前においては、教育は具体的な人と人との関係のなかで、きわめて具体的・有用的に展開された〔教育の無償贈与としての性格〕。すなわち、「誰が、誰に対して、何を、どのように教えるか」という教育の関係は、きわめて個別的・具体的かつ明確であった。

　それが、職業的な教師が成立し、国民国家に包摂された近代的公教育制度(学校教育を中心とする合理的な編制)が学校制度を基軸にした「教育システム」として展開するに至る。そこでは、「抽象化した・専門化した教師が、教師の必要から乖離した内容を、抽象化した生徒に教育する」という、個別具体的な「児童・生徒」の「具体的有用労働」の実情から乖離した「教育・学習関係」が展開するようになるのである。

　これは一体どうしてであるか？　それには、まず次のことが指摘できる。具体的・有用な教育関係が失われてくるのは、端的に言えば「教育・学習関係」が、根本的には、「抽象的人間労働」と「価値形成」の関係の中に包摂されているからである。つまり、マルクス流にいえば、さまざまな種類の労働の、度量単位としての単純労働への Reduktion(還元・換算)がおこなわれ、こうした度量単位への換算がおこなわれるかぎり、各種労働が"質"的に均一なものと

みなされたうえで、比量的関係におかれることになるからなのだ。
　こうして、具体的有用労働が捨象されてしまうから、「商品の価値は、ただの人間労働を、人間労働一般の支出を、表している」(K. I. S.59)ことになり、「抽象的人間労働なるものの量的規定」が「価値」を量的に表現することになるのである。したがって、「価値形成」に資する「教育・学習」関係は、ことごとく「抽象的人間労働」の比量的関係におかれて展開し、一方では、専門化した職業教師の教育労働が教育価値の比量的関係におかれて「評価」されるし、他方では、生徒の学習労働の成果が「教育価値」の量的違いとして評価されるのである。
　かくして、すべての社会的関係が商品経済の展開に包摂されれば、専門的教師自身が「教育労働」を提供し「報酬」を得るという「社会的交換関係」に、意識することなく包摂されていくことになり、その関係の内部においては、抽象化した教育商品の形態による教育関係を日常的に実践することになる。そこにおいては、具体的・有用な関係から遊離した、「抽象的人間労働」に還元された教育価値を実現する「学校教育」が、「教育価値形態」を有機的かつ高度に専門化してきたのであった。すべての社会的関係が高度に商品経済的に浸食されてくることによって、教育世界にも教育の「商品市場」が広大に形成されることになるのである〔「教育投資論」はもちろん教育の「商品市場」が展開するなかで投下される資産である〕。
　ところで、マルクスは近代的な「社会交換」のはじまりを共同体の周辺で行われる商品交換の社会的契機から論じている。

　　「商品交換は、共同体(ゲマインヴェーゼン)の果てるところで、共同体が他の共同体またはその成員と接触する点で、始まる。しかし、物がひとたび対外的共同生活で商品になれば、それは反作用的に内部的共同生活でも商品になる。諸物の量的な交換割合は、最初はまったく偶然的である。それらの物が交換されうるのは、それらの物を互いに手放しあうというそれらの物の所持者たちの意志行為によってである。しかし、そのうちに、他人の使用対象にたいする欲望は、だんだん固定してくる。交換の不断の繰り返しは、交換を一つの規則的な社会的過程にする。したがって、時が

たつにつれて、労働生産物の少なくとも一部分は、はじめから交換を目的として生産されなければならなくなる。この瞬間から、一方では、直接的必要のための諸物の有用性と、交換のための諸物の有用性との分離が固定してくる。諸物の使用価値は諸物の交換価値から分離する。他方では、それらの物が交換される量的な割合が、それらの物の生産そのものによって定まるようになる。慣習は、それらの物を価値量として固定させる」(K. I. SS.102-103)。

しかしながら、問題なのはすでに見てきているように、マルクスによって指摘される、日常的な慣習のなかで行われている、人間の無自覚に行う行為である。すなわち、

　「人間が彼らの労働生産物を互いに価値として関係させるのは、これらの物が彼らにとってはどれも同じ人間労働の物的な外皮として認められるからではない。逆である。彼らは、彼らの異種の諸生産物を互いに交換において価値として等置することによって、彼らのいろいろに違った労働を互いに人間労働として等置するのである。彼らはそれを知ってはいないが、しかし、そのように行なうのである。それゆえ、価値の額(ひたい)に価値とはなんであるかが書いてあるのではない。価値は、むしろ、それぞれの労働生産物を一つの社会的な象形文字にするのである」(K. I. S.88)。

それにしても、教育商品が頻繁に取り交わされている現代の現状を見るにつけ、教育商品が高度な「資格」にまで制度化し「マネー」にまで高度化した「社会的な象形文字」だ、というマルクスの指摘は、現代社会にも十分通用する洞察力鋭い卓見としか言いようがないであろう。

　われわれはまずは、共同体と共同体との間で、共同体の成員と成員が接触する点で商品としての〈知識・技術〉の交換をおこなってきた。そして、「事物がひとたび対外的共同生活において」「一つの社会的な象形文字」によって〈知識〉として形象化すると、それは「反作用的に内部的共同生活」においても商

品としての〈知識〉交換が行われるのである。そして、「彼らは、彼らの異種の諸生産物を互いに交換において価値として等置することによって、彼らのいろいろに違った労働を互いに人間労働として等置するのである」。しかし「価値」とはなんであるかはわからない。でも、知識・技術・情報においても、日常的に互いに交換において価値として等置しあうのである。それらはたえず社会的に象形文字化して交換されるのである。そして、教育世界においても、「知識形象」は、教育価値という形態を身にまとう「学の諸範疇をなし」、「社会的に認められた、つまり客観的な思想形態」なのである (K. I. S. 90)。

このような社会的交換を背景にして、まずは、教育と学習の交換が、教育者と学習者の交換が、そして教育労働と学習労働の交換がおこなわれる。しかし実際には、こうした交換過程は、さらに国民国家存立のための公共的な教育制度として組織化され、「教育・学習」関係の枠内に組み込まれるに至るようになる。そこで最後に、こうした制度化された公教育の枠内で問題となる、教育者と学習者の交換における対立点とその解決策を理解するようにしよう。

教育と学習の交換が、教育者と学習者の交換によって首尾よく成り立てば、そこでは学習者に使用価値がもたらされ、教育者の教育行為は学習行為に有用な〈知識・技術〉という「教育価値」を生みだすことになるだろう。

学習行為にとって使用価値をもたらすかぎり、その教育行為は交換価値をもつことになる。ということは、教育者と学習者との「教育」と「学習」との交換が成功裏に実現する時である。しかし、現実はいつも首尾よく実現されるとは限らない。

ということは、教育行為が交換価値をもちながらも学習者において、使用価値が実現されない場合がありうるということである。すなわち、教育価値があってもそれが十分に実現されない教育サーヴィスがありうるということである。言い換えれば、教育サーヴィスは、学習者に使用価値を生みだす、という結果をつねに先取りして売り出されることを含意するということでもある。

これまでのところ、教育と学習の交換、言い換えれば教育労働と学習労働との交換においては、〈知識・技術〉が首尾よく習得されて使用価値がもたら

されるという結果が前提になっていた。しかしながら、困難な問題は、教育と学習の交換においては、〈知識・技術〉が首尾よく学習者に習得されるという結果の前に、いつも教育と学習の「交換過程」のブラック・ボックス問題が伏在するということである。つまり、〈知識・技術〉の学習の過程と結果に対応して、教育行為の過程と結果が「首尾よく噛み合っているか否か」の「交換過程」のブラック・ボックス問題である。この問題を十分に埋め合わせることなく、「教育市場」において、この種の不備な「教育商品」が売り買いされるのが実情である。

　教育と学習の「交換過程」の問題解決の困難性ゆえに、「教育制度」が権力的・象徴的に整備されてきた、と言ってよいだろう。はじめに簡単に論じたように、教育価値には、教える〈知識・技術〉をどのような内容で編制するかという「目的行為」と、その内容を相手にどのように首尾よく教えるか、という「教育方法」としての行為が含まれていた。つまり、教える「内容」構成の価値とその内容を首尾よく教える「方法」の価値を含むことになる。だが、この二つは「教育価値」としては切り離せないのであるが、この研究では、便宜的に、教えるための〈知識〉形象に着目してこれを「教育商品」の代表見本として扱った。

　初等教育から高等教育まで、教育制度において特に重点がかけられるのが「教職員」の問題であるが、それにまつわる「教育内容」と「教育方法」の整備がつねにつきまとうのである。それはたんなる「コミュニケーション」[6]の問題でかたづけられず、たえず浮上する教育と学習の「交換過程」の解決不能の問題を、もっと強力に、しかし象徴的に解決を図ろうとする権力意志の問題でもあった。その一つの現われが、教育政策が知識管理の様相を強めているところにも見られるのである。

　つとに、P. ブルデューと J.-C. パスロンは、次のように指摘していた。教育行為が行われるためには、その社会的条件として必ず「教育権威」（l'autorité pédagogique）とその行使に責任を負う審級の「相対的自律性」（l'autonomie relative）が含まれなければならない。〔なぜかというと〕教育関係には、強制する恣意的権力という真の姿が現れてはならず、象徴的効果によってそれが見えなくされなければならないからである。それにまた、教える内容の恣意性と

いう真の姿が表わされてはならず、それは、教育学的効力によって取り違えて理解されるということである。教育行為が絶えず直面する、乗り越え難い矛盾は、言語的コードや文化的コードの恣意性という理論的確認を認めないままに、言語や文化を習得させようとして実践的に対立しあっていることにある。つまり、どの教育行為も、それが対象とする真理を社会的に錯認させる条件のうえで成り立っているのである[7]。

してみれば、「教育行為」を権力と結合した知の効果とその再生産という視点から点検してみることが肝要である。ブルデューは次のように指摘する。

「社会的な関係、つまり支配の関係それ自体を、象徴的相互行為として、つまり知識(connaissance)や認知(reconnaissance)をふくむコミュニュケイシュン連関として取り扱うのが正しいならば、すぐれてコミュニュケイションの関係である言葉の遣り取り(échange linguistique)もまた、象徴的な権力(pouvoire symboliqu)の関係であり、そこでは発話者の集団相互における、力の関係(rapports de force)が発現すること」が見てとれる。

あらゆる発話行為には、「一方で、社会的に様式化された、言語的ハビトゥスの態勢(disposition)」が連携し、「もう一方で、言語市場(marché linguistique)のいろいろな構造があり、これが、特定のサンクションと検閲(sanctions et censure)を課すシステム」を成している。この支配関係の場において、知のシステム(科学・分類体系)、法、道徳などの「象徴システムが、特有な力=象徴権力をもつのは、それに表現される力の関係が、つねに単なる意味の関係という形で、権力の関係とは認識されない、錯認(méconnaissance)の形式で表出されるからである」。

かくて、最後に留意されねばならないことは、教える行為が無反省に日常的なプラクティスを行うことである。言い換えれば、反省的な認識以前に、すでに存在する「秩序と権威」を自明のこととして「再認」してしまうこと、秩序の由来をたずねることなく「真理」を隠蔽してしまう限りで錯認=取り違え(quid pro quo)をしてしまうことである。こうして教育行為を通じて既存の秩序と権威が再認され再生産されていくことになる。それこそが、自明性が支配するドクサ[思い込み]の領域にある拘束的な行為と発話の実態と言えるであろう[8]。

最後に簡単にまとめておこう。近・現代の教育制度の特質を解明しようと意図したこの章では、知識の商品化という社会的交換の中から「教育の価値形態」を取り上げ、近代的教育制度に内包される「教育と学習」の交換関係の特質を解明してきた。その結果、専門的「職業教師」の、一般的価値形態の成立過程を論証することになった。

　教育価値が全社会的に統一されるのは、社会的分業が昂進し教育が商品化し、他の多様な教育商品と交換される中で、教育商品の「一般的価値形態」の成立をみるからにほかならない。問題なのは、たえず浮上する教育と学習の「交換過程」の解決不能の問題を、もっとも強力に、しかし象徴的に解決を図ろうとする権力意志の問題である。

　その一つの現われが、教育政策が知識管理の様相を強めているところに見られるのである。現実には、教育世界においても多様な分業の展開が広まる中で、各専門領域の「職業教師」がこの一般的価値形態を身にまとうべく公認された制度的「資格」を獲得する。「教育サーヴィス」を提供する近代的学校の職業教師の「教育価値」が「知識」形象という教育商品の交換を介して、支配的位置に発展する。教師の姿態に人格化する教育価値が社会的分業の発達と共に、専門的に分化することになり、「教育価値」総体が「物神的性格」を帯びることになるのである。

［注］
(1)　拙稿「三月革命期における教師の組織形態——ドイツ公教育「類型」への展望」(『京都大学教育学部紀要』第18号、1972年3月、110頁)。
(2)　デュルケム著、田辺寿利訳『教育と社会学』(石泉社、1954)5頁以下参照。
(3)　Vgl. Karl Marx : *Das Kapital* : Kritik der politischen Ökonomie, Bd. I Dietz Verlag, 1969, S.186. なお『資本論』からの引用は、ディーツ版のページに従って以下のように文末に括弧内で示す(K. I. S.186.)。邦訳については、岡崎次郎訳、国民文庫版(大月書店)と長谷部文雄訳、河出書房(世界の大思想18)を使用し、部分的には訳文を変えたところがある。
(3)　「労働力の使用は労働そのものである。……自分の労働を商品において表示するためには、彼は、何よりもまずそれを使用価値——何らかの種類の欲望の充足に役だつ物象——において表示しなければならない」(*Ibid.*, S.192)。
(4)　「ゲシュタルト、構造、体制などという術語は心理学的言語であると同様に生物学的言語にも属する。生物は有機体であり、環境との間に物質およびエネルギーの交換が行なわれているが、それらは環境から分離した個体である。その諸部分・組織・器官は全体に依存し、その全体がそれらの性格を規定するような一つの系(système)である。この体制は単に静的で

あるのみならず、力動的(dynamique)である。何ゆえならあらゆる機能の働きは連帯的であ
りかつ生物の生命はあらゆる局所的諸過程の動的均衡から生ずるからである。順応という
言葉はこの全体と諸部分との複雑な関係を要約している。それゆえ我々は心理的ゲシュタル
トと身体的ゲシュタルトとを相互に関係させることができる」(P. ギヨーム著　八木冕訳『ゲ
シタルト心理学』岩波書店、1952、16頁)。なお、M. メルロ＝ポンティ『行動の構造』も参照。
ゲシュタルト心理学が明らかにしたように、学習において「効果的な変化が選択されるため
には、効果が存するだけでは不充分であって、それの知覚が全体の知覚のなかで一定の機能
をもって体制化されていなければならない」(P.ギヨーム、前掲書、158-159頁)。

(5)　宇野弘蔵編『資本論研究Ⅰ 商品・貨幣・資本』(筑摩書房、1967、27-28頁)。
(6)　時枝言語学によれば、〈知識・技術(思想)〉の交通は、〈記号〉によって表現されるが、当の「表
現は、必ず理解を期待し、理解はまた表現を前提として行われるので、具体的には常に表現
より理解への流れが形成され……理解を伴はない表現とか表現を前提としない理解というこ
とは言語にとって凡そ」ありえないこととされる。同じく表現に属する事実であっても、「音
楽や絵画の場合には必ずしもこれを聴くもの、これを見る者を予想しないで、ただ表現者の
自己満足で表現される」と考えがちであるが、「しかしこれらの場合でも表現者自身が、享受
者の立場に立ってその〔観念的に表象された〕享受者を相手にしての表現であると考えられる
のであるから、表現は常に理解〔享受を含めて〕への流れを形成する、少なくともこれを予想
するものであるという原則は動かない」とされている(時枝誠記著『国語学原論続篇』岩波書店、
1955、26-27頁参照)。

　このように記号を媒体として成立する〈知識・技術〉の形象(Gebilde)はそのままではその
所有者(理解者)自身の私的な使用物であるにすぎない。しかしそれがひとたび教育と学習の
交換関係(相互関係行為)におかれると、相手にとって有用な〈知識・技術〉の形象を学びやす
く教えるという行為(教育サーヴィス)となり、この行為は「教育価値」(Erziehungswert)とい
う形態を受け取ることになる。そしてこのようにして出現した「教育価値」という形態によっ
て個人的な「学習過程」(レルネンガング)が把握されると〈知識〉の形象が教育価値という形態を身にまとうので
ある。

(7)　Bourdieu, P., et Passeron, J.-C., La reproduction : *Éléments pour une théorie du système d'enseignement*, 1970, p.26.
(8)　P. Bourdieu, *Ce que parler veut dire, l'écnomie des échanges linguistique*, Fayard, 1982. pp.13-21.

第6章　教育における再生産の構造と機能

1　はじめに

　わたしたちの社会では、前の章で見たように、さまざまなレヴェルの教え手と学び手のコミュニケーション・ギャップがおきるのは日常的に珍しいことではない〔教育と学習の「交換過程」の解決不能の問題〕。教え手と学び手の間の、コミュニケーションが機能不全に陥ることで、「教育問題」のほとんどすべてがおきる、と言っても過言ではない。それに、教育問題が昂じて「社会問題化」すれば、現代の学校教育と家庭教育から惹き起こされる問題は、場合によっては、犯罪や非行などの反社会的行動や異常行動に発展することも稀ではない。昨今の社会変化とともに、非行問題などの低年齢化もより多く危惧されることになるのではないか。

　それにしても、このようにコミュニケーションの機能不全が明白であるとして、ではどうして、教え手と学び手のコミュニケーションが改善されず、これまでの教育システムは存続しつづけるのであろうか。よく知られているように、学級崩壊とか、授業が成り立たないとか、いわゆる「教育の無理」があったとして、「学ばれること」がまっとうに機能しなければ、授業や学級が無用になるのはむしろ当然ではないか。授業や学級があり続けるのには、当然学ばれていなければならないし、学ばれることがなければ授業や学級は子どもにとって無用の存在になるだろう。学ばれようが学ばれまいが、授業や学級があいも変わらず存続するとしたら、これはむしろ不思議なことと言わ

ざるをえないではないか。

　しかし、学校は学ばれるためにあるのだから、「学ばない子ども」がいるとするならば、「学べる子ども」にすることが教育の使命だ、などと教師も両親も考えるだろう。ならば、「学ばない子ども」がどうして生じるのか。学校が不十分な教育しか行っていない所為なのだろうか。だがそのような事情ばかりとはいえないだろう。

　かれら「学ばない子ども」の生活状態がどうであるか、学校や授業を成り立たせるための諸条件はなにか、これらの問題がもっと点検されてしかるべきではないか。学ぶ者の日常的な生活条件を背景にして、学習活動が前景として成り立つのに、どうしてかれらの生活条件に相関させて教育活動が組み立てられないのだろうか。「学ばない子ども」と「学べない子ども」がどうして生じるか、教育者はその実情を把握しないことには、適切な教育方策を講じることができないではないか。それでは、「学習不適応児」、「学習障害児」、「学習遅滞児」などを再生産しながら学校育システムが支障なく機能していくと言わざるを得ないではないか。どうみても不思議なことである。

　たしかに、この種の問題となるとおよそ簡単には処理できる類の問題ではない。つまり、教えることができるのには、教える「内容」がすでに知られていなければならないこと。学ぶことができるのには、学ぶことができるあらかじめの姿勢、「素養」(disposition)が身につけられていなければならないこと、これぐらいは教える者に承知されていなければならないだろう。教育は「白紙の状態」で始まるためしは一度たりともないからだ。つねに、社会的背景をもち、子どもの学ぶことができる、あらかじめの姿勢を前提にして、継続され、加工されていくことだろう。そして、教える内容は学びうるための素養を元手にして「まね」ばれていくことになる。この意味で、教える内容と学びうるための素地は、学び手にとって十分折り合う状態になくてはならない。

　しかし教え手にとっては、この状態はアプリオリには保証されないから、つねに「飛躍」をもとめられる。この点で、主観的にも、客観的にも、つねに、「空回りする教育関係」、「浪費的な教育関係」があまりに多く生起する。教え手と学び手の間のコミュニケーションがしばしば齟齬をきたし、機能麻痺を起こすことは当然なこととして考えるべきではないか。

それは傍観者的に言えば、教え手と学び手の双方に、「学び」とその「期待」の「認知的シェーマ」に実際のズレがあるのに、学び手にとっての教え手の役割と、教え手にとっての学び手の役割が、同じままに役柄的に「同一視」的に遂行される。いわば双方における役柄が、まるで同期し同調し合う好循環にあるかのように、双方の意識に一様に「同一性」として取り違えられるのである。

　あらためてこの章では、教育関係に築かれる基礎場面の諸契機をあらためて点検し、その再構築のための礎石を据えることを意図している。このことによって、現代教育学が陥っているアポリアを解く鍵にどれほど接近できるか定かではないが、ともかくまずは、近代的な教育関係が何を契機にして存立するか、その特質を把握しておかなくてはならない。

　なぜ近代的な教育関係が問題なのか。それは、一言でいえば、社会的交換に発する教育関係が問題だからだ。つまり、社会的交換のさまざまな営為があらたな世代的交換を引き起こし、その近代的な世代的交換があらたな教育的関係を制度的に樹立したからである。いつの時代にも変わらない「世代的な継起」を経（たていと）とし、緯（よこいと）には、「無意図的な教育」を潜在的・可能的に背景としつつ、前景には「意図的な教育」が組織化されてきたのである。

　近代に特有な「教える―学ぶ」関係態は、それ自体でとりあげると一つの抽象でしかない。それは、さしあたり、「在る―伝わる―行う（知る）」という関係態（システム）（可能態（デュナミス）からの現実態（エネルゲイア）の生成）に根ざしている[1]。前近代の旧い「在る―伝わる―学ぶ（知る）」という形式から「在る―伝える（教える）―学ぶ」という、「教育」の「意識的」自己目的化した形態変化がたえず「図像」としてイメージされながら行われるようになったのである。

　とかく、「教える―学ぶ」事態というと、「教えられた内容・ノエマ」的側面のみに着眼されて、ノエシス的側面・教育「行為」の面が無視されがちである。「教える事態」も「学ぶ事態」も、ともにこれらの事態が、そもそも社会的関係のある一つの結節した「関係態」であること、このことが見逃されがちである。

　このことは教育科学においてすら、いまだ必ずしも共通に了解されているとはいえない。むしろ伝統的にいって、それは主・客分離にもとづき、構図的にいえば、教えるとは、ある既成の文化内容（客観的事実）を、社会的諸関

係からきりはなし、学ぶ当事者の一定の表象像（イメージ）にまで持ち込むことであるかに了解されている。また、習い学ぶとは、認知的に一定の対象（客観的真理）を、自己の「心像的意識内容」として構成することであるかに了解されている。しかしここに見られる「教育と学習」の構図を支える二つの既成的観念（préjugé）は、近代の主・客二元論的図式による所産とも言うべきものだ。

つまり、一方では、示され教えられる「客観的真理」そのものは「普遍的真理」であるかに守られ、教えるとは学ぶ者の心像に文化形象を形成する行為として想定される。もう一方では、学びとる「主観的学習作用」と「知」の同型性とがこれまた強く想定されて、学ぶとは投射論の構図で、客観的な真理にどれだけ接近しうるか、その度合いによる行為とされる。

しかし事態をありのままに振り返ってみれば、「教える」ということが、かつて共同主観的に「学んだこと」と、これから自己産出的に「学ぶこと」との「間」のある状態において行われる行為であり、そして「学ぶということ」が、かつて「教えられたこと」（無自覚なことも含む）と、これからそれらを自己変換しつつ構成する「意味」の一状態たりうること、こうした「間主観性」に連接する「事態」だとすれば、ここで立ち返るべきは、「教える事態」と「学ぶ事態」を成り立たしめる一箇同一の「関係態」（潜勢態）を明らかにすることであろう。

というのも、近代的な行為主体は同型的（平等）で自主的（自由）でなくてはならないから、したがってこの関係におかれた教え手も学び手も、個人として「均質」的にかんがえられ、双方がこのように行為する限りで、制度化された教育関係は目的合理的に再生産されると見なされる。しかし、事態はこのように運んでいないのである。そのうえ、当事者が規範的に拘束されるのだから、具体的行為は決して同質であるのではない。せいぜい、当事者意識としては、もちまえの能力を十分に発揮しようと努め、かつそのように行為するほかない。

行為主体は、場合によっては、教え手にふさわしく、学び手にふさわしく、先を見越した行為をすることで、この関係を再生産するのである。いうなれば、当事者の先取りする実践が、教育の関係と制度を変容的に再生産するのである。

前置きが長くなったが、本章では人間と社会の「再生産の過程」において、

近代的教育がどのような社会的契機のもとに高度に組織的に制度化されるに至ったか、そして制度化された教育はどのような内容の再生産を担うに至ったかを明らかにしてみる。

2 当事者意識の生産と再生産

　教育が名目的に、意識(意図)的に行われようと、そのことで直ちに、学ぶことが意識的・自覚的に行われることにはならない。
　やや文脈は異なるが、ヘーゲルは「意識」と「存在」の関係について次のように述べている。

　　　「意識は、あるものを自分から区別する、それと同時に、そのあるものと関係する。言い換えれば、あるものが意識に対して存在するということである。そして、この関係において、あるものの意識に対する存在のうち、規定された特定の側面が知だということである」[2]。

　ここに見られるように、ヘーゲルによれば、「知る」ということは、基本的には、「自分から区別されたあるもの」に「関係し」、そのように「規定された特定の側面」が知ることの内実になると言うのである。
　だから、「自分から区別されるあるもの」を、マルクス流に、「自然」と「他者」と「自己・自身・わたし」とすれば、そこには「自分」と「自然」、「自分」と「他者」、「自分」と「自己」との関係が、誰であろうと成り立っていることが分かる。
　そこで、再びヘーゲルにしたがって、「自分」と「自然」を含む「他者」、「自分」と「自己・自身・わたし」という関係を、それぞれ「対他存在」と「対自存在」とすれば、「わたし」たちはすべて、「対他存在」との関係と、「対自存在」との関係にありうることになる。
　だとすれば、すでに「知り」「学ぶ」「身につける」関係におかれ、「対自存在」(わたし)との関係で「わたし」との関係の取り方を「学ぶ」・「身につける」関係におかれていることがわかる。そして基本的には、その弁証法的関係の中で、学ぶ者によってそのつど、規定された一つの関係が知だということである。

したがって、「知」として学ぶという意識的な生産は、なによりも人間の関係的存在、その関係と具体的な人間との関係において成り立つ事態である。

では、教えることが成り立つとはどういうことであるか。教えることが成り立つとは、学び手において対他存在が対自化できる限りにおいて、そしてその関係が規定できる限りにおいてである。廣松渉の表現を借用すれば、「所知(しられるもの)たる何かが能知(しるもの)たる誰かに"現前する"という関係態」[3]の中で、特定の意識化がありえて、そこでこそ学ぶことがありうるし、また、学びがありうる限りで、教えること、すなわち教育が成り立つのである。

マルクスは、よく知られているように、「意識とは意識された存在」を意味すること、「人間の存在とは、かれらの現実的な生活過程である」こと、そして「意識の現実態は言語である」ことを、人間の社会的・関係的な性格から基礎づけている。「言語は他の人にとって(für andere Menschen：対他的に)実存するがゆえに、また私自身にとって(für mich selbst：対自的に)もはじめて実存する現実的な意識である」[4]。そして、「対他存在との関係」を、能動的な「対象的活動」[5]として、「生産的活動」として、さらには「構神的に具体的なものとして再生産される」[6]関係として把握した。

これまた周知のことであるが、マルクスは人間の本質を「社会的諸関係の総体」として理解し[7]、社会を「諸個人が相互に関わり合っている諸関連、諸関係の総体」として把握した[8]。

ところで、『ドイツ・イデオロギー』において、マルクス・エンゲルスは「本源的歴史的諸関係」の基礎が、「物質的生活の生産」にあり、その基礎に立って、世代的に継起する歴史的諸関係が「生の生産」(Produktion des Lebens)を通して再生産されるという「歴史像」を描き出した。マルクス・エンゲルスの把握にしたがって、生の生産から「意識」がどのように出現するかを理解しておこう。

人間は明らかにみずからの「身体組織」と「自然条件」とによって多くの制約が課されている。しかし、人間の「生活手段を生産する様式」は、「諸個人の身体的生存を再生産」するだけではなく、それ自体が諸個人の、活動の自分の生(Leben)を発現する一定の生活様式」である。そしてこの生産は、「諸個人相互のあいだの交通(Verkehr)を前提」として行われる。「自分の生活を日々創り出す人間は他の人間を創り出す(andere Menschen zu machen)、つまり生殖する

(fortpflanzen)こと、このことは男と女の、親と子の間柄(Verhältnis)、家族」を生産することを意味している。

「生の生産ということは、労働による当人の生の生産であれ、生殖(Zeugung)による他の人間の生の生産であれ、とりもなおさず二重の関係として、つまり一面では自然的な関係として、他面では社会的関係として現われる」。ここで社会的というのは、「複数の諸個人の協働(Zusammenwirkung)」だということである。

こうであれば人間はそもそもの初めからすでに、「人間相互間の質料的・物質的な連関(materialistischer Zusammenhang)」に置かれているのである。「生産的に活動」する諸個人はこのような「諸関係に入り込み」、人間の存在とは、こうした諸関係の総体として「在る」ことになる[9]。

こうした諸関係の総体として在りつつ、人間は「精神」をもち、「この"精神"が"意識"をもつ」存在でもある。しかし、この意識は、「もともと"純粋"意識などというものではない。"精神"はそもそもの初めから物質にとりつ"憑か れ"(behaftet)ている」からである。

「私の周囲に関わっていく私の関係が私の意識である」。意識はすでに初めから「一つの生産物」である。「諸個人が〔意識に〕いだく表象は、諸個人の、自然に対する彼らの関係についての表象であるか、かれら相互のあいだの関係の特質についての表象であるか、または自分自身の特質についての表象である」。「理念、表象、意識」こういったものの生産は、初めは「人々の物質的な活動、物質的な交通、現実の生活過程における言語的表現に編み込まれて」伝わっていく。

「表象したり思考したりすること」、つまり「人々の精神的交通(geistige Verker)」は、本源的には、「物質的な関わり合い」を可能的基礎にして、可能的社会条件として、そこから現われてくる。「精神的な生産、例えば、民族の政治、法律、道徳、宗教、形而上学などで叙述されることも同じである。〔現実に活動する〕人間こそが、自分の表象、理念などの生産者なのである」[10]。

このようにして「歴史においては、どの段階にあっても、ある物質的な成果、生産諸力の一総体、歴史的に創造された対自然ならびに個人相互間の一関係が見出される」。そして、これらが各世代に対して先行世代によって伝えら

れるのである。

　こうした広い意味で言えば、「教える」とは「世代から世代へと続く一系列全体の活動成果」の一関係を伝えることであるし、また「学ぶ」とは、「先行の全世代から遺贈された素材、資本、生産諸力を利用する」一関係を対自的に再構成することである(11)。

3　フェティシュな観方の再生産

　教育の関係は本源的には、世代継起を軸にする社会的な一関係(在る―伝わる―学ぶ―成る)であり、実践的には、同時代人の人びとを基礎におく弁証法的な対話的な関係を軸にする。

　ところが近代社会において、この社会的関係が大きく変化する。商品経済を基礎にして展開する資本制生産の発達は、人間の物質的生活ばかりでなく、市民社会の日常的な生活全体をことごとく「商品・貨幣・資本という経済的価値形態」で置き換えていくことになる。「社会的関係が物的関係の形式を帯びることを社会関係の物象化というならば、物象化的人間関係」が、人間の生活のすみずみまで浸透することになるのである。そして、「物質的活動であれ、精神的活動であれ、何ごとかを産出するいっさいの行為が『生産的労働』の観点から」見られるようになる(12)。

　教育や学習も例外ではない。というのも、人間の活動が「剰余価値」を産み出すための「生産的労働」の観点から見られるようになるからである。上に見た人びとの間の、「在る―伝わる―学ぶ―成る」(伝統・慣習・贈与)の形式よりも、「在る―伝える―教える」(意図的教育)の形式が国民国家の国民教育の様式として強まり、意図的な教育が自己目的化してくる。

　要するに、教える形式が「生産的労働」という目的(これは教育的に再解釈されて学校教育において多様な目的を持つことになるが)に規制されて、伝統的な学ぶ様式や素材とは異質の教育様式になる。国民国家の国民教育が均質の「国民」を教育するようになるのには、それ以前に、社会的分業(労働の分割)の発達や市場の発達が一定の段階に達するかあるいは併行して発達しなければならない。さらにそのうえ、イデオロギー的には、古典派経済学の「労働価値説」

の流布、産業革命期後の「単純労働」の大量の需要と供給が重要な機縁となるのである。

　こうした社会的推転の中で、教育することそれ自体が、労働力商品として、いわゆる「人材」として、「価値生産的」に把握されてくる。教育をこのように把握する観方をここでは「生産的教育観」と名づけておこう。

　それでは、近代に特有な「生産的教育観」は、資本制生産様式のいかなる機制と関係づけて理解されるべきか。この点について、以下においては、マルクス『資本論』に即して、主に四つの契機、つまり　①価値のフェティッシュな観方、②労働能力の実体化、③法的主体の成立、④生産的労働の昂進、という契機を検討しながら、「生産的教育観」の特質を明らかにしてみよう。

　商品世界においても、労働が「使用価値の形成者として人間の実存的条件の一つ」であることには変わりがない。労働は「人間と自然とのあいだの物質代謝を媒介」するからであり、したがって人間の生活が維持されるためには「どうしても必要な永遠の自然必然性である」(K. I. S.57)[13]。このような自然必然的な労働は、「生産物の使用価値」を産み出すのであるから「有用労働」と規定できる。商品はどのようなものであれ「使用価値」がなくてはならない。しかし反対に、使用価値があればすべての生産物が商品になるわけではない。有用労働によって生産された物でも商品にならないものもある。「自分の生産物で自分自身の欲望を満足させる人は、使用価値を作りはしても、商品を作りはしない」(K. I. S.55)。

　ところが、労働生産物が商品という形態をとって交換されると、この商品に含まれる「私的な有用労働は、ほかの種類のどの私的有用労働とも交換できると」みなされ、「他のどの私的労働とも同等であると見なさ」れてしまう。言いかえれば、こうした交換では、具体的な有用労働が捨象されることで、「労働はどれも相等な人間労働、抽象的な人間労働に還元」されてしまう(K. I. S.52)。こうして、価値の実体は労働であり、そして価値の量は必要労働時間によって測られる、という「労働価値説」が暗黙のうちに承認されてしまう。しかしながらここでよく考えてみよう。

　使用価値のほかに、商品には本当に「価値」なるものが含まれているのであろうか。言い換えれば、どこかに「抽象的人間労働」というようなものが本

当にあって、それが「価値」というものになるのであろうか⁽¹⁴⁾。そうではないであろう。どこかに「抽象的人間労働」というようなものがあって、それが本当に「価値」というものになる、とは言えないであろう。というのも、「その価値とやらそれ自体は、眼で見ることも、手でつかむこともできず、物理的、化学的な分析で取り出すこともできない」⁽¹⁵⁾からである。もし労働が価値の実体であると見なすことができるならば、それは、「商品生産の諸関係の内に囚われている人々の視座」に即してこそ、そのように成り立ちうるのである。したがって、商品が「社会的に同等な価値という対象性を受け取る」のは、「交換の内部において初めて」可能なのである（K. I. S.86）。

　こうして社会的交換の関係にあるからこそ、「生産物の交換者たちがさしあたり実践的に関心をもつのは、自分の生産物と引換えに、他人の生産物をどれだけ手に入れられるかということ」だけである〔たとえば、教育システムを社会的交換の場面から見れば、教育の受け手も交換価値の高い教育を受けることで自分の労働能力の価値を高め、それをできるだけ有利に売ろうとする現代の行動様式も理解可能になる〕。つまり、「どれだけの割合で生産物が交換されうるか」ということに最大の関心がはらわれることになる。そして、「この割合が一定の習慣的固定性をもつところまで熟してくると、それが労働生産物の本性から発現するものであるかのように」社会的にも表象されるようになる（K. I. S.86）のだ。だがしかし、「かれらはそのことを知らないがそれをおこなう」のである（K. I. S.88）〔在る―伝わる〕。

　それではこのように商品という姿〔形態〕がまとわれて交換されるとき、どうして人々は商品を「価値」あるものと思い込むのであろうか。この価値こそは、人びとの意識を規制するだけではなく、人びとの行動と思考をも規制する「客観的事実」であるかのように見られるから事は重大である。

> 「商品形態は、人びとの眼に、かれら自身の労働の社会的性格を、労働生産物そのものの対象的性格として映し出し（zurückspiegeln）、これらの事物の社会的自然属性として映し出し、したがってまた、生産者たちの総労働に対する社会的関係を、かれらに外在的な、対象どうしの社会的関係として映し出す」。

つまり、ここでマルクスが意味することを手短かに要約すれば、人と人との社会的関係が、あたかも物の自然的属性であるかのように、またあたかも物と物との関係であるかのように、人々の意識に立ち現われる、という物象化の機制についての論及である。「このような錯視によって、労働生産物が商品に、感性的で超感性的な、あるいは社会的な事物になるのである」。
　ここでは、「人々の眼に事物どうしの関係という幻想的な形態をとって映し出されるところのものは、人々自身の一定の社会的な関係でしかないのである」。にもかかわらず、「そこでは、人間の頭脳の生産物が固有の生命を与えられて……自立的な姿で現われのである」。マルクスは、「これを、労働生産物が商品として生産されるようになると、労働生産物に粘着するところの物神性(Fetischismus)」[=物神崇拝]と呼んでいる(K. I. S.86f)。
　こうして「資本主義的生産が進むにつれて、教育や伝統や慣習によって、この生産様式の諸要求を自明な自然法則として認める労働者階級が発展してくる」(K. I. S.765)。そして、このように物象化された意識にもとづいて、人々が行動することによって、この物象化された関係態が教育や伝統や慣習によって、不断に再生産されるのである〔行う―生成〕。

4　自由な法的主体と生産的労働観の昂進

　伝統的な生産手段や生活手段から切り離された人びとは、生来もちあわせる自分の「労働能力」しか売りに出すことができない。労働能力を売りに出すことができるには、第一に、自分で「労働力を自由に処分」できるのでなければならない。第二に、「自分自身の身体について自由な所有者でなければならない」(K. I. S.182)。つまり、第一点では、少なくとも自分の労働力については自由意志で決定できる主体であるということである。第二点では、少なくとも自分の労働能力、自分の身体を所有する主体であるということである。
　いずれにしてもこうして、自由な労働主体が成立しなければならないが、マルクスによれば、こうした「自由な労働者」の「自由」は二重である。つまり、一面では、「自由な人として自分の労働能力を自分の商品として処分できる」

自由をもたなければならないし、もう一面では、「労働力のほかには売るものをもたない……すべての物から自由」であるという意味である(K. I. S.183)。第二点目はいわゆる「持たない自由」であるが、労働者を自由な労働主体と見なす見方は、この面を隠蔽していることになる。

商品が価値という形態をまとって交換されていくとき、そこでは「あらゆる労働が同等な人間労働として、したがって、同等と見なされるものとして表現される」。どうして「あらゆる労働が同等なもの」と見なされるかについて、マルクスは、「人間が平等(Gleichheit)〔＝同等〕だという概念が民衆的先入見(Volksvorurteil)〔＝民衆の先入見的判断〕という堅固さをもつようになったとき」によく理解できると述べている(K. I. S.74)。つまり、先にふれた労働者を自由な労働主体と見なす見方は、「持たない自由」という現実があるにもかかわらず、「人間みな平等」という民衆的先入見によって、ひろく支持されるのである。

こうして、民衆的先入見が教育や慣習や伝統の成果であり結果であることは、あらためて指摘するまでもない。そしてまた、こうしたことは、「商品形態が労働生産物の一般的形態であるような社会、かくてまた、商品所持者としての人間相互の関係が支配的であるような社会において、はじめて可能」となるのである(K. I. S.74)。

というのは、「労働力の所持者と貨幣所持者は」、実際には平等ではないにもかかわらず、「市場で出合って互いに対等な商品所持者として関係を結ぶのであり、両方とも法律上では平等な人格である」かのように振る舞うからである(K. I. SS.182-183)。

してみれば、労働能力の売り手は、自由平等な「法的人格」にまで高められて「権利能力」の主体でもありうる。しかし場合によっては、依然として労働力しか売るべきものをもたない、また実際に売れないことには何ものにもならない労働主体であることにも変わりない。労働力を実際に商品として実現せねばならない現実があるにもかかわらず、人間の自由平等という「権利能力が天賦の自然的人間にもともと備わったものであるかのように」取り違えられていく。

かくして、ここに私的権利能力の主体が「同型の主体＝自然人」だとする「市

民社会の規範関係」が成立する[16]。この規範関係においては、労働者も資本家も「経済人(ホモエコノミクス)」として商品をできるだけ安く買い、できるだけ高く売ろうとする。これだけではなく、「より得な経営条件、労働条件を求めて諸個人が意思的に移動する」。かくして、諸個人は自らを「居住移転、職業選択の自由という基本権(天賦人権)の主体」として表象することになる[17]。そして、こうしたフェティシュな規範関係に支えられて、労働主体は自己の労働能力をできるだけ有利に売ろうとするし、高く売るための教育機会をできるだけ多く利用する〔市民社会の規範関係の人格化〕。

それでは「労働力・労働能力」とは何か。「労働力または労働能力(Arbeitskraft or. Arbeitsvermögen)というのは、人間の身体すなわち生きている人格のうちに存在していて、彼がなんらかの種類の使用価値を生産するときにそのつど運動させるところの、身体的および精神的諸能力の総体(Inbegriff der physischen u. geistigen Fähigkeit)のことである」(K. I. S.181)。ここでの規定からわかるように、マルクスが想定する労働能力とは、特殊な労働が行われるそのつど発揮される「諸能力の総体」のことを表現している。

ついでながら、「能力」という概念を表わすのに、Kraft ; Vermögen ; Fähigkeit という三つの用語に注意をはらっておこう。はじめの Kraft はどちらかというと広い意味での物理的意味あいを含む「力」の性格が強いが、後の二つはいずれも素質とか可能性の意味で人間的・文化的に用いられる。このほかに「生きている個人の素質(Anlage＝資質)」という表現もあるから、労働能力とはいずれにしても特定の労働をするその都度に表に現われる能力であるが、その基礎には「Potenz＝可能態」の意味での「能力」が常に想定されていることが理解されるべきである[18]。

ところが、資本制生産様式のもとでは、労働は資本に包張されて、「生産的労働」という概念で把握されてしまう。「資本制生産の直接的目的、本来的生産物は剰余価値なのであるから、直接に剰余価値を生産する労働だけが生産的労働」であり、それ以外はすべて「不生産的労働」と見なされてしまう[19]。

それならば、「剰余価値を生産する労働」だけが「生産的労働」であってそれ以外はすべて「不生産的労働」であるのだろうか。廣松渉によれば、それはあくまで「資本制生産の立場」に即しての観方だということになる[20]。こうし

て、生産的労働が「生産の絶対的な形態」だと見なされて、可能態としてある労働能力も「生産機構の"器官"とか"部品"であるかのように」物象化されて理解される。

　そればかりではない。たいてい「自由な労働者」はどうしても「生活必需に駆られて労働する」ことになる。そうした労働が継続してできるには、大なり小なり「自分の提供する商品〔＝労働能力〕に責任を負わ」なければならない。そして、「他の売り手によって打ち負かされまいとするかぎり、自分の商品を一定の品質で提供」しなければならない。「自由な労働者は自分自身からこの関係を維持しなければならない」。「勤勉、技能、力量（クラフト）などに応じて賃金の差が生まれる。しかもこの差は、部分的にはかれ自身の個人的業績（Leistung）の度合によって決められる」。個々人にとって「特別の活動力（エネルギー）や才能（タレント）などによってより高い労働部門に昇進することもできる」[21]。このように高い労働部門に昇進できるためには、あらかじめ自ずと高い資格の教育を受けていなければならない事情にある。

　こうして「資本の下への労働の包摂は、"自由な労働者"の"自律意識""自発的活動"によって促進される」。そのうえ、「意識性、自発性を具えた」労働者には、「報奨、昇進、解雇といったサンクションに裏打ち」された「規範的・規律的な拘束が深層催眠的に」はたらき、自己拘束的に生産現場の威力（soziale Macht）に随順することになる[22]。だとすると、"自由な労働者"を親にもつ場合、その職業的モラルが、家族において子どもの「生き方」として伝わることになるが、その機制についてはあらためて以下において取り上げることになるであろう〔在る─伝わる─学ぶ〕。

5　家族における精神的能力の再生産

　労働能力とは、潜在的にはすでにうえでみたように、「身体的、精神的諸能力の総体」である。それは「生きている個人の素質（Anlage）として存在」し、特殊的な労働によってその一定量が支出されるのだから「再び補充されなければならない」（K. I. S.185）。つまり、同じ状態で労働が行われるのには、それは毎日再生産されていくことでなければならない。

ところで、労働力が通常の状態で再生産されていくのには、その家族の生活が正常な状態で維持され続けなければならない。正常な状態で維持されるとは、家族全員のいくつかの基本的欲求が充足されなければならないということである。

　まず第一に、それ自体が文化に規定されているが、衣・食・住などの「自然的欲求」(natürliche Bedürfnisse)の充足である。第二に、慣習や伝統に規定された「歴史的、精神的な構成要素」(historisches u. moralisches Element)の充足である。この二つの欲求充足は、「労働能力の身体的、精神的総体」の違いに応じて充足されなければならない。そのうえ、人間が社会的存在であるからには、第三に「世間的」(sozial)[23]欲求充足を加えておくべきであろう。そうでないと、家族それ自体が階級的、階層的空間に位置づけられているその特質と差異を見落すことになる。そして最後に、古い労働力は「消耗と死とによって市場から引きあげられる」から、「新たな労働力によって絶えず補充」される。したがって、家族の生活手段にはこうした「補充人員(Ersatzmänner)、つまり子どもの生活手段」も含まれなければならない(K. I. S.186)。

　子どもの生活手段とは、もちろん、当の子どもが身体的・精神的に成長していくのに必要な、養育と教育のための諸手段のすべてが含まれている。養育と教育の諸手段も文化程度に規定され、また、階級的、階層的特質に規定される。したがって先の「生の生産」とは、ここでは「労働能力の創出と再生産」として現われるが、しかしその労働能力は単に身体的エネルギーの再生産ではなく、文化的に規定された精神的能力の再生産を意味することになる。

　この点で、あえてつけ加えておかなければならないことがある。この精神的能力それ自体は、実体的にではなく可能態(Potenz)としての「能力」として受け取られるべきである。この意味では身体(頭脳)活動と切り離すことはできない。あくまで身体が置かれた活動場との関係において発現する「可能態」として理解されるべきである。

　「能力」をどのように理解すべきかについては長い歴史がある。アリストテレスは関係的・習慣的に身につけられる能力を「習性」(hexis)と名づけたが、この考えにそってトマス・アクィナスは人間の志向的に獲得する慣習的行動をハビトゥス(habitus)と呼んだ。こうした古代ギリシア的・中世スコラ的な

概念がE. デュルケム⁽²⁴⁾やM. モース⁽²⁵⁾らにおいて活用され、P. ブルデューはこの用語法を踏みつつも、これまでの「能力」概念にかえて行為者に保持される意味で「ハビトゥス」という概念を用いる。彼によれば、一定の集合＝階級(クラス)に所属する当事者は、そこから条件づけをうけることによって自己の内に特定のハビトゥスを産出するというのである⁽²⁶⁾。M. ウェーバーも教育によって身分的な特定の「生き方」(Lebensführung)が身につけられることを『経済と社会』において論じている⁽²⁷⁾。だから問題となる「精神的能力」は、こうした社会的・歴史的に形成されてきた一定の集合＝階級(クラス)において生活することから獲得されること、こうだとすれば「能力」を生活場面から切り離して論ずることが出来ないことが了解されよう。

したがって、先の「フェティッシュな観方」、「自由平等な労働主体の在り方」、「勤勉、責任、信用ある在り方」などは、程度の差はあれ一定の「能力」として、ある社会層の家族成員の「生き方」として身体化されて「存在」することになる。そうした「慣い性」となった「能力」としての物事を「分類する形式は、意識と言説に先立って働きつつ、日常的な行動を実践的に導く」能力となるのである。

そしてそのような形式は、「社会的世界の構成と評価のもっとも基礎的な原理を、身体の分化と身体への関わりにおいて関係づける」のである。こうして、それぞれの子どもは「社会的空間においてしかじかの位置をしめる一個人」として、そこで「分配されている文化を実践的に習熟する」のである⁽²⁸⁾。

このような「歴史的・精神的な構成要素」を基礎構造にして獲得される能力に加えて、近代社会においては、新たな能力形成のための「商品として購入される教育」が必要とされている。端的に言えば、このような教育とは、ほとんどが「学校教育」によって制度化されているのであるが、マルクスは『剰余価値学説史』において、衣食住についで必要な、なかば生活必需品とも言えるような、文化的な性格の二つの商品をあげている。

一つは書籍や芸術作品であり、もう一つは、「生産されるものが、生産する行為と一体となっている」ような商品、例えば「芸術家、弁士、俳優、教師、医師」などのサーヴィスである⁽²⁹⁾。つまり、ひとつは、近代社会において各種専門領域に分化して蓄積されてきた文化的産物であり、もう一つは、各種専門領域の「教育サーヴィス」である。

とくに「教育サーヴィス」という定義には注意を要する。「商品として購入される教育」のうち、前者は、広い意味での文化的成果を意味するのに対して、後者の「教育サーヴィス」とは、成果として(能力として)物象化する以前の、そのサーヴィスを享受する他者に対してたえず実践的に働きかけ、活動する状態にある行為である。「教育サーヴィス」とは、事後的には理論的に容易に問題にしうる行為にすぎないが、しかし事後的であればもはや活動状態にある「教育サーヴィス」の真実を捉えることはきわめて難しい。この点については、後にさらに立ち入って問題とすることになる。

次に、制度化された教育の場合においても、教育を商品として買う場合であっても、「国民」として「市民」として最小限の知識・技術能力を習得する場合と、個々人が労働能力を高めそれをできるだけ有利な条件で売るために高い教育を受ける場合とは一応区別されるべきである。

前者について、マルクスは次のように言う。「一般的な人間的自然(menschliche Natur)を変化させて、ある労働部門の技能と熟練を習得して、発達した特殊な労働力に成るためには、一定の陶冶または教育(Bildung or. Erziehung)」が必要である。これには「商品等価」(Wahrenäquivalent)が費やされる(K. I. S.186)。そして、後者については、マルクスは次のように言う。

「もし私が自分の才能(Fähigkeiten)をのばすためにではなく、金儲けのできる能力を習得するために、ある教師のサーヴィスを買うとすれば、またはほかの人が私のためにこれを買ってくれるとすれば、……学ぶことそれ自体は、サーヴィスに対する支払とは別個のことであるが、この学ぶための経費(Lernkosten)は……私の労働能力の生産費に属する。[しかし]それの成果は、その性質上、サーヴィス提供者によっては保証されない」。

「教育商品」が前者の観点から買われるか、あるいは後者の観点から買われるかによって、教育そのものの性格が異なることになるし、また形成される労働能力も異なっている。個別家族がどのように「歴史的・精神的に」構成されて「在る」かによって、それは前者にも後者にも、あるいは両者を越えた「才

能をのばすための」教育にもなるのである。しかし前の二つの場合には、どれほど教育費がついやされようと、労働能力が売れなかったならば「なんの役にもたちはしない」(K. I. S.187)のである。

6　教育制度の外的諸関係の再生産

　私的所有に基礎をおく市民的主体は、経済的には、自由意志で商品を処分し、所有する主体であり、政治的には、天賦人権に基く自由平等な主体であり、人格的には、同型の主体＝自然人をモデルとして形成されることになった。

　いわゆる古典的な市民社会においては、「個別利害」を追求する行為が妨げられてはならず、公権力（夜警・租税国家）が干与する範囲は最小限に抑えられるべきとされた。しかし市民社会は、おそかれはやかれ「持つ自由」と「持たない自由」の階級対立に見舞われることになる。

　自由な権利主体や家族の「特殊利害」の追求を保証する「市民社会の規範関係」（私法体系）は、市民社会総体の「共同利害」を組織化する「公民的規範関係」（公法体系）を軸に調整され、統合されなければならなかった。

　こうして「法治国家」のよそおいのもとに、資本制国家は、総資本から「相対的に自律」しつつ、「行政国家」とか「社会（福祉）国家」へと変質していく。この過程で、国家は、一方で私的経済領域の資本蓄積を確保すると共に、他方で、社会公共的な領域としての行政部門を拡大していくことになる。そこにおいて、専門的な知識と技術の習得を必要とする公的「職務」が多く築かれていく。

　かくして、社会的に制度化された権力である国家は、M. デュヴェルジェによれば、ヤヌス神の双面に譬えられて、一面では、「ある階級の他の階級支配の手段となり、前者の利益、後者の不利益になるように利用される」ことになり、もう一面では、一定の社会秩序を確立し、すべてのものを社会のなかに統合する手段となり、公共の福祉をも目指」さなければならなくなる[30]。

　そして「法治国家」の「法律や規範は、つねに権力の構成に組み込まれ」、「国家形態はつねに法的組織として創設され、法の中で表現され、法的形態のもとで機能」するのである[31]。

　国家による公教育の制度化は、主に二つの原理にしたがって編制される。

すなわち、一方では、私的な「商品所有者」(Warenbesitzer)としての自由な主体を形成しなければならない。それというのも、資本制生産は自分では労働能力を直接に生産することができない。したがって、基本的には家族に依存しながら生産様式の発達に適合させて労働能力を再生産することになる。

そしてもう一方では、「国家市民」(Staatsbürger＝国民)としての自由な(自主的な)「主権者」(Subjektivität＝抽象的人間)[32]を形成しなければならない。というのは、公民的権利能力を備えた同質的な国民が形成されなければ、社会の秩序維持も社会の統合もありえないからである。国家は私的利害にもとづく「資本制企業の生産と家族の労働能力の再生産から自立する学校制度」(Einrichtung)を整備する。

こうして教育の制度化とは、ひとまず、私的資本と私的家族の「特殊利害」が「共同利害」としての立法において承認される限りで、国家の行政によって実現される組織体だといえる。このことはまた、教育制度の内部組織が国家基準を高め、学校教育のヒエラルキー構造が出現することを含意している。

現代の公教育制度は、たしかに、人間の一般的な能力の形成をはかろうとする普通教育を基軸にしており、さらにそれに連接する各種の職業教育を配置している。公教育制度は普通教育(教育を受ける権利)に重きをおきつつ、他方では、職業選択の自由をそれなりに保証していくことになる。しかし見落してはならないことは、公教育制度といえども、私的家族の「特殊利害」にねざしている、ということである。

たしかに、普通教育(統合文化)の水準が高まるにせよ、以前にもまして、自由に移動する、上昇志向する、転移可能な能力の創出と再生産が行われる。したがってこの意味において、私的家族の労働能力をできるだけ有利に売る自由(職業選択の自由)を高度に組織化した「市民社会に特有な再生産システム」の機能を見ることができる。そしてこのことは、現代に特有な資本と国家の新しい分業の形態なのである。

次の項では、この新しい分業の形態の内実を二つに分けて論じてみよう。一つは、社会的統合が国民の「知的・道徳的統合」として出現するということ、もう一つは、労働能力の再生産が職業的能力を選別し資格づける技術的機能として出現するということである。

7　学歴資格の再生産と社会的統合

　労働能力が単なる身体的エネルギーではなく、それ以上の多くの精神的・文化的能力を含むポテンツだということ、したがって、市民的個人にとっても資本蓄積にとっても、生産様式の水準が高まってくれば、労働能力の形成のためにはそれだけ多様な教育を必要とすることは必然である。

　多様な教育の需要の増大は、国民の「教育を受ける自由」と「職業選択の自由」を制度的に担保する、中等・高等段階の普通教育と、その上に築かれる各種の職業教育の編制をもたらし、科学技術の発達と生産の合理的な様式に対応する労働能力の規格化を促すことになる。

　このために、国家による教育の制度化は必ず試験（入学・卒業）制度と資格制度の樹立をともに併せ持つことになるのである。かくして、多様な教育の需要の増大にともなう国家による能力と技能の資格化は、個別資本の特殊利害にも有機的に適合していく制度として整備されることでなければならない。

　というのも、「生産様式の変化は、生産関係の変化をより急速に促し、機械に組み込まれる、また機械を操作する生産者に身体化される文化資本」[33]がその後の時代においてとりわけ重要になるからである。この意味では、国家は時代に即応する多様な能力を資格化することによって、多様な資本制社会の労働能力の需要に標準化された能力形成でもって応えるのである。

　このことはまた、総資本の共同利害にも合致する。というのは、職業的能力の資格化は、能力を単に素質としてとどめおくのではなく、「社会一般に対する資格付与」という外見のもとに、さまざまな領域へ応用可能な能力を提供するからである[34]。

　ところで教育が、商品形態であろうと公的職務(サーヴィス)の形態であろうと、ともかくも市民的個人と家族において活用されていくことは、教育機会が「再生産戦略」[35]の一つとして活用されていく傾向をひき起こす。つまり、私的家族の「階層上昇」や「職業的地位の再生産」、さらには「地位の相続」といわれるような「人生のチャンス」（Lebenschance）[36]を得るために活用される傾向にほかならない。

　市民的家族のこの傾向は、家族と教育制度とを結ぶ関係の中で、「学歴資格」

(titre)の取得と「職業的地位」(post)の達成とを結ぶ、労働市場でふるい分けられるにせよ、不可逆的な軌道を生み出す。そして、教育制度において資格づけられた能力は、見かけの上で「普遍的で相対的に永続する価値を含む学歴資格」という形式を受け取る。しかしそれは、むろん物象化された能力以外の何ものでもないのであるが。

それにしても公教育制度の機能は、「貨幣にも類比しうる学歴資格によって、マルクスの言う自由な労働者」、つまり「あらゆる労働市場で通用する特定の能力と権能をもつ自由な労働者」を形成することになる[37]。この点で、それは「技術的能力の再生産」を実現するだけではなく、「職業的地位と社会構造における社会的諸集団の再生産」をも実現する[38]。

こうであれば、教育制度は、私的家族の「教育を受ける自由」と「職業選択の自由」とを両立させつつ、学校をいかに活用するかの「再生産戦略」に応じる、国民の「資格」を取得する自由を保証していることになる〔生産的教育観の実現形態〕。

これに対して、もう一つの教育制度と社会的統合の問題がある。

P. ブルデューは、E. デュルケムの言う「社会的連帯が象徴体系の共有にある」という論点をひきつぐことによって、「象徴的なものがすぐれて社会的統合」をはたす機能をもつことを明らかにした。

すなわち、一定の社会の象徴体系は、コミュニケーションと知識の「構造化した構造」であると同時に「構造化する構造」である。構造化された、構造化していくメディアは、既成秩序を自然なもの(正統性)オートドキシーとして把握する仕方を、また社会構造に適合する分類システムや精神構造を眼に見えない形で押しつけることになる(そして、それを自然なものであるかのように取り違えさせていく)のである。

このように迫ってくる「象徴的な権力」は、人びとが疑いなく「当り前」と見なすことに人びとを従わせていくし、またそのように従っていることに自ら気づかないように、相互の「共軛関係」(complicité)に支えられて働いているのである。こうしてそれは、「自明視される社会的世界の諸経験」をひき起こし、「社会的秩序の再生産を根底から促進し、社会的世界に対する意味の合意を産出する」のである[39]。

このことはまた「支配階級の諸利害に関係」している。つまり、一方では、「支配的な文化は支配階級の現実を統合」する。他方では、「被支配階級の脱政治化(虚偽意識)を産み出し、既成秩序を正当化する」。それは、構造化された、構造化する諸メディア・媒体を通じて「あるクラスの、他のクラスに対する支配、つまり象徴的暴力」(violence symbolique)を確実にし、M. ウェーバーの用語にしたがえば、「被支配者の馴化」を促すのである。

「正当化された象徴的暴力とは、社会的現実についての認識用具と恣意的な表現用具(分類学＝taxinomies)を普及させようとする(さらには教え込もうとする)権力のことをいう」。このように強いられていく「象徴システムは、専門家たちの団体(corps)、厳密に言えば、相対的に自律する生産と流通の場(champ)を通じて生産される」。イデオロギー的に見れば、「哲学的、宗教的、法律的な分類が正当なものだというよそおいのもとで、政治的な分類システムが押しつけられる」のである。それというのも、象徴システムがその固有の力をもつのは、「意味の関係が取り違えられ」てのことである。それに加えて、その基礎には、「信念が生産され、再生産される場の構造」が存在する[39]。

こうした場の構造に根ざして統合文化(知的・道徳的統合)が成り立ち、したがって普通教育は階級支配のイデオロギー手段として機能する。そして、市民的個人の人権が尊重されてくるにつれて、「国家によって、合法化された物理的暴力の行使が独占される」のに対して、「学校によって、正当化された象徴的な暴力が独占される」という現代の制度的な分業が明らかになるのである。

かくして、「象徴的な暴力をともなうどのような権力も、つまり意味機能(signification)を強制し、それが正当なことであるかのようによそおうどの権力も、自己の基底にある階級的権力関係を覆い隠し、この権力に特有な、まさしく象徴的な暴力を権力関係の上で増進していくことになる」[40]わけである。

8 権力関係の構造の再生産

教育制度は、一方では、資格制度とあいまって、可能的に発現しうる能力を制度的に多様な種類に資格づけるという技術的統合をはたすと同時に、他

方では、文化の象徴体系にその基礎を据えつつ社会的統合をはかっていくことになる。でもそうだとしても、それでは家族と学校を貫いて成り立つ教育システムは、いかなる機制を通してこれらの二つの機能をはたしていると言えるのであろうか。P. ブルデューにしたがって、基本的な論点だけを指摘しておこう。

現代の学校は「支配」が成り立つための、この支配が正当化されるための「支配的文化の意味」を画定し、教育的コミュニケーションを通して支配的文化を教え込んでいく機能を果たしている。これが、ブルデューが現代の学校を前にしての、その社会的機能についての理解の基本的スタンスである。

この教育コミュニケーションに関連して、たとえば、ある教師と生徒の関係をとりあげてみよう。教師が教える知識内容と生徒が理解する内容は、厳密にいえば、「同一の内容」ではありえない。なぜならば、教師も生徒も教育コミュニケーションに先立つ自己のもつ「判断と日常行動で使用する知覚・評価・行為のシェーマ」がそれぞれに異なるからである。

では、どうして教師と生徒のあいだでコミュニケーションが成り立ち「暗黙のうちに合意」されあうことになるのか。

教師の側では、自分が教える事柄をよく理解しているようでありながら、結局のところ、自分の理解がどれほどのものなのかを自分で真に評価することはできないままである。生徒の側では、「教師の魔術的言説」(discours magistral) ゆえに、教師が教える内容が真なるものとして判ったつもりになってしまい、それが果して了解しうるものであるかどうか、真に問い返すようなことはしない[42]。

つまり教師も生徒も「教える―学ぶ」関係にあっては、真に反省的に認識する作業を行わないのである。否、学校という場にあっては、そのような作業を不要としている。というのも、すでにして客観的と見なされる知識の分類が歴史的・文化的・権威的に成立しているからである。そして特に、生徒の側にあって、教師が提示する内容が疑いの余地なく正しいものとして受け入れる「視方」や「考え方」がすでに成り立っている。

このような「視方」や「考え方」は、生徒が成長する過程で身につけられ、変換されてきたのであるが、当然のことではあるが彼らの多くの「視点」(poin de vue)や「関心」と連繋している。自分の視方にしたがって、何をどのように把握するかの関心のあり方は、生徒の慣習行動の「選好システム」を形成する。つまり、生徒は社会的世界において「無数の情報処理操作によって」分類行動を産出する。何が正当なものであるか、何が価値高いものであるか、このようなことを自己の内において秩序づけていくのである。

　学校では、「教師的悟性」によって分類された内容に「象徴的に束縛され」て、しばしば「進んで服従する」といわれるように、拘束、命令、あるいは力への誘惑という服従の原理を身体に刻み込んでしまうのである。それは、力への服従ということではなく、既成秩序の類別原理が頭脳に条件づけられ、再強化されることによって従われることになる、といった方が適切である[42]。

　　「家族とか学校のような特別に整備された制度において課される秩序を呼びおこす、諸判断、諸評価、等級づけのすべてを媒介にして、社会的秩序がしだいに頭脳の中に刻まれていくのである。社会的分割(division)は、社会的世界の視方(vision)を組織する分別(ディヴィジョン)原理に生成していくのである」[43]。

家族と学校を貫く教育システムはこの意味での精神構造を再生産している。

　　「精神構造(srructures mentales)は、認知的な構造と客観的な構造との相互依存の共軛関係から産出されるのであるが、この関係をもとにして、絶対的かつ直接的な服従が創始される。そして、その服従は、すべてのこと〔＝既成秩序〕が自明のこととして知覚されるような世界のドクサ的経験への服従である」[44]。

　ブルデューとパスロンは、教育行為(action pédagogique)のはたらきを二つの面から分析する。一つは、教育関係が一定の社会を構成する諸集団・諸階級から生じる、支配的権力によって基礎づけられるということである。もう一つには、教育行為によって教えられる文化的内容(知的・道徳的統合)は、支配階級による意味の選択と排除という操作が加えられているから、その文化

は決して普遍的なものでなく、恣意的な性格を示すということである。
　この点で、教育行為は基本的に、恣意的な意味の選択、つまり、「諸集団・諸階級のあいだで生じる権力と意味の関係態(システム)」を再生産するというわけである。ただし、この「恣意的な」という形容詞には注意を要する。この用語はF. ソシュールから借用されているのであるが、ある言語とか文化は、一定の言語共同体、あるいは一定の集団や階級の内部においては、意味の選択と排除は恣意的なものではなく、社会論理的に「必然的な」ものである。しかしそうした象徴体系の外部からすると必ずしも必然的なものでなく文化相対的である。ここには、「自民族中心主義的な視方、考え方、行動の仕方」、「商品経済の論理」、「支配的な教育価値」を問い返す重要な契機が含まれていることが読み取れるであろう。
　ともあれ、こうした恣意的な文化に依拠して、さまざまな教育行為のうち、優位する教育行為が、「経済的市場」と「象徴的市場」において知識と技術の価値をきめる働きをする。他方では、従属する教育行為は、もっぱらそのような価値を教える役割に専念することになる。
　こうして、権力関係の中に位置づけられるさまざまな教育行為は、「諸集団・諸階級にたいして文化資本を分配する構造を再生産」[45]し、そのことによって、「社会構造の再生産」に寄与している。つまり、これらの教育行為は、具体的には、この文化によって教育された諸個人を産み出すことを通して「階級間の権力関係の構造」を再生産するのである[46]。
　最後に、この章をここで小括することによって締めくくっておこう。この章においては、教育における「再生産」の構造というテーマのもとに、近代市民社会における「教育と学習の関係」の生産と再生産を通して、社会的(文化的)・制度的な再生産がいかなる機制のもとで存立するかを分析しようとした。
　第一に、「学び」の意識現象を存在論的に位置づけ、「近代教育」の特徴を、「在る―伝わる―学ぶ」の形式から「在る―伝える―教える」という、自己目的化した教えの変化を理解した。第二に、自由な法人格の形成が近代の「生産的労働観」に裏打ちされており、「教育の商品化」の傾向をつよめることが「近代教育」が「生産的労働観」と表裏一体の関係で成立する。第三に、近代的国民国家による公教育の制度化は、一方で、市民に職業選択の自由を[学歴資格

の取得を通して]実現し、他方で、社会的統合を[国民の知的・道徳的統合を通して]はかるのである。これら二つの機能が近代社会の公教育制度の存立と再生産をささえることになり、教育制度はそこで「権力関係の再生産」に寄与することになるのである。

[注]
(1) 拙稿「現代教育科学における弁証法の復権」(『季刊教育法』エイデル研究所、1989年冬季号No.79所収)。
(2) 廣松渉編『ヘーゲル』(平凡社、1976)参照。
(3) 廣松渉著『新哲学入門』(岩波新書、1988)148頁。
(4) K. マルクス／F. エンゲルス『ドイツ・イデオロギー』(廣松渉編訳、河出書房新社、1974)28-29頁。
(5) マルクス『フォイエルバッハにかんするテーゼ』(マルクス=エンゲルス全集第33巻、大月書店)。
(6) マルクス『経済学批判への序説』(マルクス=エンゲルス全集第13巻、大月書店)628頁。
(7) マルクス『フォイエルバッハにかんするテーゼ』(マルクス=エンゲルス全集第33巻、大月書店)。
(8) マルクス『経済学批判要綱』(高木幸二郎監訳、第2分冊、大月書店、1959)186頁。
(9) マルクス／エンゲルス『ドイツ・イデオロギー』(廣松渉編訳、河出書房新社、1974)23-27頁。
(10) マルクス／エンゲルス、前掲書、28-29頁。
(11) マルクス／エンゲルス、前掲書、49-50頁。
(12) 今村仁司著『仕事』(弘文堂、1988)15-16頁。
(13) マルクス『資本論』から引用する場合は、本文のカッコ内の記号で引用箇所を示す。(K. I. S.57)とは『資本論』第I巻57頁を意味する。
(14) 廣松渉著『資本論を物象化論を視軸にして読む』(岩波書店、1986)49-50頁。
(15) 廣松渉著『資本論を物象化論を視軸にして読む』(岩波書店、1986)26頁。
(16) 青木孝平「フェティシズムとしての法的主体」(栗本慎一郎編著『法社会学研究』、三嶺書房、1985、所収)193-194頁。
(17) 青木孝平「フェティシズムとしての法的主体」(栗本慎一郎編著『法社会学研究』、三嶺書房、1985、所収)204頁。
(18) マルクス『資本論草稿集④』(大月書店、1978)52頁。
(19) K. Marx ; *Resultate des unmittelbaren Produktionsprozesses*, Archiv sozialistischer Literatur 17, Verlag Neue Kritik KG, 1969, S.480.(岡崎次郎訳『直接的生産過程の諸結果』大月書店、1970、109頁)。マルクスは「賃労働」と「生産的労働」との違いについてつぎのような説明をしている。「労働はしばしば、使用価値として……つまりサーヴィスとして買われる」。「他人にただ教えるだけの教育者は生産的労働者ではない。しかし教師が賃労働者として学校に雇われて、彼の労働が知識を商う学校事業家の貨幣を価値増殖するときには、その教師は生産的労働者である」(R. S. 483f.)。K.Marx; Resultate des unmittelbaren Produktionsprozesses, Archiv sozialistischer Literatur 17, Verlag Neue Kritik KG, Frankfurt, 1969, S.480.

(20) 廣松渉編著、前掲書、注(14)、333頁。
(21) 廣松渉編著、前掲書、注(14)、343頁。
(22) 「当事者の表層意識はしばしば深層的意識とすら乖離しているのであって、通例的にはむしろ、当事者たちは自分の仕事にそれなりの矜持を感じ、それなりの創意性をもって取組み、技能を磨き、職務を見事に完うし、そこにまた生甲斐を感じている」（廣松渉編著、前掲書、343-345頁）。
(23) 高橋洋児著『経済認識論序説』(国文社、1984年)33頁。
(24) E. Durkheim; *L'évolution pédagogique en France*, 1969. p.34.
(25) M. Mauss; *Rapports réels et pratiques de la psychologie et de la sociologie*. 1924. pp.294-295.
(26) P. Bourdieu; *Le sens pratique*, 1980. pp.87-109.
(27) M. Weber; *Wirtschaft u. Gesellschaft*, 1976.SS.321-348.
(28) P. Bourdieu; *La distinction*, 1979, p.543.
(29) K. マルクス『剰余価値学説史Ｉ』(マルクス＝エンゲルス全集第26巻第1、大月書店)377頁。
(30) M, Duverger; *Introduction à la politique*. 1964, p.22.
(31) N. プーランツァス『国家・権力・社会主義』(田中／柳内訳、ユニテ、1984)79-80頁。
(32) M. Baethge: Materielle Produktion, gesellschaftliche Arbeitsteilung und die Institutionalisierung von Bildung. In *Enzyklopadie Erziehungswissenschaft*, Bd. 5, 1984. SS.21-51.
(33) P. Bourdieu et L.Boltanski;"Le titre et le poste". in *Actes de la recherche en sciences sociales*.2, 1975, pp.95-107.
(34) M. Baethge, *a,a,O*. S.43.
(35) P. Bourdieu ; *La noblesse d'État*. 1989. pp.386-396.
(36) B. Krais; "Bildung als Kapital", *Soziale Welt*,. 1983. S.199.
(37) P. Bourdieu et L.Boltanski; 1975. *ibid*., p.98.
(38) P. Bourdieu et L.Boltanski: 1975. *ibid*., p.96. なお、教育制度がはたすさまざまな再生産効果については多くの理解の仕方がある。本稿では、次のような文献も参考にした。

E. Altvater u. F. Huisken; *Materialien zur Politischen Ökonomie des Ausbildungssektors*. 1971.

C. Bodelot, R. Establet; *L'école capitaliste en France*, 1971.

Louis Althusser; *Idéologie et apareils idéologiques d'État*. 1970.

M. Blaug; *Economics of educaton*.1978.

S. Bowles, H. Gintes; *Schooling in capitalist America*, 1976.

ボウルズとギンタスは、教育制度と資本制企業とのあいだにはイデオロギー的な対応関係が成り立ち、「教育制度は、経済の社会的関係との対応を通じて、経済的不平等を再生産している」と主張する。それは「職場のパーソナルな関係を規定する社会的関係と教育制度の社会的関係が密接に対応する関係」にあるからである。具体的には、教育は「技術的、社会的技能、適切な動機づけを与えることによって労働者の生産能力を高める」という次第である(宇沢弘文訳『アメリカ資本主義と学校教育Ｉ、岩波現代選書)。しかし、ボウルズとギンタスの議論では、「生産」と「イデオロギー」という概念でもって経済と教育の関係を処理することが多く、どのようにしてイデオロギーが形成されるか、教育を通じるそのプロセスが明確ではない。「文化」と「権力」という概念への着眼に欠けるからだと思われる。

(39) P. Bourdieu; "Sur le pouvoir symbolique" . in *ANNALES*, 1977, pp.405-411
(40) P. Bourdieu et J- C. Passeron; *La reproduction*. 1970, p.18.

（41） P. Bourdieu; *La noblesse d'Etat*. 1989. pp.7-15.
（42） P. Bourdieu; *La noblesse d'Etat*. 1989. p,12.
（43） P. Bourdieu; *La distinction*. 1979. p.548.
（44） P. Bourdieu; *La noblesse d'Etat*. 1989. p.12.
（45） 拙稿「P・ブルデューの『文化資本』概念の社会的基礎と制度的位置」（教育社会学研究第41集、1986）。
（46） P. Bourdieu et J. C. Passeron ; *La reproduction*. 1970. pp.19-26.

第7章　文化資本の社会的基礎と制度的位置

1　教育の常識を問う

　それらの意味がすでに自明のことと見なされる「子ども」、「おとな」、「両親」、「教師」、「国民」という概念を用いないで「教育事象」を語ることは恐らくや不可能なことだろう。それもあたりまえ、われわれが日常的に問題視する「教育事象」は、それらの当然視された「子ども」、「おとな」、「両親」、「教師」、「国民」という言葉とその意味が満載されて組み立てられた出来事として社会的に通用しているからである。

　こうした日常言語を多分に使用し含み込んだ教育問題は、果たしていかなる社会的性格をもつ「問題」を取り扱っているのであろうか。

　このような疑問を社会科学的に厳しく問うてみることを避けるわけにはいかない。そうでないと、常識的な教育論にたえず引きずられながら、そこから自らを対象化できずに混乱した循環論に陥ること必定だからだ。

　「教育」という営みが目に見えない形でどの人にも関係する重大事であれば、常識的な教育論を絶えず引きずりつつ議論される悪循環も避けられないかもしれない。

　しかし、経験的に議論され願望を満載する教育論議では、しょせん自己中心的な論議を抜け出すことができない。そうではなくて、わたしたちの社会の「教育問題」の扱いは、その問題の所在を明らかにするために、合わせ鏡のように「教育と社会」を共に論じ続けることでなくてはならないだろう。

言い換えれば、教育が社会的事象を無視しては独自に成り立たない現実を直視すれば、変化する時代社会のなかで、絶えず変化する教育問題を相互交錯させるメカニズムがどのような構造として示されるか、その現象面から構造的核心に迫ることでなくてはならないだろう。

　実践的に言えば、社会的に位置しながら自己の足で立つことができる人びとが、どのようにして何ができるのか、その可能性を尋ねることでなくてはならない。そこにおいてはじめて文字通りのデモクラシー、人民の人民による人民のための「教育実践」が、可能的に何でどのように実践すべきか明確に図像を結ぶに違いない。

　言うまでもなく、教育の事象は、人間とその社会に密接に関わりあうところの「人間の教育」であるがゆえに、多義的な曖昧性を含む「教育概念」として通用すると言ってよいのだろう。教育の事象は、それほどまでに人々の日常に食い込んでおり当然のこととして自明視され自覚的であることが少ない。それは、人口に膾炙した概念であるにせよ、それを基礎にして成り立つからこそ、あまりに人間的な事象を含むのであり、これには自覚的でなければならないのだ。

　われわれのあいだで通用している教育の観念は、時代社会の支配的観念と強く結ばれており、通用する教育の観念をなかなか冷静に対象化してみることが難しい。じっさい、社会通念としてある教育の世界は、時代的な「共通感覚」に承認されたものであり、そのかぎり合理性と妥当性をもつともいえる。しかし問題なのは、この合理性も妥当性も、観念的・理念的な均質的な時間・空間のなかで成り立ち、おとなと子どもの種差的な生活過程、個々の子どもの時空間を、教育のシステムに組み込むことに成功しているとはいえない。むしろ、このシステムはこれら同質的な概念をもとにして、個々の「人間能力」を量化し、市場メカニズムの均衡のうえに立つ選抜システムとして把握される理念として理解されているかに見える。人々はあげて、教育を私的であれ公的であれ、ともかく「教育投資」の量の多寡を問題にすることで、学校教育の問題の多くが解決可能であるかのような錯覚に陥っているのである。

　このために一つには、人間生活とともにある教育機制の実相がいかにもみ

えなくなっているし、第二に、教育の世界は、いぜんとして意図的に透明な、独特な経験の世界であるかのように錯認されるし、第三に、社会的、経済的、政治的に切断されて、時代の既成秩序にはたす教育の意味を解明する「社会科学」を共有するに至っていない。

ともかくも、「対象を構成するうえで困難なものを対象にすえてこそ科学」たりうるのだから、そのためには「隠されているものをとりあげてこそ科学たりうる」のである[1]。

この章では、大すじとして、P. ブルデューの提起するコンセプトを吟味しつつ、近代社会の基底から「教育の意味と実相」を解明することを意図している[2]。すでにかなり知れ渡っている「ハビトゥス（habitus）（フッサール・メルロ＝ポンティ的には「身体的習慣」）」と「文化資本」（capital culturel）なるキー・コンセプトの連関をあらためて点検することによって、「ハビトゥス」から「文化資本」がどのように成立し、またこれが教育制度にいかに接合し、教育制度内部においていかなる位置を占めるようになるかを明らかにしようとしている。

ハビトゥスから文化資本がどのように成立するか、あえてこのような面に光をあてようとするのは、潜在する、意図されざる教育が、どのように働いているかをいくらかでも解明しようとする課題に応えようとしているからである。

2 ハビトゥスの位相

まずは、そこに特定のモノやヒトが「アル」だけで、そこでのコトがヒトに対して、広い意味で教育的、形成的なはたらきをするという点に留意しておこう。

とはいえ、通例の客観的な実証主義の見方からすれば、そこに教育の関係があるとするならば、すでにそこには何らかの「教育的な意図」もしくは「教育の動機」があって、そこから、教育する人―教育される内容―教育される人という三つの項の関係に導かれることが前提となるだろう。

しかし現実のアクチュアルな実践状態からすれば、この「意図」も「観念」もすでに特定の社会的文脈に制約されて、実践的に構成されるものである。そ

うだとすれば、それらが特殊な教育関係においてどのように構成された「意図」や「観念」であるかが先に問われなければならないのである。このためには、なによりも「関係の第一次性」[3]にたちかえることが必要であり、ブルデューによれば、それは「実践活動」(pratique)にたちもどり、そこから問題を把握し直す方法を実践することにほかならない。

ひるがえって、そうした「実践活動」を考えてみると、それはひろい意味での過去と現在に根ざした生産活動と見なせるのである。それは一つには、すでに「客体化〔対象化〕された産物」(produits objectivés)と「身につけられる産物」(produits incorporés)とのあいだで成り立っていた〈過去の〉活動の産物である。

もう一つには、現在の活動場面のはたらきとして見れば、現在進行中の活動であって、それは「社会構造とハビトゥスとが交錯する弁証法的な現場」をさしているのである[4]。

ちなみに、1989年10月に来日したブルデューは、階級的に差異化する文化が、社会空間にさまざまに位置する当事者(agent)に対して「ハビトゥス」(habitus)を条件づけ、この「身体化されたハビトゥス」が「揺らぎ」を含みつつも、社会構造を再生産するメカニズムを強調していた。

ブルデューの「実践活動」を理解するためには、あらかじめ「ハビトゥス」が「蓄積される資本」に結実していくこと、さらにはそれら「蓄積資本」が「象徴資本」としての機能をはたすこと、この二点にかかわって、この「実践活動」がありうることに注意すべきだろう。

だが、ここではさしずめ、かれの「実践活動」の基盤となる「ハビトゥス」から検討することにして、やがてこの「実践活動」が四つの「ハビトゥス」から構成される様式であることを順次明らかにしよう。

(i) 認知的・動機的な構造体系としてのハビトゥス

ところで、人びとの現実の実践活動は、〔社会〕構造とハビトゥスとに根ざしており、それら構造とハビトゥスにまたがって生起するのである。つまり、実践活動が行われる、その場の構造的特質が具体的な個々人のハビトゥスとして、いうなれば身体的習慣のように形成されるのである。

このばあい、これを個人の活動的モーメントから見ると、もともと生まれ

ながらにもつ素質を元手として、その上に身体的に蓄積される「素質の体系」（système des dispostions）が成り立つのである。そして、それがまた「客体化・対象化された所産」と融合していく過程が見られるのである。ハビトゥスはこうした過程においてこそ理解できる。

では、ここにみる個人の活動の起動因となる「素質の体系」とはどのような事態をいうのであろうか。

日常生活においては、生存のあり方は、まわりの用具や制度によってすでにして「目的論的に」さだめられている。このために、ある環境の「恣意的な制約下にありなから……規則性が生じることになり、これが認知や評価のシェーマ」を身体的・内面的に形成し、素質の原型をなすのである[5]。

そしてまた、「実在する諸条件の中にきざまれている可能性と不可能性、……許されていることと禁じられていること」がたえずくりかえし教えられる。こうして、「集団や階級に付着していて、客体的にありうる素質」が身体的に産出されるのである[6]。

この「素質」がどのように形成されるかというと、そのメカニズムは、一方では、「ほとんどありそうもない活動」を「考えようもないこと」として活動主体から排していくと同時に、またくりかえし「やらなければならないことをいやからずにやる」（faire de nécessité vertu）という秩序にしたがわせる起動因にもなっている。

しかもこの「いやがらずにやる」秩序が具体的に成り立つのは、「はじめの経験」あるいは過去の日常経験と「いまの経験」が「あい変わらず同じである」という認知と予見が持続して成立するのである[7]。このような「相同性」（homologie）を主体の内面に築くものこそ、家族を中心とする親密圏における「第一次教育」[8]にほかならない。だから、たんなる外在する命令がうけ入れられるのではなく、主体的に構造化されるメカニズム、つまり自ずから行われるメカニズムが重要な留意点となっているのだ。

この教育は、「公式的な規則や明示的な規範よりもはるかに確実に、日常的な活動への順応性（conformité）と時間のなかにある恒常性（constance）を習得させる」のである[9]。

(ii) 制度を維持するハビトゥス

このように、「客体的にある素質」が、「素質の体系」に組み込まれることによって、ハビトゥスは「客体的にある素質」を活動主体に身につけさせていくことになる。そしてこのことによって、ハビトゥスにもとづく一定の認知・思考・行動のシェーマが獲得されるのである[10]。この意味で日常的なハビトゥスが自由に個々人の素質を産出していくのである。しかしこの産出も、特殊歴史的な制約をまぬがれることができない。歴史的に形成されたハビトゥスは、ふたたび「個人と集団の歴史的な実践を産出する」[11]からである。

過去はこのことによって現実に生きつづけ、未来に永続する。したがって、ここで留意されるべきは、ハビトゥスがはたらくことは、「はじめの経験」と「いまの経験」を等価とみる同型的人間を形成する、教育のはたらきである。

集合的な歴史の産物が再生産されるためには、「教えこむ活動と習得する活動」(travail d'inculcation et d'appropriation) とが必ずおこなわれている[12]。教え—習う活動によって「諸制度において客体化している意味が再作動(réactivation)する」のである。この点で、ハビトゥスは、制度の中に活動主体をすまわせ、制度的なものを実践的に身につけさせるのである。ブルデューの表現によれば、それは「死んだ文字」(lettre morte)や「死んだコトバ」(langue morte)をあらたに蘇生させていくことでもあるのである[13]。

歴史的に形成された「制度的なもの」が真に維持されるのは、まさにこの「再作動」の機制にまってである。つまり、「社会的なもの」が実効力あるものとして実践されていく「秘密」(magie)は、それが活動主体において「真なること」として受けとめられることにある。

このことを教育のはたらきからみれば、「真なること」として主体的に受容し、実践活動する身体と言語の能力（機能）が開発されることである。このことなくしては、「制度的なもの」も「社会的なもの」も現実に生きて働くことができないのである。

こうして、たとえば「世襲君主制、金融資本主義あるいは教会」という制度が、「国王、銀行家、司祭」を形成するように、活動主体が、「制度的なもの」を「わがものにする」ということによって、そこでの「論理や要請にことごとく合致する実践活動」が具体的に生産されていくのである。マルクスの「資本の

人格化」に類似する表現が、これらの事態の指摘から容易に見て取れるであろう[14]。

したがって、ここから見出しうることはつぎのようなメカニズムにあるといえるだろう。

「純粋な社会的な過程と社会化というほとんど魔術的な過程は、諸個人に……制度的な刻印づけをする(marquage instituant)活動によってはじめられる」ことである。なぜこれが重要であるかは、このはじめの活動には、さまざまな特権や義務が付随しており、はじめのレッテルづけしだいで「特権と義務」を履行できる能力を形成する機会にもなるし、またならなかったりもするからである。

こうした制度的な機会が均等でないにもかかわらず、さらに注意すべきは、「制度的な差異」をあたかも個人能力の「自然的な差異」（たとえば生まれつきの能力のちがい）であるかのように取り違える「多くの社会的な加工」(traitements sociaux)がくわえられることである。「こうした過程は、身体と信念に持続するハビトゥスを刻み込んでいくことであるのだから、たしかに現実的な効力をひきおこすことなのである」[15]。

(iii) 蓄積資本としてのハビトゥス

過去の活動をたえず再現していくハビトゥスは、うえにみるように、日常的な実践活動の規定因となるが、またその持続はそれぞれの実践活動を「相対的に自律」させる規定因にもなる。ブルデューにしたがって手短にいうならば、この「自律性が蓄積資本(capital accumulé)として機能し、歴史から歴史を形成する〔歴史的形象〕」。

こうして蓄積され、蓄積する資本は、二つの形態でみることができる。一つは「身体的に客体化」されることであり、いま一つは「制度的に客体化」されることである。同じことになるが、後者は「客体化された資本」(capital objectivé)であり、前者は「身につけられる資本」(capital incorporé)である。これら二つの資本は、「必要性」と「緊急性」の程度におうじて、「経済資本」[16]、象徴資本、文化資本、「社会関係資本」[17]として蓄積されるのである[18]。

ブルデューの基本的な認識からすれば、さまざまな「客体化された資本」は

個人に「身につけられる資本」として継承されることになる。しかし「身につけられる資本」がだれにでも同一にあるのではない。一定の身分、階級、集団に属するメンバーには、さまざまな財、サーヴィス、権力に接近しうる機会が与えられているが、別の社会的カテゴリーに属するものには同じ機会が与えられているとは限らない。こうした違いを産みだすものこそ、「アクセス可能なもの」への「認知、観念、行為、評価という共通のシェーマ」を「素質」としてもつか否かによるし、またとりわけ、対象とすることにたいして戦略的に計算しうるハビトゥスと素質を形成するか否かにかかっているのである[19]。

　従来の経済主義的な資本概念にとらわれないこうした新しい「資本」概念については、なお多くの検討を要するが、ここでは、マルクスの「資本」概念すら、「経済的なもの」に限られてはいないこと、むしろ端的に「関係」として把握されていることを確認し、また、J. ハーバーマスやA. グルドナーにおいてもそれが精神的な「力能」をふくむ広い意味において理解されていたことを確認するにとどめておこう。

　マルクスはつとにつぎのような説明をしていた。

　　「歴史というものは個々の世代の継起にほかならず、どの世代も、……先行の全世代から遺贈された素材(Materiale)、資本(Kapitalien)、生産諸力(Produktionskrafte)を利用する」[20]。

　　「生産諸力、諸資本、社会的交通諸形態、これらのものの当の総体——各個人ならびに各世代はこれを与件として見出すわけだ」[21]。

　　「自からはじめて新たに自由民になった農奴たちで形成した都市においては、ぎりぎり必要な手工具だけからなっているといってよいほどの、各自が携えている小さな資本(kleine Kapital)以外には、各人の特殊的労働(die besondere Arbeit)が彼の唯一の財産であった」[22]。

　　「これら都市における資本は、特殊な自然生的な特殊身分的な資本(ein spezifisch naturwüchseiges spezifischständisches Kapital)であって、それは……交通の未発達と流通の欠陥のために現金化できないものとして、父から息子へ伝えられなければならなかった。この資本は、……貨幣で評価さ

れるものではなく、直接に占有者の一定の労働と関連していて、労働から全く分離することのできない資本、そしてそのかぎりで身分資本（ständisches Kapital）であった」[23][24][25]。

A. グルドナーもつぎのようにいう。

「新興階級は自己の文化資本（cultural capital）の所有を基礎にして、政治権力や所得という特殊ギルド的利益を追求する」[26]。
「資本の一般理論からすると貨幣資本（moneyed capital）は、資本全体の一部分であり、資本の特殊ケースとみなされる。……資本としての文化を理解するのに求められることは文化の政治経済学にほかならないのである」[27]。
「人間資本あるいは資本としての教育」[27]。
「資本は、その公共的な目標が経済的な生産性の増大におかれるのであるが、その潜在的な機能が所得を増大させることとそれを保有する人びとの社会的な統制をはかることにある生産物である。こうした見方からすれば、工場の建物や機械とまったく同様に教育が資本であることは明白である」[28]。
「資本は、自然の原料や生来の素質などというより、生産された客体であり、人間の労働と文化〔教養〕の二つの所産である」[29]。

(iv) 身体に蓄積される資本としてのハビトゥス

ある意味では、活動主体は世界から身体的に狙いがつけられ、身振り（振舞い）や発話が命ぜられており、「行われるべき、言われるべき実践」の選択をせまられる。こうしてある領域での要請を予測しながら適応をはかっていこうとすること、このことは一種の「遊び、競い」（jeu）〔ゲーム〕として活動される。それは一つの方向づけを、とりわけ「賭・争点」（enjeu）という「精神集中または投資」（investissement）としての活動的な意味をもつものとなる[30]。

しかしさしあたり問題になるのは、ハビトゥスを介して、「資本」〔主要なもの〕がそれとして了解され、それが「身につけられた資本」に成る機制である。

このばあい、活動主体になにか主要なものが獲得されていくのは、まずは「共通感覚様式」(mode de sens commun)にしたがってのことであり、この様式は、ブルデューによれば、「実践感覚と客体化された意味」の二つの面からとらえられる。つまり一面では、それは個人に「実践活動や世界についての承認」をえさせ、他面では、「経験の調整をたえず強化し、類似する経験や同一の経験をそのつどプログラム化」させるのである[31]。

　このはたらきによって実践活動や諸作品が「ただちにそれと理解できる、また予知できる、したがって、あきらかに自明のこととして受けとる」ことができるわけである。この意味で、活動主体の精神集中を規制する教育がありうるのである。

　こうした教育がありうるのは、客体的な関係からみれば、同質的なハビトゥスが、「無意識」的な言語的文化的な諸能力として共有されることによって、「意識のコミュニケーション」が可能となるからである[32]。いわば「ハビトゥスは、歴史によって同一化される諸身体に内在する植えつけられた法(lex insita)に……ほかならず、実践的活動が協働(concertation)されていく条件」であるばかりではなく、「集団や階級が統合的に編制(orchestration)されるための基礎」にもなっているのである[33]。

　それでは、ここでみられる個人の内面ではたらく客体に充当される精神集中はいかなる意義をになうのであろうか。うえで、「実践活動や諸作品がただちにそれと理解できる……あきらかに自明のこととして受けとる」ハビトゥスが形成されることを見た。そして、この種のハビトゥスは、「相同性」のなかで把握されるはたらきであることを理解したのである。

　このことはまた、自己が属する社会的カテゴリーにおける集合的な信念〔表象〕を形成するばあいにも見ることができる。ある領域の特定の規則は実践的に習熟されるのであるが、その場にあるすべての人びとにとって意味がただちに与えられていれば、「承認の効果」[34]が生じるのであって、それが「真なること」として「相同性」のなかで把握されるのである。

　もちろんこの場合にも主体の内部では、「一つの意味作用、一つの存在理由、また一つの方向づけをもつ……精神集中〔投資〕」がおこなわれる。しかしこれは、反省以前の投資としておこなわれるのである。このかぎりで、「ある

人によって選ばれたもの」をあたかも自己が主体的に選んだかのような錯認（illusio＝とり違え）が生じているのである。

「育てられる人びとに順応しつつ、他者によって選ばれたものを〔自己が〕選んでいく」ことから、活動主体は自己に適合するハビトゥス〔真なるもの〕を獲得していく。そして「はじめの習得のばあいはコトバを話すことと同時に、このコトバのなかで考えることを学ぶのである。この領域での精神集中とそこでえられる利益をつうじて、そこで競われることやそれとなく適合されていくことが無視されてしまうし、またこの競いがたえず生産し、再生産していく無意識的なものが……競いとともにおこなわれる習得がほとんど気づかれない」ままであることはまちがいないのだ(35)。

ひとは自分が獲得してきた信念と根本的に異なる生活条件では生きることができない。だから明らかに、「そこで生まれなければならない」のである。現実に生きてはたらく信念はすべての領域でそれとなく課されてくる。通過儀礼や試験などによる新参者の選択と形成の働きは……そこでの基本的前提やドクサが本源的な信念となりうるように反省以前の素朴な承認を自然に習得させることにある」(36)。

承認して、服従（obsequium）すること、これは集団が成員補充にさいしてもとめる公共的な身の証しであると同時に、個人と集団のあいだでおこなわれる諸交換において、報酬をあてにしうる通貨でもある。また、それは「所属を定める加入（adhésion）のための通貨であり、そこではたえず集合的な錯認がひきおこされている」のである(37)。

活動主体の信念にうらづけられた承認行為は、その領域が機能するための必要条件であるが、このためには、主体内部で信念と承認のための投資がおこなわれなければならない。この種の信念は「はじめての（第一次）教育によってくりかえし教え込まれるのであり、パスカルの論理にしたがえば、身体を備忘録のように"思考されなくとも精神が呼びおこされる"自動装置のように加工されていると同時に、もっとも貴重な価値が保たれる貯蔵所（dépôt）のように加工されてもいる。このように教え込まれる、現実にはたらく信念は、"盲目的かつ象徴的な思考"（Cogitatio caeca vel symbolica）というようなたぐいの形をなすのである」(38)。

だから、このような信念にもとづく承認が投資されつづけられてこそ、「象徴資本(capital symbolique)の創出という集合的な事業」も真に理解できることになるし、また同じく、教育のそこではたす役割もあらためて重要なことに気づかれるであろう。

 このような権威とか権力を維持していく「魔術的な圏域は、ときどきの決意……によるのではなく、もっぱら誕生によって」、あるいは報酬を期待する「第二の誕生によって成りたつ」からである[39]。しかも、「制度的に組織化され、担保されている、とり違えを成りたしめる条件」(condition de possibilité de la méconnaissance instructionnellement organisée et garantie)によって「象徴的な仕事」(travail symbolique)がおこなわれるとすればなおさらのことである[40]。

3　文化資本の様態

 ところで、「新しい資本」概念からすると、「諸集団において蓄積された資本、つまり社会のエネルギーは、多様な種類のもとに在りうることが可能である」。

 言い換えれば、「これらさまざまな資本は、厳密な等価の法則にしたがい、したがって相互にとり換え可能である。しかしそのおのおのは、それぞれの特殊な条件においてのみ特殊な効力を産出しうる」[41]のである。

 それはちょうど、「経済的な能力が経済的なことに支配力をもつことを意味する」のと同じく、「あらゆる能力(言語的、政治的などの)」も、それぞれの領域における「支配力」を意味するのであり、これは「暗々裡には一つの権力として認められることなのである」[42]。

 こうしてブルデューは、経済資本とは相対的に区別して文化資本の存在を認めるのである。

 してみると、この資本をもっと積極的に規定すれば、文化資本とは、経済資本の基礎となるもの、すなわち実在的な生活過程に内在する活動主体に身につけられるハビトゥス、または力能とでも言いうることであろう。つまり、「あらゆる形式の文化的(教養的な)能力は、経済的生産体系と、〔ひろい意味での〕生産者の生産体系(これ自体は、学校体系と家族体系の関係から形成される)との間で築かれる現実的関係においてこそ、文化資本として構成されることが

できるのである」[43]。

　ブルデューは、文化資本の成立について二つの契機を考える。一つは、文字の発生と普及であり、もう一つは、学校教育の成立とその量的拡大である。文字が文化資本の本源的蓄積(accumulation primitive du capital culturel)をおしすすめる契機になるし、学校教育の普及によって、文化資本の再生産が可能になるからである。

　　「文化の本源的蓄積とは、個人の記憶によるのではなく、テクストの中に保存されて、文化的資源の領有手段(書き方、読み方、その他の解読の技術)が独占され、宗教、哲学、芸術、科学という象徴的な諸資源がすべてまたは部分的に独占されることである。しかしながら、この資本は学校システムの出現によってのみ、その完全な実現の条件をみいだすのであって、このシステムは、文化資本の分配構造において……持続的に認証される諸資格を付与するのである」[44]。

　こうして、これらのことを前提にして、「文化資本」が三つの「様相・状態」で区別される。第一に、個々の人間に身につけられて「disposition素質」として持続する資本。第二に、客体的な状態でありうるモノで、たとえば、書籍、絵画、楽器などのような資本。第三に、制度化された状態でありうるもので、学歴資格においてみられるような種別化される資本である[45]。

(i) 身につけられる文化資本

　文化資本とは、基本的には、活動する主体の身体に身につけられた身体的な「行為能力」を拠り所にする「資本」と考えられる。そうだとすれば、ブルデューが、「文化資本が身体に蓄積される」というような表現をするのはそれほど奇妙なことではない。
　うえでみたように、文化資本は、同型的なハビトゥスに媒介されて、教育と同化の働きをおこないながら、時間と精神集中を消費しつつ、経験の調整をたえず強化し、類似する経験や同一の経験をそのつどプログラム化する事態をさしているからである。

しかし、文化資本を測定するうえできわめて困難なことは、習得のための時間(temps d'acquisition)がその尺度となっていることである。この時間は就学期間(temps de scolarisation)だけをいうのではなく、ブルデューによれば、「学歴市場(marché scolaire)の特有な論理」、つまり、学校システムと家族システムから形成されるのである(46)。

　ところで、文化資本を身につけるとは、「自己を耕す」(se cultiver)ともいわれるように、「活動主体」の「自己自身を対象とする労働」の過程ともみなしうるのである。この過程をつうじて文化資本は、"人格"(personne)に統合される、身体に形成される特質であり、これはすでにふれた「ハビトゥス」の特質ということになる。

　A. グルドナーも、文化資本を個人に残りつづける何かあるものとみなしている。「文化は、それが"資本化"されるばあいに資本になる」のであり、教育はたんなる消費ではなく、個人の将来に利得をもたらす「残り続ける何かあるものである。これこそ文化資本であって、新中間層の経済的基礎になるものである」(47)。

　文化資本を身につけていくばあい、「自己の人格」、「彼がもつ最も個人的なもの」、「彼の時間」が消費されることになる。だから個人に獲得されるこの種の資本は、たとえば、贈与や遺産相続、あるいは売買や交換のように、誰かに向かって直接に譲り渡されることはできないし、またあきらかに交換を媒介する貨幣とも異なっている。

　文化資本のばあいは、「最も個人的なもの」とひきかえに資質(propriété)とか品性(noblesse)という資格で獲得されるからである(48)。ここには身体的、精神的な力能がふくまれるが、これら力能が「資本」とみなされるゆえんは、個人に利得をもたらす可能性がふくまれているからである。文化資本が身につけられるということは、それによって多分に将来にありうべき利得が見込まれるという「期待」が潜在している。文化資本は「経済資本にくらべるとはるかに偽装される度合(degré de dissimulation)がつよく、象徴資本と同じようにはたらく」のである(49)。

　ブルデューは、どのような「文化資本」をもつかの違いが、さまざまな社会的な「稀少価値」(valeur de rareté)を獲得できるか否かにつながるとみる。支配

的な文化資本を獲得することは、一般には、社会的上昇をはかるのに有利な条件になることは間違いないが、ブルデューはそうした一般的条件以上にもっと鋭くこの資本の価値増殖的な一面を次のように指摘する。

つまり、「文化資本の分配構造においては、……それ以上に、物質的な、象徴的な利得をもたらす」ということが重要である。このような「まさしく社会的な錬金術」(alchimie proprement sociale)によって価値生産がおこなわれるからこそ、「経済的な手段や文化的な手段をもたない階層」も「たんなる労働力以上に」、できるかぎり高度な教育を受けようとするのである[50]。

しかし、高等教育の大衆化現象の結果、一方では「価値だかい学校資本を獲得するための教育投資」は、いわゆるインフレ現象としての「学校で得られる資本の価値低下」をひきおこすし、他方では、「特定の文化資本が、……学校資本として価値上昇」していくことになるのである[51]。

(ii) 客体化する文化資本

文化資本は三つの視点から特徴づけることができる。まず第一に、もっとも特徴的な面であるが、「身につけられた資本」とか「身体化された資本」というように「身体的機能」との関係づけで把握される資本である。というのも、「身体的機能」のように形をもち有体化する文化資本であれば、知識や技術をともなう労働能力と同じように、可能的な経済資本として同様に譲渡されることができる。そのかぎりで、それらは法的所有物にもなりうる。

しかし問題になるのは、それらの能力がどのような可能的な文化財と結びつきうるか、このことによって、特定の能力・素質が獲得に値するかどうかということである。だから、たんに物を所有することに尽きるのではなく、客体的な資本は、身につけられる資本がその後いかなる展開可能かの関係を含みながら相続される、という点が見逃がされてはならない。

第二に、文化財を取得できるためには、それに見合う経済資本がなくてはならないが、それとともに、あらかじめ文化財の価値評価をし、文化的・芸術的に享受しうる文化資本が身につけられていなければならない。そしてまた、この文化資本は稀少価値をほこる「象徴的な所有」の対象になるということが忘れられてはならない。このような面からみると、文化資本は経済資本

によって物質的に支えられながら、象徴資本としての効力も発揮・展開するといいうるのである。

　第三に、さまざまな種類の文化資本が真に「獲得されるということ」は、「それを特殊な使用目的に応じて使いこなしていく」特種な資本が身につけられるということ、そしてこのことはまた、「この資本がうみだす活動(service)」が再生産されるということでもある。この点からみると、資本の特種な形態から、うえに指摘したような利得がもたらされる場合と、自己の活動によって、あらたな作品を生産することから利得がもたらされる場合とがあることがわかる[52]。前者は文化財や作品を享受(消費)するという活動であるし、後者は、文化を生産する活動であり、いずれも文化領域に特有な機能である。

(iii)　制度的な文化資本

　文化資本は活動主体に獲得され使いこなされてこそ生きてありうる。そうでないとそれは死んだ文字や使用されることのない単なる物になってしまう。この点で文化資本は身体活動に付随してあり得る、という生物学的な限界をもっている。そうした生物学的な限界を超えて持続するようにしたのが「資格という社会的形態で文化資本を客体的に」維持する制度的な資本である。

　ブルデューは「文化の本源的蓄積」にふれて「学校システムの出現」の意義をつぎのように指摘する。まず、「文化の本源的蓄積」として「文化的資源の領有手段が独占され、象徴的な諸資源が、すべてまたは部分的に独占され」ることになる。そして、「この資本は学校システムの出現によってこそ完全な実現の条件をみいだし、このシステムは、文化資本の分配構造をとおして……持続して認証される諸資格を付与するのである」[53]。

　だとすると、制度的な文化資本とはこのような分配構造を通して認証されていく資格制度に支えられた文化資本の様態をさしていることになる。資格という形態でありうる文化資本のばあいには、したがって、そのような資格制度として、国民的に「協約されて、恒常的・法的に承認された価値がそれに付与され」ているのである。そして、この権力的な価値付与とともに重要なことは、資格証明された制度的な文化資本が、効力あるものとして社会的に再生産されて分配されていくメカニズムである。

ブルデューは、人びとに承認されてこのように価値あるものとして通用するメカニズムを「社会的な錬金術」だと呼んでいる[54]。資格を与えられことがそのままに価値をもつものではないのに、この「社会的な錬金術」をとおして「文化資本の形態」が社会的に生産され、「ある時代のある時点で実際に習得した文化資本にたいして相対的な自律性」を与えることになるからである。それは、あたかも残された人たちが葬送儀礼によって「死者を甦せる(instituer)」ように、文化資本が「集合的な呪術によって再建」されることと同じである[55]。
　それではここでいう「集合的な呪術」とはどういうことであろうか。ブルデューは競争試験を例にとる。競争試験においては、必ずあらかじめ定員が決められているから合格のボーダーラインにはいつも「無限にことなる連続性」が存在している。にもかかわらず、そこに「容赦なく非連続性〔評定〕をもちこみ、……〔定員内の能力が〕合格するのに相応しい「能力ある」ことが証明されて承認されなければならない。だが、慣習的に承認され保証されてき能力と、たえず人為的に能力あることが証明されねばならない単なる文化資本とのあいだには、決定的な違いがあるのである[56]。
　前者では、活動の場と種類に即して能力があるか無いかは当事者にとっては明白なことであるのに対して、後者では、連続性の中に「人為的な区別」を持ち込まなければならないからである。
　このように及第か落第かの区別が社会的に樹立されることから、明らかに評価基準が「制定されていく力の実効的な魔術」を知ることができるのである。それのみならず、「誰にとっても明白なこととして信じてしまう、一言でいえば、どのような人も承認させうる力」の存在を知ることができる。「それは魔術的にのみ、つまり集合的な信念(croyance collective)をつうじて強制され保守される領域」とみなすことができるのである[57]。
　かくて文化資本の制定力は、集合的な信念に支持されてその社会的効力をもち、また社会的に承認された試験制度として維持されていることがわかる。試験制度の機能については後に論ずることにして、ここではさしあたり、文化資本が学校の種類と段階をつうじて階層化すること、そしてこれがどのような問題にかかわるかを検討しておこう。
　特定の学校で一定年限の教育を受けた事実の証明は、「学校価値」を前提と

してのみ意味をもつ。その学校が価値だかい文化資本を生産することが社会的に承認されていれば、たんなる事実の証明をこえて、きわめて強力な資本としての資格（titre＝称号）を個人に付与する。この意味で文化資本は、個人の能力そのことではなく、社会関係から付与される一種の可能性である。だから、開発可能な能力とみなされればよく、具体的な知識、技能がどうあるかはさして重要ではない。成績の証明は資格証明をうらづける限りで重要なはたらきをするのである。

　ブルデューはつぎのようにいう。親のもつ経済資本が子どもに身につけられていく文化資本に変換されて、文化資本の一定の資格をもつものが、他の資格をもつものにたいして「稀少な文化的な価値」を保有していくことになる。そして、この価値が、労働市場で交換される貨幣価値に変換されていく。だから、「一定の学校資本が貨幣価値で保証され」、「文化資本と経済資本との交換比率」が立てられていくというのである。

　しかし、とはいってもこの点については限定して理解されなければならない。というのも、経済市場とはちがって学歴市場では一定の制約がつねにつきまとうからである。すなわち、学校への投資は、投資であるかぎり、投資額をうわまわる利得がえられなければ意味がない。ところが「学歴資格が保証する物質的かつ象徴的な利得は、……稀少性に依存している。……だから学校への投資は……そこで見込まれることほどにひき合わないことがある」わけである[58]。

4　文化資本の分配構造

　うえでみるように、文化資本が制度化するとは、資格という形態をとることであるが、資格化する文化資本は「稀少な文化価値」を中心として学校の種類と段階におうじて多様に分化する。もちろん、このためには、分業の発達と職業の専門化を時代的な背景とし、試験制度が整備されるとともに、学校システムが文化資本を分配できる機能をになうまでに成長していなければならない。学校システムと学歴市場とのあいだでこのような連関がひきおこされるとすれば、それではいったい文化資本の分配のメカニズムはどのように

おこなわれるのであろうか。

この点について、ブルデューとパスロンは二つのことに着眼する。一つは、学校教育の特徴がほかならぬ「言語による試験の成績いかん」に強く依存すること、この意味で「言語資本」(capital linguistique)が重要なはたらきをすることである[59]。いま一つは、「稀少な物質的かつ象徴的な利得」をもたらす学歴資格を付与する学校は、当然に少数の入学定員によって制限されている。つまり、「選抜の度合い」(degré de selection)を強めることによって、一定の「生存者」の水準を維持し、稀少な文化資本は少数者に限定して分配されるのである[60]。

これら二つの問題は、文化資本分配のメカニズムの内実と形態に関係するのであるが、以下においてはいくらか視角をかえて、これら「関係システム」につながる二つの問題を論ずるにとどめよう。一つには、学校システム内部において言語能力の分配様式がどのように成り立っているかの問題であり、もう一つには、支配的文化の価値を判定する試験制度がどのような機能をはたすかという問題である。

すでに、「ハビトゥス」が階級的に種差的な性格を示すこと、また「身につけられる資本」や「認知、観念、行為、評価というシェーマ」が社会関係に規定されたものであることについては以前にふれた。この点にくわえて、ブルデューとパスロンは、学校言語の階級性について次のような説明をしている。

もともと学校教育をつうじて習熟される言語資本(これが土台となって文化資本を形成し、一定の条件のもとで文化資本は学校資本に転ずるのであるが)は「ブルジョア言語の抽象性、形式主義、理知主義、穏やかな婉曲的表現」をそのハビトゥスの特徴としている[61]。

この命題が正しいとすれば、民族的・階級的出身の異なる子弟がすでに選抜以前に有利・不利な教育環境におかれていることが容易にわかる。いうなれば、階級によって「ハビトゥス」が異なるのだから、かれらのハビトゥスが支配的な「学校言語」や「学校文化」と同質の関係にあったり異質の関係にあったりすることになる。こうした二つのハビトゥスの隔差のちがいが学校がもとめる言語能力と言語操作の習得を容易にしたり困難にしたりするというわけである。

しかし、このように指摘するからといって、ブルデューとパスロンによ

れば、B. バーンスティンが定式化しているような、それぞれの「言語に内在する性格」を「精密コード」と「限定コード」というように二元論的に還元してはならないと言う。それというのも、それぞれの言語の発想、とりわけ「世界と他者にたいする種差的な態度体系」をそれぞれに無視することはできず、支配的な中間階級の言語を中心において民衆階級の言語を対象化してはならないからである(62)。

「たとえば、言語の複雑な統辞論は、たんなる操作の仕方とか、作文、外見的に評価される言語訓練からなるのではなく、複雑なシェーマの操作を前提とする、知的な操作から……組みたてられている」。こうした複雑なシェーマをどのように獲得するかについては、「個々人はそれぞれ別様に準備され……ずっと以前から象徴的に習熟を準備されながら、言語を実践的に習熟してくるのである」(63)。

ところが、現実の学校教育では、以前の「身につけられた資本」がどうであるかは二の次であって、さしずめ言語的に「正確である」とする、社会的に承認された「言語規範」が統御するのである。こうしたシステム内部の文化資本のはたらきは、一方では、学問を身につけた者のあいだで通用する「地位表示の結晶化」(cristalisation des indices de position)(64)を促すが、他方では、一定の階級の出身者には一定の学問をすることができなくなっている。この意味で一定の階級の出身者には「一定の学問が配分されない」のである。

この点をもうすこし詳しくみれば、「ある階級出身のものには、言語と文化の受容において不一致(malentendu)がありうること、習得上の困難があること」がみいだされるのである。それではこうした「不一致」とはいかなる事態をさすのか。

当然のことではあるが、教えるということが成功するためには、教師の「発信水準」(niveaux d'émission)と学習者の「受容水準」(niveaux de réception)に極端な隔差があってはならない(65)。

じっさい、教師は個々人の「受容水準」をあまり問題にすることなく教えることができるが、学習者のほうは、「発信内容」を理解していくうえで、その伝達内容が組み立てられるのに前提となることの、習熟の如何がとりわけ重要である。

このばあい、この前提になることが、「豊富な語彙や複雑なカテゴリーの体系」であったり、「論理的であったり審美的であったりする、複合的な構造の解読と操作の能力」であったりする。「しかもこの複合的な構造は、部分的には家族から贈られる言語の複合性に依在している」のである(66)。
　してみれば、結局のところ、「教育システムが教えるという機能をはたすのは、言語資本と文化資本を身につけている、また、その適性をそなえた学生に対してだけ可能」(67)となってしまうのである。
　つぎに第二の問題であるが、試験が学校システム内部でどのような機能をはたしているかを問うてみよう。学校でおこなわれるさまざまな試験では、さまざまな知識・技能・態度・適性、要するに多様な能力が一定の判定基準に適合するかどうかが査定されることになる。テストされる内容は、教育内容の基本にかかわること、モデル的なこと、あるいは「抽象的な操作の論理的かつ象徴的な習熟」、「複合的な構造の変換法則の習熟」などである(68)。
　いずれもそれぞれの教育段階で制度的に承認された「言語規範」に適合しているかどうかがテストされる。そしてここでわかることは、テストされる内容は、「言語規範」に適合している大事なこととして教えられようとした内容だということである。つまり試験がはたす積極的な意義は、「表現と思考のシェーマ」、いいかえれば「表現の共通形式と思考の共通原理」を強化することである。これらの形式や原理にあわせて教えられるし、学ばれもするのだ。
　したがって、試験は「認知と論理の統合機能」を実現し、一面では、意図的に一定の「人間的資質(qualité humaines)を生産し、制御し、裁可する機会となる」し、他面では、また「教師の専門職的資格(qualification professionelles)の社会的価値を最大限度にたかめる機会となるのである」(69)。
　こうして学校システム内部で、社会的に優位する文化資本の水準が維持され、この文化資本にみあったハビトゥスを獲得したものには相応の資格が付与される。そしてこの点でもう一つ見逃がせないことは、特定の人間能力や特定の資格を階層化しうる手段をもつのが国家であるということである。
　国民的規模で試験制度を整備し、国家装置として学校システムを位置づけ、法的な権利やそのイデオロギーによって「学校価値」(valeurs scolaires)を自律化させることができるからである(70)。国家もしくは公権力に保証されて、文

化(教養)を身につけることによって継承される諸特権は、はじめて合法的な形態をまとうのである。

　これを歴史的な契機からみれば、試験制度は、「伝統的な官僚制からもとめられ、もう一つには、資本制経済からもとめられて、社会的選別の要請を充足してきた」のである[71]。

　かくして、「国家装置としての相対的自律性」[72]を与えられた学校は、社会の現状維持機能をはたしていくために、自己の自律性に適合する二つの課題を解決していかなければならない。一つには、「学校における平等という規範にしたがっておこなわれる試験が、つねに公平であることを社会的に示すこと」[73]、もう一つには、「自己の利害を、合理性と効率性というテクノクラティックな用語で表す教育者」をみいだし、かれらの手で「国家装置の生産と管理をおこなう」ことである[74]。

　この章を要約すれば、まずは、P. ブルデューの謂う「文化資本」(capital culturel)の社会的基礎と制度的位置を見極めるために、「ハビトゥス」(habitus)から「文化資本」がどのように成立するか、また教育システムにおいて「文化資本」がいかなる機能をはたすかを明らかにした。第一に、文化資本の社会的基礎として「ハビトゥス」の四つの位相の特徴を指摘した。第二に、制度化された三つの文化資本の様態と教育システムとの関係を分析した。第三に、教育制度における「文化資本の分配構造」の機能的意味に論及した。これは要するに、「身につけられる資本」は、「身体に内在する植え付けられた法(lex insita)」であって、これこそが「ハビトゥス」(habitus)論の基本的な概念をなすものになっていることが分かるであろう。

[注]
(1)　Bourdieu, P. et Passeron, J., *La reproduction.*(Les edition de minuit, 1970) p.250.
(2)　P. ブルデューのキー・コンセプトである、habitus, disposition, pratique, travail などの日本語への翻訳をもっとなじみあるものにすべきとの批判を賜っているが、なにぶんにも筆者なりの以前からの理解の経緯もあり、基本的には執筆時の理解がそのまま生かされている。
(3)　Bourdieu, P., Chamboredon, J., et Passeron, J., *Le métier de sociologue*, (Mouton, 1973.) p.6.
(4)　Bourdieu, P., *Le sens pratique.*(Les éditions de minuit, 1980) p.88.
(5)　*Ibid.*, p.89.
(6)　*Ibid.*, pp.89-90.

(7) *Ibid.*, p.90.
(8) 「第一次教育」の意味については、「第4章 世代継起と第一次教育機制 3 命令と禁止による第一次教育機制」参照。
(9) *Ibid.*, p.90.
(10) *Ibid.*, p.92.
(11) *Ibid.*, p.91.
(12) *Ibid.*, p.96.
(13) *Ibid.*, p.96.
(14) *Ibid.*, p.96.
(15) *Ibid.*, p.96
(16) 周知のように、K. マルクスは「市民社会の解剖学は経済学のうちに求められなければならない」として、「政治経済学批判」(Kritik der politischen Ökonomie)の体系として『資本論』をあらわした。「この著作の最終目的」が、「価値―労働―商品―貨幣―資本」へと展開する「近代社会の経済的運動法則を明らかにすること」(傍点は引用者のもの)にあったことは彼自身がのべるところであるが、しかし『資本論』執筆以前の段階では、それのみではなくて「社会的、政治的および精神的生活過程一般」、「巨大な上部構造」を分析するプランをもっていた。ブルデューは、マルクスがやり残したこうした問題を多分に意識しており、E. デュルケムの「集合表象」やM. ウェーバーの「魔術からの解放」をも視野におさめながら多様な「資本」概念を展開する。
(17) 「社会関係資本」(capital social)について、ブルデューはつぎのように説明している。「社会関係資本は、相互認識(interconnaissance)と相互承認(interreconnaissance)という、すくなからず制度化されている、関係に持続する網状組織の所有に関係する、現実的あるいは潜在的な資源の総体である。いいかえれば、……永続して有用な人脈(liaison)によって結合されている活動主体の総体として、一集団への帰属に関係する、現実的あるいは潜在的な資源の総体である。P. Bourdieu, " Le caprtal soclal " *Actes de la recherche en science sociales*. no.31-Janvier 1980, p.2.
(18) Bourdieu, P., (1980) *op.cit.*, p.95.
(19) *Ibid.*, pp.100-101.
(20) K.マルクス／F. エンゲルス『ドイツ・イデオロギー』(廣松渉編訳、河出書房新社、1974)40頁。
(21) 前掲書、50頁。
(22) 前掲書、94頁。
(23) 前掲書、96-98頁。
(24) マルクスは『資本制生産に先行する諸形態』で、「資本の概念」についてつぎのような説明をしている。「古代人のあいだにはあらわれない Kapital〔資本〕という言葉を問題にするならば、今日なお中央アジアの草原で畜群をつれて移動する遊牧民は、最大の Kapitalist〔資本家〕である。なぜならば、Kapital は元来は家畜を意味するものだからである。……へたなラテン語にかかわりあうならば、われわれの Kapitalisten すなわち Capitales Homines〔主要な人びと〕は、……〔頭数を計算する〕人びとであろう。」「同じ物が、あるときは資本という規定のもとに、あるときはこれとは別な対立的な規定のもとに包摂されてありうるのであり、したがって、資本であることも、ないこともあるのである。こうして、明らかに、資本は一つの関係なのであり、また、一つの生産関係でしかありえないのである」(Marx, K., Grundrisse der

Kritik der politischen Ökonomie.〔Rohentwurf〕1857-1858.(Ditz VerlaG. Berlin 1953), S.413. マルクス、岡崎次郎訳『資本制生産に先行する諸形態』(青木書店、1959、85-87頁)。

(25) ハーバーマスも次のようにいう。「子どもの形成は一定の社会のために構成される経験の範型(Erfahrungsmuster)を再生産していくものとしておこなわれる。ここから習得されていく資本(Kapital)の獲得は、ふつうには拘束をつうじておこなわれる」。J. Habermas, "Pädagogischer》Optimismus《vor Gericht einer pessimistishen Anthropologie," in *Kleine Politische Schrlften*(I-IV), 1981, SS.58-100.

(26) Gouldner, A., *The future of intellectuals and the rise of the New Class*., (The Macmillan press, 1979) p.20.

(27) *Ibid.*, p.21.

(28) *Ibid.*, p.22.

(29) *Ibid.*, p.22.

(30) Bourdieu P., (1980) *op.cit.*, p.111.

(31) *Ibid.*, p.97

(32) *Ibid.*, pp.96-97

(33) *Ibid.*, pp.97-99

(34) *Ibid.*, p.111

(35) *Ibid.*, p.112

(36) *Ibid.*, p.114

(37) *Ibid.*, p. l13.

(38) *Ibid.*, p.115.

(39) *Ibid.*, p.113.

(40) *Ibid.*, p.191.

(41) *Ibid.*, pp.209-210.

(42) *Ibid.*, p.107.

(43) *Ibid.*, p.214.

(44) *Ibid.*, p.215.

(45) P. Bourdieu, "Les trois etats du capital culturel," *Actes de la recherche en science sociales*, n° 30-november, 1979. p.3.

(46) *Ibid.*, p.3.

(47) Gouldner. A., (1979) *op.cit.*, p.25.

(48) P. Bourdieu, (1979) p.3.

(49) *Ibid.*, p.3.

(50) *Ibid.*, p.4.

(51) *Ibid.*, p.4.

(52) *Ibid.*, p.5.

(53) P. Bourdieu, (1980) *op.cit.*, p.215.

(54) ブルデューのこうした接近は、マルクスの「商品の物神的性格とその秘密」(Der Fetischcharakter der Ware und sein Geheimnis)〔K. Marx, *Das Kapital*, Erster Bd., (Dietz Verlag, 1969.) SS.85-98〕における接近方法にきつく結ばれている。

(55) *Ibid.*, p.5.

(56) *Ibid.*, p.6.
(57) *Ibid.*, p.16
(58) *Ibid.*, p.6.
(59) Bourdieu. P. et Passeron, J., *La reproductton*. 1970. p.104
(60) *Ibid.*, pp.90-91.
(61) *Ibid.*, p.145.
(62) *Ibid.*, p.146.
(63) *Ibid.*, p, 145.
(64) *Ibid.*, pp.144-145.
(65) *Ibid.*, p.126.
(66) *Ibid.*, p.92.
(67) *Ibid.*, p.125.
(68) *Ibid.*, p.192.
(69) *Ibid.*, p.176.
(70) *Ibid.*, p.176.
(71) *Ibid.*, p.176.
(72) *Ibid.*, p.230.
(73) *Ibid.*, p.195.
(74) *Ibid.*, p.236.

第8章　教育制度における自治とその条件

1　問題の提起

　教育制度の機能と構造を社会総体において俯瞰すれば、教育制度はいやおうなく社会的に拡散したシステムとしての相貌を呈することであろう[1]。こうした教育制度の様相は、マクロ的に見れば、それが社会的・歴史的に規定された性格を現したものであることはまちがいない。さらにミクロ的に見れば、それぞれの学校制度・施設の歴史的に生成される制度的な特性の総和、すなわち、教育制度に外在し内在する相互規定要因の複合的な再生産起動因 (tendance à l'auto-reproduction)からも影響を受けていることが無視できない[2]。
　「教育における機能領域において一定のシステム・タイプが実現されるにしても、これは別の機能領域、たとえば、政治的、経済的、科学的領域に類似する形態であることからも予想しうることである」[3]。
　ところで伝統的な教育学の思惟形成は、中産階級の教育伝統に根ざすものであったが、それは市民的な家族を内部空間に据えながら、社会発展の局面において、未成年者を制度的に保護することを名目にする「負担免除空間」(Entlastungsraum)とでもいうべきものを成立させてきた[4]。そして、教育制度への機会均等の保証は、つねに「自由主義的な準則」にもとづき、親の財産による権利資格に密接に結びついた子どもの教育機会は、商品市場における親の地位の成功いかんに左右されたのである。
　このように教育機会の平準化が進められるにしても、商品価格のメカニズ

ムに内在する「公正さによって担保された社会正義という近代の観念は、徹底して自由主義に淵源する秩序」の中に位置づけられていた[5]。しかし19世紀半ば以降には、自由主義理念の社会国家的な機能変化への動向がより顕著に現われてくる。「本質的に私的な自治」とはちがって、「社会的な正義」が実現されなければならなくなってくる。つまり、「自由主義的な成功社会の治安政策的なモデルが、社会国家的な業績社会のモデルに変換してくるのである」[6]。

こうした変換は、「おおむね西欧的デモクラシーの基本的な規範」の中で承認されることになった。したがって、社会的な義務をともなう社会国家の課題は、単に物質的な財の分配の領域に限られず、多様な理念を含む国民の文化財（Kultur-güter）の領域にも探索されることになった。すなわち、社会国家による文化管理の出現である[7]。

それと同じく憲法理念にもとづいて、学校管理の過程にも国家は積極的に介入することになり、「教育の計画的経営」を通じて、国家が科学技術を組織し、教育制度を整備することになったのである[8]。こうして管理機構に組み込まれた学校管理と文化管理が接合することによって、教育制度は社会の支配構造に根ざすことにより、学校は文化を再生産することによって社会の再生産を促すことになるのである[9]。

このような時代的社会の「強制連関」のただなかにあるとするならば、われわれは「教育制度における自由の領域」を直截に見いだすことはとても困難なことになるであろう。にもかかわらず、「教育の自由」という概念にいくばくかの価値を見いだすとすれば、それがいかなる場における、いかなる内実を示す自由であるか、そしてその制約する条件がどのようなものであるかが検討されてよいであろう。

この章では、教育制度の社会統合的な動態の中で、教育審級[10]（instance pédagogique, Erziehungsinstanz）の内部に醸成される教育行為、教育権威、教育労働の基本的性格を認識しつつ、この認識を通じて教育制度に据えられる「構築する自由」の拠点をさぐろうとする。ここでの接近が、とかく実証性から遊離しがちであることを戒めながら、あえて教育制度の基底にたち返るのは、「制度」を多様な実践的基礎のなかで多面的に照射し、その存在理由を問い返そうとする意図にせまられてのことにほかならない。そして、教育制度にお

けるミクロ現象からマクロ現象への制度生成のメカニズムが見渡されたとき、はじめて「教育の自由」の実像が明らかになることであろう。

2 教育審級に内在する強制力と権威

　この節では、さしあたり、教育事象と教育活動の基底をささえる(i)「教育行為」(action pédagogique)の基本的性格と、(ii)この「行為」に内包される「文化的内容」の性格を分析し、さらに(iii)教育行為の正当性を保証する「教育権威」(autorité pédagogique)の社会的な制約条件とその自律の様態を明らかにしてみよう。

(i) 教育行為の基本的性格

　まず、教育行為の歴史的ルーツをたどった場合、それが学校的形態であろうが、家族的形態であろうが、いずれにしてもそれが、一定の社会構成体において、支配的な教育審級に由来することを確認しておく必要がある。

　たとえば、家族的形態において、教育行為が成立する社会的前提には、母系出自(descendance matrilinéaire)をたどる社会構成体と、父系出自(patrinéaire)をたどる社会構成体を見ることができる[11]。これら社会構成体に対応して、さまざまな教育行為が出現しているのである。この点についてはすでに前の章で言及しているが、とりあえず父系出自をたどる社会構成体における事例からみると、つぎの三点が重要である。

　一つには、この親族集団における父親は、その親族集団の権力(pouvoir)を代理し、家族集団における威力(フォルス)を代表して教育をおこなう。さらにいま一つには、男の子どもには、父親の財産(精神財・文化財)や社会的特権(象徴財)を継承する権利が、集団的・慣習法的に承認される。しかし、第三に、父親─息子関係には、世代間での多くの拮抗する葛藤場面が含まれるが、その解決法もまた慣習法的に定められているである[12]。

　ここで留意されるべきことは、基本的な教育関係である。一般に個人間でのコミュニケーションには力の関係(勢力関係)は含まれないとされる。しかし問題とする教育行為が、何か一定のことがらを教えるという固有な成果を

あげるためには、社会的に承認されたある種の強制力と、このような教育力(force de l'inculcation)が発揮できる社会的条件が与えられていなければならない。

もちろん、子どもに対する強制力は、身体的な懲罰を原点にするのであるが[13]、こうした教育関係においては、単なる物理的な強制力ではなく、象徴的な強制力が及んでこそ、教育的に固有な成果が産み出されるのである。この点では、刑法の「教育刑主義」にもにて、直接に暴力装置を背景として応報的に矯正していくことより、暗に何かを示唆しながら象徴的な効果(サンクションの内面化・自己規制・自己検閲の機制)をあげていくのである。象徴的な効果をあげることが教育行為に最もふさわしい働きなのである。アルカイックな教育行為も、何か特別な教育機関を必要とすることなく、社会的にはこのような効果をあげてきたのである。

基本的な教育関係のもう一つの要点は、いかなる教育行為であろうと、社会的に承認されていなければならないということである。社会集団の勢力関係が教育行為に及び、その中から社会的に優位する教育行為が成立する。

L. デュモンによれば、社会的現実は集団の「内在的な対立関係によって構造化された集合あるいは体系という意味での一つの全体《tout》を遊離させる」。ひとつには「示差的対立」(opposition distinctive)であり、もうひとつには「階層的な対立」(opposition hiérarchique)である[14]。

このために、階層的に対立しながら、その対立関係のなかから優位する教育行為が成立する。そして、この教育行為において、大事なことは、この行為が社会の勢力的に優位する集団の物質的、象徴的な利害を代理(表現)_{ルプレザンテ}するという点である。

M. ウェーバーは、この点についてつぎのように説明している。「ある政治共同体において共同行為を指導する力をもつ集団は……勢力威信の理想的情熱にみたされ……『国家理念』(Staats-Idee)に特有な……担い手_{トゥレーガー}であることは、おのずと明らかである。こうした集団に対して、政治的形象(politischen Gebilde)と……物質的な、理念的な利害が加わり……何ほどか理念的に特権化した階層が加わる。こうした階層_{シヒト}は……特定の文化の特殊な関与者(Teilhaber einer spezifischen Kultur)であると自負する階層にほかならない」と[15]。

こうして階層的に成立する支配的な教育行為が、社会集団と階級の勢力関係を背景とし、種差的な集団や階級においておこなわれる示差的な教育行為を社会的に承認することになる。このことは、示差的な教育行為が支配的な教育行為に協働し、この反面では、さきにふれた象徴的な強制力が示差的な教育行為に及ぶということにほかならない。

　ブルデュー＝パスロンは、この点について、社会的交換（市場）において定まる経済的、象徴的な価値が、種差的な教育行為をつうじて社会的に承認され、これが価値ある知識や行動様式として教えられていく機制にふれている。この機制の具体的な様態については、「年齢階梯制」においてより端的にみることができる[(16)]。

(ii) 教育行為の文化的な性格

　つぎには、教育行為に内包されて伝達される「象徴的な内容」の性格を分析してみる。すでに、M. モースは民族誌的な事実から「身体教育」(enseignement des techniques du corps)にふれ、つぎのように説明していた。「子どもの教育は、些細なこと(détail)と呼ばれるようなことで満ちみちているが、このような大量の些細なことが、すべての年齢の両性に対して身体教育を構成する」[(17)]。

　こうした身体教育は技術教育でもある。身体を習慣化するということは、人が自らの身体を使用する術（アール・デューティリゼ）を体得することであって、一方では「行動の系列」を習得することであると同時に、他方では、社会で流通する伝統的な技術様式の習得をすることでもある。

　身体に対して慣習が課される様式は、同じように言語習得の過程にも通じることであろう。《話す主体(je)》と《話される対象(moi)》の関係は、一方では、象徴体系を操作する能力の形成であり、他方では、自我の形成につながっているからである。慣習にとりまかれた自我のうえに、身体的、象徴的、芸術的、道徳的な操作および表規能力が共時的に築かれる。あげて意識活動は、その社会の象徴を組みたてる体系(système montages symbolique)をなしている[(18)]。

　このことに加えて、さらに重要なことはつぎの点であろう。「人びとが人間相互の精神的交流や伝達をおこなうことができるのは……共通の象徴や記号を通じてのみであり、また現実に継承されていく集団の記号を通じてのみで

ある。……社会的事象の特性のひとつはまさしく象徴的な様相にある。……集合表象の大部分においては、個々の事物に対して、それぞれに対応する事象ということが問題になるのではなく、別のことを表現したり、また実践的な行動にしむけていくような恣意的に選ばれていく観念(représentation choisie arbitrairement)が重要なのである」[19]。

ここに示されているように、社会集団や特定の階級の象徴体系によって教えられる文化内容は、つぎのような特徴をもっている。第一に、教育行為が成り立つには、その言語に特徴的な「意味」が、あらかじめ特殊に切りとられ、特殊に選ばれている。意味表現が固有な文化の象徴体系としてあらかじめ定められているからである[20]。

特定文化の状況拘束的に選ばれた意味表現は、それなりに必然的に、ある集団と階級の《ことの条理》とか《人間本性》をあらわしている。しかしながら、このような表現は、他の集団と階級に対しては、必ずしも自然法則的な意味での一般性を示すものとはいえない。特定の文化の構造と機能が、絶対的な価値をもつものではないのならば、特定の意味の選択は、一種の恣意性をまぬがれることができないのである[21]。

第二に、意味表現における選択は、これがなりたつ社会条件に支えられている。そして、意味表現を統合する象徴体系もまた、この条件づけに支えられている。いうなれば、この文化は、特定共時的に(idiosynchronique)構成されて、意味連関の一貫性と構造的機能に応じて成り立っているのである。文化が特定共時的に成り立つとは、「一定の社会でうけ入れられる表現手段が、ことごとく、原則的には、〔特定の〕集団の慣習にもとづき、さらには慣用にもとづいて使用される。記号をつかうように義務づけているものこそ、〔特殊な社会の〕規則であって、記号に内在する価値とはいえない。だから、完全に恣意的な記号が、記号操作によって生じる諸観念を一層よく〔特種的に〕実現するといえる」のである[22]。

第三に、特定共時的な意味表現と社会条件とがきり離しえないとすれば、特に支配的な文化の場合には、つぎのような特徴が明白である。つまり、社会条件の変化に応じて、既存の意味表現が再構造化(restructuration)されたり、再解釈(réinterprétation)されたりして、支配的な文化の保存がはかられるとい

うことこれである。

　例えば、古代ギリシアの人間像が西洋の貴族文化に変容し、これがリセやギムナジュームにうけつがれて、19世紀の市民階級の教養文化として成立するような場合がそれである[23]。かつての社会条件に支えられていた特定の集団の文化が、「常に同一のもの」(touiours-ainsi) とみなされ、「恒常性」のなかで把握されていくのである。このことによって、歴史の産物である意味関係 (relation signifiante) が、不変なものとみなされる。しかも、文化内容が時代を越えてこのように一般化されることによって、文化内容そのものが中立化されさえするのである[24]。

　かくて、社会集団および階級の勢力関係のうえに築かれる恣意的な文化は、一定の社会構成体の象徴体系においてつねに優位する位置にあり、支配的な集団や階級の利害を象徴的に表示する体系となるのである。この意味でも、教育行為は、教育内容の面において象徴的な強制力 (violence symbolique＝象徴的暴力) を発揮するわけである。こうして、教育行為に内包される文化は、「文化的恣意性」という社会的特性を基軸にして、それが特定の「教育内容」として成り立つためには、つぎのような社会的な条件に支えられているといえる。

　①一定の意味表現が、何らかの強制力のもとに繰り返し教えられること。②繰り返し教えられる内容が、価値ある意味内容を再現するということが社会的に了解されていること。そして、③価値の選択がおこなわれるためには、あらかじめその社会に有害なものおよび無価値なものがすでに除去されていること、以上三点である。

　これらの点を要件として、教育行為は、(i) 恣意的な文化の内部で、一集団と一階級に特定する恣意的な選択様式を再現していく。また、(ii) この文化を通じて、この選択様式が、他の文化に対しても強制されていくのである[25]。これを要するに、教育行為は支配的な文化を再生することによって、教育内容の側面から社会の階層性を再生産していく機能をはたすのである。

　(iii)　教育権威

　ここにおいては、二つの社会的な機制を問題にする。(i) 教育行為の主体に

は、一定の教育をおこなうための権威（autorité pédagogique）が付与されること、そして（ii）これが教育審級における教育権限に変容すること、これら二点である。

さらに二つの問題はつぎのような条件にささえられている。第一に、教育権威が社会的に正当なものとして承認されるということは、教育行為の正当性がすでに承認されていることを条件とする。第二に、同じくこのことは、教育審級の内部において、当事者たち（教育行為の主体、教育職員、教育のうけ手）において正当性が承認されることを条件としている。

とりあえず、第一の問題につらなる「文化市場」と「教育権威」の関係に簡単にふれ、教育権威の正当性の社会的基底を明らかにしてみよう。

> 「西欧における認識と芸術の歴史は、歴史的社会の特定のタイプの中で形成されてきた。すなわち、人間活動の諸領域が分化するにつれて、正当な、特定のタイプに支配された固有に知的な秩序が、経済権力や政治権力、あるいは宗教権力とは別に……出現したのである」[26]。

経済的、政治的、宗教的権力から相対的に自律する知的な領域においては、知的な活動の担い手であるさまざまな知識人は、相互に競合する関係におかれている。だから、こうした知的な領域が成立するということは、一方では「異端文化」が知識人のあいだからとり除かれていく過程であるのにたいして、他方では「文化財や文化的な作品の市場」が形成される過程でもあったのである。この点をもうすこし説明してみよう。

> 「文化が商品形態をとることにより、それゆえ固有な文化として発達し、公衆にかかわりあう諸主体がともに論争し合う対象となっていく。……哲学や文学の著作や一般に芸術作品が市場むけにつくられ、市場を媒介として供給されるようになってくるにつれて、これらの文化財も情報に類似してくるのである。……芸術と文化が、社会生活の再生産から遊離する圏域という近代的な意義をおびるようになるのだ」[27]。

要するに、文化の市場において、つぎのような三つの媒介する項のあいだの関係がしだいに明確になってくるのである。すなわち、①創作者（作品の価値の生産者）、②文化財（作品の価値・文化資本）、③第三者（読者、聴衆、観客という消費者）という三つの項のあいだで、文化的な作品の流通関係が成立するようになる。

　そして、さらにもう一つ重要なことは、こうした市場価値の流通圏において、正当な文化を維持し、教育していくための専門的に編成された制度が成立するのである。それは「新しい専門職、当時の流行語で芸術の審判官（Kunstrichter）」とよばれる。かれらは「独特な弁証法的な課題をひき受けるのだ。すなわち、公衆の受託者（Mandatar des Publikums）であると同時に、公衆の教育者（Pädagoge）であることを自認するのである。……彼らに対して、公衆は専門家としての存在を承認する。彼らは公衆を教育する資格と使命を帯びるのである」[28]。

　かくして、文化市場圏が成立するだけにやまらず、他方には、組織化された専門家集団も形成される。

　ここで留意されるべきは、つぎの点にある。つまり、「組織化された思想生活の諸現象と、公民生活の諸現象とのあいだには、政治的類似もまた存在するのである。いわば、知的権力の政治、内政ならびに外交といったようなもの」も構成されるのである[29]。これを要約すると、知的な審級における知的な活動の成果が、「知的権力の政治」あるいな「内政」を媒介にして伝達されるということである。

　この過程をいいかえれば、「教育言語（Bildungs-sprache）が新しく専門用語を採用していくのは、それ自体自然発生的なこととはいえず、政治的に操作されてのことである」[30]。すなわち、いずれの知的領域にあっても、一方では、文化市場圏におけるより独創的、より創造的な文化的な作品が産み出される。他方では、正当な文化を保持し、教育していくための専門的な「制度的な権威」（autorité institutionnelle）が凝結する。大ざっぱな分類をすれば、「文化の創造者」（créateur de culture）に対して、教育、訓練の組織化に責任ある「文化の管理者たち」（conservateurs de la culture）が出現するのである[31]。

　このように知的権力の内政がおこなわれ、教育の機能（教育言語）が派生し、

これに即して「文化の管理者」が教育権威に「正当な強制権限」(droit d'imposition légitime)を付与する。しかしこれだけではない。うえにのべた教育権威の象徴的な強制力は、このほかに、公共的な世論や科学・文芸批評家の見解にも支えられている。彼らも文化、科学、芸術や教育にたいして多くの見解を表明するからである。

さらにもう一つには、学会とかアカデミーといわれるような、いわゆる同族関係内部で保持される「長老の教育権威」(Aup du prêtre)によっても支持されることになる[32]。このように教育権威は、知的審級のさまざまなサンクションに支えられ、教育行為もまたこれらのサンクションに承認されたものでなければならないのである。

そこで、さきの第二の問題、教育当事者においてこの正当性がどのように承認されるかの問題を取り上げてみると、これについては、とりあえず主要な一点にかぎって分析できる。たしかに、「制度的な権威」による「強制権限（象徴的強制力）」の委譲は、教育審級（教育機関・学校・教職員）にたいしておこなわれる。しかし、ここであらかじめ注意されるべきは、たとえこうした権限委譲が成文化された法に規定されるものであるにせよ、なにか社会契約にもとづく委任であるかのように受け取られてはならないという点である。法の規定があるにせよ、それは中立的な外観のもとに、事後的に追認されたものにすぎず、教育権威の内実から汲み出されたものではない。

この授権関係にあっては、むしろ、こうした権限委譲が、「制度的な権威」を具現化する、内発的な教育職員の実践活動にまで統合されるメカニズムが重要である。この権限の内実は、決して自由意思にまかされるものではなく、また特殊利害に基づく限定づきのものではあるが、権限委譲と内発的な実践活動が接合することによって、あたかも公共的な意思を受託し、それを体現するかのような外観を呈することになる。こうした一般化した公衆の受託者(mandantaire)であってみれば、教職員は公共性に基づく自己の教育権限を相互に承認しあうことができ、それを自己の権限として正当に行使することができるのである[33]。

このように考えてくると、教育行為が自覚的に展開されるためには、「つねにすでに」(toujours-déjà)、「文化の管理者」や「長老の教育権威」などの「先行す

る権威の負託」に支持された実践活動でなければならないことが明らかになる。このため、実践活動は、教育審級の内部において「裁可された意味表現の資本」(capital de significations consacrées)に方向づけられていかざるをえない[34]。

これを一般化すれば、中立的に想定される「国民文化」の教育行為は、そこで支配的な文化との「類縁性」(proximité)を選びとり、むしろ支配的階層の文化を強化していく傾向にある[35]。いうなれば、こうした教育行為にあっては、積極的に展開される実践活動の背後で、教育権威が、教職員に技術的な権能と職業的な権威をうけ負わせるといえる。

しかしながら、教職員に付託される権威は、制度的に保証されたものであるにもかかわらず、個人の内発的な資質にもとづくかのように錯認される。教職員におけるイデオロギー的な構造の分析は、それ自体興味あることであるが、暫定的に要約すれば、この錯誤が生じるのは、教職員の日常的意識において、自己が職務上の地位・役割から分離して把握されるがためである。なにか一個人の力量あるいは人格ゆえに、教育の権威が認められるかのように錯認されるのだ。

こうした錯認は、単なる一個人の幻影としてあるようなものではなく、「制度的な権威」の統合のメカニズムに根拠を有し、「教育行為の社会的価値を安定させる効果をもつ」のである。このようにして、行為主体の錯認が制度的な保証につけ加わって、実践活動が自由意思によるかのように自覚的かつ意欲的に展開される基礎が与えられているといえよう[35]。

3 制度化する教育と相対的自治

(i) 教育労働

いうまでもなく、学校でおこなわれる教育労働(travail pédagogique)は、その教育を受けるものにとって、将来的に長く持続する能力を形成するようなものでなければならない。そのためには、教育労働は継続しておこなわれなくてはならない。教育労働は、一定の文化的内容を子どもに内面化する働きであるが、内面化された内容が、かれらの日常的活動の中で、持続してはたらくハビトゥス(habitus)として使用されることでなければならない。

M. モースは、この「ハビトゥス」(慣習的特質)の社会的特性にふれて次のように説明している。この《habitus》というラテン語は、何ら形而上学をまじえずに、アリストテレスの「資質」(hexis)、「習熟」(aquis)、「能力」(faculté) という意味をカバーする用語である。……こうした《ハビトゥス》は単に諸個人や彼らの模範とともに変化するだけではなく、とくに、諸社会、多様な教育、社会的慣行と様式、社会的威信とともに変化するのである。ふつうには、ここからは、精神とその反復能力しかみられないのであるが、集団と個人の諸技法と実践的な理性の諸活動(作品)が見て取れることでなければならない[36]。

　教育労働が一定のハビトゥスを産出するものであれば、そのハビトゥスの内容とは、「集団と諸個人の諸技法と実践的な理性の諸活動」を含意することになる。しかも、ブルデュー＝パスロンによれば、教育労働の特徴は、意図的な継続性にあるのであるから、こうした連続する教育行為によって、子どもの変化(transformation)が促進されていくことが重要である。

　したがって、教育労働過程は、時間的な継続のなかで、一定の文化がかぎりなく操作されていく実践活動を産出するのであって、そのことを通して文化的位相にある資本が伝達されていく過程でもあるのだ[37]。

　しかしながらこの点で、留意されなければならないことは、教育労働が、二つの要因を合成するということである。つまり、すでに家族における「発生論的な資本」ともいうべき習い性〔＝ハビトゥス〕が、すでに子どもに与えられており、これにたいして学校教育における「形成」(inculcation)が時代に共通する内容を伝達することによって、あらたな「世代のハビトゥス」を形成するということである。

　この意味での合成・変換過程をたどることによって、教育労働は一定の「知覚・思考・評価・行動の様式」を習慣づけていくのである。同様にこのことをつうじて、「知的かつ道徳的な統合」がそれぞれの子どもにおいて成り立つといえよう[38]。

　ある集団の統合が成りたつためには、その集団の同一性(アイデンティティー)を保証する慣い性〔ハビトゥス〕がくり返し教えられることでなければならない。このために、教育労働は、日々くり返して共通のコード(規範・文法)にのっとって、「日常活動の相同性」(homologie des pratiques)を形成することが必要になる[39]。

「成長していく主体の言語能力と行動能力は、成熟過程と学習過程との統合の所産」なのである。「自己同一性は社会化(Vergesellschaftung)から産み出されるのであって、子どもは象徴的な共通性を習得することによって、まずは一定の社会体系に統合されていく。……より重要な学習の機制は、外的な諸構造を内的な諸構造に置き換えること(Umsetzung)である」(40)。

かくして教育労働は、持続する内的な取り組みの姿勢(disposition)を産み出し、学校のさまざまな状況で発せられる刺激に対するよき応答者を形成する。このかぎりで、教育権威をまとう教育労働が、慣い性〔ハビトゥス〕の生産者たりうるのである。さらに言えば、子どもに形成される一定の資質(教養・道徳・労働能力)は教育労働の正当な生産物とみなすことができるのである(41)。

このような教育労働過程をへることによって、教育権威が時代的社会の正当な生産物を形成していく。そしてまたこの正当な生産物は、これにみあった「正当な消費者」の欲求(besoin)を産み出すことになる。そしてさらには、この「正当な資質への欲求」(使用価値・Gebrauchswert)にかえて、文化的市場圏において、教育労働が産出したところの「資質の正当性」(交換価値・Tauschwert)が置き換えられていくのである(42)。

ところでここに表現される正当な消費者とは、一つには正当な資質に対する社会的需要(市場法則)を惹き起こしてくる人たちであるし、もう一つには、この資質を公認された方法で獲得しようとする意向(disposition)を抱き続ける人たちである。だがこの意向とは、即自的に子どもの「文化的な欲求」を指しているわけではない。というのも子どもの「欲求」は、すでに周りのおとなによってつくられ、昂められたものであるからである。

> 「人は子どもの文化的な欲求が、すでに教養化された(陶冶された)欲求であることを忘れてはならない。……この圏域〔セルクル〕には教育労働だけがたち入ることができるのである」(43)。

ふつうには「よくできる」(excellence)ということは、《先天的なもの》に基づくと理解されがちである。しかしこれこそは、成育過程における生まれて以来のはじめの(第一次)教育労働、これと学校教育における第二次教育労働の

相関の総体に負うていることが看過されてはならないのである[44]。

したがって学校教育の成績(succès)は、基本的には生まれて以来の初めからの、教育労働に相関して形成される。こうした初めの教育労働が、種差的な階層のそれぞれに特徴的なハビトゥスを形成し、これを基礎として将来のさまざまなハビトゥスが築かれることになる。

子どもが日常的な活動の仕方に習熟していくのは、特に言語や親族関係の用語を通じてであるが、ここでの日常生活の配置(ディスポジション)が、それぞれの特定の集団に応じて複合的かつ象徴的に念入りにそれぞれの文化を構成するのである[45]。

「われわれは、環境言語(Umgangssprache)を《日常》の言語共同体の成員が使用する言語であると理解する。すくなくとも、子どもが話すことができるようになる環境こそが、自然言語を構成するのである。こうした環境言語は《自生的に》習得される。この点では専門語(Fachsprache)とは区別される。……専門語は特殊な生活領域のために、仔細な点まで精確に示す表現を可能にする。……この点ではもう一つの専門語である科学言語(wissenschaftssprache)とも区別される。……公衆は公共的なできごとに関して一般的な関心をもって了解し合えるのだが、この場合には、公衆は広く教育言語(Bildungssprache)を使用することによって了解し合えるのだ。その教育言語は、もっぱらマスメディアにおいて、テレビにおいて、ラジオにおいて、新聞において使われる言語である。教育言語は、基本的には、普通の学校教育を通じて方向づけの知識(Orientierungswissen)を生みだす」のである[46]。

こうして言語そのもののあり方が、環境言語、教育言語、専門用語、科学言語というように差異化しているのであれば、人は程度の差こそあれ、第一次教育労働による環境言語を基礎にして、しだいに第二次教育労働による教育言語、専門用語を習得していくことになるのである。この意味で、子どもは生まれもった文化から脱文化(déculturation)し、制度化された文化を再教育(rééducation)されるのである。

多様な実践状態におかれながら、特定集団の象徴によって構成されるさまざまな子どもは、支配的な文化に共通する「方向づけの知識」を習得していくことになる。ここで特徴的なことは、学校教育に代表される第二次教育労働

が、子どもの実践状態をできるかぎり言語化することによって、「言語操作の優越性」を高めていくことである。この点で、「実践的に習熟することより、象徴的な習熟の方により価値をおく」環境で育った子どものほうが、象徴的な操作能力においてよりすぐれていくという傾向を容易に見て取れることであろう。

　それを一般化すれば、家族で獲得されたハビトゥスは、学校における教育内容の習得の基礎となるものであるし、学校で習得されるハビトゥスは、文化産業によって伝達される情報受容の基礎となるし、さらに言えば、学問的内容を習得していくうえでの基礎ともなることであろう[47]。

　いずれにしても、この意味での第二次教育労働は、言語操作を優位させていくような合理化過程をたどることになる。これにたいして、子どもの成育環境に内包されて、生まれて以来の教育労働は、子どもの多様な実践状態で行われるのである。しかし学校教育は、子どものいずれかの実践状態に訴えかけて第二次教育労働を組織化することになるから、学校教育は、特定の第一次教育労働にいつも同じように照準を合わせていることになり、学校それ自体の中に中心化される教育労働以外の教育労働も包摂することになることだろう。この点で、第一次教育労働と第二次教育労働は、学校教育という場において中心化された教育と中心化されざる教育という二つの教育方法として現わざるをえないのである。

　その一つには、子どもの活動を制限しながらも、実践状態にある原理を無意識のうちに教育してしまうような、一定のハビトゥスを形成する方法である (pédagogie implicite)。そしてもう一つには、定式化され、構成された原理を組織化し、一定のハビトゥスを一貫して形成していくような方法である (pédagogie explicite)。前者の方法は、包括的な認知を獲得させるのにふさわしい。例えば教師に同一視することによってモデル的な態度行動を習得していく場合である。後者の方法は、あらかじめ獲得された資質をもとに支配的な文化が要求する内容をコード化し、系統的な内容をくりかえし教えていく場合である[48]。

(ii) 教育制度の相対的自治領域

これまでのところ、教育審級における、教育行為、教育権威、教育労働の様態とその基本的性格を順次把握してきた。ここでは、これら基本的性格を内包する教育制度の自治領域の特性にあらためて注視しておこう。

ところで、教育制度が制度総体として存続するためには、教育制度に内在し、かつ外在するいくつかの課題を解決していかなければならない。というのも、教育制度に特有な構造と機能は、教育制度内部の特性につねに依存していること、それと同時に制度に外在する諸条件の適切な維持機能に左右されているからである。この点からして、教育制度の固有な職務に着目すれば、二つの特徴をみることができる。

一つには、教育行為を制度的に実現していく点であって、さきにふれた教育行為〔教育権威―教育労働〕の関係が、制度の内部機構（fonctionnement）において「学校運営」（travail scolaire）として再編成されるという特徴である。もう一つには、社会的な制約条件を学校運営に縮減することによって、学校運営におけるそれぞれの職務をつうじて、文化の再生産をはかる機能である。

要するに、教育制度に内在する職務〔地位と役割〕が内発的に遂行されることによって、教育制度の再生産の条件が充足されることになる。そればかりか、教育制度は、一定の文化を直接に産みだすわけではないが、ともかく、一定の文化の再生産の職務を請け負うのである。こうして一定の文化に再解釈を加えながら、文化の再生産を通じて、社会再生産に寄与するのである[49]。

デュルケムに代表されるような従来の古典理論では、この点が必ずしも明確にされてこなかった。古典理論では、教育制度は、過去からうけつがれた文化を新たな世代に伝達していく制度的ならびに慣習的なメカニズムの総体として定義されている[50]。

しかしこの定義では、教育の文化的再生産と社会的再生産を切り離すことになってしまい、社会関係が再生産されていく過程において、象徴関係に占める教育の固有な効力が看過されてしまうのである。

すでにみたように、教育審級において社会勢力関係の物質的・象徴的な利害状況が表示されるとするならば、教育制度が、階層間への文化資本の分配構造を不断に再生産し、社会構造を再生産していく点が明らかにされなけれ

ばならないのである。制度化する教育行為の条件を点検してこそ、現実の社会条件における教育制度の意味を解明することができるであろう[51]。

　それでは教育行為が制度的に充足しなければならない条件とは何か。制度化する教育行為が行われるためには、現実には多くの人的・物的な整備がはかられるのであるが、ここでもっとも基本的なことは、第一に、一定の設置基準のもとに最小限の経費で整備された施設において、大量の教育の受け手に対して、継続して、均質的で、しかも持続力のあるハビトゥスを形成していくことである（積極面）。第二に、教育制度は文化的再生産を通じて、社会的再生産の効果をあげていかなければならない。このため、社会的な制約条件である外部から委託された支配的な文化の原理に即応する、ハビトゥスを形成していかなければならないことである（消極面）。

　要するに、前者は、教育制度の固有な職務であるのに対し、後者は、一定の時代的社会の特殊な要請にしたがって、固有な職務を再構成していく局面である。教育行為の積極面と消極面は、いずれも教育のために専門的に編制された職務〔地位と役割〕において結びあっている。したがって、教育行為が制度的に成り立つ条件とは、こうした専門的に編制された職務が円滑に遂行されることを第一の条件とし、つぎにこの職務が相対的に自律する専門領域として確立されることを第二の条件としている。これら二つのことから、さらに教育制度の内部で遂行される職務が、教育制度の相対的自治を機構的に確保することを第三の条件とするのである。

　以上の三点は、いずれも専門的な教職員の職務、つまり教育労働が支障なく行われることによって充足される。したがって教育制度の再生産条件とは、ひとえに支障なく行われる教育労働がいかにして確保されるかにかかっている。以下この点について主要な問題に限って明らかにしてみよう。

　すでにみたように、教育労働には一定の教育権限が付与されていた。すなわち、教育労働は、持続する、変化可能な同一性の形成（一定のハビトゥス）を子どもに与えていくことを目標とし、長期的な変化過程を通じて、恒常的に、そして系統的に様相化される諸個人を産み出す効果をもたらした。これを要するに、共有される思考、知覚、評価、そして行為という関係様式（シェーマ）を与えていく権限が付与されていたのである[52]。

教育労働の連続する、持続しておこなわれる行為には、文化的再生産のための基本的なハビトゥスが世代的に連続し、持続することが含意されている。そのうえさらに重要なことは、教育労働をおこなう教職員が新しい世代の子どもたちに基本的な範型〔ハビトゥス〕を内面化していくこと、このことを文化的再生論の視点から考えてみると、新しい世代の教職員に対しても基本的な範型〔ハビトゥス〕が内面化されていくことを見て取ることができるのである。すなわち、「教師が教育されなければならない」（マルクス）のである。
　教育制度の連続性は、この点できわめて重要な働きをする。教育行為には、すでに象徴的な強制力が含まれていた。してみれば、象徴的な強制力は教育権限をつうじて不断に再生産されることになる。こうした再生産は、現実には、教育制度の内部において、同質的な資質（教職倫理）をもち、均質的な教育技術に習熟した専門的な教職集団の養成と再教育を行っていくことになるのだ。
　このことによって、教育行為に内包される象徴的な強制力は、新しい教師に再現されていく。かくして、専門的な制度的な「権威を委譲」された教職集団の固有な権限にもとづいて、教育労働が新しい教育労働力を形成するのである。すなわち、たえず補充しうる、たえず入れ替えることができる専門化した教職員の養成がおこなわれることになる。それと同じく、専門的な労働力によって、特殊に規制された「学校運営（経営）」が均質的に可能となるのである。
　教育制度の内部において、新しい教職員を養成し、変容させ、補充していく過程（装置）がこのように埋め込まれていれば、連続する教育行為とともに象徴的な強制行為も再生産されていくことになる。このように考えると、「教師が教育されなければならない」という条件が制度的に充足されれば、継続して「象徴的な支配権力」（*un pouvoir de violence symbolique, eine Macht symbolischer Gewalt*）[53]が学校運営において再現されていくことになる。
　ブルデュー＝パスロンは、この過程について、「構造的持続」（*une durée structurale*）と名づけつぎのように指摘する。教師が養成（再教育）されることは「教育労働の再生産」の条件が再生産されることであるが、この権限は、つねに＝すでに教育審級に委託されている（上述の「専門的な制度的権威」を参照）。

だから、この条件が「象徴的な支配権力にかかわる教育労働に自治領域」を形成する。

　教育行為による変容・形成の過程がきわめて緩やかであるために、教育制度の再生産過程も緩やかな速さで行われる。しかし、ここでの制度的な様態の基本は、教師によって「象徴的な支配権力」が新たな教師に対して教えられていくことにある。したがってこの意味では、伝統的な社会の流儀にしたがって教育が行われているのであって、「家族によって行われる伝統的な教育行為」となんらかわりないのである。

　　　「こういう次第で、近代社会にあってさえ、伝統的な遺産が保存され……教育行為の固有な職務が不断に自己産出され(autoreproduire)、教育制度において、変化に抗する惰性力(inertie)という役割が演じられるのである」[54]。

　ここに表現される「象徴的な支配権力」とは、まえにふれたP. ヴァレリーのいう「知的権力」にほぼ類似する概念とみてよいであろう。この点については、E. デュルケムもすでに教育制度の相対的自律性を裏打ちするものとして、つまり、「外在する諸要請を再解釈し、教育の論理に変換していくための、歴史的な諸事例を活用していく権力」として概念化していた[55]。デュルケムは、教えるということが、「法的に裁可された統制」(contrôle juridiquement sanctionné)によって保証され、ここでの統制規準が教育職員の専門化を促すとみたのである[56]。

　教育制度の相対的自律〔自治〕は、このように、一方での専門的職業集団の《自治領域》に支えられている。そして、もう一方での制度内部での《合理化過程》にも支えられている。したがって、文化市場圏において組織化された制度的な権威が、知的権力の内政として制度内部において明示的に専門的職業集団に授権され、法的に承認されてのことである。このメカニズムを通じて、教育権限が存立するのである。そしてここでの専門的な教職員が、制度的な諸規則にしたがって学校運営をおこなっていく[57]。

　この場合、教育制度は、学校運営に関する「管理権」(autorité scolaire)を学校

に委譲するとともに、教職員の職務に対しても「職務権限」(autorité de fonction)を認可するのである。こうした二段がまえの権限の委譲によって、教育制度の正当性が維持されるのである[58]。しかし学校管理権は、基本的には教職員に認可される職務権限によって分掌されざるをえない。したがって、教育制度の正当性は、すでにふれた教育権威と同じように、教職員の個人的権威にその根拠の基礎をみい出さなくてはならないのである。

　教育制度の二段がまえの授権関係にあらわれるように、教職員の職務に権限を与え、教職員の特殊な行為能力(アプティテュド)に訴えて、教育制度の正当性が保証される。しかし、教育職員の教育行為には、象徴的な強制力が社会内在的にふくまれるのだから、むしろ学校管理権への権限委譲とか、職務権限の分掌は、教育行為の強制力そのものを偽装するはたらきをすることになる。この偽装によって、「教育制度は、制度化された教育労働がおこなわれうる絶好のコンディションをうみ出す」[59]わけである。なぜなら、「学校管理権が、制度的な条件と学校の条件から独立して、〔学校が〕運営されうるかのような幻影を産み出し、強化するはたらきをするからである」[59]。

　教育制度は、教育行為が築きあげる中立性の観念のもとに、階級と集団の中にあって、「階級への文化資本の分配」を再生産する。教育労働は認可された文化を教えるのであるが、この文化が正当であるのは、教育制度と、教職員の教育的に固有な権限(象徴的な権力)がすでに承認されているからこそ可能となるのである。いい換えれば、教育における正当性は、教育審級に外在する正当性による委任を前提にしており、この委任から、学校管理権が承認されるのである。この地点において、われわれは、学校管理権が、それを根拠づけている、社会的権威(autorité sociale)とも、教職員の職務権限を基礎づけている社会関係からとも、ともに切断された状態にあることを見て取ることができるであろう[60]。

4　むすびにかえて

　われわれは教育制度における社会的・文化的な制約条件のもとに「自治の領域」の様態を明らかにしようとしてきた。とくに本章でのアクセスからす

ると、行政機構に位置づく学校管理をひとまず棚あげにし、文化事象に据えられた教育の内容の側面から、教育制度の自律と自治の条件を検討してきた。というのも、教育制度は時代の文化内容を媒介にして、教育的に変容した内容を通じて、社会的再生産を担っていく代理機関(agent)であるからである。

この着眼のもとに、教育審級内部の教育行為を起点として学校管理の根拠をさぐることになったのであるが、ここでの基調は、第一に、教育審級内部のそれぞれのレヴェルにおいて「象徴的な支配権力」の内実を明らかにすることと、第二に、これが「教育制度の自律と自治」といかに関係するかをさぐることにあった。

象徴的な支配権力の内実は、ひとまず直接的な強制力に訴えるのではなく、「特定の文化」に内在するサンクションを通じる象徴的な強制力として理解することができ、これが「制度的な権威」にまで凝結することを論証しようとした。ひとことでいえば、「知的権力の政治的機能」である。ここでの「政治あるいは内政」によって、特定の文化が、公共的な意思を受託する内発的な実践活動(教育労働)を通じて伝達されることになる。いい換えれば、教育制度に「外在する諸要請を再解釈し、教育の論理に変換していくための権力」と表現できる。象徴的な支配権力は、このように変容することによって教育制度に内在化する職務にあらわれ、制度を相対的に自律化させる起動力となりうるのである。

このメカニズムは、行政機構の文化部門にすえられる「法制的に裁可される統制」と表裏の関係にある。一方では、この統制の準則が、常設の専門的職業団体の存続を保証するものとなるのにたいして、他方では、この組織によって教職員の養成、補充、資格付与がはかられ、「正当な文化を正当に教授するための専権」が樹立される。

専門家集団の自律化の過程は、文化的専門家集団の「自治領域」の獲得の過程であるとともに、その集団内部の合理化の過程でもある。かくて、「教育制度の自律性」は、一方において教職集団の自治領域に支えられ、他方において制度内部の機構と職務の合理化過程に支えられているのである。

しかし学校管理の正当化のメカニズムとなるとさほど明確ではない。それは教職員において、職務上の権限と内発的な教育労働とが相互に依存する関

係におかれているからである。教育権威が、教職員に技術的な権能と職業的な権威を保証し、この権威が社会的、制度的に保証されたものであるのにもかかわらず、個人の内発的な資質にもとづくかのように、自覚的な実践活動として顕現するからである。

このように、象徴的支配権力が「教職意識」にまでくい込む機制については、もはや「教育制度の自律性」に支えられたメカニズム以上には論及することができない。しかしながらここで気づくことは、専門的な自治の領域を獲得していくこととひきかえに、現実の社会関係から乖離する特権的な「職務権限」が産みだされることへの疑問である。文化内容を媒介にする学校管理上の問題が、たとえばカリキュラムの決定に際してのミクロ政治とその正当性がさらに仔細に検討されていくべきであろう。

「こうしたことの不透明さは、学校の政治的な機能の分析において、つきものである。しかも西欧社会において、教化教育が否定され、市民的教育がより称揚されて、社会秩序の正当化が偽装されていくだけに、一層危険なこと」[61]のように思われる。であればこそ、この種の特権的な「職務権限」への疑問の解明は、市民社会における教育制度の公共性の性格を正当化している理路を明らかにすることと、その教育制度の公共性の再構築にも重なる重要な課題といわなければならない。

[注]
(1) Barel, Y., *La reproduction sociale*; systèmes vivants, invariance et changement. 1973. pp.477-481.
(2) Bourdieu, P., et Passeron. J-C., *La reproduction*: Eléments pour une théorie du système d'enseignement. 1970.
　　Bourdieu, P., et Passeron. J-C., *Die Illusion der Chancengleichheit*: Untersuchungen zur Soziologie des Bildungswesen am Beispiel Frankreichs; übersetzt von Picht, B. u. R., 1971.
(3) Luhmann, N. u., Schor K. -E,. *Reflexions-Probleme im Erziehnngssysteme*. 1979. S.338
(4) Habermas, J., *Pädagogischer》Optimismus《vor Gericht einer pessimistischen Anthropologie*. 1961. in : *Kleine Politische Schriften* (I-IV) 1981. SS.58-100.
(5) Habermas, J.,(1961) *a. a. O,*. S.96.
(6) Habermas, J ,(1961) *a. a. O.*, S.97.
(7) Oppermann, Th., : *Kulturverwaltungsrecht*,1969.
(8) Habermas, J., *Legitimationsprobleme im Spätkapitalismus*. 1977, bes. SS.50-128.（細谷貞雄訳『晩期資本主義における正統化の諸問題』岩波書店、1979）
(9) Rolff, H-G.,:*Politökonomischer Rahmen der Analyse von Sozialisationsprozessen in Pädagogischen*

Institutionen. 1974 in : Götz, B., et al. Sozialisation und Erziehung. 1978. SS.549-551.
(10) 「教育審級」とは、ここでは、社会的実践過程の一審級にすえられる、それゆえ社会的再生産に統合される教育行為の過程と認識の過程をふくむ水準または構造を意味している。周知のように、マルクスは『経済学批判』「序言」において、社会的全体を経済的土台とそのうえにたつ上部構造、つまり法的かつ政治的上部構造および一定の社会意識諸形態とが照応する関係にあるとみた。このような上部構造にあって、教育審級は社会領野にしめる教育的諸関係および教育の社会的機能(意識諸形態)をさす用語であって、同じく上部構造に位置する国家によって、その装置として包摂される教育の国家的機能(教育制度・職務)とは相対的に区別されるべきである。(cf. Althusser, L., Idéolgie et appareils idéologiques d'Etat, *La Pensée*, nº 151, juin 1970. 西川長夫訳『イデオロギーと国家のイデオロギー装置』福村書店)しかしながら、制度化する教育関係にあっては、教育審級と教育制度を切断して考察することができず、むしろ教育制度の内部において教育審級の諸関係を具体的に把握すべきであろう。そもそも「審級」(instance, Instanz)とは裁判の階層制としての審級制度における語法に由来するが、審級という言葉はフロイトによってシステムの同義語として採用された(参照、J. ラプランシュ・J.-B. ポンタリス著、村上仁監訳『精神分析用語辞典』みすず書房、1977、238頁)。「教育システム」がもっぱら領域論的な見方にもとづくのにたいして、「教育審級」は特定の時間的継続をふくむ一定の秩序を維持するという点で教育システムに類似するが、さらにこれに加えて教育制度(装置)のより力動的かつ構造的なメカニズムを含意するのである。そして、このことによって、制度内部にわり当てられる教育行為、教育権威、教育労働、学校管理などの配置関係を位相的・構造的に把握できるようにしている。
(11) 単系出自集団とは、祖先と個人とが世代を超えて、その集団に固有な権利、義務および財産・姓名・地位・称号・居住権・集団成員権によって結びつけられる共同の機能をもつ単位である(長島信弘「親族と婚姻」『社会人類学』所収)。個人が父系なり母系なり、一方の親だけの出自をたどる場合が単系出自集団とよばれ、父系、母系の二つをたどるものが双系出自集団とよばれる。
(12) Bourdieu et Passeron (1970), pp.21-22.
(13) Habermas (1961) S.89.「子どもの形成は一定の社会のために構成される経験の範型(Erfahrungsmuster)を再生産していくものとしておこなわれる。ここから習得されていく資質(Kapital)の獲得は、ふつうには拘束を通じておこなわれる。つまり制裁をともなう罰則を背景にして、規範が内面化される。これは躾のような自然の教育形式であるが、制裁の尺度は、罰がいろいろなニュアンスを含むのであるが、その尺度のゼロ点が身体への強制に関係していることが特徴である」。さらに参照、Barth. P., *Die Elemente der Erziehungs-und Unterrichtslehre*. Zweite Auf. 1908. SS.68-80.
(14) Dumont. L., *Introduction à deux théories d'anthropologie sociale*. 1971. p.25 (渡辺公三訳『社会人類学の二つの理論』弘文堂、1977)
(15) Weber, M., *Wirtschaft und Gesellschaft*. Fünfte reviederte Auf, 1976. S.527. (浜島朗訳『権力と支配』みすず書房、1954); Bourdieu, P., *Champ intellectuel et Projet créateur*, in : Les Temps Modernes. Novembre 1966. No.246. p.888. (荒川幾男訳「知の場と創造投企」)「いかなる社会でもあるときには競合し、あるときには同調しあう多くの社会的勢力が存在している。こうした社会勢力は、自己の政治的または経済的な権力を理由として、また、こうした勢力がもうける制度的な保証を理由として……自己の文化的な規範を知識のかなり広範な部分にまで強

制し、こうした事実そのことによって(ipso facto)、一定の文化的な正当性を要求する。この点では……社会勢力が教育していく作品や態度についての正当性の場合でも同じことである。社会勢力が相対立し、正統性(orthodoxie)保持の主張がなされるとき、〔社会的に〕承認されていくのは、正統性の主張なのである」。

(16) Schurtz, H., *Altersklassen und Männerbünde* ; Eine Darstellung der Grundformen der Gesellschaft. 1902. S.458.
(17) Mauss, M., *Rapports réels et pratiques de la psychologie et de la sociologie* 1924. in : Sociologie et Anthropologie 4e ed, 1968, pp.281-310(有地亨・伊藤昌司・山口俊夫共訳『社会学と人類学』弘文堂、1973)さらに参照：Lévi-Strauss, C., Introduction a l'oeuvre de Marcel Mauss. pp.XXV-XXVI.
(18) Mauss. M., *Fragment d'un plan de Sociologie générale descriptive.* 1934. in : Marcel Mauss Oeuvre. Tome 3. pp.303-348.
(19) Mauss, M, *Rapports réels et pratiques de la psychologie et de la sociologie.* 1924, pp.294-295.
(20) Durkheim. E., et Mauss, M., *De quelquesformes primitives de classification.* 1901. in : Durkheim, E., Journal sociologique. 1969, pp.395-461(小関藤一郎訳『分類の未開形態』法政大学出版局、1980)
(21) Saussure. F., *Cours de linquistique générale.* Édition critique préparée par Tullio de Mauro, 1976, pp, 100-l02. §2 Premier Princip : L'arbitraire du signe.「意味表現を意味内容に結びつける絆は恣意的である。われわれは記号を意味表現と意味内容との結合による全体と理解するのだから、言語記号は恣意的である(le signe linquistique est arbitraire)ということができる」(トウリオ・デ・マウロ、山内貴美夫訳『「ソシュール一般言語学講義」校注』而立書房、1976)。しかしもちろん、ここで誤解されてはならないことは次の点である。「恣意性というコトバには注意しなければならない。意味表現は話す主体の自由な選択にまかされるというふうに解されてはならない。ひとたびある言語集団において樹立されたある記号を変える力を一個人は何らもちあわせていない。〔そうではなくて〕意味表現と意味内容とのあいだには何らの自然的な絆が存在しないという意味で恣意的なのである」。(Saussure, F.,(1976)*op. cit.,* p.101)
(22) Saussure, F., *op.cit,* pp.100-101; Introduction par Mauro T D., p.X; しかし反面では、次の点も併せて指摘されるべきであろう。「ある言語を所有することによって観念の練り上げが条件づけられる限り、また言語がすべての独自の、他とは混同されない歴史的特性を持っている限り、観念と人間の知識は何か時間の外にあるというものではなく、時間の中に浸りきった人間共同体の経験の結実であり、同一共同体の個人ですら自らの語る意味内容を正確に他人に伝えられるとは言えないのであるまいか」(丸山圭三郎著『ソシュールの思想』岩波書店、1981、147頁)。
(23) Durkheim, E., *L'evolution pédagogique en France.* 2e ed., 1969(小関藤一郎訳『フランス教育思想史』普遍社、1966). Paulsen, F., *Geschichte des gelehrten Unterrichts.* 1921, Unveränderter photo mechanischer Nachdruck. 1965. Habermas, J., *Strukturwandel der Öffentlichkeit.* 1961.(細谷貞雄訳『公共性の構造転換』未来社、1973)
(24) Bourdieu et Passeron(1970)p.23.
(25) Bourdieu et Passeron(1970)pp.22-23.
(26) Bourdieu, P.,(1966)p.866.
(27) Habermas, J.,(1961)S.44.
(28) *a. a. O.*, S.57.

(29) P. ヴァレリー、河盛好蔵訳『詩学序説』(世界の名著66、中央公論社、1980) 475頁。
(30) Habermas. J., *Umgangssprache, Bildungssprache, Wissenschaftsprache.* 1977. in : Kleine politischen Schriften 1981. S.341.
(31) Bourdieu, P., (1966) p.894.
(32) Bourdieu et Passeron; (1970) pp.28-35
(33) *op.cit.,* p.39.
(34) Bourdieu. P., (1966) p.893.
(35) Bourdieu et Passeron (1970) pp.39-41.
(36) Mauss, M., *Les technique du corps.* in : Sociologie et anthropologie. 4e ed., 1968. p.368.
(37) Bourdieu et Passeron (1970) pp.46-47
(38) *op.cit.,* pp.47-50.
(39) *op.cit,,* p.51.
(40) Habermas, J., *Moralentwicklung und Ich-Identität.* 1974. in : Rekonstruktion des historischen Materialismus, 1976. SS.67-68.
(41) Bourdieu et Passeron, (1970) p.52.
(42) Marx, K., *Das Kapital.* Dietz Verlag. Erster Band SS.49-85.
(43) Bourdieu et Passeron, (1970) p.53.
(44) なお、第一次教育労働と第二次教育労働とのちがいについてブルデュー＝パスロンはさほど明確な定義を与えているわけではないが、本論ではおよそつぎのように理解している。教育労働の一般的特性が程度の差があるとはいえ、子どもの形成・変換作用(action)にあるとすれば、第一次教育労働とは、子どもの多様な実践状態にある養育過程における潜在的な形成作用を基調とするのにたいして、第二次教育労働は、制度化する教育行為によって意識的合理的に子どもを変換し、再形成していくはたらき(fonctionnement＝職務)を基調とする。第一次教育労働が多様な実践状態において子どものうまれおちた文化的な慣習的行動(pratique)に規制されながら、基本的には両親と子どもとの関係を子どもの内面において超自我と自我との関係に変換しながら身体を形成する作用である(Cf : Bourdieu, P., *Le sens pratique.* 1980)のにたいして、第二次教育労働は、社会的に優越する、ゆえに社会的に承認されて言語的に合理化され計画化される教育行為が支配的になる点で、第一次教育労働とは異なるのである。要するにここでのちがいは、前者が「身体」を主要な変換対象とする傾向があるのにたいして、後者が支配的な「言語」を主な変換対象とする傾向にあるといえよう。Bourdleu et Passeron (1970) p.53.
(45) *op.cit.,* pp.58-59. Oevermann, U., *Sprache und soziale Herkunft.* 4. Auf. 1977. Quasthoff, U., *Sparachstruktur-Sozialstruktur.* 1978.
(46) Habermas, J., (1977) *a. a. O.* SS.342-345
(47) Bourdieu et Passeron (1970) pp.59-66
(48) *op.cit.,* pp.67-70.
(49) *op.cit.,* pp.70-71. Barel Y., *La reproduction sociale.* 1973. pp.485-499.
(50) Durkheim, E., *Educatton et Sociologie. 1922. L'éducation morale,* 1925.
(51) Bourdieu et Passeron, (1970) p.25, p.70. Chevallier, J., et Loschark, D., *Science admministrative.* Tome 1 1978, pp.435-480.
(52) Bourdieu et Passeron, (1970) p.233. Cheva-llier et Loschark, (1978) pp.407-409. Haber-mas, J.,

(1977) SS.358 -361. Fournier, J., *Politique de l'education*. 1971. pp.59-177.
(53)　Bourdieu et Passeron, (1970) p.47. Derselbe, *Grundlagen einer Theorie der symbolischen Gewalt*. Übersetzt von Moldenhauer.E., S.45.
(54)　Bourdieu et Passerbn, (1970). p.74.
(55)　*Ibid*., p.231. Durkheim, E., (1938) pp.22-34.
(56)　Bourdleu et Passeron, (1970) pp.71-72. M. ウェーバーの場合も、教会の宗教的な慣習の歴史から、「教育制度の特性が、常設の専門的団体の出現を契機とすること、このような職業的に専門化した組織によって、その養成、補充、資格付与が規制されること、そして制度内部に自己の正当文化を正当に教授しうる独占権」が樹立されることをみていたのである (Weber M., *Gesammelte Aufsätze zur Religionssoziologie*. I. 1920. 徳永恂訳「宗教的現世拒否のさまざまの方向と段階の理論」〈浜島朗・徳永恂訳『社会学論集：方法・宗教・政治』青木書店、2005〉)。ブルデュー＝パスロンは、こうした制度化し、専門化していく実践活動の面と、特定の専門的職業集団の利害が発現する面とを、「一定の実践として自己自身を編制していく自律化作用 (autonomisation)」とみる。そして、このことが、一つには、専門化する法律家団体に顕著にみられるような、《自治領域》(*domaine autonomie*) としての権利の獲得の過程、もう一つには、聖職者集団の構成において特徴的にみられる、宗教の《合埋化過程》をともなうと指摘する。そして知的な審級においても、「芸術・技術が構成されてくる過程は、それが相対的に自律する精神的・芸術的な領野の構成に相関し、同じく、教育制度の構成も、相対的に自律する教育労働の構成に相関する」というのである。
(57)　Richter, I., *Bildungsverfassungsrecht*. 1977, SS.155-182 SS.232-265. Nevermann K., *Der Schulleiter*. 1982. S.278. Heckel, H., u Seipp, P., *Schulrechtskunde*. Fünfte Auf. S.101. Guillemoteau, R., et. Mayeur. P., *Le personnel de l' éducation nationale*, 1970.
(58)　Bourdieu et Passeron, (1970) pp.81-82
(59)　*Ibid*., pp.82-83.
(60)　*Ibid*., p.238.
(61)　*Ibid*., p.274. Chevallier et Loschark, (1978), pp.329-402.

第9章　教育制度の支配的構造と文化的再生産

1　はじめに　問題の提起

　大づかみにしてみると、教育制度は人びとの社会統合をはかるうえでの、有効な社会装置とみなされる[1]。この見方に対して、パーソンズに代表されるアメリカの構造＝機能主義が積極的な役割をはたしてきたと言えよう[2]。しかしながら、構造＝機能主義の主張では「価値の共有にもとづく社会統合、つまりコンセンサスの問題に心を奪われてしまうあまり……教育が、社会の均衡状態を維持していくうえで、人びとが適切にふるまうように、動機づけていく手段とみなされてしまう。……たとえ、均衡の概念を動態的に解釈するにしても、このことを、そのまま高度産業社会にあてはめるわけにはいかない。高度産業社会では、社会変動が支配し、そこでは『コンセンサス』や『統合』などということは、ごく漠然といえるにすぎない」からである。

　それに、教育政策の決定にあっても、社会的目的について、当然意見のちがいはないという含みで立案されるが、しかし、社会科学がかかわる問題には、「政治的、社会的な利害の鋭い対立があり、こうした葛藤が、あまりにしばしば偽装されることになるのである」[3]。だから、教育制度が問題にされる場合には、静態的均衡理論にとどまってはならず、変動する社会状況をうつしだす視座が確保されている必要がある。

　限られた論述でこれまでの教育制度研究の多くをレヴューするわけにはいかないので、その主なものに絞って次のように要約してみる。まず第一に、T.

シュルツに代表される「人的資本論」(Human Capital Theory)[4]の展開であり、この理論からは、人的資本の保護、教育制度の収益性と効率、高等教育の量的拡大と経済成長に与える効果という一連の機能主義的研究が生じた。第二に、「人的資本論」の反面をなすのであるが、「教育制度の選別機能論」の展開であり、ここからは、教育制度の機能障害と浪費、教育機会の不平等、能力にみあった機会の保障という一連の教育構造をめぐる政治的な高学歴取得の問題が提起された[5]。そして第一の、投入＝産出モデルによる教育制度理解では、教育内部の「ブラック・ボックス」でどのような教育活動がおこなわれているかがわからないことから、第三に、子どもが帰属する階級差と学業成績との相関性についての解析がおこなわれる。ここでは、教育制度研究の技術官僚主義的な、成績主義的な見解への批判を通じて、「教育制度の組織化と権力支配の問題」と、さらには教育制度内部の日常的な行為が検討される[6]。これとあいまって、第四に、文化の性格と文化伝達の過程を明らかにしながら、日常的な教育コミュニケーションにおける文化伝達の重要性が浮彫りにされる。「社会と選別」という問題をこえて、「文化または知識の管理または支配の構造」が研究の対象とされる[7]。

こうした教育制度研究の変遷について、P. ブルデューは次のような彼特有な見解を示す。たしかに一方では、文化相対主義的に見れば、社会の経済成長に及ぼす教育制度の直線的かつ一義的な関係の、経済技術主義的な把握は、教育制度の比較研究を救う一定の役割をはたした。しかしこの場合、一定の階級関係の構造によって特徴づけられた教育制度と、教育制度以外の他の下位体系とのあいだの差異的な形態が検討されることがないのだ。

そしてもう一方では、教育制度をもっぱら社会化や文化化で把握する立場も、世代から世代へ伝達される一定の《国民文化》に含まれる価値ヒエラルキーに閉じ込められてしまって、自民族中心主義的(エスノサントリスム)な普遍性にとらわれてしまう。

だから、教育制度のゆたかな比較の条件は、階層化した構造の諸機能がいろいろと変異するあり方（機能的貢献・poids fonctionnel）と、さまざまな教育制度の組織体とを、どのように関係づけて解明するかにかかっている。……一定のモデルの精緻化、つまり、機能構造と組織化構造とのあいだの関係と、

このモデルの特殊歴史的な事例としての変化過程とが、集団と階級の勢力関係からきり離されてはならないのである[8]。

この章では、P. ブルデューとJ-C. パスロンに従って、教育制度に内在し、また外在する諸機能を集団と階級の勢力関係に位置づけながら、教育制度がいかに支配の構造に連関するかについて、一つのモデルを提示することにしよう。それというのも、教育制度を社会構造との連関で分析するためには、教育制度がいかに支配の構造に連関するかの分析視角を得るためのモデルを不可欠とするからである。

2　ブルデュー＝パスロンの分析視角

はじめに M. アルバックスにしたがって教育制度の史的分析の一般的視角を呈示しておこう。

> 「すべての社会機能と同じく教育は一定の精神をもち、それが教育計画、教育内容、教育方法に実現されることになり、他方では、物質的な構造である一定の身体をもつことになる。教育は部分的には精神の表現でありながら、他方では精神にはたらき返し、時には精神に対立してその範囲を示すのである。……それは教育の機関(organ de l'enseignement)が、各時代ごとに社会構造の他の制度や慣習、信念、偉大な思想傾向などと緊密な関係をもつからなのである。しかし、教育の機関はそれ特有の生活、相対的に自律的な発展をするのであって、その発展の過程の中において、旧来の構造の多くの特徴を保持しつづけるのである。教育の機関は、時には外部から加えられるさまざまな影響に対して、過去の伝統に支えられて自らを防御するが、いったんうまれてしまうと、その制度的な形態は時代を通じて、一種の惰性力(force d'inertie)によって、また新しい条件にうまく適合することができることによって、存続する傾向にある。こうした観点からみると、教育の組織体(organisation pédagogique)は変化に対しては教会そのものよりなお抵抗し、より保守的、より伝統的であるように思われる。なぜなら、それは、新しい世代に対して旧来の

過去に根ざした、一定の文化を伝達するという機能を果たしているからである」[9]。

アルバックスがここで明らかにしていることは、要するに、文化伝達機関としての教育制度に特有な相対的自律性である。しかし、この相対的自律性も、階級関係に内在する構造の分析を怠れば、それが果たしている機能の意味を明確にできなくなってしまうし、また、この自律性ゆえに隠されている教育制度の依存性も理解されなくなってしまうのである[10]。

だから教育制度研究の視座は次のような論点を見逃すわけにはいかない。つまり、教育制度は、（i）社会階級の権力関係と象徴関係にどのように繋がり[11]、それらのあいだの構造の維持にどのように繋がっているのか、また（ii）こうした諸階級のあいだでの「文化資本（capital culturel）の分配構造」にどのように関連しているのか、という二つの論点である[12]。

図9-1は、ブルデュー＝パスロンによって示された「学校の特性とその規定要因の体系」を表した見取り図であるが[13]、まずこれを説明しながらしだいに上の課題に接近することにしよう。

どのような子どもも、ある一定の家族状況の中に生まれてくるのであって、必然的にある社会階級の特定の文化の中で生をうけることになる。したがって、自分が帰属する出身階級を成長の基礎にするが、この図では、大きく社会的・学校的に規定され、融合する諸要因の体系をそれぞれの学校段階で示している。つまり、初等教育で融合する段階＝楕円（A_0）、中等教育で融合する段階＝楕円（A_1）、高等教育で融合する段階＝楕円（A_2）が示されており、そして最後に、到達階級の属性＝文化資本と社会資本の獲得された融合段階・楕円（A_3）が示されている。

とくに、どのような子どもであっても、出身階級の特質（appartenance de classe d'origine）がいずれの教育段階にも規定要因を及ぼす諸関係が示されている。しかし、出身階級文化の要因は、教育制度の内部にあっては、次第に影響力を失っていき、これにかわって学校という特有の規定要因が階級的属性を再変換させていく傾向が次第に強くなるのである。

例えば、楕円（A_0）これ自体、誕生から初等教育修了までの期間をさすが、

これを基礎にして、学校教育段階で落ちこぼれることがなければ、惰円(A_1)と惰円(A_2)の変換形態の段階を経て、最後の到達段階である惰円(A_3)に達する。ただし、惰円(A_3)の段階では、教育制度の行程で変換されてきた出身階級の新たな属性と、学校卒業後に到達される階級属性との、可能的相関が示されていることに注意がはらわれるべきであって、高学歴の獲得とその社会的効用の関係は、あくまで可能的相関に留まるのである。さらに、惰円の上の矢印の「再変換過程」と惰円の下の矢印の「進路決定過程」、そして点線の矢印、これらの記号はいずれも可能的な「成功と失敗」を含む可逆的な関係、あるいは変換過程を示しているのである。

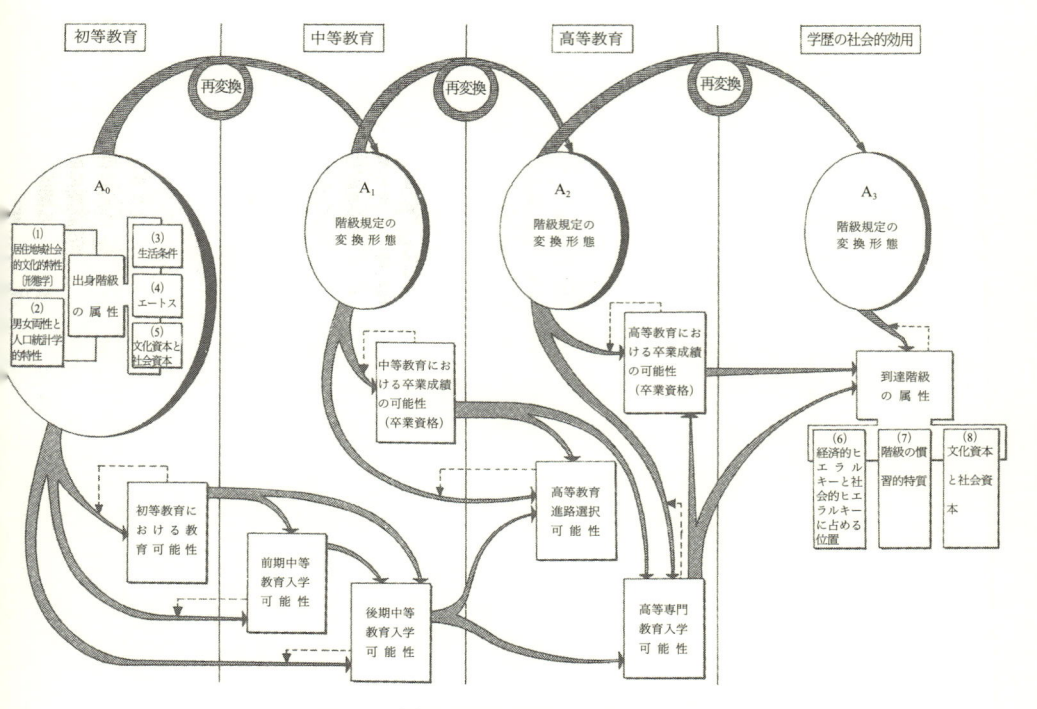

図9-1　学校の特性とその規定要因の体系

つぎに階級的帰属を規定する個々の要因を説明しておこう。

(1)の居住地域・社会的文化的な特性とは、一般的には、文化的な諸価値が集中する場所(例えば、知識階級が集中する場所)とか、学校や公共文化施設が近くにあるかどうか、というような地理的隔たりを指すが、要するに、帰属する集団と学校や文化との関係が地理的にも精神的にも近いか否かを意味している。

(2)の男女両性と人口統計学的な特性とは、問題となる人が家族内部でどのような位置にあるか、家族そのものの大きさはどれほどか、家族がどのような階級に属しているか、そこでどのような特殊性が見られるかである。

(3)の生活条件とは、端的には両親の職業が安定しているか否か、例えば昇給の見込みがあるかどうかということが、子どものための文化資本の投資を大きく左右する。また家族の労働環境とか労働条件、これに対比される余暇の利用の仕方も重要な要因である。

(4)の意味でのエートスとは、学校とか文化に対する集団または階級としての価値のおきかた、または文化的しくみ(disposition)をいい、学校での教育と訓練、学校の権威をどのように認めるかに現われる。これは結果的には、(7)の階級的慣習的特質(habitus)を形成するものであるが、個人においては主観的期待(例えば、入学、学業成績、卒業)などにあらわれる。そして、これ自体、集団または階級の言語的なもの、文化的な様式に根ざしており、教育がはたらきかけるのは個人のこのエートスに対して向けられるのである。とはいえ、この要因だけが実体的に理解されてはならない。あくまで(3)生活条件を基盤として、(5)文化資本・社会資本を獲得していく慣習的特質との相関で理解されなければならないのである。

したがって(5)の文化資本と社会資本も、一定の社会構成体の集団と階級に位置づけられないことには、全くの抽象となってしまう。これらの資本には、(4)のエートスの素地となる「認識に先立つもの＝センス」や「言語資本(capital linguistique)」を基礎にもつ「社会関係資本」、言い換えれば、「威信・奨励(褒めたり・励ましたり)の資本」(capital des relations sociales et de prestige ou recommandations)が含まれている。具体的に言えば、とりわけ、子どもに知的関心を持たせ、「支配的な文化を教える学校」に向かわせ近づける「知識・情報」

が重要なのである。

　どの子どもにあっても、特定の言語的なもの、特定の文化的なもの、さらには特定の成育の過程を媒介として、同時代人と共にもつもの、つまりあらゆるコード（その時代の知覚・推理・思考・行動などの関係様式）を暗黙のうちに身につけさせることが大事なのである。こうして、身につけたコードを媒介にして、ある社会の、ある時代の、またある階級の特定の文化の意味理解をはかり、特定の言語として、特定の行為として自らを表現していくこと。こうした表現行為こそは、言語コミュニケーション能力を高めることになる。

　コミュニケーションが成立するためには、思考内容を形象化する操作と、形あるもの（signifiant 言語・記号・象徴）を手がかりとして思考内容（signifié）を再構成する相手の操作とが、共通のコードに基づかなければならない[14]。そのため、「伝達者」（encoder）はコミュニケーションの内容を「記号化」（encode）して形あるもの（message）にする。「相手」（decoder）はそれを「記号解読」（decode）して内容を理解する。こうして「記号化」の操作と「記号解読」の操作とは同じ共通の「コード」に準拠しながらおこなわれる。そしてこの「コード」には、伝達する内容を構成するための「記号」がどのような内容をあらわしうるかということ、そして「思考内容」を「記号」に構成していく選択および結合の規則が規定されているのである[15]。

　だから、表現行為がうまくできるかどうかは、こうしたコードの選択と結合の規則の的確な習熟にかかっており、こうしたことは、言語・象徴・文化をコードとするコミュニケーションには共通に妥当するのだ。

　こうした次第で、意味解読のコードこそは、社会的に特有なものであり、階級に固有な慣習的特質（ハビトゥス）やエートスに強く規定されている。だから、子どもが成育の過程で慣れ親しんでいく文化は、帰属する集団と階級によって種差的であり、一定の社会構成体において階級的または階層的ヒエラルキーが規制する要因でもあれば、子どもが身につけるエートスも、文化的しくみも、慣習的特質も、子どもを価値序列的に種差化していく要因にもなる。

　この限りで、さまざまな文化が近代以前には、身分的に継承されたのであるが、《国民統合》をはかる近代公教育制度の成立では、支配的文化を確立していく過程（文化資本の成立の過程）になっていたし、支配的文化の伝達および

分配の機構として機能してきたし、現在も機能していると言えよう。つまり、学歴市場(アカデミック・マーケット)を基礎にして成り立つ「文化資本」という現象が生じることになり、これが種差的な文化を支配し、価値優劣の傾向をたかめることになるのである(16)。

しかし、後にみるように、この文化資本が、経済資本のようにそれ自体「利子」を生む自立した形態でとらえられてはならない。たえず社会的な制約をともなうのであるが、しかし、そうした制約をともないつつも、教育制度は文化資本分配の機構としての社会的機能をはたすのである。だから大ざっぱな表現をすれば、初等教育は、子どもの帰属する集団と階級の慣習的特質からきり離し、子どもをあらたに国民文化に適合する言語理解と言語操作に慣れさせ使いこなすことができるようにしていくことになる。むろん、ここには新しく形成されない子どもが残るのであるが、にもかかわらず中等教育は、初等教育で形成された慣習的特質を変換し、支配的な文化および技術への習熟をはかることになる。同様に高等教育は、支配文化の専門語、理論的モデル、専門的な熟練を達成していく(17)「文化資本」を習熟させるのであり、これが教育制度の「制裁・報償」(サンクション)を規定している主要因になっているのである。

次の(6)～(8)は、それぞれに(3)～(5)に対応しており、教育制度がこれらのあいだを媒介していく関係にある。(3)の生活条件に対して、教育制度によって変換され、社会的に獲得された、(6)経済的ヒエラルキーと社会的ヒエラルキーにしめる地位の達成である。つまり教育制度の過程で得られた、「社会的地位達成のための手段の獲得」である。それはまたそれで、教育制度の行程の速度と、経済構造と社会構造における地位と、特にさまざまな領域の正当性(légitimité)に対する地位および、権力関係における地位(relation de pouvoir)との相関の結果として把握される。

また、(4)のエートスは、教育制度を通じて(7)の到達階級の慣習的特質に転化される。これには、以前の出身階級に対する関係と過去の学校経歴に応じる関係、到達された階級への帰属性に対する関係が含まれている。最後に、(8)の文化資本と社会関係資本(象徴資本)は、形態的には、出身階級の文化資本ならびに社会関係資本と同じであるが、教育制度内部の文化資本の分配量に応じて、異なるものとなる。端的な例としては、公共的に認可された資

格としてあるが、文化資本としての価値序例は、教育制度内部のいかなる機関を利用したかによって規定されることになる。(6)〜(8)の要因については後の叙述がより詳しく明らかにすることであろう。

3　文化資本と社会再生産——フランスを事例に

　前節でみたように、教育制度を出身階級の属性と到達階級への属性との相関関係から把握しようとするならば、「社会階級または階層」の区分がまずおこなわれていなければならない。ここでは次の三つのカテゴリーで区分する。
　第一に、下層階級(classes populaires)であって、一般に、農業労働者(salarié agricole)、農民(agriculteur)、工場労働者(ouvrier)、小売業者(petit commerçant)によって占められ、上層文化からしめだされているカテゴリーである。
　第二に、中間階級(classes moyennes)であって、ホワイトカラー(employés)、中小企業経営者(artisan-commerçan)、中間管理職員(cadre moyen)など広い階層部分を含んでいる。いわゆる完全に上でもなく完全に下でもない階層(シヒト)として規定される新中間階級も含んでいる。
　第三に、上層階級(classes supérieures)であって、支配階級の諸分派層である高級官僚(cadre supérieur)専門職従事者(profession libérale)、大企業経営者(patrons de l'industrie et du commerce)によって占められるカテゴリーである。
　こうした三つのカテゴリーは、うえで言及した階級特有の「慣習的特質」あるいは「文化的しくみ」が相互に異なり、他方では、同じ階級内では同じような慣習的特質で結ばれているとみることができる[18]。
　図9-2はいささか古いのであるが、1966年のフランス後期中等・高等教育に在籍する学生の、出身階級ごとの各学部および専門機関にしめる比率をグラフで示したものである[19]。このグラフが明らかにするように、高等教育における各部門と後期中等教育において占めるそれぞれの階級差は歴然と示されている。社会の階級的ヒエラルキーが、ほとんどそのままに高等教育における各部門と後期中等教育に在籍する学生の量に反映しているのである。
　高等教育への需要に応ずる学歴市場で、何ゆえにこのような現象が生ずるのであろうか。そしてこの場合、初等教育も含めて、教育制度はそれぞれの

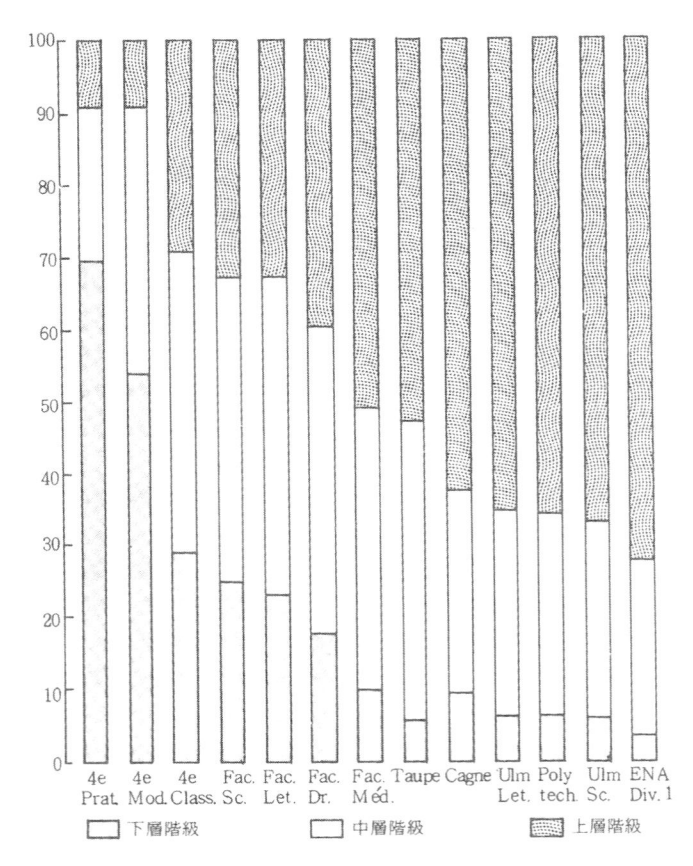

248　第9章　教育制度の支配的構造と文化的再生産

図9-2　後期中等・高等教育における学生の出身階級

凡例：□ 下層階級　□ 中層階級　▨ 上層階級

4e Pratique：技術リセ ⎫
4e Moderne：近代リセ ⎬ 註1977年以降は，職業教育リセ，技術リセ，普通リセ
4e Classique：古代リセ ⎭
Fac. Sc.　：理学部
Fac. Let.　：文学部
Fac. Dr.　：法学部
Fac. Méd：医学部
Taupe　：理工科学準備クラス
Cagne　：高等師範学校準備クラス
ENA　：国立行政学院
Polytech：理工科大学
Ulm Let.：高等師範学校文科
Ulm Sc.：高等師範学校理科

階級差に対してどのような機能をはたしていると言えるのであろうか。これらのことが次に明らかにされなければならない。

ブルデューは文化的な活動、例えば、図書館に行くこと、美術館に行くこと、演奏会に行くこと、劇場に行くこと、こうした活動や「文化財」を手に入れることを「文化的消費」とみる。そして、この文化的消費（有形無形）が階級によってかなり異なることを分析している。とりわけ、これら文化的消費は、親の教育水準が、高くなれば、それだけ多くなり、文化的な活動が活発になることを指摘している。こうした文化的な活動は日常的には広い範囲に及ぶが、端的に言えば先の階級の「慣習的特質」の違いによって異なったものになるのである。

　だから、おとなには些細のようにみえても、「慣習的特質」の違いに繰り返し接触する子どもにとっては、それは文化的志向の基盤となり、子どもを支えるおとなの側での態勢（ディスポジション）の一つとなっている[20]。しかし、「こうしたことのすべては文化を獲得してきた人びとに属している」ことなのである。

　また「こうした態勢は、アカデミックな文化の獲得を前提にしてのこと」であり、「成育過程では知覚しえないお手本の見習いから成し遂げられるのである」。それに、「文化財を文化財としてもちうるためには……ただそれを解読することができるコードを保持する人びとだけが獲得しうる」のである[21]。

　他方、文化的に最も不利な状態にある階級の文化的消費は、きわめてわずかしか消費されないが、この階級に属する子どもは、すでに学校以前に文化的に消極的な態勢に組み込まれてしまっている。第一に、階級的に分化した社会にあっては、さまざまにありうる生活様式、話し方、行動様式が、優位する支配的なそれらの様式からして、何ら価値をもたないとされる。第二に、さまざまに異なる生活様式のなかで、物質的・文化的に乏しい生活を余儀なくされている人たちは、たいていは生産様式においても低くある生業に従事した人たちか、あるいは合理的に編成されないままの生業に従事した人たちであり、ここでのネットワークでは、支配的な文化に乏しく、また価値評価も劣った文化のように見られがちである。だから、そうした生活環境におかれた子どもたちは、自らの文化に自信を持って慣れ親しむこともできずに、かれらの成育過程からつくられる言語的な、文化的な資質が育成されることが不十分なのだ[22]。

　ところで、すでに学校以前の段階で文化的しくみがこのようにちがう

とすれば、「一定のハビトゥスをたえず形成していく」教育の労働(travail pédagogique)が加えられても、どの子どもにも同じ効果をうむとはいえない[23]。つまり前の節でふれたように、子どもの「階級的帰属を規定する要因」と学校教育が形成しようとする「慣習的特質」とが、連続的、同質的、同じ方向性をもつものであれば、そこでの教育の行為は子どもにきわめて促進的な効果をもたらすであろう。しかし二つの文化に少なくとも文化的な断絶が含まれるならば、必ずしも同じ効果を期待することができないのである[24]。

　こうして「制度化された教育行為(action pédagogique)が形成していくことは、教育の受け手がどの程度、教育権威(autorité pédagogique)を認め、教育コミュニケーションの文化コードにどれほど習熟しているか」によって異ってくるのである[25]。

　このこと自体はきわめて単純な相関であるかのように見えるが、しかしここには単純に処理できない問題が含まれている。つまり、一定の社会構成体にあって、制度化された支配的な教育行為が形成していくさまざまなことがらは、以下のI、IIの要因の相関の関係から把握されなければならないのである。

　まずIであるが、一集団または一階級に特有な教育エートス(l'éthos pédagogique)、すなわち、これ自体二つに分かれるのであるが、(a)　一集団または一階級に支配的な教育が、その制裁・報償(サンクション)を通じて形成する価値と、(b)社会におけるさまざまな市場が、そこでの制裁・報償(サンクション)を通じて、(a)で形成されたものに付与していく価値、こうした(a)と(b)の二つの価値の内面化をはかるものとして、教育制度の文化的しくみが態勢化するのである。

　そしてIIであるが、(a)さまざまな集団または階級に帰属する家族によって教えられた恣意的文化(arbitraire culturel)と、(b)支配的な教育行為によって教えられる恣意的文化との、(a)と(b)との隔たり、または連続として、内面化されていく「文化資本の価値」、次に、成育家族から継承される「諸文化財の価値」、こうした二つの面から「文化資本」が形成されるのである。

　以上のI 教育エートスと、II 文化資本とによって、教育行為の成果が測定されなければならないのである[26]。

　しかしながら、現実の初等教育と中等教育とは、制度内部に樹立された「制裁・報償(サンクション)」(能力・才能・成績)を通じて、事実上、教育可能なものに対し

てだけ教えていくことが可能になる。その一方では、この教育を成り立たせている文化資本と教育エートスを学んでいない階級の学び手は、学校制度から脱落し閉め出されることになる[27]。

だから、こうした選別の機能は、次の意味で正当に機能していることになる。すなわち、第一に、正当な教育労働は、「公平な文化または普遍的な文化という形をまといながら」被支配階級の子どもに対して教育を受けさせることになる[28]。第二に、正当な教育労働は秩序維持の機能をはたすのであるが、このため、大なり小なりさまざまな規律(disciplines)と検閲(censure)の内面化をはかり、これらを「自己規律」(auto- discipline)とし「自己検閲」(auto-censure)までに高めるのである。第三に、支配文化の正当性をすべての子どもに教えると同時に、その反面では、被支配階級の恣意的文化の非正当性(illégitimité)を教えることにもなるのである[29]。

こうして制度化された教育労働は、以前の文化的しくみを自己抑制させ、また変換させていく。いわば、時代の必要とする「不可逆的な文化的しくみ」(disposition irréversible)をつくり出していく、「不可逆的な過程」としておこなわれる[30]。すなわち、子どもが拠り所とすることができる社会的な良好な条件がとりはらわれてしまっても、子どもは学校文化に同一化していかなければならないのである。

一方、高等教育が成立するためには、その教育にふさわしい受け手が確保されなければならない。教育の受け手において、高等教育が稀少価値化する傾向を免れることができないのも、次のような規定要因に支えられてのことである。

すなわち、第一に、支配階級の成員内部で、最も威信が保てる学歴を保有しようとする傾向は、この階級の権力と特権の享受を学問的な裁可によっても正当化をはかろうとする傾向に一致すること(the best establishments and the best departments)。第二に、子どもの教育の過程に資本を多く投下していくことは、社会的地位を再生産していくうえでの戦略体系(system of strategies of reproduction)に組み込まれていくことになる。この結果第三に、「かつての伝統的な経済資本、家系、社会関係資本の世襲的な相続」と同じように、学歴取得が機能することになるのである。つまり、教育制度という近代化された

「文化的、教育的メカニズム」を通じて、「文化資本」が配分され、「合理化された遺産」として生産されていくのである。

これらの規定要因を考慮すると、「教育機会の均等」が「きわめて民主的な選別方法」として機能していることが理解でき、「才能と能力と成績」とが、近代の法人格にきわめて適合したものであることがわかるのである[31]。

以上のことを学歴市場の法則からみれば、支配階級のそれぞれの階層は、一般的には、「子どもの社会的成功」、「支配階級としての地位」を維持するために、子どもの教育に可能な限り投資する。「文化資本が最大の収益をあげるように学歴市場に投資する」のである[32]。しかし、学歴市場への投資は、必ずしも高等教育での成功、つまり学問的な成功を保証するわけではない。だから、「文化資本」に対する対応は、次のように分かれる傾向にある。

第一に、経済資本にゆたかな階層は、生活様式をたかめかつ助長していく限りで、また経済資本と同じように収益率が高い限りで、教育と文化に多くを投資する。しかし、高等教育から得られる保証は、リスクが高いほどに収益をもたらさないために、経済投資にくらべ、教育・文化投資がさしひかえられる[33]。第二に、文化資本にゆたかな階層（教育職層・インテリ・芸術家）は、彼らの社会的地位、および卓越性を学界、芸術界が認める徴表によって示すほかない。だから子どもの教育に対してより多く投資し、彼らの固有性を維持し、増やすために、文化的に多くを消費することになる[34]。

こうした二つの傾同は、図9-2でも裏づけられている。つまり、徹底した高等専門教育をおこなうグラン・ゼコールの学生の大半は上層階級出身であるが、その中でも「国立行政学院」(E. N. A)と「理工科大学」(Polytechnique)は、先述の第一の階層出身の学生によって占められているし、「高等師範学校文科と理科」(Ecole Normale Supérieure lettré et scientifique)は、第二の階層出身の学生によって占められることになっているのである[35]。

かくして、次のことが明らかになる。第一に、学歴市場での価値は、一般的には、教育制度内部で付与される文化資本の分配量に応じて高まっていく。したがって、教育制度内部にすでに階序化した「制裁・報償（サンクション）」が成立していること。しかし、第二に、経済資本と権力を保有する階層は必ずしも文化資本を享受することに執着するとはいえない。だから学歴市場での価値体系は、

経済資本と権力の価値体系に必ずしも一致するとはいえない。こうして、第三に、経済資本の再生産のメカニズムは、文化資本の再生産のメカニズムから相対的に独立して働くことになるのである(36)。そうだするならば、どのような意味において相対的に独立しているといえるであろうか。それは、支配的な階層が、経済資本と権力に対しては多くを投資するが、文化資本に対しては相対的な位置をしめている点から説明できる。つまり、反面からみれば、教育制度がもっぱら自己の「制裁・報償(サンクション)」を及ぼしていくことができるのは、学歴を取ることのほかに頼るべきものがない階層、特に中間階級に対してこそ最も有効であるからにほかならない。

「教育制度は……中間階級の学歴取得しか頼るべき何ものももたない層に対して、また高学歴取得をかけて子どもに教える層に対してこそ教育機会を与えるのである」。そして、「大学卒業資格(ディプロマ)は、家族(身分)からなんら『経済的な、社会的な資本』を相続できない人たちにとっては不可決な資格なのだ」(37)。また、支配階級の支配層の子どもは、「学問の価値が相対的価値しかもたないこと、このことがわかる適切な場所に位置している」。つまり、同じ学歴資格といっても、経済資本あるいは社会資本(特に家族から相続されるような人脈という資本と権力につながる名誉)との関係から有効であったりなかったりするのだから、教育制度の価値規範は、学歴市場の外では、結局のところ、「支配的な権力によって客観的に制約」されざるを得ないのである。

こうして教育制度内部の制裁・報償(サンクション)も学歴資格も、その外では、経済的価値と象徴的な価値の効力に依存し、「社会資本に豊かである層は、学歴を使うマーケットに応じて自由に使ったり、使わなかったりできるのである」。とくに、「経済的、政治的、行政的権力をもつ特権階層は、高等教育からほとんど独立している」のである(38)。だから、卒業資格は、学歴市場の外では、あくまで相対的な意味しかもたない。しかし、何ものももたない階級の子どもにとっては「合法化された遺産相続」(legitimate heritage)としてはたらくが、もてる階級の子どもにとっては「選択的な保障」(optional guarantee)となるにすぎないのである。

4　教育制度の正当性と文化・知識管理

　前の節では、教育制度が学歴市場において、次のような機能をはたしていることを見ることができた。第一に、近代的に「合法化された遺産」を相続できたものと、できなかったものに選別する。第二に、この機能が、新たな合理的な階級構成に少なからず関与する。第三に、教育制度は、こうした業績主義的(メリトクラティック)な資質を形成していく限りで、外部からの正当性に支持されている。しかし、第四に、教育制度の文化資本の分配は必ずしも経済資本の分配と権力構造の構成に一致しているわけではない。かくて、こうしたことから帰結することは、「能力・成績」以外に何ら「資源」をもたない人びとに対して、教育制度は、一種の「最終上昇手段」(resort)と「再挑戦の機会」(revenge)を合法的に提供するということであった。

　それでは、こうした社会的機能は、教育制度(審級)において、どのように関係し合い、何がこれらの関係を結節しているのであろうか、そして、いかなる組織化がはかられるのであろうか、最後にこれらの点が明らかにされなければならない。

　すでにみたように教育制度は、その「制裁・報償」(サンクション)を通じて、一つには、社会的資格を保証する「才能・成績・技能」を形成すること、二つには、秩序維持の機能をはたす「自己規律」と「自己検閲」の資質を形成することであった。教育制度が制度として維持されるためには、この「制裁・報償」(サンクション)が維持されなければならず、これが維持されうるためには、教育制度の相対的自律性が確保され、またこの限りで、正当性も保証されることになった。

　だが、教えられる人びとに対して、こうした「制裁・報償」(サンクション)を及ぼしうるのは、"教える"(inculquer)という固有な機能に基づいてであって、また、このことが可能になるためには、教えていく内容があらかじめ一定していなければならない。それは「ある社会の基準的な文化を維持し、伝達し、教えていくために専門的に編成された制度としての教育」が成立することであり、「教育制度の構造と機能」があげてこうした「社会の基準的な文化を維持し、伝達し、教えていく」ことにあるからである。だから、共通の知覚、思考、評価、そして行為をつくり出しうる、正当な内容を専門的に編成しなければならない。

このことを歴史的に遡れば、教育の内容から「異端文化」がとり除かれていく過程に符合していることを見て取れる[40]。この過程において見られることは、正当な教育内容として「承認(consecration)を求める競争」がしばしばひきおこされたのであった。一方には、「文化を創造するものが主張する個人としての権威」(autorité de la personne)[41]があり、もう一方には「教えるために必要とされる制度的な権威」(autorité institutionnelle)とがあって、「文化的な正当性」をめぐって争われることになったのである。

　こうした確執を通じて、「教育と訓練に責任を負う文化の管理者たち」(conservateurs de la culture, responsable de l' apprentissage)が成立し、彼らが「文化を創造するもの」(créateur de culture)をしりぞけていく。こうして「文化の管理者」は自己の制度的な権威を確立すると同時に、正当に組織された制度をも確立してきたのである[42]。

　したがって、教育制度の文化的な根拠は、次の点にあることになる。つまり、教育が制度化されれば〔国民教育〕、共通の思考、知覚、評価そして行為を形成していくことを目標に掲げなくてはならず、このために、正当な教育内容を共通に教えていくことは、文化そのものが、制度的に形成されていくことになる〔国民文化として〕。

　このことはまた次のことを意味する。多様な社会的条件にある諸個人が、同じ教育内容で形成されることになり、同じようにプログラム化された内容が、諸個人において、歴史的に再生産されていくことこれである。ここでは、教えられる内容そのものが、その発生の由来から切断されて、それ自体自立化し、教育の主体となるのである[43]。

　さらに、教育内容として再生産されていくことができるためには、教育の方法と、これをおこなう専門職員を要するが、これらの成立以前に、「教育内容」から「文化の創造者」が非正当性の名のもとに退けられていなければならない。同時に、「文化の管理者」が正当性の名のもとに確立していくことになる。すなわち、「過去の知的な創造者から遺された文化を永続化し、伝達する任務を負い、……この文化のモデルに従った慣習行動(プラティーク)を公衆に教える任務を負い、また、正当文化の領域と異端文化の領域とを系統だて、一方を基礎づけ、他方を制限して」いくというような、こうした「文化管理」の確立である[44][45]。

これによって教育内容が定形化され、教育制度はもっぱら教えるという固有な機能に専念することができる。なぜなら、教育制度内部ではたらく作用は、直接に「文化的な恣意性を形成するというより、既存の文化を再生産していく一定の恣意性」であるからである[46]。

「『文化財』（Kulturgüter）とみなされる一定の業績(ライスティング)に対して、特別に接することのできる人間の集団」[47]が、教育のうけ手を選定し、そしてその内容を教えていく「権力」をたくわえていく。さらには、こうした権力に基づいて、制度内部の「制裁・報償(サンクション)」を永続化させることができる。

しかしながら、このような「文化管理」は、社会勢力の文化的正当性をそのまま映しているのではない。「これら外在する諸要求を再解釈する権力」としてのみありうるのである。デュルケムが「外からの諸要求を再解釈し、自己内部の論理に合わせて組みたてられる権力」としてみていたものと同じなのである[48]。かくして、教育制度の相対的自律性とは、「文化管理」または「集団と階級の文化管理」をあらかじめ含んでおり、前の節の「文化資本の分配構造」に重ね合わせれば、文化と知識の分配機構として機能するのであり、またそれゆえ、分配機構の管理および支配の構造に結節されていることが明らかになる[49][50]。

このような支配の構造こそ、われわれが直接に目にふれることができないように包みかくされている。なぜなら、この構造が、教育制度を社会的に中立であるかのように装わせ、このために教育制度の自律性が保証されているからである。

それでは、次に「外からの諸要求を再解釈し、自己内部の論理に合わせてくみたてられる権力」は、どのように社会諸勢力と接しているのであろうか。この点をいま少し詳らかにしてみよう。

すでに明らかのように、教育制度の自律性は、支配階級の諸利害を越えて成り立つわけではない。教育制度の自律性は、次の三つの機能に限り成り立つものでこれら以上には決して与えられていないのである。つまり、制度として維持されるための必須の要件として、(i)教えるという固有な機能、(ii)一定の文化を保存していくという機能、最後に、(iii)社会秩序を維持する機能、これら三つの機能に限られているのである。そうであるとするなら、これら

三つの機能はどのように関係し合っているといえるであろうか。

それは、(i)と(ii)の機能が同時的に、また正当に実現される限り、制度として維持されることができ、制度として維持される限り、歴史的・社会的条件を介して、(I)社会秩序(統合)を可能にし、また、(II)階級間への文化資本の分配を可能にするという関係にある[51]。

しかし、この関係が、単に既成秩序の維持ということのみに理解されてはならない。むしろ積極的に、正当性にうらづけられた「知的な教育と道徳的な教育の統一」を「制裁・報償(サンクション)」を通じて、教えていくのである[52]。

なぜなら、自律する教育制度の運営には、すでに、独自の権限が与えられ、その正当性が承認されているからである。と同時に、この独自の権限から、特殊な行為能力(aptitude)がひき出され、これが中立性の観念(一般利害と公共性)をまとい、先の支配の構造に結節しているからである。

こうして教育制度の相対的自律性が、法治国家(Etat de droit)の装置としてくみ込まれるとき、国家の教育職員(agent)として成立し、中立性の観念ゆえに、社会から独立しているかのような外観をとる。このため、教えるという固有な機能を積極的に展開することができ、また、自己内部の論理に合わせて、「制裁・報償(サンクション)」を強めていくことができるのである[53]。

それでは、このような国家装置としてある限り、教育制度内部の授権関係(デレガスヨン)はどのようにあり、教育の審級はどのように組織化されるのであろうか、この点の論理機制をたどることによって、しめくくりにかえよう。

まず、教育制度が、現実に教えるという行為をなしうるのは、次のような二つの要件を維持していくことによってである。第一に、一定の設置基準のもとに最小限の経費で整備された施設において、大量の教育の受け手に対して、継続して、均質的でしかも持続力のあるハビトゥスを形成していかなければならないこと。第二に、教育制度は文化再生産を通じて、社会的再生産の効果をあげていかなければならないのであるが、この場合、外部から委託された、一定の文化の原理に即応するハビトゥスを形成していかなければならないこと、この二つである。

要するに、第一は、制度化された教育が行われる条件であり、第二は、教育制度による社会的再生産機能であるが、これら二つは、教育制度内部で、

専門的な職員を養成していくことにおいて結ばれ可能となるのであり、このため「教職員の永続的な団体(コール)」が成立する(54)。

この団体の成立によって、教職員が連続的に補充されることが可能になるとともに、「同質的な養成と均質な資質が与えられていく」ことになる。そして、「こうした専門職員は種別化され、規律化」されていく。

ここでは、「制度上授権された領域」と「命令されない専門領域」に権限関係が区分される。「教育制度は、この職員団体に有能な資質を補給していかなければならない」のである。また、「知性と徳性の統合」がはかりうるように、諸条件を整備していかなければならないのである(55)。

このように、教育制度が均質の学校運営(travail scolaire)とその制度的な正統性(orthodoxie)を保証することになれば、ここに配置される教育職員は、同一の方法で同一の教育をおこなう責任を負託される。と同時に、教育内容、教育のうけ手、学校運営、教職員、これらに対する「原則的取り扱い」が決められる。そして、「学校での活動内容が規則化し、同質化し、系統化される」(画一化された学校文化(ルーティネゼ))(56)。

上でみたように教育制度には文化的、社会的再生産が委託されている。このため、一定の文化を形成していく制度として自己を再生産しなければならない。したがって、自己内部で職員の養成を独占的に行うことになる。つまり、制度内部で継続的に養成されてこそ、公認の学校の公認の職員でありうるのであり、また、これら養成はいずれの他の領域にも許されないのである。このような相対的な自律性内部で行われていく惰性的な自己再生産起動因(tendance à l' autorepropduction)があってこそ、内部的に制度が制度として維持されることができるのである。そして他方では、この起動因が含まれているから、外在する文化変化が直接にうけとめられるのではなく、一定の遅れをともなって受けとめられ、それが再形成されていく〔学校文化による文化変化の遅滞現象〕(57)。

教育制度は、当然とはいえ、制度に固有な正当性に根拠をおいて教育行為を組織する。学校事象にかかわる行為としては正当な、特定された行為としておこなわれる。しかし、正当性が成り立つ根拠は問われることがない。正当性が成り立つ根拠とは、制度内部に生ずる、象徴的にしかあらわれない権

力性(violence symbolique, symbolische Gewalt)であり、これがなぜ象徴的な形態をとるかという問題である[58]。

このことは、制度内部に、一方では、正当性への承認がつくり出されると同時に他方では、象徴的な権力を否認(méconnaissance, Verkennung)していく制度的な条件がつくりだされる機制にかかわる。事実、教育権威(autorité pédagogique)の授権は、二段がまえで行われる。つまり、もともとは一部の教師に属していた権威が、すでに近代的には、制度上の教育と訓練に責任を負う権威に糾合されているとするなら、この権威の授権は、まず独自の「学校権限」(autorité scolaire)への認可として行われ、次に、このような権限を、すべての職員が「教育権威」として分掌するという形式で与えられるのである。

要するに、このような学校と職員の審級相互において、学校権限を職員の教育権威として承認し、同意をはからせる制度的保証が確保される一方で、個々の職員の人格または力量に基づく教育権威ゆえに、総体としての学校権限がありうるかのような外観が出現する。ここでは学校権限という制度的保証とその正当性の委譲が、象徴的な権力が否認されることによって、それら関係の切断がはかられるのである。このため、制度化された教育行為には、あたかも職員の人格的権威以外には何らの根拠も要しないかのように成り立つ条件が保証されるとともに、制度に外在する再生産機能には無縁であるかのような学校および職員の自律性が与えられることになる。

これゆえ、職員のその都度の正当性の確認は、もはや必要性とはならず、彼らの職務権限(autorité de fonction)は自ずと認可され、むしろ積極的に展開されなければならなくなる。

こうして、学校経営を可能とする「委任された権限」の根拠が見失われていき、先の「制裁・報償(サンクション)」を通じて、中立的かつ正当に、「知的なものと道徳的なものとの統合」を積極的に展開することが価値づけられていくのである。ここにおいても、管理機構に位置づく学校管理権と、自己の論理にくみかえた支配の構造〔「文化資本分配」「文化管理」〕との接合をみることができるであろう。

かくして学校は、「相対的自律性がもたらす効果とともに、市民社会につながれている」のであり、教育制度は、いかなる他の正当化のメカニズムよりはるかに巧妙に、そこでの成果とそのヒエラルキーの正当性を再び強制して

いくことができるのである(59)。

　この章を簡単にレヴューすれば、次のようにまとめることができるであろう。すなわち、社会統合をはかっていく教育制度がどのように支配の構造に連関するか、このことを「文化資本」の分配の視点から分析してきた。具体的には、教育制度による文化・知識管理を分析の対象とし、学校管理・経営が支配の体制に組み込まれていく様態を分析した。つまり、文化資本と社会的再生産、教育制度の正当性と文化・知識管理の連関を主要な分析対象にすえて、公共的な管理機構に位置づく学校管理・経営が文化を管理し、文化資本を分配していく支配の体制に組み込まれる様態を分析することになった。

　その結果、教育制度に内在するメカニズムについて、①教育行為(教育作用)、②教育権威(権限)、③教育労働(実践と活動)、④教育制度総体、以上四つの審級のそれぞれの接合関係の特質に連動していることが明らかにされた。

　次の章においては、この教育制度に内在するメカニズムがさらに「オートポイエーシスとしての教育システム」として高度に展開されることになる。

[注]
(1) Durkheim, E., *Education et Sociologie*. 1922.
　　―― *L'Education Morale*. 1925.
　　―― *L'Evolution pédagogique en France*. 1938.
(2) Parsons, T., "The School Class as a Social System: Some of its Functions in American Society." in *Social Structure and Personality*.(武田良三監訳『社会構造とパーソナリティ』)
(3) Karabel, J. and A. H. Halsey, "Educational Research: A Review and Interpretation," in *Power and Ideology in Education*. 1977 pp.3-6(潮木守一、天野郁夫、藤田英典ほか抄訳『教育と社会変動』東京大学出版会、1980)。なお偽装について Maurice Duverger はいう。「政治権力もしくは国家は広く教育を利用して統合を増大させる。時として、国家を掌握する集団と階級の支配を偽装するための偽りの統合に利用する。……教育はほとんど常に、偽装の機能と並んで真の統合機能をはたしている」(Introduction à la politique. 1964 p.301.)
(4) Schultz, T. W; "Investment in Human Capital" *American Economic Review 51* (March 1961)in *Power and Ideology in Education*. pp.313-324.
(5) Karabel と Halsey によれば、次のものをあげている。
　　P.M. Blau and O.D.Duncan, *The American Occupational Structure*. 1967.
　　J. S. Coleman et al., *Equality of Educational Opportunity*. 1966.
　　C. Jencks et al., *Inequality: A Reaseessment of the Effect of Family and Schooling in America*. 1972.
　　J. Floud, A. H. Halsey and F. M. Martin. *Social Class and Educational Opportunity*. 1956.

(6) Collins, R., "Functional and Conflict Theories of Educational Stratification." 1971. in Power and *Ideology in Education*. pp.118-136. S. Bowles and H. Gintis. "I. Q. in the U. S. Class Structure" in *Power and Ideology in Education*, pp.215- 232.
(7) Bourdieu, P., et J.-C. Passeron. *La reproduction*: Eléments pour une théorie du système d'enseignement. 1970. *Die Illusion der Chancengleichheit*: Untersuchungen zur Soziologie des Bildungswesens am Beispiel Frankreichs. Übersetzt von Barbara u. Robert Picht. 1971. Bourdieu, P., "Reproduction culturelle et reproduction sociale, "in *Informations sur les sciences sociales*, X, 2.pp.45-79. "Cultural Reproduction and Social Reproduction "in Brown, R., *Knowledge, Education and Cultural Change*. 1973. pp.71-112. "Kulturelle Reproduktion und soziale Reproduktion Übersetzt von Eva Moldenhauer in *Grundlagen einer Theorie der symbolisden Gewalt*. 1973. SS.89-137.
(8) Bourdieu, P. et J.-C. Passeron "La comparabilité des systèmes d'enseignement." in Castel et Passeron (1967, éds), *Education, developement et democratie*. pp.22-48. Bourdieu(1970), La dépendance par l'indépendance. pp.209-211. Bourdieu(1973), pp.71-73.
(9) Maurice Halbwacks. *Introduction à Evolution pédagogique en France*. par Emile Durkheim. 1969. pp.1-3.(小関藤一郎訳『フランス教育思想史』普遍社、1966)
(10) Bourdieu(1970)pp.233-234.「一定の社会構成体の教育制度は、まず階級関係の構造……に環元してみないことには、本当の機能をみきわめることができない、内的な運用の論理を社会的維持という外的な機能に結びつけていく権能を明らかにできない、……この関係に結ばれている組織化の様式も、また教育制度の公共性も何ら明らかにできない」。
(11) Bourdieu は象徴的にしかあらわれない権力について次のように定義している。「自己の力の基礎となっている社会勢力関係を包みかくすことによって、意味表現(signification)を強制し、この意味表現を正当なものとして強制していくあらゆる権力を象徴的な権力(pouvoir de violence symbolique)とすれば、こうした象徴な権力は、この社会勢力関係の上に自己の固有な勢力、まさしく象徴形態的な勢力をつけ加えていくのである」と。Bourdieu, (1970) p.18. *Grundlagen einer Theorie der Symbolischen Gewalt.*(1973) S.12.
(12) Bourdieu,(1973)p.71.
(13) Bourdieu,(1970)"La carrière scolaire et Le système de ses déterminations" dans graphique de le maintien de l'ordre. in *Reproduction*. pp.112-113
(14) Saussure, F., *Cours de linguistique generale*. Edition critique préparée par Tullio de Mauro. pp.13-197.(トウリオ・デ・マウロ著、山内貴美夫訳『「ソシュール一般言語学講義」校注』而立書房、1976)
(15) Martinet, A., Élément de linguirtique générale. 1970. Prieto, L., Messages et Signaux. 1972.
(16) 「文化資本」とは、ほぼ次のように定義できようか。つまり、成育家族から継承した諸文化財の価値、帰属する集団と階級から教えられた恣意的文化の価値、そして教育制度に支配的な教育行為から得られた恣意的文化の価値、これら三つの価値の総体と。Bourdieu(1970)p.46.
(17) たとえば Kuhn, T. S., *The Structure of Scientific Revolutions*. 1962.(中山茂訳『科学革命の構造』みすず書房、1971)における「通常科学」(normal science)の習得である。
(18) Bourdieu(1970)pp.90-129. Bourdieu(1973)p.104.
(19) Bourdieu(1970)p.260. p.116. Bourdieu pp.111-112. Bourdieu, P. et J.-C. Passron, *Les héitiers*. 1964. なおこの表の技術リセ・近代リセ・古典リセは1977年以降、職業教育リセ・技術リセ・普通リセに編成しなおされた。

(20) 「子どもの教育はささいなことで満ちみちている。しかし、これこそが本質的なことなのである」。Mauss M., "Rapports réels et pratiques de la psychologie et de la sociologie." 1924. in *Sociologie et Anthropologie*. 4e éd. 1968. pp.281-310.
(21) Bourdieu(1973)p.82.
(22) *Ibid.* pp.73-83.
(23) ここでの「教育労働」とは次の意味で用いられる。「教育行為の継続的な慣習行動を通じて、文化的恣意性の原理を内面化し、定着させ、それと同時に、一定のハビトゥスをたえず形成していく労働である。」〔3〕「継続しておこなわれる教育労働が、ハビトゥス、つまり知覚、思考、評価、行為のシェーマの体系を形成していくからには、教育労働は、集団と階級の知的なそして道徳的な統合に関与している」〔3.1.3.〕。Bourdieu(1970)pp.46-50.
(24) Bourdieu(1973)p.80.
(25) 「教育権威」については次のような脈絡で理解されるであろう。「一般的に、すべての教育コミュニケーション関係において、教育内容の恣意性が生ずるとはいえない。……しかし、この場合、一定の教育コミュニケーション関係において、恣意的な文化の教育力が達成されないことには、固有教育的な作用を生み出すことができない〔1.2〕。また象徴的にしかあらわれない権力にとっても、自己に固有な作用を生み出すことができない〔1.1〕。この二つのことから、教育行為はその社会条件として、自らの権威化をはかる。こうした教育権威に責任をもつ審級が相対的に自律した形態をまとっていく〔2〕。そしてこの場合、強制する恣意的権力が、教育の権威として認められるためには、それが正当性に基づく権威でなければならないこと。そして教育権威として承認されるためには、この権力が正当性にもとづく強制する権限(droit d'imposition)という形態で現われるのである〔2.1〕。こうして、一定の教育権限を与えられた教育行為は、恣意的文化の様相を偽装していくのであり、このことによって、強制する正当な審級であることを承認されるのであり、またそれが教える文化が正当な文化として認証されるのである」〔2.2〕。Bourdieu,(1970)
(26) Bourdieu(1970)pp.45-46.
(27) *Ibid.* pp.52-58.
(28) *Ibid.*(3.2.2.1.1)
(29) *Ibid.*(3.2.2.1.2)
(30) *Ibid.*(3.3.3.1.1)
(31) Bourdieu(1973)pp.84-85.
(32) *Ibid.* p.92.
(33) *Ibid.* pp.92-96.
(34) *Ibid.* pp.92-93.
(35) *Ibid.* p.94.
(36) *Ibid.* p.86.
(37) *Ibid.* pp.96-98.
(38) *Ibid.*
(39) *Ibid.* p.99.
(40) 「いかなる社会でもあるときには競争し、あるときには同調しあう多くの社会的諸勢力が存在している。こうした社会的諸勢力は、自己の政治的、または経済的な権力を理由として、またこうした勢力がもうける制度的な保証を理由として……自己の文化的な規範を認識

のかなり広い部分にまで強制し、こうした事実そのことによって(ipso facto)、一定の文化的な正当性を要求する。このことは、社会的勢力が自己の作品のためにつくり出す文化的正当性であろうと、別の文化からつくり出された作品の正当性であろうと、また社会的勢力が教育していくそうした作品や態度の正当性であろうと何らかわりがないのである。社会的諸勢力が相対立し、正統性(orthodoxie)保持の主張がされるとき、承認されていくのは正当性の主張なのである」。Bourdieu, P., "Champ intellectuel et Projet créateur" in *Les Temps Modernes*. Novembre 1966. No.246, p.888.

(41) 「知識界(シャン・アンテレクチュエル)では、……文化的正当性を主張するさまざまな審級(アンスタンス)がみいだされる。……正当性を主張し、正当化をすすめるこの審級は、アカデミー、学会、……教育制度のような正当化とコミュニケーションの審級である」。Bourdieu, *ibid.* p.892.

(42) *Ibid.* pp.893-894.

(43) Bourdieu, P.,(1970)p.233.

(44) Bourdieu, p.(1966)p.893.

(45) M. Weberも次のように裏づけている。「ある政治共同体において共同行為を指導する力をもつ集団は……勢力威信の理想的情熱にみたされ……『国家理念』(Staats-Idee)に特有な、もっとも信頼すべき担い手(トゥレーガー)であることは、おのずと明らかである。……こうした集団に対して……政治的形象(politischen Gebilde)のなかば……物質的な、なかば理念的な利害が加わり、……何ほどか理念に特権化した階層(シヒト)が加わる。こうした階層は、なによりも、そこでの政治的形象にかかわる人びとのあいだにひろまった特定の『文化』の特殊な『関与者』(Teilhaber "einer spezifischen" Kultur)であると自負する階層にほかならない」。Weber, Max, *Wirtschaft und Gesellschaft*. Fünfte, revidierte Auf. 1976. SS.527-528. § 5. Nation.(浜島朗訳『権力と支配』みすず書房、1954)。

(46) Bourdieu(1970)pp.70-71.(4).

(47) Weber, M.,(1976)*Ibid.* S.530.

(48) Durkheim, E.(1938)pp.22-34. Bourdieu, P.,(1970)p.233.

(49) 「支配はおおかたのゲマインシャフト行為できめて重要な役割をはたしている。たとえば言語共同体においてそうである。……そればかりではなく、とりわけ『学校』で行われる支配となると公共的な学校言語の種類や優位性をきわめて持続的かつ終局的に型にはめていく(Weber, M., *Ibid.* S.541)。

(50) 次の限りでは、教育の行為は象徴的な権力である。まず一定の意味表現が、恣意的な選択と排除という操作によっておこなわれ、こうした意味の限定化が客観的に操作された選択」であるかのように価値づけられ、これが教育の行為によって再現されていく場合である〔1,2〕。Bourdieu, P.(1970)p.20.

(51) Bourdieu(1970)p.235.

(52) *Ibid.* pp.237-238.

(53) *Ibid.*

(54) *Ibid.* pp.70-73.

(55) *Ibid.* p.73.

(56) *Ibid.* p.74.

(57) *Ibid.* pp.76-77.

(58) *Ibid.* pp.77-83. *Grundlagen einer Theorie der symbolischen Gewalt*. übersetzt von Eva Moldenhauer.

(1973) SS.80-87.
(59) Bourdieu, P. (1973) p.84.

第10章　オートポイエーシスとしての教育システム

1　はじめに

　教育システムを社会理論的に検討することによって教育の意味を省察^{リフレクション}していくのには、当然のことながら、教育がひとつの社会的過程のなかにあることを前提にする。であれば、教育を社会理論に内属するシステムとして把握できることをも前提とすることである。
　というのも、ニクラス・ルーマンの言を借りれば(Luhmann[2002 : 198＝2004 : 271])、社会全体^{ゲゼルシャフト}は、少なくとも、教育に信頼が寄せられて再生産されていくための基礎条件となっており、したがって、つねに、その時々に実践される教育の改善可能性を信じる気持が再生産されていくための条件でもあるからだ。したがって、そこでの社会理論が単に〈民主教育〉や〈愛国心教育〉というようなイデオロギー的なポジションを提示するにとどまることなく、理論的な要求に応えようとすれば、社会理論的な教育にかかわる概念的な整合性が要請されることになるのである。
　のみならず、このような概念的整合性が成り立つには、現代の複雑な教育事象にかかわってすでに記述されたことの新たな記述、〈すでに記述されていることの記述〉が記述方法においても整備されていく必要がある。それはむろん、単なる繰り返しの記述を言うのではない。単なる繰り返しということは、厳密に言えば、そのような記述は不可能なのである。こうしてまた、新記述において可能となる変化の程度は、すでに記述されていることとの関連

が明らとなることから、この再記述は無制約であるわけにはいかないのだ。

　このような再記述によって、さまざまの記述の連続性が再構成されていくことになる。そして、その連続性は、教育の対象がもつところの自己言及性によって保持されることになるだろう。それにより、この概念は、これまでの伝統的な論理的・存在論的形而上学の枠に収まることなく、唯一の存在、唯一の真実、そして、それらを管理する唯一の論理があるという前提をくつがえすことになる。

　さらには、従来の主体理論から自己言及的システム論への移行によって、多かれ少なかれ疑問の余地あるさまざまの「哲学的人間学」から区別されて、〈自己言及的個人〉という概念によって、この再記述に関わる変化の含意と範囲が示されることになるのである。

　なかでも、再記述に関わる範囲に注意を払ってみれば、主体理論から自己言及的システム論に移行することは、超越論的に必然視されていた主体の〈自由〉にかえて、システム自身の生み出す未来の不確かさ(ウンゲヴィスハイト)が経験されることになり、主体の〈自由〉が不定性(ウンベシュティムハイト)によって置き換えられることになるのである。

　それと同時に、当然、因果性の扱いも変化することになる。つまり、因果性の扱いの変化とは、それが経験的な条件に関わることでは変わりないが、問題はいまや「システム動態(ダイナミックス)」に関する知の水準からすると〈因果的な効果は予測不能である〉ということになるのである。

　ルーマン流の表現からすれば、「起動因をシステム内部に求めることはできても、その展開には際限がないのである。また、偶然によって思いがけない展開が見られ、その効果を起動因のせいにすることができない場合もある。それというのも、偶然によってはその効果が再現不可能であるためである」（Luhmann[2002：200＝2004：273-4]）。

　こうした再記述を取り入れた教育学は、主体概念や超越論的要素を放棄することになるのであって、ここにいわゆる、自省理論(リフレクツィオンテオリー)（あるいは「自己言及理論」）という概念を取り入れることになる。ルーマンにしたがって、教育学を〈教育システムの自省理論〉と名付けるとすると、この自省理論は具体的には、教育学が自己を教育システムの諸目標、諸制度と同一化することであ

る。そればかりかその理論はまた、社会システムが成層的分化から機能的分化へと移行するにつれて、そこに生ずるすべての重要な機能システムの形成が、構造的かつ意味論的なさまざまの変化の、社会学的に注目すべき、多くの相関の一つであることを明らかにするのである。

現状では、学術システムにおける専門分化によって、教育学と社会理論に距離があるにしても、その一方が他方のなかに姿を現わすのだから、これは直接のコミュニケーション関係が形成されうるのでありその関係は変わりうることだろう。そうなれば、そのような関係のパートナーがまじめに向き合い、相手を他者として認めることができるか、どうすればできるか、問われることになる。それは、自分の意見を押しつけることだと解されてはならないが、まじめな議論への期待として理解されなければならない。

そこでは、社会理論は、自己が記述したもののなかに踏み込んでいく。そうすると、社会理論と教育学は同一の文脈で向き合い、社会理論が教育学についての理解を修正し深めることになり、教育学が社会理論の自己記述構想をもはや度外視できず、いままでより強い影響を及ぼし合うことになるのだ。この点を踏まえることによって、以下の叙述では、教育システムの自己言及システムに焦点をあてつつ記述していくことになるだろう（Luhmann[2002：202＝2004：276]）。

2　システム概念の変化

システム（system）概念は、邦訳すれば〈系〉とか〈体系〉と訳されるが、西洋ではかなり古くから用いられてきた。「システム」の語源は、ギリシア語のsyn（共に）とhistēmi（置く）とが合成された語systēmaに由来すると言われている。ある対象をシステムとして、すなわち、「部分が結合して構成される全体」として認識するとき、それをシステムと表現してきたのである。その部分を要素といい、要素の結合の仕方をシステムの構造とも表現してきた。

また、以下に図示しているように、一定の要素をシステムとして認識すれば、対象が階層構造をもつシステムとして認識できるようになるのである。システムの概念は、〈全体は部分より成る。全体は部分に依存して、部分は全

体を前提として存在する〉という、古代ギリシアにおける認識にまでさかのぼる。

　アリストテレスは、〈全体は部分の寄せ集め以上の存在である〉と述べているが、しかしながら、この認識は、全体を部分に分解することによってより統一した理解が得られる、という還元主義のもとであげた近代科学の大きな成果にかくれて、20世紀に至るまで科学的方法論の一つとして確立されることはなかったのである（市川［1985：849］）。システムの原的なイメージは有機体（生物）にあり、それが一方では機械へと、他方では社会や心理機構へと一般化されてきたのだ。

　科学的方法論としてシステムの概念を復権させたのは L. von ベルタランフィであった（Bertalauffy［1968＝1973］）。生物学者であった彼は、単一の部分または過程を調べる生物学におけるそれまでの方法では生命現象についての完全な理解には到達できないとして、1920年代に〈組織体についてのシステム理論〉を掲げ、一般システム理論 general systems theory を提唱したのであった。

　ベルタランフィは、自己維持する要素の関係のネットワークを、「有機構成（organization）」と呼び、生命、認知、社会等々のさまざまな領域で有機構成を見出し、その有機構成の在り方を経験科学的に記述することを「一般システム論」の課題だとした（河本［1994：125］）。この理論はその後多くの研究者によって体系化が進められてきた。一般システム理論は個々のシステムがもつ個別性を捨象し、システムが一般的にもつ属性を抽出し、それを体系化しようとするものであった。一般システム理論はシステムを計画、設計、運用するための具体的技術を生みだすというよりも、システムについての統一した見通しのよい理解を与えようとするという意味で、システムについての科学という側面を担うものであった（市川［1985：849］）。

　ベルタランフィによれば、「システム問題とは本質的には科学における分析的な手法の限界の問題である」。どういうことかというと、この問題はしばしば、たとえば創発的進化とか「全体は部分の総和以上のものである」とか、なかば形而上学的な言葉でいい表わされてきたけれども、システム概念は、はっきりした操作的な意味をもつ問題なのだ。

これまでの「分析的な手法」からすると、研究するべきものはまず部分に分解せよ、しかるのち部品を一緒に組合わせて構成、あるいは再構成できる、ということであった。この手法は物質的にも、概念的にもどちらの意味でも理解されてきた。そしてこれが「古典的」科学の基本原理であって、この枠はいろいろちがう仕方で描いてみせることができる。

　たとえば単独にとりだせる因果連鎖へとものごとを分解すること、科学のさまざまな分野で「原子的」単位がさがし求められること、等々がその例であった。またそれには、分析的手法が適用できるには二つの条件がなくてはならない。第一は「部分」間の相互作用がまったく存在しないか、あるいは一定の研究目的にとって無視できるくらい十分に弱いことだ。この条件下でのみ、部分というものを実際的にも論理学的にも数学的にも「とりだして調べる」ことができ、それから「組みたてなおす」ことができる。第二の条件は、部分のふるまいを記述する関係が線形であることだ。そのときにのみ総和性の条件が満たされる、すなわち全体のふるまいを記述する方程式が部分のふるまいを記述する方程式と同じ形になり、部分過程をかさね合わせて全体過程を得ることができる、等のことが言えるのである。

　しかしながら、システムと呼ばれるようなもの、すなわち「たがいに交互作用をしている」部分からなるものではこれらの条件は満たされないのである。こうしたものの記述の原型は一組の連立微分方程式で、それは一般の場合には非線形である。システムもしくは「オーガナイズされた複雑性」は「強い相互作用」、あるいは「無視できない」相互作用、すなわち非線形の相互作用の存在によって区別されるのである。システム理論の方法論的な問題は、

【階層構造】
図1
図2
a
b

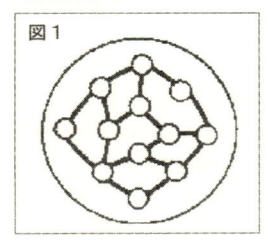

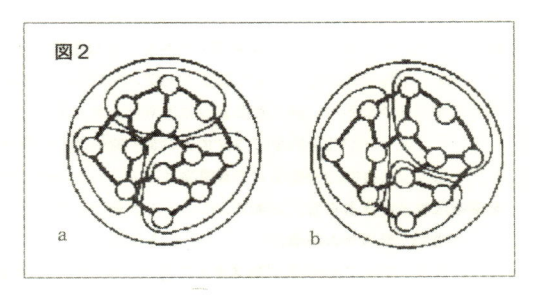

図10-1

それゆえ、古典科学の分析的―加算的な問題とくらべてずっと一般的な性質をもっているのである（Bertalauffy［1968＝1973：16］）。

　システム概念の理解をはかる一助として、ここでは市川惇信氏の示すシステムの「階層構造 hierarchical structure」を図示して説明してみよう（市川［1985：1371］）。

　図10-1の階層構造は全体と部分の関係を示している。対象をシステムとして、すなわち部分が結合して構成される全体として認識したとする。部分をまたシステムとして認識することを繰り返せば、システム／部分システムの関係のレヴェルが下方に積み重ねられていく。また、対象を部分システムとして含むより大きなシステムを認識することを繰り返せば、システム／部分システムの関係のレヴェルが上方に積み上げられていく。このようにして形成された、システム／部分システム関係の多段のシステム構造を階層構造という。

　生物、組織、人工システム、宇宙、概念、学問など人間の認識するすべての対象は階層構造をもつ。階層構造において下位および上位への積重ねを有限にとどめるために、最小要素と最大システムを規定する。最小要素は最下位のレヴェルであって、それをシステムとして認識することはしない。最大システムは最上位のレヴェルであって、それをサブシステムとするシステムの構造は考えない。最大システムを規定することを、システムの境界を定めるといい、最大システムより上位のシステムを一括してシステムの環境という。最小要素と最大システムを規定したとしても、その間の階層構造がひと通りに定まるわけではない。

　たとえば図10-1の1段の階層をもつシステムは図2のように2段の階層として、それもa，bのように異なるシステム構造として認識することができる。どのような階層構造として認識するかは、システムとしての認識の目的・手段・方法に基づいて最適に定めればよいことになるのである（市川［1985：1371］）。

　「システム」という着想は、生命の自律性を概念化しようという動機に端を発しており、自己組織化がいかにして可能かを説明することは、システム論の本来の課題である。だが自己組織性の説明は、二つの理論上の困難に逢着

せざるをえない。第一の(物理学的)困難は、自己組織化という現象は、エントロピー(無秩序性)の不可逆的増大を予測する熱力学第二法則に矛盾しているように見えるということである。第二の(論理的)困難は、自己組織化の説明が自己言及のパラドックスを含まざるをえなくなるという点にある(大澤真幸[1998:625])。

　これらの困難と対決しつつ、自己組織性を説明する可能性をもった理論は、主として、1970年代以降のシステム論の展開の中で提起されてきた。平衡から遠く隔たったシステムでは、秩序が生成されたとしても熱力学第二法則に必ずしも矛盾しない。プリゴジンによれば、非平衡システムはミクロな状態の揺らぎに対して不安定であり、そこでは、揺らぎの中からあるものが選択的に増幅され、システムに新たな秩序がもたらされることがある。この秩序を、プリゴジンは散逸構造 dissipative structure と呼んだ。

　非平衡システムでは、揺らぎの選択的な増幅のような、分子間の協働現象が見られる。こうした協働現象の法則性を探究する科学を、ハーケンはシナジェティクスと名付けた。協働現象の典型は、化学反応における自己触媒作用である。アイゲンは、自己触媒的な反応のサイクルを二重に含むモデル、ハイパー・サイクルのモデルを提起している。これらの理論は、システムが、ミクロな因子を複製する機構を備えており、かつその複製が協調的に増幅されるほどまでに不安定であるとき、自己組織的な秩序の生成がありうることを示したのである。1980年代以降のシステム論は、カオスの数理を武器に、複雑なシステムにおける秩序生成の原理の探究を深めつつあるのだ。

　自己組織システムの理論は、システムの構造の水準での自己言及性を扱ってきた。さらにすすんで、要素が要素を産出する自己言及的なネットワークとして構成されているシステムを、マトゥラーナとヴァレラはオートポイエーシス・システムと呼んだ。ルーマンは、コミュニケーションを要素とする社会システムを、オートポイエーシス・システムとして理論化している。自己言及性を扱いうる論理代数を考案しようとしたスペンサー=ブラウン(Spencer-Brown[1969:79])によれば、自己言及的システムでは、システムの内／外の差異がシステム自身の内部に「再参入」する。それゆえオートポイエーシス・システムは、システム自身の位置に視点をおいて捉えた場合には、入

力も出力ももたないことになる（大澤［1998：625-6］）。

　ところでイリヤ・プリゴジンは、イザベル・スタンジェールとの共著『混沌からの秩序』（伏見康治他訳、みすず書房、1987年、なお、原書名は La Nouvelle Alliance〔『新しい同盟』〕となっている）において、その副題を「科学の転身」（Métamorphose de la science）と表現している。

　この書における彼らの意味する科学の転身とはいかなることか。伝統的にみれば、自然科学は全称命題的に「時間を超越していると思われたもの」を扱い、人文科学は特称命題的に「時間の中に埋没したもの」を扱って、両者間の対立が長く続いたのである。物理学的にみても、力学の静的描写像と熱力学の進化のパラダイムとの対立があり、それに基づく記述描写の構成単位も両者においては対立してきたのである。

　プリゴジンとスタンジェールによれば、そもそも自然存在の基本は、多重なもの、時間的なもの、複雑なものであり、この世界の通例は不可逆性と乱雑性にある、ということだ。こうした時間的な不可逆性こそが、自然の中できわめて重要な働きをしており、ほとんどの自己組織化過程の根源にあることが発見された。プリゴジンらが言う「活性ある物質」という物質の新概念には、「物質が不可逆過程を生み、不可逆過程が物質を組織化する」という意味があって、そこには、「時間と永遠性の両方をもつ実在」としての理解があった（Prigogine and Stengers［1979＝1987：369］）。

　時間的な不可逆性にある生物的な要素の活動でも、その活動は全体との関係と相互の間の関係によってつくり出されるのであり、また同時にこれらの諸関係は、要素の活動が決まることによって逆に安定化されると言う（清水［1994：98］）。このようにシステムは多様な要素からできており、各要素は全体と他の要素の活動とにコンシステントになるように、多くの可態性の中からその活動状態を限定的に生成し、これが自己組織システムになることにほかならない。

　生命的システムが物理的な自己組織システムと異なっている点は、さまざまな表現を自己言及的につくり出すことができることである。多様な表現を自己組織することができるシステムの要素は、関係子と呼ばれ、関係子の間に多様性が生まれ、一つの表現を自己組織している諸要素が、次第に互いの

差異を明確にして表現を複雑化していく。そして、システム全体としてより高度な意味を表現したり、高い機態を出したり、環境の変化に対してより大きな安定性をもったりすることができる。

この場合には、初めにシステムの全体的な働き（全体的な表現）が大まかに決められ、次にその全体の働きをより複雑な表現に発展させるように、要素の働きの間に差異が自己言及的につけられていくのである（清水[1994 : 100]）。自己言及性と多様性という生命システムの大きな特徴が相互に結びついて、表現の自己組織が可能になっているのである。

これまで見てきたように、システム論の展開からしても近代の主観―客観の認識図式が破綻していることは明らかであろう。システム論的にみて、もはや「システム」を客観視することはできない。さしあたりここで現象学に目を転じれば、フッサールであれば「現象学的還元」へと転換するし、メルロ＝ポンティであれば主客分離以前の「客体的世界の手前にある生きられる世界」へと立ち戻ることだろう。メルロ＝ポンティはその遺稿である『見えるものと見えないもの』の「研究ノート」において繰り返し「相互内属性」を説き明かそうとしていた。

たとえば、時間における「過去と現在は Ineinander〔相互内属〕の関係にあり、それぞれが包み―包まれる関係にある」（Merleau-Ponty[1964 : 321＝1989 : 395]）。「生と共に、自然的知覚と共に、たえずわれわれには、内在の世界をしかるべき場所に据える手段が与えられている、この世界にはおのずから自律化しようとする傾向があり、……知覚がおのずから野生の知覚としての、……おのずから作用としてのおのれに眼を向け、潜在的志向性としての、〈……に内属してある（être à）〉としてのおのれを忘れる傾向にある。……」（Merleau-Ponty[1964 : 267＝1989 : 307]）。

「それはわれわれの志向的生活の Urgemeinschaftung〔根源的共同化〕であり、他者のわれわれのうちへの、われわれの他者のうちへの Ineinander〔相互内属〕なのである」（Merleau-Ponty[1964 : 234＝1989 : 254]）。

こうしてメルロ＝ポンティにおいても認識の態度変更が生じているのである。それは主体と世界との相互移入の内在性へと徹底することにほかならない。つとにメルロ＝ポンティが適切に言うように、「世界への自己の内属、も

しくは自己への世界の内属、他者への自己の内属および自己への他者の内属」が重要な認識契機となっているのだ（Merleau-Ponty［1964＝1989］）。

　かくて、このようなIneinander〔相互内属〕の世界こそ自己組織性の世界であり、システム概念の基礎でなければならないだろう。この前提条件を無視して、あるいは考慮することなく、従来、あまりにも安易に「システム」という概念が乱用されてきたのではないのか（池田［1993：22］）。システムとしての自己組織能力の世界は、むろん〈生きているシステム〉を捉える世界であるが、それは同時に、社会理論における構造、機能、意味などを〈生きているシステム〉として問い直すことにほかならないのである。

　それでは、いずれの立場にも共通していえる根源的な〈生きているシステム〉の原理的なあり方とは、いかなる形態をいうのか。池田善昭氏によれば、〈生きているシステム〉とは、〈場の情報〉形成と〈位置の情報〉創出とは、いわば情報の「集中性」（convergence）と情報の「放散性」（divergence）とのダイナミクスに基づいていると言う。

　人間は、社会という場からさまざまな情報を引き込み統合し、それぞれの視点からのパースペクティヴを形成してその情報を全体に放散し、「社会地図」ともいうべき新たな〈場の情報〉を創り出すが、その全体的な情報は再び人々にフィードバックされて、そのいわば「社会地図」の中の自己の適切な位置についての情報をまた新たに生み出す次第である（池田［1993：30］）。

　生命内的観点に立って世界を自覚的に眺めたときに、それは一体どのように見えるのだろうか。清水博氏はつぎのようにも言っている。自覚の本質は、自己が自己の状態を解決することである。西田幾多郎によれば、それは「自己が自己を、自己の内側に写す〔表現する〕こと」である。

　西田は意識内観点から世界を論理的に捉えようとしたが、その出発点となった「自己表現的システム」（self-representative system）という考えによれば、自覚の働きは"自己という画家が「自己」という一個の部屋の内側に立っていて、そこから見える部屋の全体像を、部屋の重要な部分としてその中に存在しているスケッチブック（自己）の上に描く行為"に相当する。内的観点に立っていることによる特殊な問題は、そのスケッチブックを含めてスケッチをしなければ、部屋全体をスケッチしたことにならないという点にある。

ここで「画家」は自己の主体的な働きであり、「部屋」はその画家が存在している場所としての自己であるが、それは外の環境と情報的につながっている。そこで感覚情報として環境から入ってくる信号は、その部屋の状態を変える。さらに場所の本質的な性質として、画家の働き、すなわち「画家」のスケッチの状態を反映して部屋の状態が変化してしまうことが指摘できる(清水[1994：102])。

3　オートポイエーシス概念の展開

　「オートポイエーシス」とは、神経システムの研究にかかわる生物学者H. マトゥラーナやF. ヴァレラにより創出された概念である(Maturana and Varela [1980=1996])。そして、この概念は社会学者ルーマンによって普遍的なシステム論へと一般化された(Luhmann[1984：1993；1995])。マトゥラーナは、同僚ヴァレラとともに体系的な理論生物学の構想を企てた。生命システムを、観察や記述の対象としてではなく、相互作用するシステムとしてでもなく、むしろ自己自身とだけ関係する自己包摂的単位体として規定したのである。

　というのも、この単位体を「外」から、つまり観察者から記述する観点では、システムそのものを特徴づける根本的条件をすでに破壊してしまっているかに見えるからである。端的に言えば、マトゥラーナとヴァレラによって指摘されたシステムの特質とは、自律的、自己言及的、自己構成的な閉鎖系であり、これが彼らの用語で言えばオートポイエーシス・システムに他ならない。

　システムの作動を説明する理論である〈自己組織システム〉は、システム集合の境界の変動を主題としたのに対して〈オートポイエーシス〉は、そもそも集合そのものがどのようにして設定されたのかを問題にする。マトゥラーナは、システムが要素を産出し、要素間の関係がシステムを再産出するという循環関係によって、同時に集合そのものが定まるとした。このとき作動の継続がシステムの本性となり、作動の継続がシステムの境界を定める。作動の継続を可能にする要素であれば、どのようなものでもシステムの要素となり、それぞれに異なったシステムとして固有の位相領域に実現する。

　マトゥラーナとヴァレラは、いわば位相学的(トポロジカル)な理論生物学を提起し、要素

とそれらの諸関係が閉鎖システムを構成するトポロジー、さらに根本的には、システムそのものの「観点」から全面的に自己言及的で「外」をもたないトポロジーを提示してきたのであった（Maturana and Varela[1980＝1996：3-4 編者による序文]）。

　ウンベルト・マトゥラーナはF. J. ヴァレラとの共著『オートポイエーシス』の「緒論」で、「生命の有機構成（organization）とはなにか」という問いに答えるべく、みずからの研究過程をつぎのようにふりかえっている。

　生命をシステムという自律的実体として理解するには、それがシステムとして自律性を保持できるよう、自律的システムを記述できるような言語が必要となった。システムを自律的実体として特徴づけるためには、生命システムを目的、目標、有用、機能などの概念から特徴づけようとする試みはすべて失敗に終るほかなかった。こうして自律性を、システム全体の作動の現象として把握できる説明方法をいくつか試み、最終的に、いわゆる自己言及システムと他者言及システムとを区別し、生命システムのようにみずからに言及する以外に特徴づけることのできないシステムと、コンテクストに言及することでしか特徴づけることのできないシステムとを分離することにした。すなわち生命システムで生じることはすべて、それ自身との関係から必然的、構成的に規定されて生じるのであり、なぜなら生命システムが自己言及によって単位体（unity）として規定されることこそ、その自律性のあり方だからである。

　一方、他のシステムで生じることはすべて、コンテクストとの関係から構成的に規定されて生じ、コンテクストとの関連からそれらのシステムは単位体として規定される。だから本当に必要なのは、生命システムとまったく同じように作動するシステムを特徴づけることであり、システムの構成素の特性により実現される、周縁的な関係を用いて行わねばならないことが明らかになった。生命システムとは、それ自身の構成素を産出する基本的な円環によって単位体として規定されるシステムなのである。

　かくして、「オートポイエーシス」という語の威力が理解されることになる。この語にはなんの前史もなく、生命システムに固有の自律性のダイナミクスにおいて生じている事柄を端的に指し示すことができた。この語の発明は非

常に価値あるものとなった。はるかにたやすく生命の有機構成について語ることができるようになったからである。

というのもオートポイエーシスの概念に体現されている基本的な関係は、「円環的有機構成」「自己言及システム」といった表現によって十分言い表わされているからである。私たちは伝統からまぬがれることはできないが、ふさわしい言葉を用いることによって別の方向づけを得て、おそらくは新たな視野で新たな伝統を生みだすことができたのである(Maturana and Varela[1980＝1996 : 17-30])。

ルーマンは、コミュニケーションを要素とする社会システムを、オートポイエーシス・システムとして理論化した。彼によれば、「世界は複雑である」のだが、システムは世界の複雑性(要素および要素間の関係の多様度)の縮減(Reduktion von Komplexität)を通じて環境から自己を区分する。したがってシステムの内部の複雑性は環境よりも低くあるのである。世界の複雑性は、システム／環境世界─差異においてはじめて把握されることとなる。そしてシステムは、世界の複雑性を縮減することにより、わたしたちの「学」は、学のシステムとして、複雑性を縮減していくシステムの様態をひたすら記述する使命をおびるのである。

このように、システム理論は、《システム》と《環境世界》との差異を起点とする差異論的アプローチによるものであり、社会システムとその部分システムはオートポイエーシス的なシステムとして理論化が試みられたのである。ではあらためて、社会システムのオートポイエーシスとはいかなることなのだろうか。

ルーマンによれば、もし生命がオートポイエーシスと定義されるならば、心的システムおよび社会システムもオートポイエティックなシステムとして同様に適用しうるのである。しかしながら、問題は、心的ならびに社会的システムの「構成要素」がなんであるか綿密に定義する際、ただちに困難に突き当たることである。つまり、心的ならびに社会的システムの再生産は、同じシステムの同じ構成要素により、オートポイエティックなシステムという統一体として回帰的に定義されるからだ。それにまた、心的システムおよび社会システムの場合には、その「閉鎖性」とはなにを意味することになるだろう

か。こうした問題に対して、ルーマンは次のように考えたのであった（Luhmann［1990：1-3＝1996：7-10］）。

　オートポイエーシス・システムは、構成要素の生産ネットワークの統一体として定義される。すなわち、そのシステムは、構成要素の相互作用をとおして、回帰的にそれらを生産するネットワークを生み出し、実現する構成要素を含んでいる。またそれら構成要素が存在する範囲において、そのネットワークの実現に参与する構成要素として、ネットワークの境界を形成する構成要素である。こうして、オートポイエーシス・システムは、たんに自己組織的なシステムであるというだけではなく、またみずからの構造を生産したり、システムの自己言及が他のシステムの構成要素の生産にも同様に寄与するのである。

　オートポイエーシス・システムをこのように理解することは、決定的な概念上の革新と言える。いわば、自己言及的マシンのパワフルなエンジンに、ターボをつけたようなものである。同様に、要素、すなわち、すくなくともシステム自体にとって分解不可能な最終的な構成要素（個体 in-dividuals）は、システム自身によって生産される。それゆえ、システムによって単位として用いられるいかなるものも、システム自身により単位として生産されるのである。

　このことは、要素にも、過程にも、境界にも、そしてまた他の構造にもあてはまり、もっとも重要なことは、システムという統一体そのものにもあてはまるということである。その際、オートポイエーシス・システムは、同一性と差異性の構成という点で、統治者といえよう。もちろん、このシステムは、システム自身の物質的世界を造るわけではない。このシステムは、たとえば、人間生活が、水分が流動する温度の一定の短い時間を必要としているように、他のリアリティのレヴェルといったものを必要としている。

　しかし、同一性と差異性として用いるいかなるものも、このシステム自身が造りだしているのである。いい換えれば、このシステムは、外部世界から同一性と差異性を取り入れることはできず、自己自身を決定しなければならないことに関する形式である（Luhmann［1990：3-4＝1996：10-11］）。

　社会システムは、オートポイエティックな再生産の特別な様式としてコ

ミュニケーションを用いる。その要素は、コミュニケーションであり、このコミュニケーションは、コミュニケーションのネットワークによって回帰的に生産され再生産される。このようなネットワークの外部ではコミュニケーションは存在することができない。コミュニケーションは、「生命体」に関する単位ではなく、「意識」でもなく、また「行為」でもないのだ。

　このコミュニケーションの統一は、三つの選択、すなわち情報、伝達、そして理解（誤解をもふくむ）の総合（ジンテーゼ）を要求する。この総合は、コミュニケーションのネットワークによって生産されるのであり、なにかある種の意識に固有の力によるのでもなければ、また情報に固有の特性によるのでもない。情報、伝達そして理解、それらはシステムの局面であり、それらは、コミュニケーションの過程の範囲内で、同時に造られる。「情報」もまたシステムが環境世界から入手するようなものではない。情報は、システムによって拾い上げられるのを待って「外部に」存在するのではない。選択として、他のものと比較されて（つまり、他に生起しうるであろうことと比較されて）、システム自身によって生産されるのである。

　情報、伝達、そして理解のコミュニケーションにおける総合は、いま活動する社会システムの原初的な単位としてのみありうることである。それは、そのオートポイエティックな作業を、ただシステムの要素として遂行するにすぎない作動上の単位として分解することはできないからである。とはいえ、同じシステムのさらなる単位を、情報と伝達とに区別でき、またこの区別を他者言及性と自己言及性とに分けるために用いることはできる。

　それらは、さしあたり分解できないにせよ、情報に関するさらなる情報を求めて、まえのコミュニケーションの内容をまず参照する。あるいは、コミュニケーションについて、その伝達に焦点を合わせて、「いかに」また「なぜ」ということを問うことができる。それらは、第一に他者言及を、第二に自己言及性を押し進めようとする。だとすると、コミュニケーションの過程は、あるがままのものがあるといった意味での単純な自己自身に対する言及（auto-referential）ではないということができよう。

　それは、自己自身の構造によって、他者言及性と自己言及性との分離、また再結合を強いられるのである。それ自身に言及することで、過程は情報と

伝達を区別しなければならず、また区別のどちら側がさらなるコミュニケーションの基礎として供されると考えられるか、示されなければならない。それゆえ、自己言及は、他者言及と自己言及との区別に対する言及にほかならない。

　自分自身に言及するということ (auto-referentiality) は、社会システムの場合、事態はもっと複雑である。というのは、その自己言及は、(1)自分自身に言及的(オートポイエティック)な活動中の過程にもとづいており、その過程は、(2)それ自身と(3)そのトピックスとを区別していく過程として、それ自身に言及しているからである。もし、こうしたオートポイエーシス・システムが自己の環境世界をもたなければ、他者言及性の地平として、自己の環境世界を作り上げなければならないだろう(Luhmann[1990：4-5＝1996：12])。

　言いかえれば、オートポイエーシス概念を一般システム論の論理としたとき、個々の現象や出来事を一貫してシステムの作動へと回収していく、新たなシステム論の記述様式が成立する。これは現象や出来事の意味を、背後へと遡って、普遍的なものとして取りだされた基盤のもとに位置づけをあたえる(基礎づける)従来の反省の様式とは、まったく別のものである。反省的な考察は、個々の現象や出来事を観察者(für uns)の位置を確保することによって、背後から、あるいは根拠から解明をあたえようとする。

　これに対してオートポイエーシス・システムの論理は、どのような現象や出来事であろうと、システムの作動へと回収し、システムそのものに対して(für sich)、意味づけることになる。このシステム論は、新たな説明の様式を開発するだけではなく、それが一般化されれば、システム存在論を提示することになるはずである(Maturana and Varela[1980＝1996：316])。

　オートポイエーシスの主要な論点は、視点を「観察者」から「システムそのもの」へ移動させることにあり、それは、あらゆるものが、システム自身の状態と相互作用する再帰的作動の現象として生み出されるシステムの記述の様式といえる。

　したがって、システムの背後に根拠を求めたり、外部に規範を見出すということはない。これは、たとえば、「社会のなかから社会を描写することが可能か」「人間が人間について語ることは可能か」という、これまで「循環」の問

題として巧みに避けられてきた問題を、正面から見据え、さらに積極的に取り扱うことのなかから出てきた概念である。

ルーマンは、この概念を彼の社会システム理論に援用し、社会をコミュニケーションのオートポイエティックなシステムとして描写している。その対象は、法、経済、教育、芸術、宗教、愛というように、あらゆる社会現象に及ぶことになった(Teubner[1989＝1994 : 255-6])。

グンター・トイプナーは、法のオートポイエーシス理論の見地から、自律的な規範システムあるいは社会における法の自律性をコミュニケーション・ネットワークの自己再生産として把握し、法の社会における準拠を他の自律的なコミュニケーション・ネットワークとの相互干渉として理解しようとした。そして、フンベルト・マトゥラーナ、ハインツ・フォン・フェルスターおよびニクラス・ルーマンの理念に依拠しつつ、自己言及、自己組織性およびオートポイエーシスといった観念を用いて、ハイパー・サイクル的に閉じた社会システムとしての法概念を展開した。すなわち、法は、セカンド・オーダーのオートポイエーシス的社会システムであり、みずからのシステム構成要素を自己言及的に構成し、これらの構成要素をハイパー・サイクルのなかで互いに結び合わせる限りで、ファースト・オーダーのオートポイエーシス・システムである全体社会に対して独立した操作上の閉鎖性を獲得しているのである(Teubner[1989＝1994 : 1])。

4　部分システムとしての教育システムの機能分化

「教育システム」をオートポイエーシス・システムとして把握するとすれば、社会理論的には、いかなる命題に縮約できるのであろうか。まずは、ルーマンの『社会の教育システム』(Luhmann[2002＝2004])にしたがい、〈社会全体〉(ゲゼルシャフト)に位置づく「教育システム」の特性を取り上げておこう。

①　ある一つの社会の全体とは、一つの社会(ソーシャル)システムであって、それは、すべての社会的作動(ソーシャル・オペレーション)から成っている。その社会システムは、機能ごとに分化したサブシステムとしての各社会(ソーシャル)システムの作動の総和であって、それ以外のものを含んではいない。このシステムは、自己の作動(オペレーション)のレヴェ

ルで、しかも作動によって、閉ざされている。つまり、この社会システムは、もっぱら自己の作動のネットワークにおいて、しかも自己の作動のネットワークによってのみ、自己の作動を再生産し、これによって、自己の作動のネットワークに属さない外部環境(ウムヴェルト)から区別されている。

② 社会(ゲゼルシャフト)という社会(ソーシャル)システムを再生産する(つまり、自己が生産したものから生産していく)作動は、コミュニケーションである。いいかえれば、コミュニケーションが社会を生産し、その社会がコミュニケーションによって再生産されていくのである。

③ 近・現代社会(モデルネ・ゲゼルシャフト)のシステムは、機能(ファンクショナル)ごとに分化していくという特徴をもっている。つまり、このシステムは、自己のさまざまな主要なサブシステムを、それぞれの固有の機能をもつものとして形成するのである。

④ 教育(エアツィーウング)システムは、社会(ソーシャル)システムのさまざまな機能システムの一つである。教育システムは、社会(ゲゼルシャフト)内部の環境(ウムヴェルト)のなかにおいて作動する。その環境においては、教育システムとは異なる別のさまざまな機能システムもそれぞれの機能を引き受けて作動するのだから、教育システムは他の機能の負担はそれだけ免れることになる。だから、教育システムは、さほどみずからの収入や政治的影響力や研究成果の追求に煩わされなくともよい。それでも、こうした追求活動が並んで展開されるとすれば、それは、教育にかかわるコミュニケーションがその限りでネットワークにおいて同時に他の機能システムを再帰的に(リカーシヴ)[フィードバックされて]作動しているのであり、それが成功するのは、教育にかかわるコミュニケーションが他の機能システムの再帰的循環(リカージョン)にも組み込まれていくからである。

⑤ これらの社会(ゲゼルシャフト)やいろいろな機能システムは、すべて、自己自身の作動を観察するのであって、その限りで自己言及的な性格をもつシステムである。だから、これらのシステムは、システムの内部で、自己と自己の環境とを区別しなければならない。つまり、自己言及的な性格をもつシステムは、環境からの刺激に反応するためには、みずからが定めたシステム／環境の区別を、システム内部に転写し、自己言及の枠内で外部環境を顧慮することになる。別の言い方をすれば、システムは自身の作動にさいして、自己言及(ゼルプストレフェレンツ)と他者言及(フレムトレフェレンツ)とを区別する。システムは、自己内部に転写され

た〈区別〉の両側のあいだを振動(オッシレート)したうえでその一方を選び取ることができる。そしてその意味では、自己言及によりシステムの自律性を維持することができる。そしてさらに、内部転写を前提とする他者言及の可能性も残されるのである。

⑥　このような他者言及する可能性を残しつつも、それからの決定的な影響を遮断するならば、作動の閉鎖性と自己言及とを組み合わせることによって、それに続くシステム内部の作動はおのずから、システム自身にとっても計算不能なほどに多様にあり得るのである。こうして、システムは自己自身にとって不透明でありうるのだ。システムは、自己が生み出した不確かな空間で作動することになり、この拡大してゆく不確かさがしばしば〈未来〉とよばれる。それはシステム自身がもたらした不確かさであって、システムの作動が環境の未知の要素に依存することから生ずるものではない(ただし、システム自身が自己の不確かさにそうした形をとらせることはある)。

⑦　教育システムは、作動のレヴェルにおける自己組織化においても、また意味論(ゼマンティック)のレヴェルの自己組織化においても、あり余る教育の意味の可能性に反応していくことになる。あり余る意味の可能性に反応する自己組織化は、それ自体、ミクロな多様性(ダイヴァーシティー)を前提とするのであるがそれはまた、教育(エアツィーウング)の状況や授業(ウンターリヒト)の状況がきわめて多種多様であることを意味するのである。

⑧　社会システムは、社会システムのすべての部分システムが生み出した不確かさを、[意味における形相と質料のような関係において]意味のメディアに／形式を与えることによって意味の明確化をはかろうとする。というのも、どんな意味も、何らかの形式をとらないことには理解不能であるが、その形式なるものは多様な指示を伴うにしても、その形式とは異なる可能的にあり得る意味形式に結ばれているのであり、その意味形式に結ばれてこそ意味の同一化が可能になるのである。このように、いろいろな意味の形式がたえず取り換えられて用いられることから、意味というメディアが再生産可能となるし、意味のメディアが形式化することにおいてこそ意味における作動が可能になるのである(Luhmann[2002 : 13-15＝2004 : 2-6])。

ところで、社会の機能分化が進むということは、人間と教育と社会の関係が大幅に変化したことを意味する。社会構造が変化するにしたがい、教育システムは〈社会〉の部分システムとして分離（アウスディフェレンツィーレン）されてくる。歴史的に見ればそれは、子どもたちの世界がその特殊性を認識されて、大人たちの世界から区別されてくるにしたがい、教育のシステム形成の基礎ができたということである。どんな社会でも、子どもを教育しようという努力が見られるからである。以前には、社会における家族システム、親族システムの多機能的役割にふくまれて教育が行われていたのであるが、学校を中心とする教育システムが発展してくると、家族の機能はその準備と協力にまで縮減されてくるのである。このため「学校の成績」こそが家族の準備と協力が十分であるかどうかを計る尺度にもなるのである（Luhmann[2002：111＝2004：151]）。

教育システムの分離は、教育に対してさまざまの特別な要求が出されるようになって、社会がすでに複雑化したことを前提としているのである。そのように複雑化に対処するためにも、職業教育（アウスビルドゥング）が必要になったことを社会的背景にしていたことでもある。この意味では、教育システムの分離は、すでに生じていた社会的分化の結果なのであって、社会文化的な進化を先導するものとは言えなかったのである。

というのも、教育システムの分離は、システム論的に定義すれば、教育の特殊性を担うシステムの分離に立ち返って説明することにほかならない。つまり、〈システムと環境の差異〉を二重の仕方で役立てることである。一方で、システムは、環境との差異を生み出すこと、つまり環境との境界線を引くことによって、要するに「環境世界」（ウムヴェルト）［システムの外部］を生じさせることによってのみ、システムは自己を再生産してくことができるのである。他方で、システムは、この差異を観察することができる。システムは自己の環境から自己自身を区別し、その区別を自己観察の手がかりとすることができるのだ（Luhmann[2002：112-3＝2004：153]）。

形式という観点からすれば、これは、すなわち、形式が形式中に転写されること、システムと環境の区別［という形式］がシステム［区別という形式の〈マークされた側〉としてのシステム］の中に転写されること［そして、システムの内部で振動（オシレーション）が繰り返されること］に他ならない。そして、

そこから生ずる結果は、すでに自省的(リフレクシヴ)な大きな射程をもつようになっている。すなわち、システムは、みずから計算しきれない過剰な可能性に直面するのである。
　解決不能な不定性(アンリゾルヴァブル・インデタミナンシー)、つまりみずからが生み出した不確かさが出現し、そのためにシステムは、自己組織化、みずからの記憶への依存、ついには想像力の発揮を、強いられることになる（Luhmann［2002：113＝2004：154］）。
　かくて教育システムの分離プロセスの結果として得られるものは、通常、自律性(オートノミー)（システム自律性）という概念で記述される。しかし、この概念の使用には、注意が必要である。それは、システムがその環境から因果的な意味で独立しているということではない。また、自律性の追求とはシステムが自己を従属させるものを次第に自己の管理下に置くことでもない。なぜなら、そのような試みによって達成されるのはせいぜい「相対的な自律性」にすぎないのであって、これではシステムはますます多くの環境を組み入れることになって結局はシステムとしての独自性を失ってしまうからである。
　むしろ、それとは反対の方向に注意を向けなければならない。自律性は、システムを形成するさまざまの〈作動(オペレーション)〉とその凝縮物としての〈構造〉の、特質に基づくものである。たとえば、生体システムからしてすでに、そのような意味で自律的なのだ。環境への従属は、消し去ることができず、まさにシステムの存在条件とみなす他ないものであるが、システムの分離を可能にする方向というものは、システムの存在条件によって決まるのである。
　したがって、ルーマンによれば、システムの自律性を［システム固有の］作動の閉鎖性として、また、作動の閉鎖性をシステムの諸要素の——まさにその諸要素のネットワークによる——オートポイエーシス的再生産として定義することができるのである。だからこの場合、学校を社会システムとしてとらえることはできるが、デュルケムがしたように〈社会のなかの社会という「ミクロコスモス」〉としてとらえることはできないのだ。
　いま論じているケースについて言えば、オートポイエーシスとは、教育システムが教育的に有意味な作動だけを用いることができるということ、そして、それらの作動は作動自体の再帰的ネットワークにおいて生み出されるということである。法的な規制や財政面の従属性との両立は——それらが教育

的意図を抑圧して他のもので置き換えられる力として利用されなければ——ことごとく可能なのである。だから、教育システムの自律性は、テーマに開しては学術に依存したり、組織に開しては政治システムとしての国家に依存したり、そこから生ずる緊張をシステム内部で除去していくことはまったくさけられないのである（Luhmann［2002：114＝2004：155-6］）。

　経験的に見れば、教育システムが分離されてくると、このシステムが自己の守備範囲に含められるコミュニケーションの量は急速に増大し、しかも際限なく増大する。それにともない、コミュニケーションによる要求圧力も高まる一方である。コミュニケーションの（相対的に大きな）要求実現の機会は、高い階層の者や市場で優位を占める者だけに握られているのではないからである。大規模なシステムについて特徴的なことだが、そこでは余剰（リダンダント）なコミュニケーション、つまり周知のことについてのコミュニケーションに割かれる時間やエネルギーの割合が増大するのである。

　たとえば、教育システムの理念や価値についてのコミュニケーション、争いのあるイデオロギーについてのコミュニケーション、「教育の目的」についてのコミュニケーション、仕事や職業の意味についてのコミュニケーションというようにである。教育システムは外部の者からするこれらのコミュニケーションによって内部の不安に対処していると推測できる。これが当たっているとすれば、ルーマンからすれば、それは「教育学」が取り組むべき課題だということになるのである。

　しかし、システム内部のすべてのコミュニケーションにアクチュアルな情報としての高い価値を認めることは、不可能ではないにしてもかなり困難であることも考慮しなければならない。たとえば、熟練した教師は、授業における生徒たちの振舞いから情報を得ることだろう。しかし、生徒たちをかれらの振舞いの変幻自在の文脈から切り離しては生徒を理解することはほとんどできない。また、〔たとえば担当官庁のような〕組織システムには、十分すぎるほどの情報があるが、そこではいろいろな決定が下されるにせよ、しかし決定というものはその概念からして、〔そのときどきの情報に基づいて〕その都度新しく下されるものであることに留意すべきなのだ。

　さらには、教育学的研究の成果から情報が得られることもあるであろう。

この場合も要するに、新情報を与えるコミュニケーションや思いがけないコミュニケーションは、さまざまのごく特殊な枠を通して得られることに留意すべきなのだ。しかも、情報が「手に入った」としても、たいていは、その情報から事態にどう対応すればよいのかは不定のままであろう (Luhmann [2002 : 114-5＝2004 : 156-7]) 。

このように見てくると、機能的分化を分業のモデルによって理解することはできないのである。すでに『社会分業論』の著者デュルケムは、分業モデルに対応する統合形式の成立をひそかに疑問視していた。ルーマンからするとデュルケムは、機能的分化を有機的連帯という旗印の下で道徳的にカバーしようと強く要請したことになる。システム理論による新しい記述によって、分離されたさまざまの部分システムがそれぞれに高い効率を示すことが確認されることになるが、それは同時に、課題とされる全社会的な秩序化（たとえばヒエラルヒー）の理解を断念せざるをえないことが強調される。つまり、どのような機能システムであろうと、別の機能であればすべてどこか別のところで、必要な水準で作動することを前提とせざるをえず、たとえば〔別の機能システムとの〕交換的な取り決めを結ぶことによってみずからの作動を確保するのではない。どんな機能システムも、（社会的階層設定によるにせよ）予め設定されている社会秩序に基づく可能性を切り離していなければならない。こうした切り離しが、切り離されたシステムの内部における過剰なコミュニケーション可能性を生むのであって、それを克服するのには独自の媒体／形式の設定、すなわち自己組織化によるしかないのである。

こうして、どんな機能システムも、自律性の負担を背負うことになるのである。それは要するに、それぞれに別の機能システムであれば、自分とは別の教育システムのような機能を引き受けることはできない。たとえば、国家は、就学義務を導入したり、租税収入によって学校や大学のために必要な経費を賄うことができるにしても、それが政治システムの組織としてあるからには、みずから教育することはできないのである (Luhmann [2002 : 115-6＝2004 : 157-8]) 。

最後に、相互行為システムとしての「授業（ウンターリヒト）」に観点を移してみよう。教育が学校の仕事として行われる限りで言えば、教育は学校の授業という相互

行為状況で行われることになる。この場合、教師は、多数の生徒を相手とする。それに対して、生徒のほうは、それぞれが自分自身にとっても仲間にとっても不透明であるような、それぞれが独自のダイナミックな動きに従って、非線形的に作動する経　験的(エンピーリッシュ)な個人として、教師と向き合う。この場合に可能となる教師から生徒への伝　達(フェアミットルング)という概念は、学校の授業という相互行為状況を含むことになり、そうした状況こそは伝達概念の適用される本来の現場である。しかし、生徒が多人数であれば、知識と能力の伝達の仕方を計画し、成否の舵を取ることはとても困難になるのが当然だ。

　だとすればそうした困難な事態に直面した教師は、これまでの職業経験をどのように役に立て積み重ねていけるのだろうか？　教師は、どうすればそうした相互行為状況から学ぶことができるのだろうか？　問題は、教師には「自力救済の道」しか残されていないのである。それは、教室という「細胞的組織」を場にして働くために、教師は、自分が挙げた成果を、そして自分の仕事として体験されるものを、自分で決めていくほかない。こうして、自分が案出したさまざまのカテゴリーを指針とし、その都度、適当なカテゴリーを選ぶしかない。そのさい、教師の振舞いに対する判断は、教師に任されたままである。であれば、そのときどきの自分の「経　験(エアファールング)」によるということだ。

　経験とはいえ、もっと細かく分けて論じなくてはならない。すなわち、不透明な、未来になってみなければ判らない事態の認知というこの領域を画定するために、図式(スキーム)とか、認知地図(コグニティヴ・マップ)とか、枠(フレーム)とか、脚本(スクリプト)とかいった概念が使われる。これらの概念が意味するのは、作動の単位を可能とする形式のことである。したがって、教師が学びうるのは、処方箋どおりの正しい行為だ、とは言えない。むしろ、授業において典型的に見られる〈余剰性〉と〈状況の違い〉の、ある種の関係と折り合いをつけていくことが肝心なのであろう。

　教師は、いくつもの図式を備えるところから出発し、状況についての印象を図式に即して形成した上で、自分の脚本どおりで行くべきか、脚本を状況に合わせるべきか、それとも修正すべきかを考える。そのための指針は、もはやない。あるのは、役立てることのできる多くの図式ばかりだ。それらの図式は、互いに打ち消し合い、補足し合い、修正し合うことがある。だか

ら、授業の経験とは、思わしくない経験によって度を失ったりせず、意味のある対応を可能にするさまざまの図式を使いこなせることでもある (Luhmann [2002 : 43-7＝2004 : 41-6])。

　言及すべき論点は多く残したままであるが、ここでオートポイエーシスとしての教育システムの性格を概括しておこう。すなわち、教育システムは、社会全体と他の機能システムを環境として作動していることを分析し、教育システムは、自己自身の作動を観察するから、自己言及的な性格をもつシステムである。

　そもそも、自己を維持する要素の関係のネットワークを、「有機構成 (organization)」と呼べるが、それを基礎にH・マトゥラーナとF・ヴァレラは、「オートポイエーシス・システム」が、自律的、自己言及的、自己構成的な閉鎖系であって、その作動の継続がシステムの境界を定めることを突き止めたのである。一方、コミュニケーションを要素とする社会システムにオートポイエーシスを見たN・ルーマンは、環境で作動するシステムが、世界の複雑性の縮減を通じて環境から自己を区分する、自己言及システムを論証したのである。かくて、世界の複雑性は、システム／環境世界—差異において把握されることになる。

　教育システムは、社会全体と他の機能システムを環境として作動するのである。教育システムは、自己自身の作動を観察するから、自己言及的な性格をもつシステムである。自己と自己の環境とを区別していき、自己が定めたシステム／環境の区別を、システム内部に転写し、自己言及の枠内で外部環境を顧慮することになる。教育システムは自身の作動にさいして、自己言及と他者言及とを区別し、他者言及する可能性をもちつつも、教育の状況や授業の状況がきわめて多種多様に展開されることになるのである。

　次の章では、教育システムが自己と自己の環境とを区別していき、自己が定めたシステム／環境の区別を、システム内部に転写し、自己言及の枠内で外部環境を顧慮することになる様態を「情報資本主義の教育環境」において再構成してみよう。

[引用・参考文献]

Bertalauffy, Ludwig von 1968 *GENERAL SYSTEM THEORY*, Foundations, Development, Applications. George Braziller, New York＝長野敬・太田邦昌共訳『一般システム理論』(みすず書房、1973)

市川惇信「システム」(『世界大百科事典6』平凡社、1985、所収)

――「階層構造」(『世界大百科事典2』平凡社、1985、所収)

池田善昭『システム科学の哲学――自己組織能の世界』(世界思想社、1993)

河本英夫「オートポイエーシス・システム」(岩波講座『現代思想12　生物思想』、1994)

――『オートポイエーシス――第三世代システム』(AUTOPOIESIS青土社、1996〈a〉)

――「訳者解題」(H. R. マトウラーナ／F. J. ヴァレラ著・河本英夫訳『オートポイエーシス――生命システムとはなにか』国文社、1996〈b〉所収)

Luhmann, Nikias 1984 *Soziale Systeme*: Grundriß einer allgemei-nen Theorie, Suhrkamp Verlag Frankfurt am Main＝佐藤勉監訳『社会システム理論(上)』；『社会システム理論(下)』(恒星社厚生閣、1993, 1995)

―― 1990 *ESSAYS ON SELF-REFERENCE* Columbia University Press, New York＝土方透・大澤善信共訳『自己言及性について』(国文社、1996)

Luhmann, Nikias 2002 *Das Erziehungssystem der Gesellschaft* Herausgegeben von Dieter Lenzen Suhrkamp Verlag, Frankfurt am Main.＝村上淳一訳『社会の教育システム』(東京大学出版会、2004)

Maturana, Humberto R. and Varela, Francisco J. 1980 *Autopoiesis and Cognition*: THE REALIZATION OF THE LIVING, D. Reidel Publishing Company, Dordrecht, Holland＝河本英夫訳『オートポイエーシス――生命システムとはなにか』(国文社、1996)

Merleau-Ponty, Maurice 1964, *Le Visible et l'Invisible, suivi de notes de travail par Maurice Merleau-Ponty*, Éditions Gallimard.＝滝浦静雄・木田元訳『見えるものと見えないもの』(みすず書房、1989)、大澤真幸「自己組織化」(廣松渉ほか『岩波哲学・思想事典』岩波書店、1998)

Prigogine, Ilya and Stengers, Isabelle 1979 *La Nouvelle Alliance―Métamorphose de la Science*, Gallimard, Paris＝伏見康治他訳『混沌からの秩序』(みすず書房、1987)

―― 1984 *Order out of Chaos*―Man's New Dialogue with Nature(Bantam Books, New York)

清水博『生命と場所――意味を創出する関係科学』(NTT出版、1992)

――「自己組織現象と生命」(岩波講座『現代思想12　生物思想』1994、所収)

Spencer-Brown, G., 1969 *Laws of Form*, George Allen and Unwin LTD, London＝大澤真幸・宮台真司訳『形式の法則』(朝日出版社、1993)

Teubner, Gunther 1989 *Recht als autopoietisches System*, Suhrkamp Verlag, Frankfurt am Main＝土方透・野崎和義共訳『オートポイエーシス・システムとしての法』(【ポイエーシス叢書24】未来社、1994)

第11章　情報資本主義の教育環境のイデオロギー的検討

1　はじめに

　この章では、現代社会がこれまでになく多くの情報的な問題に直面していること、そのために従来とは違う新たな教育状況に立たされていること、したがって、複雑にして困難な教育状況をもたらした情報資本主義的背景に溯るなかで、どのような問題克服の方途が見いだせるか、どのような来るべき社会の新たな教育条件を見いだせるか、これら喫緊の課題の重層構造を究めることに努めることにしよう。

　日本の現代社会をどの時点から論ずるかはそれ自体一つの重要な課題であるが、ここでは、すでに過去のこととはいえ、それをほぼ70年代以降の「エネルギー危機」後の、資本主義の「転換」をメルクマールにしている。というのも、日本の高度成長以降において、まずは経済恐慌を回避する持続的な経済成長を可能にしたのは、73年の「エネルギー危機」後の、資本主義の「転換」であった。

　その転換を可能にしたのは、資本の成長に必須の新たな需要をつくりだす方法の獲得にあった。この方法は直接には、広い意味での「ケインズ革命」、あるいはもっと一般的には、国家の市場への積極的な介入による「管理された資本主義」への移行と、それ以後の「小さな政府」への移行、「市場原理の導入」の政策として説明される。

　そこでの手始めの需要の創出を政策の目標とする大規模な公共事業は、金

利政策等による投資需要の刺激と共に、またその有効需要を喚起することによって現代の「高度情報化・消費化社会」を発展せしめるきっかけとなったのである。

それどころか、見田宗介氏によれば、それ以降において、「情報の解き放つ欲望のデカルト空間」として、消費社会がじぶんで生成しつづける世界として自立するようになり、〈情報化／消費化社会〉の到来が、初めて自己を完成した資本制システムにまで成熟せしめたのであった（見田[1996:26-30]）。

このように情報をとおして欲望をつくりだすシステムが消費社会の運動の基底をなすことによって、人々の欲望をつくりだす自由空間が、市場システム自体を、システムにとって外部へ依存しない、自ら創出する「自己準拠的」なシステム、自立するシステムとして生成されるようになったのである。

しかしながら、自己の運動の自由を保証する空間といっても、そこにはさまざまな欲望を喚起される人間たちが介在するにちがいない。つまり、どんな商品もそれに見合った「欲望」を直接に消費者の内に惹き起こすことができなければならず、新しく産出される商品に対して購買意欲をそそる「魅力的に」感覚される「新しい欲望」が創り出されるメカニズムが重要である。さらに、この新しい欲望は商品を魅力的に感覚するだけでなく、さらには、消費社会の固有の「楽しさ」「華やかさ」、「魅力性」として積極的に開発されたり、人々の間で「魅力的」であることが競われることが問題なのである（見田[1996:36]）。

〈情報化／消費化社会〉の固有の「楽しさ」「華やかさ」「魅力性」は、こうして、大人社会であれ、子ども社会であれ、その社会の積極的な動因として増殖し展開しつづけてきたのである。情報資本主義の教育環境とは、このような意味で、第一義的には、子どもたちの内にいつの間にか「楽しさ」「華やかさ」「魅力性」の感覚を形成してしまう機制が働くヴァーチャルな事態を指す環境にほかならない。

2　高度情報化社会

日本の1970年代にかけて、通信技術とコンピュータの飛躍的な発達を背景

に「情報化社会information society」または単に〈情報社会〉という言葉が広く用いられるようになった。コンピュータによる情報処理が迅速になり、多様な通信メディアによる情報伝達や大量の情報が生産、蓄積、伝播されうるようになったからである。この意味では、情報化社会は、工業社会の後に到来する〈脱工業社会 post-industrial society〉ともほぼ同義的にみなされる。

情報の操作によって付加価値を生産する産業（知識産業や情報産業）が飛躍的に発展し、これが人々の日常生活に深く浸透することになったのである。高度情報化社会では、情報メディアに接する時間が増大するとともに、意思決定や適応行動にとり情報の重要性がますます大きくなり、情報への依存度がきわめて高まったのである。

振り返ってみれば、情報とは生命現象と不可分の存在と考えられる。もともと生物（個体のみならずその系統）は、生き残るために何らかの「意味」や「価値」を作りだす。というのも、生物は生きていくうえで、刻々に、特定の事柄を選択したりそれ以外の事柄を忘却し続けるが、そこで選ばれた事柄が「意味」や「価値」となるからである。生物は自己言及的存在であり、過去に自己ないし自己の祖先が行った選択の結果にもとづいて食物採集や生殖行動などの選択行動を続ける。進化のプロセスで成功し生き残った生物は、その選択した事柄に「意味」や「価値」多く見出してきたのである。このように、「意味」や「価値」とは、生物の行動とともに歴史的かつ自己言及的に形成されてきたものであった。

具体的には、ある「パターン」が選び取られ、意味や価値を持つこのパターンこそが、「情報」という概念を支える存在なのである。パターンとは哲学的には「形相」であり、質量をもたないのだ（西垣[2002：436]）。

G. ベイトソンは1970年の講演において、「情報」を「地図」に関係づけて説明している。「差異が結果を生む世界、そこは、土地から引き出されて地図にはいるもの——差異——が結果を生んでいく世界です。情報の基本ユニットは、「違いを生む違い」a difference which makes a difference というように規定できます。もちろん「違いを生み出す」ことができるのは、それが変換されながら運ばれるニューロンの経路自体がエネルギーを供給されるからです。差異の運ばれる経路は、用意を整えて引き金が引かれるのを待っている。これは「違

いの知らせ」(news of a difference)といった方が正確です。メンタルな世界(情報が加工されて進んでいく精神の世界)は、皮膚で区切られているのではありません。変換されながら回路をめぐる差異が観念の基本系であるのです」(Bateson[1970:448-466＝596-619])。

　その一方で、活字からエレクトロニクスまでのメディアの発達を人間の身体的能力の拡張として把握したM.マクルーハンは、電子情報メディアをわれわれの中枢神経あるいは意識の拡張とみた(「メディアはメッセージである」McLuhan[1964=1991:7-22])。彼によれば、情報化とは、人間の大脳や中枢神経などによっておこなわれている情報の貯蔵・伝達・処理の機能を、体外の情報機器へと外部化し物象化する現象にほかならない。この外部化によって、情報の貯蔵・伝達・処理、高速化・広域化・大量化・精密化が進み、ますます効率化する。

　情報は変換され加工されていく構造パターンである。しかしそれに尽きず、いささかややこしい事情が存在する。「情報」'information'はそもそもラテン語の'infõrmātiõ'〔模写、表現、形象〕に由来するが、記号論を樹立したソシュール流に言えば、それは、記号の表現形式と意味内容とに、能記(シニフィアンsignifiant, 意味するもの)と所記(シニフィエsignifié, 意味されるもの)とに区別されるわけである。

　ところが、数学や工学では、意味内容は一般的に扱えないのでこれを捨象し表現形式のみを扱う。こうして意味内容(メッセージ)を切り離して符号(コード)のみを取り上げれば、情報は符号の組合せであって一般的にいえば〈パターン〉である。情報伝達(通信)や情報処理で扱われる情報はこのパターンで、量的に規定することができる。これで測られる量を〈情報 information〉としてとりあげたのはアメリカのベル研究所のハートリー(R.V.Hartley)であった(橋本[1990:89-91])。

　とはいえ、一般に用いられている情報の概念は意味内容を含めたものとして理解されている。〈情報収集〉とか〈情報の漏洩〉と言われるように、この場合の情報は、符号だけではなくその符号のもつ意味内容をも指している。換言すれば、人間の行動や社会の存続にとって意味のあるものごとについての〈知らせ〉が情報と考えられる。人文・社会科学において対象とされる情報の

概念はほぼこれに近く、プラグマティックな意味からすればこれは〈価値的情報〉と呼ぶことができる(坂本[1985:539])。

　高度情報化社会とは、高度な情報処理が限りなく広範に展開されていく社会である。最新の情報技術からみれば、コンピュータによる高度の情報処理技術と広帯域デジタル通信技術との融合によるISDN［integrated services digital network＝サーヴィス総合デジタル網、高速デジタル回線ネットワーク］、INS(情報通信ネットワーク)、ITが広くゆきわたる社会である。いいかえれば、こうしたテクノロジーが産業界だけではなく、一般家庭にまで広く普及し、企業や行政の組織活動や市民生活のなかで必要かつ不可避の機能を果たすようになった社会である。

　三上俊治氏によれば、そうした社会の特徴には、さしあたりつぎの四点が指摘できる。高度情報社会においては、①広帯域デジタル通信のネットワークが企業から一般家庭の隅々まで張り巡らされる。②情報処理と電気通信の高度な融合化が実現する。③人工知能を取り入れた知識ベース、高度のインテリジェント機能を組み込んだ情報通信処理システムが実用化される。④多チャンネル・双方向CATV、高精細度テレビ、ビデオテックス、テレビ電話などのニューメディアが広く普及する(三上[1990:51-71])。

　こうして「情報化社会」では、マイクロエレクトロニクス、コンピュータ、通信技術の革新を通して、さまざまな機器が工場、商店、事務所、金融機関、行政機関、学校などに導入される。工場では、NC(数値制御)工作機械、CAD/CAM(コンピュータ支援設計・製造)、産業ロボットなどのFA(ファクトリー・オートメイション)。銀行のキャッシュ・ディスペンサー、行政では給与、年金、税金、住民台帳などのコンピュータ処理、などが導入される。くわえて、これらの情報機器は、通信網によって相互に連結されることによって、リアルタイムでの情報伝達と情報処理が可能とされる。企業内・企業間でのVAN(付加価値通信網)やLAN(企業内・地域内通信網)、銀行関係におけるファーム・バンキング、ホーム・バンキング、銀行POS(販売時点情報管理)などのエレクトロニック・バンキング、家庭と市場や情報センターをつなぐCAPTAIN(文字図形情報ネットワーク)や双方向CATV(ケーブル・テレビ)、等々。これらをもとにして在宅勤務、在宅検診、テレショッピングなどが浸透し、企業—

市場―行政―学校―家庭を情報ネットワークでむすぶ、さらにグローバルに地域全体や社会全体をネットワーク化する構想と現実が促進される（山田［1988:326］）。

3　情報による消費の創出

　メディアの発達は、こうして経済のいわゆる脱産業化、サーヴィス化、ソフト化と平行して進行することになり、資本主義は、重厚長大型の産業を主軸にした資本蓄積から、1970年代以降には、新たに情報技術を主軸とする軽薄短小型の経済のサーヴィス化・ソフト化の方向へ推転したのである。しかしながら、少品種大量生産の在来型技術は、モノ（自動車、家電製品、等々）の商品化には成功したが、サーヴィスや知識の商品化には不適格であった。
　サーヴィスや知識の市場化のためには、顧客ひとりひとりの独自なニーズに即応しなければならず、そのためには情報処理と多品種少量生産のシステムが必要とされる。情報化はそのネックを突破するものとして位置づけられようとしている。それゆえ情報化とは、行きづまった従来の蓄積体制にかわる、資本主義の新しい蓄積体制を意味し、新しい産業構造を意味する」（山田［1988:326-328］；半田［1996:18-69］）。
　現代社会では、人びとの消費欲望はもはや生存に必需の衣食住に向けられるのではなく、さまざまな商品イメージを消費することに向けられる。現代の社会でわれわれが経験しているのは、世界で生じている動きを「情報」という形で受け取り、この情報をテレビやマスメディアという媒体を通じて、「高度に凝縮されたイメージ」へ加工していく。こうして、われわれは「美しいもの豊かなもの」への欲望を、絶えず差異化され洗練されてゆく「凝縮されたイメージの群」から汲み出してくる。
　じっさいテレビ、メディア、携帯電話がもたらす、さまざまな豊かで美しいエロス的イメージにわたしたちは包囲されており、ひとびとの欲望は、そのエロス的イメージに吊り上げられる。そして生活上の現実的な抑圧感は、直接的な衣食住への欲求から離れて、自分の現実がいつもその先端的なエロスイメージから大きく乖離しているところからやってきている。わたし

たちは日常生活において「さまざまのメディアの伝えるメッセージやイメージの洪水のうちに存在している」のだが、さして気に留めることなく「それらのイメージ群は絶えずある意味作用をわたしたちに与える」のである（竹田[1992:55]）。

『神話作用』(Mythologie)のなかで、R. バルトは、現代人が知らず知らずのうちにある意味作用の世界（神話世界）の中に投げ込まれてしまっていることを指摘している（Bart[1957＝1991:139]）。その中で、dénotation[コトバの明示的意味]と同時にconnotation[言外の意味]も伝えられる。こうした「神話作用」によって、わたしたちはそれらのイメージ群から「無意識のうちにある一定の〈世界像〉を植えつけられている」ことになる。バルトによれば、これらのイメージ群は言葉によるものに限られない。報道される事件、社会的イベント、ファッションや音楽のモード、演劇、祝祭、そういういっさいに、社会の意味作用の体系が成立しているのである（Bart[1964＝1981:120]）。いわば、高度消費社会においてはミクロな情報環境の「神話的」な構造が働くのだ。

かくして、広告は商品に見合った欲望を産みだし、商品に結びついた欲望を消費者に生みだす。欲望はけっして個人的なものではなく社会的につくられたものであり、他人によって蠱惑されることによって惹き起こされる。

M. セルトーは「広告ポスター」にふれて次のように言う。「こうして空想的なものがいたるところに忍び入ってくる事態に特徴的なのは、エロス化の進行ということである。何が人びとを誘惑するか、順をあげてみると、エロティシズムは食品のすぐ次にきて、他のいずれ（幸福、健康、等々）より先にあがっている。コマーシャルがうたいあげているものが、食べたり飲んだりする感覚の悦びであり、口と唇のうっとりする驚嘆であり、のびのびとしたからだの動きの心地よさ、皮膚の快感、一瞬にして馨しく変わる空気の香り、自分の重みから解き放たれた体の軽やかさ、などといったものである。

そこらじゅうで、感覚の祝祭とともに身体の祝祭が宣伝されている。けれどもそれは断片化した身体、分析的に細分化され、次々とエロス化の対象に分断化された身体である。昔日の統合に代わって、さまざまに散乱した快楽が官能的空間をかたちづくっている。幸福のメタファーとして、身体は系列化されている。身体はアンチ理性である。だがそれは、現代の理性がそうで

あるのと同じように構造化されている」(Certeau[1980＝1990 : 36-7])。

4　消費社会における情報環境の変化と情報資本主義

　日本の高度消費社会の由来をたどってみると、情報化していく消費社会の巨きな変容の過程が見られる。まず戦後直後から60年代までの日本の「家庭」の消費様式に特徴的なことは、当時の人びとの大部分が以前の「家」から「家庭」とい準拠集団に帰属するようになり、次第に「サラリーマン家庭」(いわゆる新中間層)が形成されてきたことである。むろん「家」という観念は日本人の頭のどこかに存在し続けるのであるが、しだいに「家庭」というソフトな生活様式に変容していくのである。「新しい家庭は戦後社会のシステム統合および生活世界の社会統合の交点にあって、それらの統合を同時に実現するための戦略的な媒体として」(内田[1993:208])新しい消費ノルムを形成することになったのである。

　かくして高度成長期を通して、小さな家庭は小さく閉じた親密な生活圏として、子どもの出産と教育、労働力の再生と供給といった機能を発揮する生活拠点になっていった〔高学歴化を求める基盤〕。言いかえれば、60年代はじめに特徴的なことは、小さい家庭が消費社会の世界にひらかれた「消費文化」の主体になっていったことである。内なる家庭へ女性(主婦)が囲い込まれ、男性(サラリーマン)が外なる企業の終身雇用と年功序列賃金のシステムに囲い込まれるのである。60年代において、サラリーマンとその妻を基本的な結合単位とする、家庭という社会構成の拠点が成立したのである。

　サラリーマン家庭の台頭があり、これが企業社会に不可欠の構成要素になったのである。このことは、高度成長期の「資本の論理と競争原理にもとづく市場経済の体制〔＝システム〕」のうえに、「家庭という単位」が生産され、再生産されたということであった。こうした社会基盤が成り立ってこそ、サラリーマンの「中流家庭の中流意識」に支えられた「消費ノルム」が成立しえたわけである。

　しかもそこで透けて見えてくることは、「他者性」がないこと、つまり「他者なき幸福、絶対的な肯定の場」という私生活観であり、それは物質を満たす

ことによって幸福を追求することであった。そしてこの幸福追求のためには、家庭は経済成長のもとめる大量消費の操作媒体になったのである。

　生産力の増大にともなう「消費の文化」が肯定され、家電製品などのいわゆる「三種の神器」、耐久消費財、マイホームが取得されたのである。ここでは、家庭の「欲望と消費」が正当化され「コマーシャリズムの言説」が流布され私生活圏を満たしていくのである。

　要約すれば、60年代の終わりまでに、大量生産にともなう大量消費の循環が成り立ち、それが消費ノルムを成立せしめ、それ以降コマーシャリズムの記号が「欲望と消費」を正当化していく、という構図が成立したのである(内田[1993:215])。

　しかし多くの商品で家庭が満たされるにしても人びとの「不安な意識」が解消されたというわけではない。いったい日本人の勤勉、労働意欲を触発するものとは何であったのだろうか。

　内田隆三氏によれば、「日本人の切ない労働意欲は、単純にさまざまな商品や耐久財の獲得を目指したのではない。それらの商品の多くは〔人並みの生活を営む〕家庭という空間に捧げられ、はじめて欲望の切実な対象となった」のだという。「家庭は欲望がそこに屈曲し、吸い込まれていく不安な重力の場であった」のである。いいかえれば、人並みの生活を得るために「中流の意識、つまり成功でもない失敗でもない、努力と諦め、ささやかな満足と苦い悔恨、という二つのヴェクトルを併せて〔中流・人並みという〕「零」に解消していく抽象的な意識」に人びとは満たされたのである。

　1965年頃からは生活程度を「中流」とする意識はずっと8〜9割をしめるのであるが、その「豊かさ」の証明は3Cにあるとされ、しだいにそれらが増加していくのである。だがこの中流意識は、生活状態を正確に言い現わすものではなく、人びとが「消費の文化と差異の言説の主体」であるにもかかわらず、現実には、競争システムに統合されていることを表現している。その証拠に、21世紀初めにかけての日本では、大衆消費社会が進展するもとに、そのなかで格差社会の予兆がはるかに拡大して見られるようになってくるのである。

　もう一度「中流」意識が盛んな時代に立ち戻ってみると、カラー・テレビジョンの普及は商品への欲望を刺激し、消費の文化を正当化し、消費生活の

なかで自己の確証を求めさせていく。こうして消費ノルムは、家庭の内部に「新しい規範」、「私生活」中心の規範を植え付けていく。「家庭生活が生と生業の合理主義によって整序されるわけで、電化され、健康で、清潔で、衛生的な生活が求められるようになる。すなわち家庭の内部でも、廃物、異物、汚物、危険物、あるいは死や死にまつわるものなど、生と生産の論理に反するものに対して衛生学的な排除の論理がはたらく。そこには人間自体の病や、死や、老いの排除も連なっている」(内田［1993:218］)。

　周知のように70年代から80年代にかけては、「地域社会」が空洞化していくことと相まって、「精神のゆたかさ」が求められるようになる。総理府広報室「国民生活に関する世論調査」では、1979年の調査以来「心の豊かさ」が「物の豊かさ」の回答を上回る。これは、人びとが衣食住や耐久消費財よりも、趣味や教養、スポーツやレジャーなどを通して、生活のゆとりを回復し始めたことを物語る。

　しかもここで重要なのは、「心のゆたかさ」が個人のレヴェルの問題として追求され始めることである。しかしながら、この個人の「救済」に呼びかけ、癒していくのは、ここでも「サーヴィス産業と消費の文化」である。この私生活化の傾向の中で、小さな家庭の内部で、性愛や親密性や葛藤などの身体の関係が自閉的で濃密な関係になっていくのである。

　80年代のはじめには、一方で、家庭の内的求心力が失われていくが、他方では、家庭の内部にある個人が欲望の主体として目覚め、家庭が内部から変容していくのである。「個人の欲望や関心や不安」、そこには、「消費すべき商品への関心、健康という肉体への関心、心のゆたかさへの関心」などといった、「個人の欲望のスペクトル」が複雑に現われてくる。消費の文化は家庭を内部から分解し、その境界を曖昧にしていくのである。

　こうして80年代から90年代にかけては、コマーシャリズムが「商品に見合った欲望を産みだし、商品に結びついた欲望を消費者に生み出す。欲望は個人のものではなく、社会的なものであり、他人によってそそのかされる」(今村［1992:114］)、というような状況が生まれる。いわゆる「消費資本主義」とか「情報資本主義」と呼ばれるような状況である。

　「現代の資本主義は欲望(好奇心)を刺激するメディア・情報装置にきつく

広く依存している。現代では、人々は情報を消費し、いつのまにか欲望を植え付けられる。情報を消費する人は、情報によって自分自身を無意識のうちに操作している。このような無意識の欲望操作そのものが「情報資本主義」なのである。無意識のうちに一定の方向に欲望を形作っていく、というプロセスそのものが「資本主義」の活動である。だから資本主義は、まさに、メディア・情報の自由な活動そのものが資本主義(欲望のフロンティアの拡張運動)にほかならないのである。これが「情報資本主義」の意味なのだ」(佐伯[1993:176-180])。

だとすれば、家庭の消費文化はコマーシャリズムを通じて情報資本主義に密に連携していくのである。つまり、「コマーシャリズムが誘導する新しい消費の空間は、意味の次元に回帰しない微少な差異が感覚の次元で自己言及のたわむれを繰り返している世界である。この消費の経済は、微少な差異にかかわる情報を操作しており、そこに全面的なモードの世界が現れる」。そして問題は、このコマーシャリズムが、自己と他者の対立や、その対立の地平に生成する主体という問題の外に、市場システムの新しい現実や新しい消費文化をうち立ててしまうことにある(内田[1993:228-233])。

5 情報資本主義の心性

あらためて言えば、「脱工業化のなかで、資本はますます文化との接点を内在化させてきた。文化は〈労働力〉再生産という生活世界に関わる資本の環境であるばかりでなく、積極的に資本がそこにおいて価値増殖を試みる一投資領域」に変化してきた。

人びとは日常的な生活において、価値観、好み、イデオロギー、習慣などの文化的な生産に関与するようになったのだから、資本主義のあり方は、「人々の社会への統合を大衆消費社会のように物を媒介として実現する社会から、メディアによる文化的なアウラの生産によって直接人々の感性や意識に働きかける社会へと転換」してきた。

それこそは、資本の構造からいえば、「情報資本主義」であり、小倉氏によれば、人々の意識の構造からいえば、アシッド・キャピタリズム(acid capitalism)である(小倉[1992:11-13])。その意味するところは、消費財といった

物を媒介とした大衆消費社会から、より直接的に人々のイメージの喚起へと展開していく中で、人びとは、資本の提供する快楽を自らの欲求を充足する唯一の源泉とみなすようになり、慢性的な欲求不満状態に置かれることにある。

情報資本主義は、情報の特殊な流通回路を独立させ、情報を独自の産業構造と官僚制や企業組織に組み込んできた。こうした情報回路によって、大衆消費社会が単なる物質的な豊かさの社会であるだけでなく、この「物質」として供給される商品の使用価値の機能的な意義に加えて、社会的な価値やこの物質的な豊かさを保障してくれる社会そのものと、自らの地位についての神話を形成することに成功するようになった。

しかし「私たちは、定期的に訪れる欲求不満や新たな欲望にさらされ続けている」ことも確かなことである。私たちは、情報資本主義のなかで、マスメディアや文化産業が与える情報のなかで、常に繰り返し「消費」行為による一時的な欲求充足に駆り立てられるのである（小倉［1992:11-13］）。

ジャン・ボードリヤールは、彼の初期の著作である『物の体系』（Baudrillard［1968＝1980］）と『消費社会の神話と構造』（Baudrillard［1970＝1979］）において、当時としては画期的な視点から、高度成長期の消費社会の解明を試みた。彼によると、商品・物には使用価値のほかに象徴的価値・記号的価値があるという。つまり、消費には使用価値のレヴェルでの消費と、象徴的・記号的価値のレヴェルでの消費があるというわけである。

宇波彰氏は、この二つの消費を「デザインの領域」においてパラフレーズして、「機能と形態・装飾」という対立関係の問題として把握している。つまり、商品・物はけっして単なる機能だけの側面ではなく、「かならずデザインの領域があり、そしてこのデザインの領域が物の象徴的・記号的価値に対応する」という（宇波［1991:17-20］）。そして、「インダストリアル・デザイン」が消費者に及ぼす影響、とくに「消費者の感性への誘いかけ」を引き起こす点に注意を促した。「インダストリアル・デザインは、商品という回路を通して消費者の意識を反映しつつ、それに働きかける」。インダストリアル・デザインは、人間の「他者と同一でありたいという意識」と、「他者と異なっていたいという意識」の両面につねに影響している。

他方では、消費者は大量生産された物を、単純に消費するのではない。選択の可能性を求めるからである。「ここにあるのは、機能性・記号性の次のレヴェルで存在するはずの、誘惑性の試みである」(宇波[1991:86])。感性的なもの、あるいは誘惑性は、こうして、商品のあり方を規定する重要なファクターとなっており、それはすでにインダストリアル・デザインのなかに意識的に導入され、それは「おもしろさ」という価値判断の重視というかたちで現象する。こうして、「商品の価値は、機能性・記号性・誘惑性という三つのレヴェルで考えられる」と述べている(宇波[1991:87-91])。

機能性・記号性・誘惑性が、人間の必要・欲望・感性に対応するものであるとすると、そこには集団的・社会的に影響されるものから私的に影響されるものへのグラデーションの段階が存在しているように見える。必要の段階では、社会生活を営んでいくために必要な機能性が求められているのであって、この場合の必要というのは、孤独な人間の必要とは言えない。だから、機能性＝必要を成立させているものは、むしろ密度の高い社会的なものである(宇波[1991:98])。

第二の段階である記号性＝欲望は、個人的な欲望にはちがいないが、その欲望は内面に閉じられた欲望ではなく、対他意識を持った欲望、わかりやすく言えば他人の眼というものを気にした欲望である。商品の記号性は、この対他意識がなければ存在しない。それは、商品とその消費者との私的な関係である以上に、その消費者とそのまわりにいる他の人間たちを巻きこんだ関係のなかに成立している。したがって、機能主義が、純粋に社会的・集団的なものをフレームとして成立しうるのに対して、記号性を求める立場は、そのフレームをすこし狭くしながら、社会的なものと私的なものとの中間のところに成立している。

しかし、機能性から記号性へ、そして誘惑性へと変化してくる商品のあり方は、誘惑性の段階では、商品と消費者の私的な関係の領域に入りこんでくる。ここで両者を結合するものは、消費する側の感性と商品のテイストである。いまや商品のあり方そのものが、私的なもの、感性的なものの領域に狭められつつある。

現代の人間は、他者の存在に対する意識を徐々に後退させ、そこにナルシ

ズムやミーイズムと呼ばれる自己中心的な意識のあり方を出現させた。個的な感性への信頼がそこから生じてきたのは当然である。しかし、対他意識の衰退は、遅かれ早かれ対自意識、つまり自己自身への関心をも衰退させるのではないだろうか。

　アドルノは、すでに1940年代に、家族という集団から自由になった個人が、集団から離脱したためにかえって力を失ってしまったと、『ミニマ・モラリア』のなかで記しているが、対他意識を失った人間が対自意識をも失うおそれは充分にある。いずれにせよ、こうした傾向が進行すれば、対他意識を前提とする「記号の消費」が終焉に向かうのは自明の理である（Adorno［1962＝1979］）。

　C. ラッシュは『ナルシシズムの時代』（Lasch［1979＝1984］）のなかで、現代の「スペクタクル社会」において視覚的・聴覚的イメージを増大させていくナルシシズム型行動をはぐくむ社会的環境に言及している。それは、「依存的な関係を結ぶことへの恐れや内面の空虚さ、どこまでも抑えつけられたままの怒りや満たされない願望など、他人から与えられる代用品の温かさに頼りきるという症状」である。それは、個人のナルシスティックな享楽に自閉した、「消費主体（貨幣的知性）」を再生産することに寄与することになってしまう。

　それに、その他のニューメディアに媒介された現代の公的・私的な情報環境は、孤立した諸個人の「自己保存」をはかる「目的合理的・計算合理的な知性」〔損得計算意識・観念〕を培養することに寄与するのである。

　とはいえ、「現実的にいえば、ナルシズムは、現代生活の緊張、不安、それに目下の社会状況などに、うまく立ち向かっていくための最善の策なのだ。だから、すべての人の中にナルシシズムの傾向があまねく見られる」といえよう。こうして、他者との親密な交わりを避け、自己の内面に閉じこもる人間像は、わたしたちが持ち合わせ共有するものである。

6　日常的実践の教育環境

　ここまで述べてきたのは、われわれの周辺にある物の変化と、そこから人間の身体と周りの物との関係の変化が大きく変わり、そこにナルシズムやミーイズムと呼ばれる自己中心的な意識のあり方を出現させる現象の一端で

あった。物も変化しているが、人間の身体も変化しているのである。では身体をもった個人の日常的な実践はどのように生みだされ、それはいかなる情報的・教育的社会関係に起因しているのだろうか。

デュルケム流にいえば、一般に社会が諸個人に対して、社会の支配的な言説あるいは規範を習得させていくのは、日常生活における社会化(学習)の働きにまつところが大きい。これまでは、諸個人が成長し社会化されていく実践の中で社会的な規範や価値が、世代から世代へと伝達されて、人びとの慣習化された行動によって社会が再生産されると考えられてきた。しかしそこでは、価値や規範が身につけられる個人の実践とその実践相互の関係が、言いかえれば、「身体をもった個人の実践」に関する論点が十分に解明されてきたとは言い難い。

それに対して、デュルケムの甥であるマルセル・モースは1936年に「身体技法」(Mauss[1968:365-386＝1976:121-152])という論文を著し、個人の身体とそれを用いる仕方が、社会によって異なった型として形成されることを提起した。彼によると、身体技法はあくまで社会的に身につけられるのであって、個人の身ぶり、身体的動作、姿勢や身のこなしまで、すべての「身体を用いる仕方」が学習、慣習、流行を通じて情報的に教育されるのである。つまり、個人の行為や実践が単に社会によって決定されるというより、それぞれの個人の身体の運動や能力の技法が社会的・情報的に発生し、伝達され、保存されるというわけである。

すでにデュルケムにも見出されるのであるが、モースは身体技法が社会的に構築されるという考えを表すために、スコラ哲学において慣用されたラテン語の〈ハビトゥス habitus〉という概念を使用した。彼はハビトゥスによって、「アリストテレスの言うような、素質、知識、能力が一体となった概念を表そうとしたのである」(田辺[2003:68-69])。

ちなみに、田辺氏の注釈(田辺／松田[2002:33])によれば、「より強く身体性を示すために、ブルデューはハビトゥスの他にギリシア語起源のヘクシス(hexis)も使用する。ヘクシスは個人が自らに備えた振る舞い、姿勢、語り方、歩き方、ジェスチャーなどである(Bourdieu[1977:93-94; 1980＝1988:122])。ハビトゥスとは、モースの身体技法に即して言えば、人の誕生以来の習い性のよ

うに習得されてきたもの、あるいは反省を立ち入らせないほどに自明なものとして身体的に受容されている能力である。

　ブルデューはモースの身体技法論をさらに発展させながら、また構造主義や現象学的な行為論を乗り越えるべく、『実践理論の粗描』(Bourdieu[1972])『実践理論の概要』(Bourdieu[1977])『実践感覚』(Bourdieu[1980])という三部作を通して、新たな日常的実践についての理論的モデルを提示した(Bourdieu[1977;1980=1988])。当初いちはやく、ブルデューはアーヴィン・パノフスキーの『ゴシック建築とスコラ学』を取り上げ、その中からスコラ哲学者や建築家あるいは職人に共有されている相同的な「慣習形成力」を発見した。つまり、職人たちの具体的にモノを作りあげていくやり方、すなわち〈モードゥス・オペランディ modus operandi〉の心的な「慣習形成力」をハビトゥス概念に結びつけたのである。

　この意味で、あの荘厳なゴシック大聖堂がつぎつぎに建立されていったのは、相同的な「実践を方向づけ秩序づける原理」が当時の職人たちに生きて働いていたことを再発見したのである。ブルデューは職人たちの芸術的な知覚がスコラ哲学を具体化する洗練された慣習的な能力、すなわちハビトゥスとして身体化される情報をを見いだしたのである(田辺[2003:71])。

　その一方でブルデューは、それまでの唯物論的な哲学による、存在が意識や知覚や感性を決定するという〈反映理論〉を批判し、人びとの能動的な実践状態を直截に表現しようとした。そこで、ブルデューは人びとの能動的な実践的な行動を身体に基礎をおいて把握しようとしてマルクスに立ち返ることになった。ブルデューが実践状態にある身体行動にアプローチするきっかけをつかんだのは、マルクスの「フォイエルバッハについて」(1845年執筆)の第一テーゼであった。

　「これまでのすべての唯物論(フォイエルバッハのものもふくめて)の主要な欠陥は、対象、現実、感性がただ客体の、または観照の形式のもとでだけとらえられて、人間的な感性的活動、実践として、主体的にとらえられなかったことである。だから、能動的側面は、唯物論に対立して観念論によって——しかしただ抽象的にだけ展開されることになった。というのは、観念論はもちろん現実的な感性的な活動をそのようなものとしては知らないからであ

る」。

　かくてブルデューがマルクスから得たテーゼの核心は、人びとの「現実的な活動そのもののなかに、つまり、世界への実践的な関わりのなかに身をおくだけでよい」ということであった(『実践感覚』)。

　このような廻り道を経て、ブルデューはスコラ哲学出自の「ハビトゥス」を彼に独自な概念に組み替えた。「ハビトゥスとは、持続性をもち移調が可能な心的諸傾向のシステムであり、構造化する構造として、つまり実践と表象の産出・組織[化]の原理として機能する素性をもった構造化された構造である」(『実践感覚』)。

　このテーゼをもっと理解しやすい形で表現すれば、次のように説明し直すことができる。

　すなわち、集団的な諸条件を同じくする人びとの間には、それら生活の条件に特有な知覚と価値評価の傾向性がシステムとして、そしてそれがハビトゥスとして身体化される。ハビトゥスは、その集団のなかで持続的に、またそのつど臨機応変に、人びとの実践と表象を生みだしていく原理である。その意味からすると、それは「外的にあるものが内化されると同時に、内的にあるものが外化される場所」でもある。

　ハビトゥスは人びとの実践を特有な型として組織化していく構造でもあるから、それは知覚、思考や実践を持続的に生みだし、組織していく構造〈構造化する構造〉であると同時に、知覚、考えや実践そのものに制約と限界を与えていく構造〈構造化された構造〉でもある(田辺[2003:70-87])。

　ハビトゥスは社会の構造化された関係を個人のなかに内面化、構造化しながら、また他方では、その制約のなかにありながら、自由に実践を新たに生みだすのである。ハビトゥスは構造によって規制され厳格な制約をもちながらも、個人の即興を持続的に生みだしていく生成原理であり、個々人はそれを傾向性として身体化しているのである。

　言いかえれば、ハビトゥスとは「過去の経験を統合しつつ、そのつど知覚・評価・行為のマトリックスとして機能する持続的で転移可能なディスポジションの体系」でもある(Bourdieu[1972:178; 1977:82])。

　ハビトゥスは限りなく実践を生みだしていくマトリックスであり、それは

実践されている状態において身体によって学習され、習得される後天的なシステムである（Bourdieu［1977:95; 1980＝1988:117-118］）。

　実践をこのように生みだす図式としてあるハビトゥスは、社会的な知覚と評価の図式であり、文化のなかで幼児期からの学習によって個人とその身体のなかに刻印されているのである（Bourdieu［1980＝1988:116-118］）。

　各個人は生活の実践状態にあって、それぞれに特有な知覚や評価の規準としての〈図式〉をとおして新たな実践を生みだすのである。そして、この〈図式〉（scheme）とは、過去の経験や反応の積みかさねによって各個人の身体に形成さた考え方、知覚の仕方、行為のやり方の能動的な態勢（disposition）として機能するのである。

　先の「経験の統合」とは「構造」の内部化であって、このことが実践状態での「学習」、つまり「第一次的教育」にほかならない。この「第一次教育」または「実践的学習」〔習い〕によってもたらされるものは、言語のレヴェルに達する以前に、日常の生活の処し方のなかで、モーディス・オペランディ〔成果を作り出す仕方〕の本質を学びとることである。

　「子ども」自身によって行われるこの「習い」は、周りの他者の日々の振る舞いを模倣するなかで、知らず知らずのうちに心身のパターンを身体化し、結果として「内在化される掟 lex insita」を蓄積していくのである。（Bourdieut［1972; 1980＝1988］）。

7　イデオロギー的環境の反省

　ハビトゥスは新たな日常的な実践を生みだす身体であり精神である。だが、この身体と「精神」の活動は、いわば「前意識的」な情動的・感情的活動によって成り立っている。

　してみると、こうした日常的な実践の身体的基層について、当事者が反省的に考察をすると、当事者には一種の「理論＝物語」が生まれる（「原住民の理論」）。ブルデューはこのレヴェルの当事者の言説を docte ignorance（知恵ある無知）と呼んだ。

　ドクト・イニョランスとは、M. セルトーによれば、主体が、自分たちのやっ

ていることをよく知らないからであり、かれらのやっていることには、かれらが知っている以上の意味があることをいう。つまり、この意味で「知恵ある無知」は、自分で自分をそうとは自覚しない知略だというのである（Certeau[1980b＝1987:144]）。ブルデューはまた、この docte ignorance について「それは欺かれつつ欺く言説を生みだす」ことだ、とも言う（Bourdieu[1972]）。

そうだとすれば、このような認識の様式は、自己の発生の由来を隠蔽し、この隠蔽によって「主体」は自己自身も他人も「欺く」、というイデオロギー機能を果たしていることになる。まさしく、イデオロギーは現実についてある種の「合理的説明」を与えようとするが、しかしそれは現実の「認識」ではなく、現実の「再認」となってしまう。この「再認」とは、現実の由来を隠蔽している限りで「錯認」（とりちがえ quid pro quo）に陥ることになるのである。

このようにして、日常的な実践を生みだす者がその客観的リアリティを視ることなく、「自明のこと」として現実をそのままに受け入れてしまうプロセスが錯認である。錯認とは、たんに客観的リアリティを知らないということではなく、むしろ知ろうとせず、なかんずく認知しようとしない状態、さらにそのような精神の状態によって客観的リアリティを取り違えていくプロセスである。

いいかえれば、錯認とは、反省的な認知作用を放棄して、リアリティをすでに存在する秩序と取り違えていくことであり、したがって錯認は再認にほかならない。新たなプラクティスを生み出すハビトゥスこそは、こうした錯認＝再認のプロセスが再生産される場所であり、イデオロギー的効果の再生産を支える場所でもあるのだ。

よく知られているようにアルチュセールはイデオロギー的効果を生みだす「媒体」を、家族、学校、マスメディア、組合、裁判所などを含む、すべての社会的・国家的諸制度に見いだした。これらの制度的媒体を通してイデオロギーは、秩序の肯定と秩序への服従を人びとに促しつづける。かれは「イデオロギーと国家のイデオロギー装置」（Althusser[1970:3-38＝1975]）のなかでイデオロギー諸装置のはたらきについて次のようにいう。

　国家のイデオロギー装置（appareils idéologiques d'Etat＝AIE）を国家の抑圧装置と混同してはならない。国家装置（AIE）とは、国家の抑圧装置であって、政

府、行政機関、軍隊、警察、裁判所、刑務所、等々を含む。抑圧的とは、これが《暴力的に機能する》ことを意味する。それに対して、もう一方の国家のイデオロギー装置は、さまざまの専門化された諸制度という形をとる一定の現実(réalité)である。国家のイデオロギー装置(AIE)としては、宗教的、教育的、家族的、法律的、政治的、組合的、情報的(新聞・ラジオ・テレビ等)、文化的(文学・美術・スポーツ等)の諸制度である。現代の資本主義的な社会構成においては、この意味での教育装置、宗教装置、家族装置、政治装置、組合装置、情報装置、文化装置が重要である。それらによって、生産関係の再生産が法律的・政治的・かつ・イデオロギー的・上部構造によって保証されるからである(Althusser[1970:3-38＝1975:34])。

　だとすると、教育の情報的環境は端的にイデオロギー効果を引き起こす「場所」を占めていることに間違いない。教育システムのイデオロギー装置としての学校教育もその例外ではないのである。

　近代の学校教育は、基本的には、E. ホールの言う「モノクロニックmonochronic な時間」意識の上に成立している(Hall[1976＝1993])。つまり、線型的な時間、時計とスケジュールに縛られた時間意識の上に成立している。これに対して、ホールは工業化以前の時間意識を「ポリクロニックpolychronic な時間」と呼んで区別した。

　近代の学校教育は、フーコーの言う「規律と訓練」によって人びとの身体をモノクロニックな時間に順応させていき、それを自明視させる等質化された空間を産みだしてきた。例えば、細分化された等質化した時空間(「学校・学年・学級」の「同一の教科」の「時間割」)において、「文盲の追放」(読み・書き・算の徹底)と「国家語の普及」そして「試験システム」の確立を、教育の「当たり前」の装置として定着させてきたのである。

　こうした教育装置をもとにして、「教育の機会均等原則」と「自由な職業能力形成」のイデオロギーが現実的に機能し効果を発揮してきたのである。なかでも、ほかならぬ中産階級の子弟が、等質化した時空間を有効に活用して「学習労働」の成果を上げることで、「試験システム」において優位する成績を獲得し選別されることによって、社会的地位上昇をはかる将来が約束されてきたのである。

それは、時は金なり、と考えるように、時間を多くの学習労働に費やし資金を学校教育に投資していく、近代資本主義の労働観と教育観において典型的に見て取ることができる。たとえば次のようにも言うことができる。
　だから、きみが後日ほしいと思う所得フローにみあった資格を身につけるために、きみの現在の時間を投資せよ！　というふうにも言われるのである。将来についての完全な情報をもち、自由に選択できるのであれば、君の気にいった教育課程を自分で選びなさい、というわけである。
　学校教育の規範（教育期間、卒業資格の種類）は、教育課程を選択してきた諸個人が蓄積する人的資本のストックの指標として考えられる。機会均等原則は、勤労者の中層および上層の要求の表現である。これらの階層は、その経済的影響力を大いに強めると同時に、しだいに脱人格化する資本の管理のなかで幹部層の地位を獲得しようとする。機会均等は、政治的民主主義の装いのもとで、分業におけるテクノクラシーとエリート選別のメリトクラシーの同盟を確立する。「機会均等原理は、知識・文化的態度・ヒエラルキーといった世襲財産〔ブルデュのいう文化資本〕の相続が経済的世襲財産の相続にとって代わることを承認する。さらに、機会均等原理は、家族財産の大きさやその換金性にもとづくヒエラルキーが教育期間の長さや教育の一般性にもとづくヒエラルキーにとって代わることを承認する」（Aglietta/Brender［1986＝1990:142-3］）。
　こうした教育システム上の成果は、一つには教師の「専門性」と、もう一つには「教育内容の恣意性」とによって支えられている。教師たちは「教職の専門性」の名において教えている。しかし、かれらは、事実上、蓄積された専門知のシステムに入り込んでしまっている。そのシステムのなかでは、彼らがなにかを言おうとしても、自分の言いたい意味は真に伝わらないのである。なぜならば、学ぶ当事者一人ひとりが理解されて教えられないからである。というのも、学校というメディア、教師自身の「知」と「情報」がいかなるものかが自覚化され、絶えず問い返されていくことはきわめて稀なことであるからだ。
　また、「教育内容の恣意性」とは特定の文化圏の知識や考えや行動が、国民国家のもとでは、自文化中心主義的に絶対視され、それを相対化していく機

会にきわめて乏しいことを言う。このため、精選されて伝えられる知識は「紋切り型」であって、教師の意識も子どもの意識も物象化され画一化されてしまい、現実に柔軟に対応することはとても難しい。

P. ブルデューの謂うところの、教育システムの機能は一般的な文化的知識を後の世代に伝えることにあるより、社会の階級構造＝「力の関係」(rapports de force)を意味や言語といった象徴的手段を用いて再生産することにある。教育システムとは「象徴的暴力」(violence symbolique)のシステムであり、そこには「自己排除」(auto-exclusion/auto-élimination)という、自動選別のメカニズムが成り立っている。

M. セルトーは『文化の政治学』(Certeau［1980a =1990:157］)のなかで、「批判的教師の役割」に希望を見いだしている。「学校は二つのボードの上で機能している。ひとつに、学校はあいかわらず国家の制度であり、中央が決定する文化モデルを普及すべく、政府によって任命されるものである。他方で学校は、マスメディア等々の流す文化にたいしてそれに脅かされつつ、同時にそれを批判できる立場にある。事実、教師のあいだには、批判的精神が広がっている。かれらの批判的精神はなによりもまず、自分たちの置かれた社会学的な位置からきているのだ。つまりそれは、かれらのマージナルな状況のイデオロギー効果なのである」。

とはいえ、上で見たように、イデオロギーに満ちた学校というメディアが、さらには教師自身の「知」と「情報」がいかなるものかが自覚的に問い返されていくことはきわめて稀なことである。それに加えて、西垣通氏によれば、情報化社会の教育環境においては、「ヴァーチャル」化の問題を避けることができない。

「ヴァーチャル」とは、現実に対立する「虚構」という意味ではなく、たとえ虚構の信号から構成されていても「事実上は現実と同様の効果をもつ」ということだ。肉眼のかわりにテレビカメラ、肉声のかわりに電話が置き代るのがヴァーチャル時代である。だとすれば、慨嘆の声はいうまでもなく高い。だが、いたずらに眉をひそめるだけでは、浅薄なノスタルジーの域をでないだろう。情報化社会のかかえる難問(アポリア)は、ヒトが本来ヴァーチャルな生物であることに由来している。言語そのものがヴァーチャルなわけで、テレビやコ

ンピュータはただ拍車をかけただけだ。だから21世紀の情報化社会を予見するには、単に新しい電子メディアを語るだけでは十分ではない。むしろいったん情報の根源に立ちかえってみることが肝心なのである(西垣[1995:2])。

　だがヴァーチャル・リアリティで多様な身体感覚を疑似体験することによって、この「自分の物質的有限性」という感覚は奇妙に希薄化していく。ヴァーチャル・リアリティで得られるさまざまな身体感覚は、現実の身体感覚から相当にズレている。一部で言われるように「現実と仮想が入り交じる」などということは、まずあり得ない。だが、この多様な身体感覚の「ズレ」と、日常の身体感覚かもたらす一貫した意識的思考とのあいだの落差が、「肉体から自由な魂」という古来の観念へのノスタルジーを呼び起こす。もちろん、これは迷妄である。けれどもその迷妄に「リアリティ」を与えるのが、「偽王」の「聖なるヴァーチャル身体」なのである。こうしてサイバースペースのなかで、人々の歯止めを失った攻撃性・支配欲・権力欲が暴走をはじめることになる。

　西垣氏によれば、ヴァーチャル社会において、われわれはこれまでにないほど、「社会性」を喪失してしまう恐れがあるのだ。そこでは現実社会で遵守されてきた〈規範〉は通用しない。最近、パソコン通信や携帯電話での「非難・中傷・集中攻撃(フレーミング)」の問題が注目を集めているが、これもその一端をしめす現象ではないかと考えられる。普段はおとなしい人物が、パソコン通信では急に攻撃的になり、他人のちょっとした言葉尻をとらえて口汚く罵倒しはじめるのである。

　そして、21世紀サイバースペースにおける困った問題は、人々の歯止めを失った小さな権力欲や攻撃性が、教団の内部で結びつき、組織化され、巨大な攻撃的権力にふくれあがっていくのではないか、という点にある。「偽王」はその中核に位置するのだ。

　いうまでもなく、その影響はサイバースペース内部で閉じたものではない。懸念されるのは、サイバースペースにおける〈意味〉や〈価値〉が、「シミュラークルの先行」として現実社会をリードしていくことである。つまり、「偽王」を中心として積分される権力が、現実社会を支配しはじめることなのである。

　要するに、もともとヒトのうちにあった権力欲や攻撃性が、コンピュータ

によって増幅されていくのが問題なのである。コンピュータは本質的に、ヒトの権力への希求、つまり環境世界を秩序化し、支配したいという欲望を外部化した装置である。それは、抽象化・形式化・非身体化というヴェクトルばかりでなく、人々のミクロな権力欲を身体的にみたす、というヴェクトルを含んでいる。ヴァーチャル・リアリティはまさにそのための装置となりうるのだ(西垣［1995：175-177］)。

　最後に、この章で言及した情報資本主義のなかでも、教育環境についての困難な問題から浮かんできた論点に焦点をあて、その解決の糸口をさぐろう。

　情報資本主義の教育環境を問題にするばあい、現代的には情報資本主義の教育が中心的には「ヴァーチャル」化の問題に直面していることには異論はないことだろう。だが、問題は、適切な「メディア・リテラシー」の必要性が叫ばれている現在、情報資本主義におけるメディアのイデオロギー的条件を克服するにせよ、どのような条件の下に適切な「メディア・リテラシー」が可能になるかを問題にするとたちまち困難な問題に逢着することである。

　すなわち、問題は、情報資本主義へと高度に組織化されていく社会において、また高度消費社会の昂進によって生じた困難な教育状況において、教育のメディア的に錯綜する状況の問題解決をはかるには、メディアのイデオロギー的条件を検討する必要は避けられない。つまり、錯綜するメディアのイデオロギー的条件を検討することによって、個人の欲望喚起的・イデオギーな環境変化においても、情報を的確に解読・判別できる「メディア・リテラシー」能力がとくに求められているのである。

　この章では、メディア・リテラシー形成の依って立つ困難なイデオロギー的条件を検討してきた。だが要するに、高度情報化社会の教育は、すべからく「ヴァーチャル」化の問題に関連していると言っても過言ではない。それというのも、「ヴァーチャル・リアリティ」で得られるさまざまな身体感覚は、現実の身体感覚からズレることになるから、「社会性」を喪失させられる危険が回避できないのである。そのうえ、これに淵源するミクロ的な権力欲や攻撃性が、増幅されることにもなるのである。

　こうした深刻な問題に対して教育的環境がいかに整備されるべきかは、次章とも関連して、具体的にはきわめて細部にわたる多様にして困難な青少年

の教育問題に遭遇していると言わざるを得ないのである。

[引用・参考文献]

Adorno, Theodor W. 1962 *Minima Moralia Reflexion aus dem beschädigten Leben.*＝三光長治訳『ミニマ・モラリア』(法政大学出版局、1979)

Aglietta, Michel/Brender, Anton 1986 *Les métamorphoses de la société salariale:la France en projet*＝1990 斉藤日出治訳『勤労者社会の転換』日本評論社

Althusser, Louis 1970 *Idéologie et appareills idéologiques d'Etat,La Pensée* no.6 1970＝西川長夫訳『国家とイデオロギー』(福村出版、1975)

Bart, Roland 1957 *Mythologies* Les Edition du Seuil.＝篠沢秀夫訳『神話作用』(現代思潮社、1991)

――1964 Eléments de sémiologie Les Edition du Seuil.＝沢村昂一訳『記号学の原理』(みすず書房、1981)

Bateson, Gregory 1970 '.Form,substance and difference' in *Steps to an ecology of mind*,1972＝佐藤良明訳「形式、実体、差異」(『精神の生態学』思索社、1990、所収)

Baudrillard, Jean 1968 *Le système des objets*, Editions Gallimard.＝宇波彰訳『物の体系』(法政大学出版局、1980)

Baudrillard, Jean 1970 *La société de consommation.* gallimard＝今村仁司・塚原史訳『消費社会の神話と構造』(紀伊國屋書店、1979)

Bourdieu, Pierre, 1972, *Esquisse d'une theorie de la pratique*, Droz.

――1977 *Outline of a Theory of Practice*(translated by R. Nice), Cambridge: Cambridge University Press.

――1980 *Le sens pratique*, Les édition de minuit＝『実践感覚1』;『実践感覚2』(みすず書房、1988、1990)

Certeau, Michel de 1980a *La culture au pluriel*.Christian Bourgois Editeur＝山田登世子訳『文化の政治学』(岩波書店、1990)

――1980b *Art de faire*, Union générale d'éditions＝山田登世子訳『日常的実践のポイエティーク』(国文社、1987)

Hall, Edward T. 1976 *Beyond culture* Garden City, N.Y. : Anchor Books＝岩田慶治・谷泰訳『文化を越えて』(TBSブリタニカ、1993)

半田正樹『情報資本主義の現在』(批評社、1996)

橋本良明「ミクロ的視野からみた「情報」と「意味」」(東京大学新聞研究所『高度情報社会のコミュニケーション―構造と行動』東京大学出版会、1990、所収)

今村仁司編著『トランスモダンの作法』(リブロポート、1992)

北村洋基『情報資本主義論』(大月書店、2003)

Lasch, Christopher 1979 *The Culture of Narcissism American life in an age of diminishing expectations.*＝石川弘義訳『ナルシシズムの時代』(ナツメ社、1984)

Mauss, Marcel, 1968 "Les techniqu du corps" in *Sociologie et Anthropologie.*＝有地亨・山口敏夫訳『M.モース 社会学と人類学II』(弘文堂、1976)

McLuhan, Marshall 1964 *Understanding media, The Extention of Man*＝栗原裕・河本仲聖訳『メディア論』(みすず書房、1991)

三上俊治「重層ネットワーク社会の形成と情報環境の変容」(東京大学新聞研究所『高度情報社会のコミュニケーション―構造と行動』東京大学出版会、1990、所収)
見田宗介『現代社会の理論　情報化・消費化社会の現在と未来』(岩波書店、1996)
西垣通『聖なるヴァーチャル・リアリティ　情報システム社会論』(岩波書店、1995)
西垣通「情報」(北川・須藤・西垣・浜田・吉見・米本『情報学事典』弘文堂、2002、所収)
小倉利丸『アシッド・キャピタリズム　ACID CAPITALISM』(青弓社、1992)
佐伯啓思『「欲望」と資本主義 終わりなき拡張の論理』(講談社、1993)
坂本賢三「情報」(『平凡社大百科事典⑦』平凡社、1985、所収)
竹田青嗣『現代思想の冒険』(筑摩書房、1992)
田辺繁治／松田素二[編]『日常的実践のエスノグラフィー 語り・コミュニティ・アイデンティティ』(世界思想社、2002)
田辺繁治『生き方の人類学―実践とは何か―』(講談社、2003)
内田隆三「ソフトな管理の変容―家庭の生成と臨界点」(『システムと生活世界』岩波書店、1993、所収)
宇波彰『誘惑するオブジェ―時代精神としてのデザイン』(紀伊國屋書店、1991)
山田鋭夫「情報社会」(『現代思想を読む事典』講談社、1988、所収)

第12章　変わりゆく情報環境と教職メディアの構築

1　はじめに

　わたしたちの社会は高度に消費化と情報化が推し進められ、これまでにないスピードで変貌し続けている。なかでも際立つのが、電子メディアのネットワークに代表されるメディア装置の発展が地球規模で拡大し、若者や子どもたちが新たなメディア装置を自由に使いこなし、新しい情報や多様なメッセージを共有し合うようになっていることである。

　若い世代が新たなメディア装置をごく日常の活動として身体化するに至ったのに対して、「われわれ」のような「先行世代」はかつて獲得した価値基準や行動形式に無意識裡に囚われたままにある。古い世代からは、この頃の若い人たちは、一体、何を考えているのか分からない、などという嘆きがこぼれる。彼らは「子どもや若者が変わった」「最近の若者たちはよく分からない」とか、「この頃の子どもたちは変わった」とか（門脇厚司 2000）、その挙げ句の果てに、若者にたいして「新人類」のようなイメージを抱くことも稀ではない（小谷敏編『若者論を読む』1994年 世界思想社）。

　たしかに今の若者たちは以前の若者とくらべて変わったように見える。街を行く彼らの服装やことば、彼らにとって楽しく面白い音楽や演劇、パソコンや携帯電話を通じての交際など、変わったように思える点を数えたらきりがない。彼らが育ってきた社会過程が時代ごとに特有な社会であれば、新たな時代の「子ども・若者」に特徴的な行動が目立っても不思議ではない。にも

かかわらず、彼らの行動の変化が古い世代にとってはことごとく苦々しく忌避するべきものと映じ、批判と憂慮の種とされるのである(本田和子 1997)。

　端的に言って、それでは本当に、子どもと若者は以前に比べて変わってしまったのだろうか。それとも、基本的には変わっておらず、変わったと見えるのは、すべて彼らを取りまく生活環境やメディア状況の時代的変化に由来するものだろうか。生活環境やメディア環境が大きく変わっている以上に、子どもや若者自身が変わったのだろうか、それとも変わっていないだろうか。変わっていないとすれば何が同じであろうか。

　子ども・若者像をめぐる「先行世代」と「後続世代」とのあいだには、たえず「見方」の上の連続面と切断面が存在する。「若い世代」からすれば「先行世代」の子ども時代の生き方を実感することが出来ないのに対して、「古い世代」からすると、すでに自らが獲得した価値基準(既成観念)から自由になれず、「子ども・若者世代」の行動や生き方の新奇さをあげつらうことが多い。

　しかしどのみち、二つの世代とも近代社会以降における大きな時代の変化の影響をこうむっているのだから、子ども自身に内在する変化によるか、時代変化に由来するか、その一方だけを断定すれば事の真実を見誤ることになる。

　そこで本章では、大人世代も子ども世代も共に"変化する時代"に生活することを大前提にする。そしてその上で、「古い世代」と「若い世代」とを「先行世代」と「後続世代」として相対的に区別し、場合によっては「先行世代の文化」と「子ども・若者の文化」に区別する。同時に、「大人世代」も、古い既成観念に囚われている世代層と新たな時代に鋭敏に即応する世代層に区別する。同じく、「子ども・若者世代」自身も、「社会的逸脱」とはいえないまでも「新奇」の行動を選好し大人世代との切断面を深める世代層と、既成の大人世代とモラルを共有する連続面を示す世代層を観察することになる。

　それにしても、世の中の変化が速ければ、いずれの「先行世代」も「後続世代」に対して、際だって新たな行動様式を感じるに違いない。先行世代からすれば、一般に子どもや若者が示す新奇で脱秩序的な行動様式や、彼らの衣食住を含めた暮らしのスタイルが特有な行動に見える、先行世代の「既成観念」を免れることはとても難しい。その「子ども・若者文化」の連続面よりは切断面

を、いわば「異質」な面と多彩な行状を意識することになる。

　だとすれば「古い世代」にとって、ある種の「とまどい」「違和感」をぬぐいきれないのも事実である。それではいけないと、「子ども・若者文化」を独特なものとして文化相対主義的に理解すれば、この限りでは先行世代との間で「文化摩擦」を避けられるかもしれない。しかしそれでもって、本当に「子ども・若者世代」と「子ども・若者文化」を理解したことになるであろうか。こうした問題も含めて、変化する時代社会のなかで、なおかつ「子ども・若者文化」に固有なものが何か、世代間の「文化葛藤」を引き起こすものが何であるかを明らかにすることが必要である。こうした課題が理解されてこそ「子どもたちはどう変わったか」という問題にも時代に即して答えることができるのであろう。

　「変化する視点」から「変化する対象」を観察する難しさを承知しつつ、ここではひとまず「子ども・若者文化」の引き起こす文化摩擦・文化葛藤の背景にあることを、一つには「子ども・若者文化」の根底にある、広い意味の遊びの変容から、二つにはメディア環境の変容から考えなおしてみる。そして、子ども・若者自身の活動の変化とメディア環境の大きな変化の中から、大人世代の役割と「教職メディア」の役割とは何かを考え直してみる。

　基本的には、「異文化理解」の問題ともリンクするが、この文化の先行世代との間にひきおこされる「文化摩擦」はもう少し冷静に把握できることになり、大人世代による子ども世代に対する理解に基づく新たな時代の「教育目標」を再構築できるのかもしれない。まずは、「子ども・若者」像が変わったと言われるゆえんの一端を究めることから始めることにしよう。

2　プロブレマティック──教育問題の正常と異常

　たとえば、「非行」、「いじめ」、「不登校」などの問題が生じると、まずはたいてい家庭や学校が「正常」ではなかったのではないかと疑われる。「子ども・若者」に対する「正常な」教育過程が機能しなかったから「教育問題」が生じた、という世間からの反応である。そうした問題の原因は「学校・教師」、「家庭・両親」、「友達関係」にもとめられ、場合によっては「犯人」の主犯格の捜索が行

われる。そうした問題の「異常性」が強ければ、「教育の荒廃」とか「教育病理」さらには「教育の危機」として深刻な「事件」として報道されることになる。

　このように「子ども・若者」をめぐる社会的問題が「教育問題」として扱われていく場合、現代では、新聞やTVの報道を抜きにしては考えられない。さらにこれに出版と官庁も加えておこう（どんな私的な家庭もメディアの情報に巻き込まれて機能している）。どんな「教育問題」も、今日では、メディア情報から強力に影響を受けているのである。

　もちろん「優れた教育活動」も報道される。現代の「教育問題」はメディアの形成する「教育世論」において明に暗に論じられ、メディアによって「問題」の「正常」「異常」の境界線が引かれることになる。

　確かに学校教育も首尾よく達成される場合もあれば、達成されない場合もある。その過程から派生する問題も「非行」、「いじめ」、「不登校」などの事実が露見する場合もあれば、潜在状態である場合もある。こうした無数の「教育過程」がたえず進行していく中で、一定の「問題」がマスメディアに「事件」として取り上げられ「社会問題」となる。これがまたいわゆる「教育界」において「教育問題」化し、権威筋を含めて「教育世論」において善処がもとめられる。マスメディアが発達した今日の「教育問題」はすべて「社会化」され伝播されるのであって、マスメディアは世論を動員し味方につけることによってその正当性を確保する。

　大人にとって「子ども・若者」が変わったという指摘は、まずはマスメディアのバイアスがかかった世論に操作された「見方」によると言ってよいだろう。マスメディアの意味するところは、以前の「子ども・若者」像にくらべ現在の「子ども・若者」が「見かけ」のうえで「変わっている」という意味であろう。だが、それにしても子ども・若者が以前の子ども・若者と異なるのは、当然といえば当然である。大人の築く社会と生活世界が大きく変化しているのだから、大人・両親が変化した分だけ「子ども・若者」が変化する基礎条件を与えられる。マスメディアも含め、古い世代にとって若者が「変わった」ように映るとすれば、それは世の中の推移がとても速いため、こども・若者の行状が多彩になり、連続の中の「異質」な面が特に際だつようになったからだ、とも言える。

実際には、それ以上に子ども・若者は新たな「創発特性」を生み出す。じつに古い世代にとって、そうした現われ（新奇性）が自己の「正常」に比して、現在の「子ども・若者」の「異常」の姿として映るのであろう。
　ところで、P. L. バーガー／B. バーガーは、何が「正常」な行動で何が「異常」な行動か、何が逸脱で何が逸脱でないかは、明らかに相対的な問題であることを指摘する（Berger 1975）。それというのも、ある振舞いをする人物の行動も、別の文化、あるいは時代が異なれば、まったく正常なのかもしれない。つまり、ある一つの社会で正常と考えられることも、他の社会では狂気の沙汰扱いにされる。またその逆もありうるのだ。つまり、パスカルのことばのように、「ピレネー山脈の向こう側では正しいことも、こちら側では誤りになる」のである。正常についての社会的概念が、相対的なものであり、また逸脱についての概念も相対的なものであるとすれば、そこから見えてくるのは、「逸脱とは社会的定義いかんによる問題」だということである。言い換えれば、「ある状況を現実であるとみんなが定義すれば、それは結果として現実」となるのである。
　どのような社会でも他者に対して「類型化されたある種の期待」がある。しかしこれが、社会が急速に変化する時や、道徳基準が一つではないような状況では、社会の期待も不確かとなる。その結果、何が「正常」で何が正常でないかということが、人びとにはわからなくなる。そのような状況では、現実についての定義も急速に変化する。きのう逸脱とされた行動も、きょうは受けいれられたり、その逆のことが起こったりする（Berger 1975）。
　人びとが集合して織り成す社会生活には、どこでも逸脱（deviance）とみなされる社会的現象が見出される。何が逸脱とみなされるかは、それぞれの社会生活が有している意味世界や、そこで展開される「逸脱とみなす者」と「みなされる者」との一連の相互作用のあり方によって異なっており相対的なものとなるが、逸脱が見出されない社会生活はどこにも存在しない。逸脱は人間の社会生活の一部であり、不可避的な現象である（宝月誠 1990）。
　「子ども・若者」の問題行動が、メディア社会で取り上げられる「青少年問題」という社会的性格をもつとすれば、「逸脱論」の視圏から検討することばかりか、山之内靖「戦時動員体制」論の文脈からも検討してみることも必要であろ

う。つまり、「子ども・若者」の問題行動が「教育問題」として国民世論として論じられることは「国民総動員体制」の文脈の中で問題視できる(山之内靖「総力戦方法的序論―総力戦とシステム統合」)。

　さらに、デュルケムが指摘するように、非行や犯罪がない社会は存在しない。どのような社会にも一定の逸脱・問題行動は生じてしまう。というのも、「機能主義の父」デュルケムにとって、逸脱は一定の社会的機能をはたしているからだ。「犯罪はもろもろの正常な意識を呼びさまし、それらを結集させる」機能をはたす。逸脱行動(つまり、デュルケムのいう「社会的病理」)は、社会が必要とするというわけだ。逸脱は社会に欠くことのできない「スケープゴート」を提供するからだ。つまり、逸脱者の存在は、集団をいっそう団結させ、社会的のみならず道徳的なアイデンティティをも再確認する。人びとは逸脱に対して強い抵抗を示すが、そのことによって集団のまとまりが強化される。つまり逸脱行動は、連帯を保持し再確認するために大いにその機能を果たすのである。

　デュルケムは、犯罪だけでなく制裁(sanction)についての説明にも、一貫してこの考えをもち込んだ。デュルケムはリベラルな刑法学者たちが刑罰の目的は犯罪者の社会復帰にあると主張するのを批判して、それとは逆に、刑罰の目的は社会においてある道徳的権威を再確認させ再結集させることにあると主張した。そして、逸脱の問題に社会学的なアプローチをするには、(個別的な動機を問うよりも)むしろその機能の理解に焦点をあてたのである。

　E. ゴフマンも『烙印(stigma)――損われたアイデンティティの管理について』において逸脱研究に貢献をしている。彼の論点の特徴は、逸脱をうみだす「現実性」は、他の人びとに対して自分たちの定義を押しつけようとする人がどれほどの権力をもつかにかかっている、という点にある。烙印を押すということは、ある集団の人びとが他の集団に押しつけを行なう一つの手順である。そして、定義づけをした者の権力しだいでは、その定義を「貼りつけ」られた者、つまり烙印を押された者は、自分に与えられた「損われたアイデンティティ」を受け容れざるをえない。

　ハワード・ベッカー(Howard S. Becker)の「ラベリング・セオリー」も逸脱への新しいアプローチ(逸脱とは誰れの観点からの問題か)を提起した。ベッカー

は、ある特定の価値を絶対視するアプローチをしりぞける。そして、中産階級への偏向ばかりか、精神医学や法律上の観点、ソーシャル・ワーカーや精神科医やあるいは法を施行する役人の偏向からも自由になろうとした。ベッカーにいわせると、「逸脱とは、社会過程の結果としての特定の人びとや行動に対して貼られたレッテルである」。これは、レッテルを貼る過程が恣意的でしかも相対的であることを示している。何に対して逸脱というレッテルを貼るかについての規準があるわけではない。きょうの逸脱は、明日になれば正常であるかもしれないし、その逆もまたありうる。さらに、逸脱について語るのであれば、「だれの観点からみて逸脱なのか」が常に問われなければならない。

　こうして、誰れがある者に対して何についてレッテルを貼れるかのコンフリクトが避けられない。このコンフリクトとは、「少数の無力な人たちや集団」と「多数の権力をもつ、よく組織された社会的な利害集団」との間で起こる。しかも、このコンフリクト状態において、いずれが勝利を収めるかは、社会的状況全体の中で相対的な力関係によって決定されるというのである（宝月誠　1990年）。

　P. L. バーガー／B. バーガーは次のように言う。「このアプローチのおもしろさは、本来取り扱おうとした比較的狭い範囲の現象という限界をはるかに越えたところにある」。これは、正常さについての観念だけではなく社会が規定する「現実」の構造そのものの不安定な性格を浮きぼりにしたことである。このことは、規範の説明だけでなく、事実の説明とみなされているものにも当てはまる。例えば、だれかが「犯罪人」であるとか「非行者」であるとかいうのは、明らかに規範的な発言である。しかも、そのような烙印を押すことを制度化している社会から見たものであって、本質的には、その人間あるいはその行動は責められるべきものだということである。

　そしてもう一つには、「異常」というレッテルを貼られたものよりも、社会の中で「正常」とみなされているものに関する疑問である。「たとえば、性的な正常さとは何か。精神の健康とは何か。正常な知能とは何か。（医学、法律学、道徳、哲学のような）他の学問の代表者が何といおうと、これらの質問に対する社会学者の答えは非常に簡単だ。つまりこれらのことは、社会がそう定義

しただけのことだというのである」(Berger 1975)。

　ラベリング・セオリーに見られるように、「子ども・若者」に「問題がある」とみなされるとき、その判断には「誰か」のなんらかの価値判断が働いている。その判断は、場合によっては、異常な状態が正常とされるために、また正常が異常とされるように引き起こされる問題性のことである。

　このことは教育問題に限らず、およそ社会問題と言われる現象には常につきまとう問題である。非行を中心とする逸脱行動が起きれば、たいてい非行少年をつくりだしたところの「犯人探しが行われる」。その場合たいていは、まずは、両親（家庭）と教師（学校）の共犯に拠るかのように扱われるのが常套である。しかし、教育のめざした意図に反して、常になんらかの問題を派生させるのが複雑な社会である。だとすれば、教育問題を分析するには、これにかかわるさまざまな利害者集団の提起する「問題」の成り立ちを再構成する中で、体制の秩序維持を図るイデオロギーによる判断を点検していく必要がある。

　「非行」、「いじめ」、「不登校」などの現象は、こうした社会の深いイデオロギー問題の上に成り立っている。そして、それに加え、全体社会や他の社会システムと相互規定的である「社会問題としての教育問題」とともに、「子ども・若者」の社会的成長を促す「学校教育」を含む「公共空間」、コミュニケーション空間、コミュニティーの、反省的な再構築をするなかで、たえざる教育問題の正常と異常が再定義されていくことであろう。

3　「遊び」を再考する ── その成長的意味

　では変わらぬ「子ども・若者」像、大人世代との連続面を、どのような視圏で見出すべきであろうか。ここでしばらく、「遊び」を再考することで、その成長的な意味がいかなることに存するかを追究してみよう。

　子どもが群れをつくって遊ばなくなった、と言われるようになってすでに久しい。遊び場が姿を消し、自由時間がなくなり、空地や路地裏で群れて遊ぶ子どもの陽気な声を聞くことが少なくなった。家族の少子化により兄弟も少なく、地域的になじみのない近所との付き合いも疎遠になり、仲間と一緒

に遊ぶことが少なくなっている。現代的には、幼い頃から学習塾や稽古事などに通わされ、遊びの空間も制限されてきている。それに遊びの材料も多くが商品化され、子どもたちの遊びを魅了する玩具なども豊富に売り出されている。

しかしながら、子どもたちは本当に、「遊ぶこと」を止めたわけではあるまい。子どもたちが遊ぶ活動を無くしたら「子ども」ではなくなるのだから。子どもたちは子どもたちなりに遊びを見つけて楽しむ。変わったのは遊びそのことではなくて遊びの様態が現代的に変容したのである。遊びのあり様は、子どもたちのおかれる時代的・社会的背景を敏感に反映する。しかし、遊ぶという活動そのことは、なんら時代的に変わることがない。では時代的に変わらぬ遊びとは何を意味しているのであろうか。

よく知られているように、"ホモ・ルーデンス"という表現を提出したヨハン・ホイジンガ（Huizinga[1950＝1971]）やカイヨワ（Caillois[1967＝1970]）は「遊び」という活動を広い意味で理解した。

たとえば、カイヨワの『遊びと人間』によれば、遊びは次のような特徴を示す活動である。(1)強制されれば、たちまち魅力的で楽しい気晴らしという性格を失ってしまう、自由な活動。(2)あらかじめ定められた厳密な時間および空間の範囲内に限定されている、分離した活動。(3)あらかじめ成り行きがわかっていたり、結果が得られたりすることがない、不確定の活動。(4)財貨も、富も、いかなる種類の新しい要素も作り出さない、非生産的な活動。(5)通常の法律を停止し、その代わりに、それだけが通用する新しい法律を一時的に立てる約束に従う、ルールのある活動。(6)現実生活と対立する第二の現実、あるいは、全くの非現実という特有の意識を伴う、虚構的活動、である。

またカイヨワは、数限りない遊びのなかから四つの主要な特徴を分類している。まず、競争（アゴーン）、偶然（アレア）、模倣（ミミクリー）、眩暈（イリンクス）である。

こうして、それらの性質を規定するならば、大きく二つの特性を指摘できるのである。一つには、気晴らし、熱狂、自由な即興、気ままな発散という、一種の無制限の気紛れ（パイディア）と、もう一つには、その極と対立する、望む結果を得るのに必要な努力、忍耐、技、器用などの欲求（ルドゥス）との、

二つの特性に分類されるのである（Caillois［1967＝1970：17］）。

　精神分析医であるウィニコットは、形態や内容を表わす「遊び」（play）という名詞と、遊んでいるという現象を表わす動名詞「遊ぶこと」（playing）を明確に区別している（Winnicott［1971＝1979］）。言語的にいえば、遊ぶことと遊びとは、いわば"signifiant"と"signifié"という関係でもある。

　遊びにおいて、遊ぶことにおいてのみ、個人は、子どもも大人も、創造的になることができ、その全人格を使うことができる。そして、個人は創造的である場合にのみ、自己を発見するのである。そしてこのことは、遊ぶことにおいてのみ、コミュニケーションが可能になるという事実とも密接に関連する。「遊びこそが普遍的であり、健康に属するものである。すなわち、遊ぶことは成長を促進し、健康を増進する」のである（Winnicott［1971＝1979］）。

　では遊びとはそもそもどのように発生するか。よく知られているようにフロイトは「精神現象の二原則に関する定式」（Freud［1911＝1980］）の中で、精神機能の発生を支配する二つの原則について述べている。それによると、一つには、いわゆる「快を求め不快をさける原則」であり、もう一つは「不快に耐え、衝動の充足を延期したり断念したりする原則」である。前者は、リビドー緊張の解放をもとめる、古い一次的な精神的過程である「快・不快原則」（快感原則）であり、後者は衝動を直接に充足させることのできない外的現実に適応し、生存を続ける精神的過程の「現実原則」である。

　フロイトによれば、古い一次的な精神的過程である「快・不快原則」（快感原則）の支配しているところに、不快な状態を避け外的現実に適応しようとする「現実原則が介入して来ると、それまでもっぱら快感原則に支配されていたある種の思考活動は、別のあつかいを受けるようになる。それは空想（Phantasieren）という活動であり、子どもの遊び（Spiel）とともにはじまり、成長してからは白日夢として持続する」のである（Freud［1911＝1980］）。

　こうして、現実とのかかわりのなかで満たし得なくなった願望は、夢の中での願望充足を経て、子どものさまざまな空想を形作るが、この願望を満たそうとする活動から子どもの"遊び"が成り立つことになる。この願望充足を基礎にして、子どもは想像上の対象や状況を、現実世界の目に見える事物に「仮託」していくことによって、"ごっこ"遊びなどをさまざまに展開できるよ

うになる。
　"ごっこ"遊びは、いろいろな存在に自らを同一化したり、おとなのさまざまな社会的役割や場面を再現したりする活動である。"ごっこ"遊びのプロセスをとおして、自己像と他者像が形成されるのであり、子どもを取り巻く社会のルールや技術を体得するのである。この"ごっこ"遊びは、橋本氏によれば、未成熟なままに社会的な責任や義務を負うことを免除される、心理社会的モラトリアムの年代である青年期にまで引き継がれる（橋本[1994 : 162]）。
　こうしたプロセスの中で、若者も自由にさまざまな思想や価値観に同一化し、自我同一性を確立するための役割を試みることができる。責任のない"ごっこ"遊びの中だからこそ、青年は理想主義的な思想、新鮮な感覚、新しい生き方に対する考えや、それらに基づいた創造的な活動を享受できる。「試みにやってみる」という経験こそが大事である。
　一般的に言えば、「あそび・あそぶ」という言葉は、日常的な生活から心身を開放する意である。音楽を奏でる、楽しいことをして心を慰める、狩をする、無心に動き回る、他郷に出て学問する、などの意味に用いられている。また、英語の"play"は、劇などを上演する、扮する、演じる、模倣する、模擬する、競技をする、演奏する、賭ける、人を利用する、いたずらをしかける、もてあそぶ、などの意味で使われている。
　廣松渉も「ゴッコ遊ビ」を特別に重要な発生論的な機制と見る（廣松[1996:186]）。氏によると、「ゴッコ遊ビ」と総称される活動は、「当事者相互間の共互的役割演技によって編制されている幼児期の行動」である。ママゴト、電車ゴッコ、オ医者サンゴッコ、学校ゴッコ、戦争ゴッコ、などのたぐいがそれである。ゴッコ遊ビは、大人の行動の模倣というより子どもの世界内でそれなりに既成化していて、子どもの世界内で伝承される。「童歌とか、毬ツキとか、綾取リとか、縄跳ビとか」、このたぐいの伝承的な行動様式は、模倣のようにみえるにしても、模倣の手本となるのはやはり先輩の演技であり、その都度の"新作劇"の趣きが強い。
　ゴッコ遊ビは、まずは「見立て」の契機から成り立つ。ゴッコ遊ビにおいて、子どもたちは、自分および他人を、母親・父親、運転手・乗客、医者・患者、先生・生徒、……に見立てる。また、木の葉を皿に、砂を御飯に、紐の

輪を電車に……棒を剣に……というように見立てる。「与件Aをそれとは別なBとして見做す「見立て」の構制」は、言語的記号（象徴）活動の場においてはいちはやく成立し、「象徴的な見立て」として展開するのである。だが、幼児は、象徴的言語活動においても、「音声与件Aをそれとは別な意味Bとして把捉する」とはいえ、言語活動が円滑に進捗しているかぎり、記号的与件それ自体は強くは意識されず、従って、「AをBとして見做しているという明確な意識を欠く態勢にある。

　ところが、ゴッコ遊ビにおける用具の見立てにあっては、所与Aはおよそ Bとは違うということを明識しつつ、しかもそのAをBとして見做すのである。ゴッコ遊ビにあっては、役の見立てに関しても同断であって、自分はおよそママではないことを自覚しつつもその自分をママとして見做し、相手はおよそ先生ではないことを意識しつつもその相手を先生として見做すというように、「二項的区別相」を区別しながらもそれらの「等値化的統一」をおこなう次第である。しかも、ゴッコ遊ビが成立しているかぎり、この「象徴的な見立て」は誰か独りの思念ではなく参加者全員の共有的見立てなのであり、子どもたちはこの見立ての共有性を自覚している。がしかし、言語的象徴などの場合とも違って、その見立て・見做しは、今この遊ビの場においてのみ謂うなれば"約定"的に共有されていることを子どもたちは知っている（廣松［1996:187］）。

　この"約定的"な見做しという契機から、廣松渉はさらに第二に、「役柄取得」と「役割交換」の体験に論及する。すなわち、ゴッコ遊ビにおいては、子どもは自分を、例えばママとか運転手とか戦士とか、一定の役柄存在者に見立てる。なるほど、役柄取得という構制は、第三者的な見地から見れば、対話における話手または聞手としての役割取得とか、"遣リ取リ"における与手または受手としての役割取得とか、このような場面からいちはやく見られる。とはいえ、子どもにとって、演技さるべき役割行動のシステムとも謂うべき役柄がそれとして意識され、自覚的に引請けられるのは、何といってもゴッコ遊ビにおいてである。

　　　「子どもは役柄を取得しそれを実演してみる体験を通じて、その役柄

存在者の見地からのものごとの観方を学び、また、その役割動作の様式を明晰判明に体得する。この学習は現実生活において当の役柄と共軛的な役割行動をおこなううえでも重要性をもつ。そもそも役柄の直截な取得が可能なのは、平常その役柄演技を観察・目撃していて Vorbild を獲得していることに負うてである。が、観察といっても、ある時期以降は単なる観照ではなく、予料を伴うばかりか、観念的扮技（実地の模倣扮技ではないが観念上の模倣的扮技）をも往々にして伴っており、謂うなれば観念的模倣という仕方での練習になっているむきが認められよう。この"机上練習"があればこそ、ゴッコ遊ビでの役柄取得演技も容易かつ円滑に進む次第であるが、ゴッコ遊ビという"実地演習"によって以後の観念的扮技がより十全なものとなり、以ってその役柄と共軛的な実地演技もより周到になりうる」（廣松[1996:188]）。

ゴッコ遊ビの重要性は、以上では尽きず、ルールを体得する契機が含まれている。ゴッコ遊ビには「自覚的なルール随順性」の萌芽が見られる。「ゴッコ遊ビにおいては、用具や役柄に関わる"約定"的な見立て・見做しを基礎にして、"扮技主体"がこの"約定的"な共有的見做しに随った行動をおこなう"べき"ことが自覚的に諒解されている。例えばママゴトにおいては、パパ役の扮技主体、ママ役の扮技主体、コドモ役の扮技主体はそれぞれしかじかに振舞わねばならないのであって、コドモ役を取得している者が突然ママ役を演じてしまうといったことは禁じられていることが共通の諒解になっている」。

ゴッコ遊ビにおいては、「所定の役柄の埒を破る行動をしないこと、これが自覚的に共有されている"ルール"なのである」。だが留意すべきはこの"ルール"は、「ルール以前的な暗黙の約束にすぎず、そこでのルール的細則は演ぜられる役柄にビルト・インされていて明示的な規則をなしていない。そのかぎりで、ゴッコ遊ビは一般にはまだ自覚的なルール随順行動の先駆的形態と言うべきかもしれない」。

しかし、子どもにとっては、この前駆的ないし過渡的な相こそが大事である。というのも、そうした過渡的な相を経験しながら「対自的な規則随順的行動」が形成されてくるからである。「ルール遊ビ、すなわち、ジャンケン・

カゴメカゴメ……メンコ・ビー玉……五目並べ・碁・将棋……ドッジボール・野球……といった明示的なルールを有つ遊ビ(ゲーム)を視野に入れつつ、しかも、一般論としては、慣習・慣行・習俗・風俗……等々、そして勿論、言語的文法のたぐいに関しても妥当する」ことになる。

　ルールを体得していく有り様を中沢和子の観察は次のように描写している。

> 「保育者が、ま新しいボールをもって園庭にでて、ドリブルで走ってみせると、たちまち数人の男児たちが集まり……ドッジボールが始まった。ルールを知っていた子どもたちがリーダーになったことはいうまでもない。……その後もこの新しい遊びは同じメンバーで二週間以上集中的に続いた。……ある朝、保育者が、この子どもたちを園外に連れだした。子どもたちがでていくと、それぞれの遊びをしていた他の子どもがホールや保育室からのこのことコートに集まってきて、ドッジボールを始めた。だれも教えなかったのに、子どもたちは持ち寄りルールから合成された園のドッジボールのルールをちゃんと知っていて、最初の子どもたちが始めたときよりずっとうまくドッジボールをやった。保育者たちはこれを"二軍"と呼び、第四軍まであることを確かめた。これは五歳児のほとんど全員だったのである。これは保育者が資料を得ようとして実験的に行なったものだが、それぞれの活動について経験的に同じようなことが知られている。保育者たちは、一つのことを全員に教えるよりも、いくつかのグループが違うことを同時にしている方がはるかに子どもの得るものは大きい、と自信をもって言う。これは子どもの学び合う力を信頼したうえで成り立つ」(中沢[1990:175])。

4　失われた遊びと新たなメディア環境の遊び

　藤田省三(藤田[1981])と本田和子(本田[1994])氏は「伝承遊び」のなかの「鬼ごっこ」や「かくれんぼ」について卓抜した分析をおこなっている。藤田の成果を素にして本田氏は次のように言う。

　現代の遊びから失われたものは何か。次の三つにしぼって考えてみたい。

すなわち、「鬼」を体験すること、拮抗する世界の相互反転、そして、循環する時間を生きること、の三点である(本田[1994:294])。

　藤田はその三つを「最初の経験と最後の経験と再生の経験」、言い換えれば、「誕生と死と復活」という三大経験であると言う。「鬼ごっこ」や「かくれんぼ」など、伝統的な遊びは、「鬼定め」をもって開始される。じゃんけんなどによって、ある不運な子どもが「鬼」と定められると、その子は他の仲間から隔てられ、忌避される「はずされ者」となる。藤田省三は、この鬼の体験を、突然に遺棄された孤独、砂漠の中をひとり彷徨する体験などにたとえている。鬼は、一人だけ仲間はずれにされても、自らに委ねられた役割を、孤独裡に遂行せねばならない。私たちは、すでに以前の章で「イニシエーション儀礼」の分析において、「分離・移行・統合」のメカニズムに論及している。「鬼ごっこ」の体験と「イニシエーション儀礼」の修行とは重なった「試煉」となることであろう。

　本田氏によれば、これらの遊びには、絶対的な救済が用意されていた。それが相互反転性である。鬼が誰かを掴まえれば、新しい鬼が仲間からはずされる。アッという間の、それこそ、まことにドラマティカルな逆転。いままでの秩序がまったく新しく組み変えられる。そして、この逆転劇が、イニシエーションとの関連でとらえられたり、あるいは死と再生のメタファーで語られたりする。

　しかも、この場合、仲間から「はずされる者」と「はずす者」とは、互いに必要とし合う相互的な関係におかれている。拮抗する二つの世界は、そもそもが相互主体的に支え合っている。こうして、相互に支え合う関係の中で対立拮抗し、やがて時が来れば互いに入れ替わり世界が一新する。そして、新しく組み変えられた関係の中で、再び、遊びが始まる。それまでの時間が一度は断ち切られ、新しくよみがえった時がめぐり始まるのだ。ここにおいては「互酬性」のロジックが見出されるであろう〔贈与交換の互酬性とも無縁ではない〕。

　藤田は、隠れん坊の主題は何であるか、と問うている。この遊戯的経験の芯にあるものは「迷い子の経験」なのであり、「ほとんどのおとぎ話の主題は、幼少の者が様々な形での比喩的な死を経過した後に、更めて再生することによって、以前とは質的に違った新しい社会的形姿を獲得し、その象徴として

結婚の成立や王位の獲得などが物語られるところにある。一人ぼっちの旅や生死のかかる災厄などの一連の深刻な経験は、その比喩的な死を象徴し、その再生復活の過程に課せられる試煉を表現するものであった。この主題の筋道には、紛う方なく、通過儀礼としての成年式の意味する世界が、色々に変形されながら骨格において複写されている」（藤田［1981:30］）。

　だが、子どもたちに内在する原初的な欲動が自分の求める方向に発動する機会を与えられず、十分に満たされることのないまま、意識下に抑圧されてしまえばどうであろうか。藤田に言わせれば、「ナルシズムの自我に替えて「他者」について考える自我が蘇らなければならない」。「私は他者について考える。故に私は存在する」となることが必要不可欠である。むろん「他者」とは、自分の外にある物であり事であり人であり動植物であり……それら一つ一つのものの総称に他ならない。が、同時にその言葉は「見知らぬ者」としてそれら全ての物に接すること——そういう方法的態度——をも含んでいる。

　本田氏によれば、子どもたちが、人の原初的な欲動のままに常に自身の快楽だけを追い求めようとするなら、彼らの前に立ち塞がる現実の壁と激突し、それに実現を阻止されることは当然であろう。「子ども」というものは、絶えず満たされぬ欲動を抱えこまされ、不断の欲求阻止に悩まされつつ、それへの対処の仕方を学んでいくものであることは言を俟たない。フロイトの言を借りて言えば、子どもらが滞在しているのは、「快感原則」と「現実原則」、あるいは「タナトス」と「エロス」のせめぎ合う修羅の戦場なのである。そして、最近の一連の事件が、子どもたちがこの修羅場を上手く生き抜けなかった揚げ句の暴発であるとしたら、彼らの戦いを支援し得ない大人たちの責任を問い直す必要が生じてくる（本田［2001:216-218］）。

　高度消費社会、高度情報化社会のなかで「子ども・若者」の情報環境・メディア環境が大きく変わったと言われる。そうだとするならば、具体的にどのように変わり「子ども・若者」の生活にどのような影響が及ぼされたのであろうか。

　かつての子どもの活動は、たいてい家族、学校、地域社会のなかに限られていた。しかし、今日では、テレビやビデオ、新聞・雑誌・漫画、ラジオ・テープレコーダー・携帯電話・インターネットなどのメディアが、子ども

の日常生活のいたるところ存在している。そのうえ、電話(携帯電話)が普及し、パソコンやワープロなどの通信機器も普及している。さらに、子どものコミュニケーションは、日本はもちろん世界のはてまで日常的にひろがるものとなった。ここには、これまでの家庭、学校、地域社会とは異なる、新しい生活空間、すなわちコミュニケーション空間が形成されている(高橋勇悦「現代都市と青少年の問題状況」1987)。

　これに加えて、いわゆるニューメディアが採り入れられている。新しいソフトによって更新されるファミコンは、ニューメディアのシステムの端末をになうようになった。ニューメディアの発達によって、大量の多様な情報・通信のネットワークが形成されつつある。これは子どものメディア環境をさらに、変化させる可能性を持つものである。

　家庭にあって学習ができ、情報を検索・利用でき、もちろん情報交換もできたりする。このニューメディアの登場は、マス・コミュニケーションだけではなく、パーソナルコミュニケーションにも影響を与える。しかも、パーソナルコミュニケーションでは、すでに携帯電話の利用が大きな役割を果たしている。子どもは携帯電話をさまざまの領域において、いろいろな利用のしかたで用いるが、これが子どもの文化に影響を及ぼしていることは十分に考えられる(高橋 1987)。

　このように、メディア環境の変化に注目をすれば、文字文化から映像文化へ移るに伴い、「子ども・若者」という存在はその社会的性格を変えつつある。つまり、かつての文字中心の時代には、文字に熟達した大人が優位に立ち、「子ども」たちを啓蒙と教育の対象と見なすことができた。いわば伝統的な活字コミュニケーションが重要な位置を占めていたからリテラシー教育が主流であった。

　それに対して、メディア環境が映像を中心に変貌すると、「大人―子ども」という上下関係が解体されていくのである。メディア世界における「文字」文化から「映像」文化への移動は、大人世代と、子ども世代との間の縦の関係を解体し、「教える者」と「教えられる者」という力関係をも微妙に変化させる。そして、映像メッセージの発信や受容に関して、それをよりよく共有し得るのは、同じ映像文化を呼吸した同世代ということになる。

現代の若者や子どもたちは、映像メッセージの発信や受容に関して、先行世代たる大人たちとは比較にならない能力を発揮し、言葉や文字にましてイラストや漫画で相互交流を企てる（本田　1997）。映像コミュニケーション・メディアが伝統的な活字コミュニケーションを遙かに凌駕するようになるのである。

　ところでテレビの与える情報や快楽は、子どもにも大人にもきわめて強力にはたらく。たとえば、テレビ受像機のチャンネルをかえさえすれば、居ながらにしていろいろな楽しさを受け取ることができる。子どもは、ほとんど労せずして楽しみを享受できる。言いかえれば、子どもや若者は、人々との実際の相互性や煩わしさ、気遣いを必要としないで快楽を獲得できるのである。

　このように情報や満足をたやすく受取る仕方を幼少期から学習したとすれば、子どもと若者は、テレビゲームに代表されるように、"遊び"においても自分一人だけでも満足が得られる。しかも子ども部屋という個室にテレビ、ビデオ、ラジカセ、パソコン、それに何種類かの雑誌を持ちこめば、あまり他人を必要とせず、他人の干渉に煩わされない。いわば、現代の若者たちは自分の個室という、電子製品に「装備されたカプセルに入っていれば、ここから一歩も外に出なくとも、他の人に何も頼まなくとも、結構面白おかしく日を送ることができるのである」（「カプセル人間」「ナルシスの世代」福島［1992:117-118］）。

　かくして、携帯電話のような新しいメディアが発達し普及したために、現代の子どもたちはますます対人的な交流をする必要が少なくなった。そのために、対人関係の体験や社会的訓練に乏しい子ども時代を送ることになる。そしてその結果、私生活的な都市化とあいまって、社会性に乏しい、子どもと若者の孤立化と自閉化、さらに幼児化の傾向を強めるのである。

　テレビをはじめとするマスメディアは、子どもと若者に実際に見聞し経験できる以上の大量の、刺激的な情報を提供することになる。このために、擬似的体験と現実とがかけ離れ、自分たちの日常的な現実がむしろ色あせて魅力に乏しいもに映るのである。若者にとっては、「現実」よりはメディアの「擬似的な現実」（ヴァーチャル・リアリティ）のほうがはるかに面白いのである。

こうした中で、社会性に乏しい子どもや若者が多くのイメージ的な情報をテレビからそのままに受け取る危険も見られる。若者の性行動についての情報も同様な問題を含んでいる。

この時代には、性を快楽や商品として捉える商業主義的な情報の氾濫も大きな影響を与えている。性の領域にかかわって、テレビ・ビデオから、週刊誌・ヌード写真集・コミックにいたるまで、性に関するさまざまな情報を通して、異性イメージの擬似的コピーや大量の情報が子どもと若者に提供され、自己充足的な快楽・満足を追求することを容易にしている（福島[1992:121-123]）。

さらに、青少年の生活の個人単位のネットワークと私事化の変化がある。青少年の生活の「個人化」(individuation)である。これは、青少年がそれぞれの個人単位の日常生活をいとなむ度合が高くなったことを意味する。一人ひとりがそれぞれ、自分を核とする他人や社会集団との人間関係をもつ傾向を強めたのである。家単位や家族単位の人間関係もあるが、それとは相対的に独立しているもので、青少年の個人単位のネットワークが優位する。個人化の傾向は、青少年の場合、自分ひとりの「個室」を中心におき、家族、友人、近隣とのかかわりのなかで、また、外部の専門機関とのかかわりのなかで、日常生活が組み立てられている。

青少年の生活は、このような日常生活のなかで、まさに自己という個人の私的な価値を中心にして、形造られる。私的な生活価値がつねに先行して生活がいとなまれる傾向は私事化（または私化 privitization）とよばれ、今日の青少年の生活は私事化の傾向を強くもっている。自分の生活をいとなむうえで必要な価値、重要な価値は自分で選択し、その選択の基準は私的な価値におかれる。

5　イメージ社会と映像文化の優位

アメリカ社会を舞台にして、ダニエル J・ブーアスティン (Daniel J. Boorstin)は「イメージ」がいたるところ「事実と理想」に代わって氾濫していることを、現代の特徴と見なしている。イメージという言葉がいたるところに氾濫し、「われわれ自身、社会、会社、国家、指導者を論じる時に、イメージの言葉

で話している。牧師の書斎でも大学教授のセミナーの教室でも、広告宣伝部でも街角でも、いたるところでイメージの言葉が話されている」(Boorstin［1962＝1964:193-194］)。事実の世界や理想が「疑似イベント」や「疑似理想」という価値のイメージで巧みに仕立てられる。

　現代のイメージの特殊性とイメージ的思考は、理想(アイディアル)による思考と対照させられる。英語の image はラテン語の imago から来ているが、これは「模倣する」という意味のラテン語の動詞 imitari に関連がある。辞書の定義によると、イメージとは、物体、ことに人間の外形の、人工的な模倣あるいは再現である。理想 ideal は理念 idea に関連をもつ言葉であるが、この言葉は今日ではもはや古臭い言葉になってしまった(Boorstin［1962＝1964:207-208］)。

　「理想による思考」と「イメージ的思考」との相違は、グラフィック革命以前の思考とそれ以降の思考との違いである。過去一世紀の間に、大きな歴史の動きのなかで、イメージが興隆し、理想が衰退してしまった。グラフィック革命はイメージを大量生産し、いきいきとしたものにした。顔や姿や声、そして風景、さらには出来事の正確で魅力的な複製を作る新しい機械が作られ、こうしたイメージを行き渡らせる新しい機械が作られた。新聞、雑誌、廉価本、電話、電報、レコード、映画、ラジオ、テレビが革命をもたらした。

　大量生産というアメリカ式の生産方式は、相互交換性のある、部品という革命的な考えを原理としている。すべてこうしたことは、これまでにない多くの人たちが高い購買力をもつようになった社会において、広告の発展、市場の拡大、市場獲得の競争によって支えられ刺激された。それは人工的に製造されたものであり、信じられうるものであり、受動的で、いきいきとしており、単純化され、あいまいなものである(Boorstin［1962＝1964:195-208］)。

　イメージ情報や映像文化の増大が「大人文化」と「子ども若者文化」との区分を揺るがしていく現状も無視できない。端的に言えば、メディア社会が進展したことで、もはやかつての「子ども像」がそのままには通用しない。というのも、高度情報化社会や加速化するメディア状況のなかでは、「子ども」と呼ばれる人たちのほうが、大人たちをはるかに凌駕して「情報量」を多くもつことがありうるからである。それは電子メディアが大人の世界と子どもの世界の分離を飛び越えてしまう。「それまで明確に分離されてきた場面の境界線を

取り払い、公的な場と私的な場の区別を曖昧にし、物理的な場所と社会的状況の対応関係を流動化させる」からである（吉見［1994:51-52］）。

　従来の空間の中ではっきりと分離されていた様々な境界線が、電子メディアによって侵略され解体されていくのである。印刷物としての活字メディアの場合にも、文字文化を早く多く習得したものが習得しない者に対して上位の関係にあったが、ラジオやテレビの音や映像の伝播は、このような関係を見えない形で崩していく。どんな情報であっても無差別に子どもを直撃するし、子どもはいまや大人のあらゆる秘密を知りうるのである。テレビ時代、マスコミ時代では、その意味で親や教師がそのフィルター機能を失った。親や教師が社会において占める地位の相対性を早くから知った子ども・若者に対して、大人が絶対的な権威や指導性を維持することはできない。工業社会化とともに指摘されてきた「父親なき社会」という図式が、今やテレビをはじめとするマスメディアの普及とともに一段と拍車がかかるのである。

　しかしもっと問題にすべきことは、子どもにとっては、本当にあった社会的な出来事とフィクションとしての「作り話」とが区別が付かなくなることである。もともと生と死の出来事はもっぱら体験されてこそ真実たり得るが、それがニュース番組でただ知るだけでは、「疑似イベントpseudo-events」（Boorstin［1962＝1964:17］）として消費されかねない。過去の現実の体験に乏しい子どもが多くのイメージ的な情報をテレビから摂取することの危険がうかがわれるのである（森田［1996:167］）。

　このように、「現実」より「擬似現実」の優位は争う余地もない多くの問題を含むことになる。ボードリヤールは「疑似イベント」を「ネオ・リアリティ」と呼んでいる。「マスメディア化された消費」においては、すべてがかたちをかえることになり、コードの要素の組み合わせにもとづくまったくつくりものの「ネオ・リアリティ」が、いたるところで現実に取って代わるのである。「そこでは現実は消え失せて、メディア自身によって形を与えられたモデルがもっているネオ・リアリティが優位に立つ」のである（Baudrillard［1970＝1979 182］）。

6　メディア・リテラシー教育はどのようにして可能か

　メディア環境の複雑化はこれからも昂進こそすれ後退することはありえない。してみると、子どもが変わったと手を拱いているよりは、いつの時代にも変わらぬ「子ども・若者」の「特性」を見失うことなく、「子ども・若者」のメディアとの不変の関係性をたえず再発見し、メディア環境を克服していける道筋を見出すことこそ重要である。メディア環境が変化する中でも「子ども・若者」の活動の「適応」の様態を検討してみると、具体的な「子ども・若者」のメディアとの不変の関係性が浮き彫りになるのである。もう一度基本的な「遊び」の地点に立ち返って考え直してみよう。

　伝統的な活字コミュニケーションの場合、書物というメディアを例にとれば、人間の身体と書物との間の関係は、生活世界の中で繰り返し発見され、訓練されてきたものである。同時に私たちは、書物という媒体との関係で、身体を分節化し、操作する技術（身体技法）を獲得してきた。たとえば、子どもの身体は、絵本との関わりの中で発見され、絵本というメディアと一体化して機能するようになる。子どもはさまざまなメディアを使いこなして遊ぶ段階で自己の能力を多様に分節化していく。これがまずは、子どもを変化させるメディア環境として重要な意味を持つことに留意したい。

　書物だけではない。私たちは身の回りにあるさまざまなメディアとの間で同じような相互作用的な過程の中におかれる。つまり、人々の相互のコミュニケーション関係を媒介する広い意味での媒体をメディアとすれば、そこには、ひろくメデイア史としてのコミュニケーションが存在する（佐藤 1998）。出版・新聞、ラジオ・映画、テレビ、ビデオ、コンピュータ通信機器、携帯電話、その他宣伝や動員のメディア、テレ・コミュニケーション、インターネットなどが数え上げられる。これらメディアは、マクルーハンいうところの「人間の拡張」である「メディアはメッセージ」である。

　マクルーハンは、その『メディア論―人間の拡張』において、現代および近未来のメディアと人間との関係を論じた。なかでも、メディアの基本的意味を「身体の拡張」にあるとし、それは物理的な意味に止まらず、「心理的または社会的複合体の全領域に影響を及ぼす」という、まさに今日のメディア状況

を予見している。しかし、事柄の重要さは、メディアとして明示的に取り扱われる対象だけではなく、おびただしい数の道具や事物、さらに言えば他者との関係性についても当てはまる。「私たちは、それらの関係性を、生涯のごく初期の段階で発見し、あるいは教育されて来るのである。その無数の関係性の複合体、錯綜体が固定化」されることによって一種の文化が成り立つ。「文化とは、この関係性の複合体、錯綜体の形式に他ならない」のである（水越1996）。

　メディアを広く捉えれば、「子どもが個体発生的にメディアをめぐって経験することがらは、私たちの社会が系統発生的にメディアをめぐって経験してきた事柄と重なっている」のである。子どものばあい、大人とメディアの相互作用的な関係を模倣するのであって、あるいは道具が身体と一体的に使いこなされることに興味を抱くのであって、たとえば電話機だけに興味を抱くわけではない。こうした意味の関係性を自らまねしてみることが、遊びの一つとしておこなわれているのである。

　わたしたちは、メディア論や情報社会論の言説の枠組みの中で、ともすればメディアと人間の関係性のうち、メディアの側にだけ、あるいは装置やシステムの側にだけ注意をはらいがちである。しかし子どもの遊びの様子を見ていると、この組み立て方の欠陥が明らかになる。メディア論においては、人間や社会の活動、メディアに対する反応や読みが重要な位置を占め、両者の相互作用過程にこそ焦点が当てられなければならない。

　コンピュータをはじめとする多くのメディア機器が、生活文化、学校教育の領域に深く浸透している。これに伴い、伝統的な読み書き能力、識字能力を意味する、文字リテラシーの教育（活字コミュニケーション）と並んで、新しくメディア・リテラシーの教育を普及させることが課題とされている。しかしこの場合大事なことは、メディアだけに、あるいは装置やシステムの側にだけ注意を向けるのではなく、人間と社会との相互作用を媒介するメディア連関に留意されなければならない。無数の関係性の複合体、錯綜体が固定されることで閉じられたメディアを、人間の活動を拡張していく新たな関係性にもとづく複合体、錯綜体としての、人間の活動の中に織り込まれたメディアに位置づけなおすこと、この意味のメディア・リテラシーが構築されるこ

とが求められる。

　メディア・リテラシーは、水越氏によれば、少なくとも三つの次元において理解できる。第一に、ビデオ機器やコンピュータの操作方法を修得する能力というような意味合いでのメディア・リテラシー概念。いわば「メディア機器使用能力」であり、その育成を進める教育活動である。これはおもに情報社会に適応した労働者の育成という産業政策的観点から押し進められてきた。第二に、マス・コミュニケーション研究領域から提起された「メディア鑑賞・享受能力」である。テレビや新聞といったマスメディアは、巨大なイデオロギー装置として社会的に機能しており、それらが生産、流通させる情報内容にはさまざまな思惑や偏見が刷り込まれている。テレビ番組や新聞記事のメッセージを批判的に読み説く能力を身につけることが、市民社会にとって重要な教育課題であることは言をまたない。第三に、「メディア活用・表現能力」とでも呼ぶべきメディア・リテラシーである。これはメディア機器をたんに使いこなす能力を伝えることが重要ではなく、それをいかに活用し、思考や感情をどのように表現していくかに重点を置く教育課題である（水越 1996）。

　大事なことは、これら三つのメディア・リテラシーは、概念としても実践としても、相互作用的な関係にあるということだ。すなわち、メディア活用能力は、機器の操作能力なしには成り立たない。メディアを批判的に享受する能力は、表現という営みに参画することによって充実したものになる。このようなメディア連関の総体として、メディア・リテラシーが把握される必要があるのである。

　難しいことは、メディアの歴史社会的なグローバルな展開の中で、メディアと人間の相互作用は、メディア・リテラシーという教育的・啓蒙的な枠組みを超える広がりをもち続けることである。固定化されたメディアの社会的様態のもとでいかに技術を習得するかということに留まらず、人々がメディアのありようそのものを加工し、編制していくことのなかで、メディア論的なダイナミズムが生じる。

　子どももまた、大人が想定したメディア・リテラシー教育の枠組みを超えて、自らの身体とメディアの関係性を積極的に組み替えていく能力を潜在的

に持っている。それが遊びであり、いたずらであり、ひいては大人には理解されない子ども文化、若者文化などとして相対的に独自の磁場を形成する原動力となるのである(水越1996)。

ところが、映像コミュニケーション・メディアが進展し、電子メディアと生身の身体との境界が薄れてくると、つまり電子メディアと生身の身体とが相互浸透していくとき「人の身体も、また、限りなく重層的・複合的な情報の束として捉えられる」(本田1997)ようになる。重層化し多層化した電子メディアは、最も重層的・多層的な情報の束である「身体」と、限りなく接近して相互浸透することになる。「個々人の神経組織は、電子的なメディアで相互にリンクし合い、私たちが個の領域の内側に想定している自己身体の情報と、その外部に位置付けているいわゆる他者の情報とは、複雑に絡まり合って両者の境界を曖昧」にするのである。

しかし、それでもなお、身体情報と外部情報との差異は残り続けるであろうし、「生身の身体」という領域は、決して溶解され尽くすことなく保持されているだろう。体の動きとそれに結び付けられた意味が共有されるとき、それ〔身体の動きと意味世界〕は、「身体文化」とカテゴライズされるのだが、身体文化もまた、時代の中心的メディアとの相互侵犯によって、さまざまに変貌を遂げるだろう。

とはいえ、そうした身体の動きの変化のなかで、「何ものか」が保持されることになる。たとえば、「体操」や「スポーツ」という身体技法の枠組みから解放され、「遊び」や「祝祭行動」、あるいは「自然とのかかわり」のなかに生命エネルギーの発現が企てられるとき、それぞれの行動のなかに動きの「原型」とでもいうべきものがのこりつづける。

この動きの「原型」とでもいうべきものを水越氏は、「メディア・プリミティブ」と呼ぶ。「メディア・プリミティブ」とは、コンピュータに象徴されるデジタル環境に埋没することなく、デジタル・メディアがもたらしうる可能性についての基礎単位になるものであって、身体化し、柔軟な可逆性を秘めた最小単位のメディアである。それによって既存の体制の解体と再編成が進められると言うのだ。

「たとえば日常の言語の伝達には必ず声の抑揚やジェスチャーがともなわずにはいないが、そのことによって、言語的メッセージがいかに解釈されるべきかの指示を与えている。アナログ的な知は、デジタル的知である言語的メッセージのいわば背景を形成している。これら両者の関係には、ゲシュタルト心理学でいわれる図と地の関係が存在している。この点において両者は単純な二極関係に置かれているわけではない」。

「たとえばスポーツを観戦している際には明らかに内部化が生じている。私たちはグラウンドの選手の動きの内に、自らの身体を重ねあわせることによって彼らがおこなっていることの理解が生じている。それゆえに時には思わず選手のとる動きと同じ動きが外部に表れてしまうこともある。技術的な知、たとえば職人的な仕事においては身体的な参入が大きな役割を担っている。それゆえに学ぶよりも慣れよ、とか、幼い時から見ることによって芸が暗黙に習得される芸の家元制とかはこの知のあり方を基盤に成り立っている」（M. ポラニー、佐藤敬三訳『暗黙知の次元』紀伊國屋書店、1980年）。

子ども自身が友だちと身体を動かして遊ぶという経験において、「仲間との遊びのなかで養われるのは、身体の動きや知覚を介して、他者の動きをなぞり、それのなかへ参入することによって理解し、共感し合うという能力である」。「アナログ的知こそが知覚と認知の土台（地）なのだ」といわれるように、「アナログ的知＝暗黙知は人間の諸行為、人格の根源をなしおり、この知を背景とすることによってのみ、デジタルな知は、特性を発揮しうるのである。図（デジタル）に地（アナログ）は不可欠である。行為の次元だけでなく、メタ行為の次元にあるパーソナリティにおいても例外ではない」。こうして、「子どもが個体発生的にメディアをめぐって経験することがらは、私たちの社会が系統発生的にメディアをめぐって経験してきた事柄と重なっている」（亀山1996）。

なかでも、新しいメディアの特性がインタラクティビティにあること、こうした肯定性が確認できるのである。マルチメディア、インターネットなど

の新しいメディアが持つ特性として、インタラクティビティがよく挙げられる。その場合のインタラクティビティとは、メディア機器の使用者がソフトに応答可能であること、あるいはネットワークを介して結びつけられた他の主体と双方向コミュニケーションが可能であるということである。しかしインタラクティビティというのは、なにもデジタル情報技術によってはじめて実現可能になったメディア特性であるわけではない。社会的相互作用が成り立つ可能的様相があれば、メディアを媒介にして、また他者との間で、常に双方向のインタラクティビティが成立する。

いつの時代にも「子ども・若者」のうち、「メディア・プリミティブ」を志向する人々がいる。かれらこそ、固定化されたメディアの社会的様態のもとでいかに技術を習得するか、ということだけではなく、メディアのありようそのものを加工し、編制していくことで、メディア論的なダイナミズムを生じさせる。子どももまた、大人が想定したメディア・リテラシー教育の枠組みを超えて、自らの身体とメディアの関係性を積極的に組み替えていく能力を潜在的に持っている。それが、大人には理解されない子ども文化、若者文化などとして相対的に独自の磁場を形成する原動力である（水越1996）。

ただし、われわれはここである留保条件を付けておきたい。なるほど、「自らの身体とメディアの関係性を積極的に組み替えていく能力を潜在的に持つ」人びとが積極的に評価されてよいが、他方では、自閉化する近代的自我の傾向にも警戒すべきである。

すなわち、「異化作用を引き起こすような役割」と自閉化する近代的自我の傾向は果たして折り合うことができるのであろうか。それというのも、自閉化の背景には次のような社会条件が伏在することも看過しえないからである。

現代的な資本主義は、商品関係を社会全域に広げてきた。それは地域や家族の共同体の関係に浸透することになり、商品関係に置き換えられた。その過程は自我形成にも影響を与え、共同体的規範の諸形態、すなわち家族（両親―子ども）の構造、地域共同体の対人関係、旧来のジェンダー・アイデンティティ（男性性と女性性の規範）などを変質させてきた。そして、この関係はその一方で、自己に対する関係を先鋭化させることにもなった。とくに家族関係の変化は、自我形成に早期から影響を与え、自我の変容の原因になったので

ある。自我形成が共同体の年齢集団から離れ、家族空間の内部に囲い込まれ、さらに個室的な空間へ隔離されてもくる。

　自己はその中で、自己に対する配慮と他者に対する畏怖を育み、他者との関係に隔たりを置くことになる。その反面で、私的な空間の内部に自己愛とさまざまな対象への愛着を集めることにもなる。その空間には、情報装置を媒介にして多様な商品とイメージが流入し、自己はそれらの選択によってアイデンティティを形成する。

　こうしたアイデンティティ形成の過程で、自分の学習行為において、自己習得と教育訓練の分裂が生じる。人は特定の知識領域へ「自閉的に惑溺」することで、その領域を最も深く習得する。人は自己の欲求によって、その領域のメディアから必要な知識を得て、表現を解読する方法を学習し、自己を形成する。自閉化とともに、さまざまな行為の領域で、この自己習得の原則が成立する。

　これに対して、教育行為は、他者に対する訓練の強制によって知識技能の水準を確保しようとする。このため教育の制度から見ると、自己習得の領域はともすると危険な外部、あるいは教育の内部に統合すべき周辺地とみなされる。近代化の各時代に現れた新形態の表現領域は、しだいに教育的な意味を付与されてその内部へ編入されてきた。自閉化は、両者のこの乖離を顕在化させ、教育訓練から自由な自己習得に関心を集中する、という次第で、学習と教育の分裂状況は拡大するのである（天野 1995）。

7　変貌するメディア環境における「教職メディア」の構築

　それにしても、現代のようにメディア環境が複雑化する中で、子ども・若者文化が私生活化し、「大人」たちの立ち遅れを目の当たりにすれば、はたして「家庭」と「学校」と「教師」はどうあればよいのだろう。はたして、メディア・リテラシーの教育を首尾よく成し遂げることで克服の道筋をつけることができるるであろうか。

　そこで問題になることは、メディア環境の変化の中で、「両親」や「家族」、あるいは「学校」や「教師」をも含めて、新たに「子ども―大人関係」を問い直し

新たに樹立し直す道筋であるだろう。しかしその前に「子ども・若者像」の何に注視しているべきか。迂遠ではあるがこの点を見据えていかなければならない。

木村敏氏によれば、子どもの発育の過程は、そのまま自然からの独立の過程であり、自己意識と合理性の獲得の過程である。「子どもの個体発生は人類の系統発生を再現しているものとみてよい。ただ、両者の重大な相違は、人類が文明を獲得して行く過程においてはこれがまったく自発的に、いわば試行錯誤的におこなわれたのに対して、幼児はすでに文明を身につけた大人によって教育されることによって、急速に文明を獲得しなくてはならないという点にある」（木村［1974:365-368］）。だから、子どもが自然から離脱して合理性と自己意識を習得する過程は、第一次的にはもっぱら親の育てかたのペースによって規定される。

子どもにある程度の能力があり、かつ、この訓練がある程度まで成功した場合には、子どもは自己の行動や思考の様式が、本来の自然さから離反した人工的なものであることについてのたいした疑問もいだかないまま、文明社会の正常な構成員にまで成人する。自己が他人とは別個の、単一かつ唯一の存在であるという意識が成立し、この存在意識が確実な実感としての生命感によって肯定される。この生命肯定的な態度から、自然や社会に対する合理的な関与のしかたと、他者との共同生活を保持するための社会的ルールとの習得がうながされる。このような成長が順調に経過した場合にのみ、その個人は「正常人」として、つまり文明社会の正当な構成員として承認されうる資格を獲得する。

これに対して、私たちが「狂気」の名でよんでいる個人的な異常の根底には、つねにこのような「正常な」発育過程からの一定の偏倚がある。この偏倚の根本は、子どもが自己自身の獲得した（あるいは親から与えられた）自己の存在意識について、生命感にうらづけられた充分な「自明性」をもちえないという点にある。

知的能力を備えている子どもにあっては、自己の個別的存在についての意識は、いずれにしても成立する。しかし、このいわば知的な次元での自己意識には、それにふさわしい生命的存在感の「自明性」が欠けている。自己は、

ちょうど基礎のない砂上の楼閣のように、観念的に他者から区切られているにすぎない。そのような自己は、みずからの立場、みずからの立脚点というものを確立することができない（木村［1974:365-368］）。

だからして、生命感にうらづけられた「自明性」をもちえない場合、子どもは　ごく些細なつまずきであってもたびたびそれに遭遇すれば、学校を休んでしまうことにもなる。現在の学校教育の中で、子どもにとって日常的なつまずきのもとになることは決して少なくはない。A：友人関係を巡る問題、B：教師との関係を巡る問題、C：学業の不振、D：クラブ、部活への不適応、E：学校のきまり等を巡る問題、F：入学、転入、進級時の不適応、G：家庭の生活環境の急激な変化、H：親子関係を巡る問題、I：家庭内の不和、J：病気による欠席、K：その他本人に関わる問題、L：その他および不明、など。

「問題」は一見些細なものに見えるが、しかしそれら問題が制度的に蓄積されてこれば、学校教育の「方法的無理」にまで転化すると、滝川氏は指摘する。「さまざまなありふれたつまずきを契機に休んでしまう子どもたちが増え、それが長欠率の著しい上昇の中身となっている」。不登校は、もはや例外的な「特殊」とはみなせない、「小さな負荷からも生じうる出来事になった」。

ところが、こうした小さな負荷をさらに拡大していくと、「公教育システムの方法的な無理」が明確な問題として浮かび上がるのである。「関心のあり方にも能力のあり方にも大きな幅のある多様な子どもたちを数十人の集団にして、同じ内容、同じ進度、同じ期限で区切って一斉一律に教える」のには、知識技能の伝達方法として非常に無理がある。「内容や水準をどう選ぼうとも、教師がいかに努力を払おうとも、授業のわからない生徒や授業のまだるこしい生徒が必ず生じざるをえない」。義務教育の九年間これが続くわけで、学齢が上がるに従ってこの無理は拡大していく。事実、長欠者は学年を追って増え、「この無理が強いる負荷が現在の不登校増加の無視しえぬ要因を形成している」。

「この集団教育の無理がもたらす〈脱学校〉は、いじめから校内暴力にいたる学校内での子ども集団の綻びや荒れ——「みんな仲よく」「力を合わせて」という学級の共同体的理念の空洞化や社会規範のしかるべき習得実践の場としての学校機能の無効化——としてもっとも特徴的にみてとれる」。

「かくして学校の集団教育システムは、集団主義的な価値観や規範意識によってそのシステムを支えてきた伝統的な社会基盤を喪失したのである」。メンバー全員に有意義で価値ある授業内容を与えることは、まず不可能であって、退屈感や被拘束感のみを感じる生徒が増えてきて、「今日のいじめは、この退屈感や被拘束感から離脱する捌け口としての集団的な「戯れ」の色彩を濃くしている」。一方で「遊び」や「ふざけ」との境界が不鮮明になり、閉じた集団内での戯れは、半ば無意識的な集団心理のひとり歩きを生み、他方では「非行(犯罪)」との境界が不鮮明になってきている(滝川[1996:39-56])。

ではどうすればよいのか。ここでは、新たな視点から「子ども—大人関係」を樹立し直す見通しのなかで、変貌する情報化時代を生きるための、パブリック・コミュニケーションとしての「教職関係」を複合的なメディア連関の中で再考してみよう。

「教職メディア」とは筆者の造語である。筆者の意味するところを表わすのには、単に「教職ネットワーク」という言葉でもよいが、しかしこの用語を用いるきっかけになったのは、F.イングリスの『メディアの理論——情報化時代を生きるために——』の中の次のような叙述に触れてからである。

すなわち、パブリックな立場にあってコミュニケーションを行うものは、たえず「実践的経験」と「理論的知識」との間の「生きたつながり」を保持することに留意することに迫られる。「われわれの実践的経験とそれに関する理論的知識との間の生きたつながりを断ち切るようなことは絶対に許されてはならない」(Inglis[1990：3＝1992：7])。

つまり、「教職メディア」とは、「われわれの実践的経験とそれに関する理論的知識との間の生きたつながり」を「媒介していく(メディエイト)」していくことなのであり、しかもこれは、パブリック・コミュニケーションの重要な役割を担う「すぐれた市民を教育するための、ひかえめではあるが全世界的意味をもつ核心部」なのである。

イングリスによれば、「メディアとは体験を知識に変換するもののことである。換言すれば、メディア(これは複数形)は日常生活の出来事に意味を付与する記号を提供し、「メディア」(複数)には当然のことながら、そのような記号体系のすべてが含まれる」のである(Inglis[1990：3＝1992：7])。

「この世界がいかにして動くのかを描きだすとともに、どう動くべきであるかも提示するのが本来の任務である。理論と実践、思想と行為、知識と徳行、それらをどう結びつけるかの問題が核心部にある」(Inglis[1990：18＝1992：28])のである。言いかえれば、教職メディアにおいては、教師は子どもたちと共に、「理論」＝「物語」を創作し創造していくことを使命にするのである。

なかでも、カリキュラムは子どもたちを未来に参画させるために必要にして重要な「テクスト＝物語」であるのだから、教職メディアが「ポスト産業時代」という社会的変化に即応したカリキュラムをマネジメントしうることが大事である(Inglis[1985])。ところが、イングリスのようなパブリック・コミュニケーションの批判的理論からすると、メッセージとして伝えられるべき「理論」＝「物語」は「一定の価値として選んだもの」に足場を置かないと築けるものではない。だが、一部の実証主義者は価値と事実は切り離すことができると信じ込んでいる。

イングリスにすれば、一定の価値につくことで調査研究が可能になり、調査研究によって経験には真の価値が付与されることになる。「経験という生地にはさまざまな価値が糸のように織り込まれている。ある人がそこに、一定の模様を見いだし、他の人には同じ生地でも違った線や面に見えたとしても、どちらも真実であることは間違いない。あなたが見た模様を、他人にも同じように見てほしいとあなたが思ったとすれば、その模様はあなたの価値を反映している。模様を発見するのを学ぶこと、それこそ市民教育のたどるべき道である」(Inglis[1990：277＝1992：276-277])。

このようにして、メディア理論すなわちパブリック・コミュニケーションの研究は「文化の創造そのもの」の研究に他ならない。つまりこの意味では、過去の人間が現実を理解するために作った物語を研究対象とするのである。メディア理論もまた物語に違いないが、文化の構成要素である多数の物語を批判する役割を担っている。こうして、製品よりも生産過程、内容よりも形式、実際的経験よりも構造を重視することになる。

してみると、「理論」＝「物語」＝「テクスト」を媒介していく「言説の集合」がカリキュラム＝教育活動になるのであって、そういう主題には同時に、テクストを幾冊か、指導的知識人が何人か選ばれる必要があるであろう。だが、

この点に立ち入ることはさけて、公共的に認知される subject-matter教育内容がどういう特徴をもつかについて触れれば (Inglis[1990：180-181＝279-280])、それは、その主題にかかわる「対話と思考の習慣」というような表現がふさわしいことになる。

それは、大衆的で民主的な主題であるべきことは論をまたない。教育内容の主題とは、集団としての社会が構成員相互で作りあげる文化だとすれば、大衆の物語＝テクストにほかならないのだから、議論に加わろうとする市民がいれば、教育内容の主題には誰もが開かれていると理解すべきなのだ。そうだとすると、政治学、文学、社会学、芸術、心理学、その他の分野から非常に多岐にわたる主題であったとしても、それは当然に多面にわたる教育活動として組み込まれるのである。言わば、活字、映画、テレビという、パブリック・コミュニケーションのメディアに乗せて流布できる物語は、これら媒体全部をとおして「媒介(メディエイト)」されていくのである。

イングリスは、最後に次のように言う。最近では市民(シチズン)というのは英語ではかなり滑稽な言葉になってしまった。消費文化の洗礼を受けたわれわれは、私的な生活を営む小さな部屋や庭に固く閉じこもってしまったので、市民としての力を失い、ポリティの一員という市民像もどこかへ行ってしまった。市民の共同国家を意味するこのギリシア語はもう死語である。しかし、国民の教育の理念には、市民としてのあり方が当然含まれており、そういう市民のあり方を認識することがとても重要な意味を持つのである (Inglis[1990：187＝1992:291])。

8 教職メディアの基礎構造

教職メディアの市民形成的な任務はとても重い。なかでも、子どもや若者の精神的「困窮」を本当に理解することの難しさは、臨床医の技法から多くを学ぶことが出来るであろう。ただし、ここでの精神的な困窮を理解することの困難性とは、観念的に他者を理解すればいいのではなく、「みずからの生活世界との接点において、生活世界との相互作用を通じて、みずからの生存という目的にもっともよく適合する生活様式(ハビトゥス)を身につけようとする行為的・実

践的な局面」に立って理解することの難しさである。そこにはつねに、ブルデューが「実践感覚」sens pratique と名づけた行為感覚がはたらいているのである（木村［1995:413414］；Bourdieu［1972;1977;1980］）。

　こうした難しさを理解するために、木村敏氏にならって教職メディアの仕事と臨床医の仕事をダブらせて考えてみよう。それというのも、ここに意味する「患者の苦痛」は、個々の「子ども・若者」の苦悩に連なっているからである。そして、この苦悩を通して、変貌するメディア環境のなかで教職メディアの再構築はどうあればよいのか、その諸困難と克服の端緒を探ることにしよう。

　「患者の苦痛」は、個々の「子ども・若者」の苦悩のなかにも存在し連続するものと理解することができる。木村氏は、治療という行為の中では医者と患者とが同じ一つの運動をわかちあうという。つまり、患者の側における「病気」という「困窮」と、医者の側における「治療」の「必要性」とは、同じ一つの事態の「切迫性」に基づいているという。「病」の語源である「やむ」という言葉は、本来は「苦痛」を意味し、この切迫性をめぐる願いと救助の共同運動が医療の原型であり、原動力と見なすのである。病気とは、もともと苦痛のことであり、この苦痛に向かって救いの手を差しのべて病める者との共同運動を開始すること、これが医療の自然な姿なのである（木村［1972:331-341］）。

　だが、極めて困難なことは、「狂気がいかなる意味で病気といえるのか」ということである。つまり、精神の健康、精神の病気とは、いかなる事態をさして言われることなのか、この根本的な疑問に対してはっきりした答えを出すことは難しい。精神病者に狂気を選ばぜた真の苦痛は、各個人の内面的な生活史と、一つになっているものであって、これを画一的に取出すことは不可能である。例えばそこには、幼少時の不幸な親子関係のために「健全な」常識人となりえなかった人もいるだろうし、あまりにも正直な性質のために日常社会の中へ円くおさまれなかった人もいるだろう。いずれにしても彼らは例外なく痛ましい歴史を歩んだ人たちである。だから、精神科医が彼らの「苦痛の伴侶」として彼らの痛ましい歴史を共に歩むことができるためには、精神科医は日常的常識性と合理性の代弁者としての機能を捨て、日常社会の安全地帯に身を置いた「正常者」としてではなく、自己自身の中にも同じ狂気の

可能性を含んだ弱い人間として、さらに言うならば、この矛盾と欺瞞に満ちた日常社会の中で狂気を選ぶだけの純粋さを保ちえなかった負い目ある者として、患者の苦痛と出合わなくてはならない。

　この意味で、精神科医とても患者の苦痛の歴史を共に歩まなければならない。しかしそのためには、われわれの日常住み慣れている常識的合理性の世界のみが唯一の正常な世界であるという錯覚を捨てなくてはならない。いわゆる常識や合理性は、大多数の人びとが生活の便宜上作り上げたルールに過ぎないのである。だとすれば、ルールに違反した者がゲームから閉出されるのは当然のことにしても、だからと言ってその人が内面的な意味において「異常」だという結論は出て来ない。

　ならば、患者の苦痛と共同性において出合うという医療本来の姿は、精神医学においてはいかにして実現されるのか。身体疾患の患者とは違って精神病者の場合には、苦痛は患者の身体の内部において、患者自身のみに関することとして苦しまれるのではない。精神病者を精神病者たらしめる苦痛とは、その人が自己と他者との間柄に関して苦しんでいる苦痛である。それは個人の内部にあるのでなく、人と人との間にある苦痛であり、患者と彼を取巻く社会との間にある苦痛である。だから、患者が精神科医に出合うとき、彼はまず最初は、この医者との間柄をも同じ苦痛の相のもとに見出すに違いない。しかしもし医者の態度が、一切の常識を超え出たところで彼の苦痛の伴侶となろうとする態度であったなら、患者がそこに見出す人と人との間は、彼に狂気への道を選ばせたそれとは本質的に違う種類のものとなる。そしてここから、苦痛から狂気以外の帰結を導き出すという、患者にとってはこれまで隠されていた可能性が新たに見出されることになるだろう（藤田[1983:19-28]）。

　人間にとって精神の苦痛とは、単に狂気を生み出すだけではなく、人間を偉大な存在たらしめるすべての行為、すべての内的生産性、すべての人間的な深さを生み出す源泉でもある。だから、精神科医療の目的は、この苦痛を消し去ったり忘れさせたりすることではなく、この苦痛を狂気以外の可能性を導き出すための源泉として生かすことでなくてはならない。そして、このことを果たしうるのは、医者が自ら患者の苦痛に積極的に関与して、そこに、一つの苦痛共同体を形成するような医者・患者関係だけなのである。だとす

れば、その関係は、教職メディアにおける教育関係の核心部を構成するものにほかならない。

あらためて問えば、変貌し複雑化する現代社会のなかで、子ども・若者世代と彼らの文化的に固有な特性に応ずる「文化創造」的な「教職活動」とは何か。

それはたえず「実践的経験」と「理論的知識」との間にある「生きたつながり」に留意する、理論＝物語＝テクストを相互媒介するようなカリキュラム活動のマネジメントにある。子どもが個体発生的にメディアをめぐって経験することは、おとな社会が系統発生的にメディアをめぐって経験してきたこととほぼ重なっているのであって、これを「教育―学習」というアングルから見れば、子ども世代と大人世代の切断面よりは「連続面をより緻密に埋めていく」活動が必要とされていることが洞察できる。教職メディアの構築の意義はこの点にあるのである。それは、一方では、パブリック・コミュニケーションとしての性格をもつ「教職メディア」（Teaching Media Professionalism）の構築が必要となることであり、もう一方では、子ども・若者の苦悩を理解し問題解決するネットワークを必要とすることである。

より具体的に言い換えれば、それは「家族」と「学校」と「地域社会」のメディア空間において、「子ども・若者」との生きたつながりに根づく、社会性を形成するための双方向的な理論＝物語＝テクストを相互媒介するようなカリキュラム＝教育活動をデザインしマネジしていくことなのである。

[引用・参考文献]

Baudrillard, Jean 1970 *La société de consommation*. gallimard＝1979 今村仁司・塚原史訳『消費社会の神話と構造』紀伊國屋書店

Boorstin, Daniel Joseph 1962 *The image* : or, what happened to the American dream ＝1964 星野郁美・後藤和彦訳『幻影の時代』東京創元社

Bourdieu, Pierre, 1972, *Esquisse d'une theorie de la pratique*, Droz.

—— 1977 *Outline of a Theory of Practice*（translated by R. Nice）, Cambridge : Cambridge University Press.

—— 1980 *Le sens pratique, Les édition de minuit*＝1988『実践感覚 1』、1990『実践感覚 2』みすず書房

Caillois, Roger 1967 *Les jeux et les hommes* Gallimard＝1970 清水幾太郎・霧生和夫訳『遊びと人間』岩波書店

Erikson, Erik H. 1963 *Childhood and Society* W.W.Norton & Company＝1977仁科弥生訳『幼児期と社会』1 みすず書房

Freud, Sigmund 1911 "*Formulierungen über die zwei Prinzipien des psychischen Geschehens*"＝1980 井村恒郎・小此木啓吾訳「精神現象の二原則に関する定式」(『フロイト著作集第六巻』) 人文書院

福島章 1992「テレビ・映像文化と人間」(『現代社会の深層』所収) 有斐閣

藤田省三 1981「ある喪失の体験　隠れん坊の精神史」(『藤田省三著作集5』所収) みすず書房

藤田省三 1983「ナルシシズムからの脱却」(『藤田省三著作集6』所収) みすず書房

橋本雅雄 1994「子どもにとっての遊び」(『子どもの深層』所収) 有斐閣

廣松渉 1996『役割理論の再構築のために』(廣松著作集第五巻) 岩波書店

本田和子 1994「変貌する子どもたち」(『子どもの深層』所収) 有斐閣

本田和子 2001『変貌する子ども世界』中央公論新社

Huizinga, Johan 1950 *Homo Ludens : a study of the play element in culture* Beacon Press＝1971 里見元一郎訳『ホモ・ルーデンス』河出書房新社

Inglis, Fred 1985 *The Management of Ignorance : A Political Theory of the Curriculum*, Basil Blackwell .

── 1990 *Media Theory : An Introduction* Basil Blackwell＝1992 伊藤誓／磯山甚一訳『メディアの理論―情報化時代を生きるために』法政大学出版局

木村敏 1972「医者と患者」(『分裂病の現象学』所収) 弘文堂

── 1974「人類の異常と個人の異常」(『分裂病の現象学』所収) 弘文堂

── 1995「文化と精神医学」(『木村敏著作集3』所収) 弘文堂

中沢和子 1990『イメージの誕生　0歳からの行動観察』日本放送出版協会

西垣通 1995『聖なるヴァーチャル・リアリティ　情報システム社会論』岩波書店

森田伸子 1996「「子ども」から「インファンス infans」へ」(『こどもと教育の社会学』所収) 岩波書店

滝川一廣 1996「脱学校の子どもたち」(『こどもと教育の社会学』所収) 岩波書店

Winnicott, Donald Woods 1971 *Playing and reality* Tavistock, London＝1979 橋本雅雄訳『遊ぶことと現実』岩崎学術出版社

吉見俊哉 1994『メディア時代の文化社会学』新曜社

天野義智 1995「現代社会と自我の変容」(『自我・主体・アイデノティティ』岩波講座現代社会学第2巻所収)

Becker, H. 1963、『アウトサイダーズ』村上直之訳、新泉社、1978。

Peter L. & Brigitte Berger, 1975, SOCIOLOOY. A Biographical Approach.

P. L. バーガー／B. バーガー、安江孝司・鎌田彰訳『バーガー社会学』学研

本田和子 1997『子どもと若者の文化』、放送大学教育振興会

宝月誠 1990『逸脱論の研究』、恒星社厚生閣

門脇厚司 2000『子どもの社会力』、岩波書店

亀山佳明 1996「野性の社会学にむけて」(竹内洋・徳岡秀雄編者 1996年『教育現象の社会学』世界思想社所収)

小谷敏編者 1994『若者論を読む』、世界思想社

水越伸 1996「情報化とメディアの可能的様態の行方」(岩波講座現代社会学第22巻『メディアと情報化の社会学』所収岩波書店)。

森田洋司二 1992「教育問題」(柴野昌山・菊池城司・竹内洋編者 1992『教育社会学』有斐閣)

佐藤卓己 1998『現代メディア史』、岩波書店
鈴木広 1986『都市化の研究』、恒星社厚生閣
高橋勇悦 198「現代都市と青少年の問題状況」(高橋勇悦編著『青年そして都市・空間・情報』、恒星社厚生閣
徳岡秀雄 1996「青少年政策の考え方」(竹内洋　徳岡秀雄編者1996年『教育現象の社会学』世界思想社所収)
山之内靖「総力戦方法的序論——総力戦とシステム統統合」
M. ポラニー、佐藤敬三訳 1980『暗黙知の次元』、紀伊國屋書店
広田照幸 1998「〈子どもの現在〉をどう見るか」(『教育社会学研究』第63集　特集子どもを読みとく 1998)
藤村正之 1998「メディア環境と子ども・若者たちの身体」((『教育社会学研究』第63集　特集 子どもを読みとく 1998)

あとがきにかえて

　いま振り返ってみると、筆者としては、本書を刊行するうえでは、いろいろと手間取ることが多くあった。まずは、細部にとらわれて幾年月にもわたる時をいたずらに浪費したことに悔いをのこすし、刊行にこぎ着けるまでの悪戦苦闘の数々を今でも容易に拭い去ることができず、忸怩たるものが残り続けている。

　これを仕上げるのには、最終的には結局のところ、現代社会に不可避的にかかわるグローバリズムの問題を取り上げることを断念することによって、やっと一本にまとめる決意をし、一書の刊行にこぎ着けることができた。

　当初には、それぞれの時期に発表してきた論文を一貫した論旨のもとに纏めることが、さほど困難なことには思えなかったが、いざ着手してみると不本意にして不満足な問題点をそのままに放置することができずに逡巡を重ねるばかりであった。そこで、本書の刊行を思い立ってからは、その論述の全体と各部分の問題点を洗い直し、そこで矛盾したり飛躍している点を整合的な論述に書き換えることに没頭したのであった。

　まずは、本書刊行の意義を、はじめには次のように見据えていた。すなわち、この研究は、包括的には、社会的・文化的・制度的な文献サーベイを踏まえることによって、たえず歴史的・社会的に「生成」していく「構造化する構造」としての「教育制度の構造と機能」を解明しようとしていた。

　結果的に見て、このことが当初どおり十分に達成されたとは言い難いが、それにしてもこのように目指したのは、なによりも教育の事象を全体社会と

の関係の問題として把握しようとする、筆者自身の研究を始めて以来の問題意識がそのようにしからしめたのであった。

　それというのも、教育制度のこれまでの研究は、教育制度内部の問題に限定することが多く、全体社会との関係からダイナミックに生成されるメカニズムを主題的に取り上げる視点がきわめて乏しいことに、筆者自身不満を禁じえなかった。それゆえ、筆者としてはまずは、社会制度の「場」の理論を基礎にして、「制度的・意識的・表層的なもの」と「述語的・無意識的・深層的なもの」が交替するダイナミックな自己創出運動に即して、教育制度を展開してみることが中心的な課題として意識的に据えられていたのである。

　しかしここに難問がなかったわけではない。社会制度の「場」の理論を基礎にするにしても、その場合、教育の基礎過程をイニシエーションにおくのか、それとも世代間の交換に基礎づけるかという問題には、理論的・実践的にも悩むことが少なくなかった。

　それにしても当時には、構造主義からの影響もあって、後者の世代間の交換に教育の基礎過程を見定められるという見込みに支えられて「親族の基本構造」に立ち入らざるを得なかった。しかし、ここからは「教育の無償贈与」という概念を見いだしたものの、この概念からでは、教育の基礎過程を論拠づけられるようには納得することができなかった。

　社会制度の「場」の理論を基礎にして教育の基礎過程を真に樹立できたのは、互酬性に基づく「教育の基本構造」を、イニシエーション儀礼に見出したときであった。本書では、近・現代社会には失われてしまった、互酬性に基づく「教育の基本構造」を、イニシエーション儀礼の ① 分離、② 移行（過渡）、③ 統合という三段階構造において再発見し、再評価している。

　この場合、「教育の基本構造」を、イニシエーション儀礼から裏付ける上で役立ったのがP. クラストルのつぎの証言であった。

　　「加入儀礼とは、集団から個へ、部族から若者へと向けられた教育である。一方的断定による教育であって対話ではないし、加入者は責苦のもとで沈黙を守らねばならない。黙することは合意すること。が、若者は何に合意するのか。彼らは、儀礼を経た後彼らが成るところの者たる

こと、すなわち共同体の充全な成員たることを自らに引き受けることに合意するのだ。それ以上でも以下でもない。そして彼らは不可逆的なしかたで、そうした者として刻印される。加入儀礼において集団が若者に顕示する秘儀とはこのことに他ならない。すなわち「お前達はわれわれの仲間である。お前達のひとりひとりがわれわれと同じであり、お前達は互い同士同じである。お前達は同一の名を持ち、それを代えることはない。お前達それぞれがわれわれの中で同一の空間と同一の場を占める。それを保持するのだ。お前達のうちの誰もわれわれ以下ではなく、われわれ以上でもない。そしてお前達はそのことを忘れてはならない。われわれがお前達の身体の上に残した同一の刻印がそのことをお前達に思い出させるだろう。

　いいかえれば、社会は成員に社会自らの法を書きとらせ、社会は身体の表面に法のテクストを刻みこむのだ。なぜなら、部族の社会生活を基礎づける法は、何人もこれを忘れると見なされえないのだから」(傍点は原文)(P・クラストル、渡辺公三訳『国家に抗する社会——政治人類学研究』水声社 pp.230-231)。

　かくして、そうしたプロトタイプ的な「教育の基本構造」による裏付けを基礎にして、それと対比的に、「近代的教育制度」の構造と機能を対蹠的に分析することができるようになったのである。

　言い換えれば、近代的な社会において、教育制度の外在する問題と内在する問題を相互作用的に取り扱うことによって「近代公教育制度の基本構造」を分析する特有な視圏の獲得が可能になったのである。そしてそこからは、さしあたり近代的な知識の商品化と教育の価値形態の成立を取り上げることになった。

　これは要するに、近代的教育制度に内包される「教育と学習」の交換関係の特質から、専門的「職業教師」の、一般的価値形態の成立過程を導き出すことであった。

　このことは突き詰めていけば、近代的「学校教育の無理」という難題に逢着せざるをえないのであるが、この点の論証に成功しているかどうかは、何度

にもわたる試行錯誤をしてきただけに、いまだに一抹の不安を思わないわけではない。読者諸賢の忌憚のないご批判を切に望むところである。

それはともかく、専門的「職業教師」という一般的価値形態が成立すれば、それを基軸にして、教育が社会的・制度的に編成され、教育制度が社会的に再生産されていくことになる。そこで次には、近代市民社会における「教育と学習」の生産と再生産を通して、社会的（文化的）・制度的な再生産のメカニズムを可能にする構造を分析した。

この構造は、近代的国民国家による公教育の制度化からみれば、一方では、市民に職業選択の自由を［学歴資格の取得を通して］保証していく機能と、他方では、社会的統合を［国民の知的・道徳的統合を通して］はかっていく機能に分離できる。これら二つの機能が働くことによって近代社会の公教育制度の存立と再生産が支えられ、近代社会の公教育制度はこれにまって「権力関係の再生産」に寄与していくことになるのである。

教育制度による「権力関係の再生産」の問題は、社会統合をはかっていく教育制度がどのように支配の構造に連関するか、という問題でもある。この問題は、本書では二つの視点から論じることになった。

一つには、教育制度の自治領域（教育審級のそれぞれのレヴェル——教育行為、教育権威、教育労働、教育制度——）の性格が明らかになることによって、教育制度の相対性自律性という仮構が明らかになった。そして、相対的自律性という仮構に基してそれぞれのレヴェルにおいて、それぞれのレヴェルの行為者が、文化的に条件づけられた「象徴的な権力」をどのように担っていくか、それぞれの行為者としての役割を明確にすることであった。

もう一つには、教育制度の正当性と文化・知識管理を主要な分析対象としつつ、さらに、公共的な管理機構に位置づく学校管理・経営が文化を管理し、文化資本を分配していく支配の体制に組み込まれていく様態を分析した。具体的にいえば、教育制度による文化・知識管理を分析の主要な対象とし、学校管理・経営が支配の体制に組み込まれていく様態を分析し検証したことである。教育制度に内在するメカニズムについては、①教育行為（教育作用）、②教育権威（権限）、③教育労働（実践と活動）、④教育制度総体、以上四つの審級のそれぞれの接合関係の特質を解明することであるが、この問題につい

ても課題を残したままである。

　このように追求してくると、アクチュアルな現代の問題にも新しく切り込みうるようなパースペクティヴが得られるように思われた。つまり、教育制度において理論と実践とが乖離しないようにするとともに、「オートポイエーシスとしての教育システム」というような現代の問題を見渡しうる視野が開けるように思われたのである。

　より現代的には、オートポイエーシスとしての教育システムの性格を論ずることにより、教育制度の相対性自律性という仮構に基(もとい)してではなく、教育システムが社会全体と他の機能システムを環境として作動することを分析することによって、その自律的・自己言及的・自己反省的な特性を論ずることができるようになったのである。

　コミュニケーションを要素とする社会システムにオートポイエーシスの特徴を見てとったN・ルーマンは、環境で作動するシステムが、世界の複雑性の縮減を通じて環境から自己を区分する、自己言及システムであることを論証している。かくて、世界の複雑性は、システム／環境世界―差異において把握される。したがって、教育システムは、自己自身の作動を観察し自己言及的な性格を示すシステムであって、そのオートポイエーシス・システムの特徴は、自律的、自己言及的、自己構成的な閉鎖系であって、その作動の継続がシステムの境界を定めていくのである。

　しかしながら、それと同時に、高度情報資本主義社会の教育環境においては、「ヴァーチャル・リアリティ」の問題が不可避的に生ずるのである。そこでは、高度消費社会の昂進と相俟って、人びとの欲望喚起的・イデオロギー的な環境変化が新たな教育状況を生み出さざるをえず、ヴァーチャル・リアリティとして経験するさまざまな身体感覚が「社会性」を喪失させる危険が避けられなくなる。これに淵源して、ミクロ的な権力欲や攻撃性も増幅させられることになる。高度情報化社会の教育は、すべからく「ヴァーチャル」化の問題に関連して成り立つといっても過言ではないのである。

　そのなかでも、現代の教育制度に「互酬性」を取り戻すために、一方では、子どもたちの間に「遊び」における見立てや演技・役割交換やゲームを活動の軸にすえながら、教育環境の再構築と「対話と思考の習慣」の形成をはかる市

民教育の実践的方法を究明している。

　そしてもう一方では、映像文化と文字文化の教育環境のなかで、理論と実践、思想と行為、知識と徳行をどのように結びつけるかを市民教育の実践的方法を緊要な課題としつつ、パブリック・コミュニケーションとしての性格をもつ「教職メディア」(Teaching Media Professionalism)の構築の方法を探索している。そしてここから、子ども・若者の苦悩を問題解決する「文化創造」的な「教職活動」のネットワークの再編を模索しているのである。

　とはいえ、こうして見てくると、ことのほか実践的な問題に対する細部にわたる留意が十分に行き届いているとは言えないかもしれない。現代的な課題となる「教育制度」と「教育内容」の問題を「オートポイエーシスとしての教育システム」論において、自己言及的・自己省察的に把握していこうとする本書の視点では、むしろ現実を混乱させるだけであって、けっして現実を変革していく実践には十分結びつくものとはいえないかもしれない。

　本書の全体を通してみると、まだ敷衍できていない釈然としない論点を多く残しており、やり残した問題も多い。とくに、「グローバリズムと教育」、「環境問題と教育」、「少子高齢化社会の格差問題と教育」というような現実的・実践的な問題にはとても論究することができなかった。もはや、事ここに及んでは、今は自らを抑制し、今後折を見てさらに研鑽を積み、改めて補修・整備を期すほかにないであろう。現段階では、不備な多くな問題を残したままでも、ここでひとまず一区切りをつけて公刊したく思う。

　近年の読者が長くて硬い論文を読みこなす忍耐力に欠けることは出版業界の常識となっている。本書のような社会科学に基礎づけられた「かたい」刊行物も、一部の専門的研究者を除けば、多くの人の目に留まることも稀であるだろう。

　にもかかわらず、東信堂の下田社長には、幸いにも、筆者自身が本書を納得いくまで書き直しを図れるように、寛大にも辛抱強く待ち続けていただいた。さらに松井哲郎氏には本書出版のために多大な支援を賜ることができた。ここに記してお二人に深甚なる感謝を申し上げる次第である。

なお、本書公刊に際しては、平成21年度京都光華女子大学出版助成金の交付を得るチャンスに恵まれたことも併せ記しておきたい。

　　　　　　　　　　　　2009年8月　京都洛中の仮寓にて　筆者記す

索　引

【ア行】

赤貝の首飾り	69
アカデミー	222
アシッド・キャピタリズム	301
遊び	195, 324
与える義務（贈与する義務）	65, 68
アナログ	342
亜変種	81
アポリア	161
アルカイックな社会	59
ある種の力	71
ある状態からの分離	42
ある状態に向けての移行	42
ある状態への統合	42
暗黙知	342
生き方	174
生きているシステム	274
生きられる系	103
生きられる世界	273
遺産相続	200, 253
意識	165
──の使い方	63
異質な自己	115
威信が名誉をもたらす	73
威信財（の体系）	66, 72, 74, 77
遺贈された素材	194
異端文化	255
一人前の人間	29
逸脱	321
一般システム理論	268
一般的価値形態	ix, 149
イデオロギー	309
イトコ	84
意図的な教育	161
イニシエーション（儀礼）	viii, 29
委任	232
意味されるもの	74
意味するもの	66, 74
意味というメディア	283
意味内容	294
意味場	81
意味論	283
イメージ	335, 336
──情報	336
姻族関係	82, 83
インダストリアル・デザイン	302
インタラクティビティ	343
隠喩	24
ヴァーチャル（な事態）	292, 312
ヴァーチャル・リアリティ（擬似的現実）	313, 334
植えつけられた法	196
受け取る義務	65, 68
宇宙の深層構造	51
映像コミュニケーション・メディア	334, 341
映像文化	333, 336
エートス	244, 246
エス	119
エスノセントリズム（自民族中心主義）	5, 183, 240
エリート	311
エロス	332
婉曲的表現	205
オートポイエーシス（論）	ix, 17, 271
お返しの義務	64, 68
教えこむ活動	192
教えと学び	vii, 42, 161, 181
教える事態	162
教えるために必要とされる制度的な権威	255
教える内容	160
オブジェクト・レベル	121

【カ行】

快感原則	120
階級的慣習的特質	244
階級的帰属	244, 250
階級的属性	242
解決不能の問題	154
外婚的	61
下位氏族	80

階層的な対立	216	慣用表現	34
快・不快原則	326	管理権	231
カオス	4, 19	記号(化)	59, 217, 245
価格形態	146	——解読	245
科学言語	226	——性	303
格差社会	vi	——的価値	302
学習	308	既婚の成年	102
——障害児	160	疑似イベント	336, 337
——遅滞児	160	擬似的体験	334
——不適応児	160	既成的観念	162
学歴資格	178	競い	195
学歴市場への投資	252	偽装	239
賭・争点	195	起動因	258
下層階級	247	機能性	303
家族	244	規範	4, 60
——から贈られる言語	207	——意識	54
価値意識	54	気前のよさ	69, 71
価値の実体	167	客体化	10
価値の増殖	70	——された資本	193
価値表現	138	脚本(スクリプト)	288
学会	222	客観的な思想形態	149
学級崩壊	159	給付	68
学校(運営・管理・経営)	ix, 214, 228, 230, 259, 260	教育エートス	149
		教育―学習	352
学校価値	203, 207	「教育・学習」関係	151
学校教育・大学教育	iii, vii	教育価値	ix, 60, 127
——の無理	357	教育過程の三段階構造	42
活字メディア	337	教育関係	149
家庭教育	v	教育関数	57
過渡(移行)儀礼	38, 43	教育機会	178
加入・加入儀礼	197, 356	教育(的)機制	32
加入礼	29	教育行政	vi
可能態	161, 173	教育権威	149, 214, 215, 220
カプセル人間	334	教育権限	220, 229
仮面	75	教育言語	221, 226
空回りする教育関係	160	教育行為	ix, 155, 214
カリキュラム	348	教育サーヴィス	150, 174
——活動のマネジメント	352	教育市場	154
考えられる系	103	教育システム	vi, ix, 181, 282
感覚のコード	50	——の自己言及システム	267
慣習形成力	306	——の自省理論	266
慣習行動	101	教育職員	220, 257
間主観的(性)	6, 162	教育審級	214
換喩	24	教育政策	v

364　索引

教育制度	viii, 3, 214, 229
——の公共性	234
——の自治領域	ix
——の自律と自治の条件	233
——の正当性	232
——の相対的自律性	231
教育世論	320
教育労働	223
教育と学習(の交換)	ix, 153
教育と社会	187
教育の終わり	42
教育の価値形態	ix, 127
教育の「価値形態」論	137
教育の過程	42
教育の機会均等原則	vi, 310
教育の機関	241
教育の基礎過程の性格	42
教育の基本構造	viii, 38
教育の自由	214
教育の「商品市場」	151
教育の商品化	183
教育の組織体	241
教育の始まり	42
教育の無理	159
教育文化の世界	129
教育問題	324
教育力	216
教育労働	214
教育を受ける自由	179
境界状態(リミナリティ)	38, 40, 47
狂気	345
共互的役割演技	327
教師	174
——的悟性	182
——の姿態に人格化する教育価値	156
——の魔術的言説	181
教示的な構造	50, 51
教職員	154
——の永続的な団体	258
——の養成、補充、資格付与	233
教職活動	x
教職ネットワーク	347
教職の専門性	311
教職メディア(の構築)	x, 317, 347, 352
教職倫理	127, 230
教職論	127
共生	vii
業績	172
競争(性)	69, 71, 325
競争的な給付	63
共通感覚様式	196
協働(関係)	61, 165
共同体	62
共軛関係	179
協力関係	84
虚栄	71
居住地域	244
規律	101, 251
儀礼(の象徴作用と権力作用)	51, 53
近代国家	iv
近代的な教育関係	161
近代的な国民の形成	iv
近代的な世代的交換	161
偶然	325
空想	326
具体の論理	50
苦痛共同体	351
クラ	69
グラフィック革命	336
経験の統合	308
経済的市場	183
形成	224
携帯電話	334
ゲーム	195
けち	71
血族関係	82, 83
権威(および権力形態)	93, 101
検閲	155, 251
言語	164
——コミュニケーション	245
——資本	205
——習得	217
原始貨幣	69
現実原則	120, 326
現実態	161
現象学的還元	273
原初的給付	63
眩暈	325

権力関係の再生産	184, 358
権力支配	240
交換価値	131
公教育システムの方法的無理	346
公教育制度	vi
公共空間	324
公共事業	vi
公共性	vii
広告	297
公衆の教育者	221
構造化する構造	9, 179
抗争関係	84
構造的持続	230
構造的類似性	42
拘束条件	17
交替する世代	103
交通	164
高等教育	246
行動・態度の体系	87
高度情報化社会	295
高度情報社会	295
幸福のメタファー	297
公分母	107
声の文化	33
国民教育	166
国民国家	iv, 166
国民統合	246
国民文化	223
互恵性の態度	91
心のゆたかさ	300
個室	335
互酬(性)	v, vii, 331
個人化	335
個人単位のネットワーク	335
コスモス	4, 19
国家装置	207
国家理念	216
ごっこ遊び	327
言葉(ことば)	6, 33
ことばの教育	33
子どもの誕生	67, 82
子ども・若者(の苦悩)	320, 350
コミュニケーション	10
——・ギャップ	159
——空間	324
——の機能不全	159
——のネットワーク	278
コミュニタス	46
根源的自然	20
コンフリクト	323

【サ行】

財	77
再解釈	218
再帰的循環	282
再教育	226
再構造化	218
最後の経験	331
再作動	192
最初の経験	331
差異性	68, 278
再生産	ix
——戦略	178
社会性——	ix
人間の——	100
文化的——	3
再生の経験	331
再挑戦の機会	254
再統合の過程	81
再認	155, 309
サイバースペース	313
先にうまれたもの	102
錯視	13
錯認(=取り違え)	155
サブシステムとしての各社会システム	281
散逸構造	271
サンクション(制裁・報償)	7, 155, 246
三分法	101
死	331
恣意的な文化	219
ジェンダー	49
自我	119
資格	156, 178
時間の可逆性	41
時間の不可逆性	41
試験(制度)	207, 208
思考、知覚、評価、行為	229, 255
思考方法	78

自己規律	251	——としての教育	195
自己検閲	251	——としての文化	195
自己言及システム	276	——の概念	209
自己言及性	266	姉妹の息子	67
自己言及的、自己構成的な閉鎖系	275	シミュラークル	313
自己言及的存在	293	市民教育	348
自己言及理論	266	市民の共同国家	349
自己産出	18, 231	社会化	43, 225, 305
自己実現的システム	274	社会関係	87
自己準拠的	292	社会関係資本	193, 247
自己創出	18	社会教育	v
自己創成	19	社会構造	8
自己組織(化・系・性)	17, 270	——の再生産	183, 228
自己の境界	18	社会国家的	214
自己抑制	251	社会再生産	228
示差的差異	58	社会事象	59
示差的対立	216	社会性	vii
示差的特徴	78	社会制度	viii
示差的な標識	78	社会装置	v
私事化	335	社会組織	82
資質	224, 225	——の基本原理	111
市場システム	iv	社会地図	274
システム／環境世界—差異	277	社会秩序	52, 257
システム動態	266	社会調整器	111
自省理論	266	社会的価値	59, 82
自然言語	226	社会的価値の成立のメカニズム	60
自然現象は(自ら)繰り返す	41	社会的擬制	66
自然人	170	社会的権威	232
自然的人間	170	社会的権力	12
思想的凝結物	127	社会的交換	161
実践活動	190	社会的交通諸形態	194
実践感覚	306	社会的人格	52
実践的経験	347	社会的世代	93
実践的に習熟	227	社会的地位達成	246
実践理論の概要	306	社会的地位の変化と移行	38
実践理論の粗描	306	社会的地位、身分が高くなれば、集合的に強制されて与える義務が増大する	
質料的・物質的な連関	165	［Noblesse oblige］	65
死と再生のシンボリズム	40	社会的の秩序	53
支配	87	社会的な協働連関	vii
支配：従属	115	社会的な時間	41
支配の構造	ix, 240	社会的な錬金術	201, 203
支配の態度	91	社会的分業	166
自閉化する近代的自我	343	「社会」と「教育」	iv
資本	194		

社会の共同事業	vi	——的父親	121
社会のなかから社会を描写する	280	——的な強制力	219
種	81	——的な効果	216
周縁の儀礼	42	——的な死	44
習慣	20	——的な思考	197
宗教集団	40	——的な(支配)権力	155, 179, 180, 230
集合的な呪術	203	——的な見立て	328
集合的な信念	203	——的母親	121
集合的な表象様式	74	——的分類の双分体系	85
集合表象	218	——的暴力	219
習性	173	——を組みたてる体系	217
従属	86	承認	255
従属と支配の関係	87	消費資本主義	300
集団と階級の文化管理	256	消費者	221
習得する活動	192	消費ノルム	298
授業	287	商品として購入される教育	174
修業費	129	情報	7, 220, 279
授権関係(デレガシヨン)	257	——環境	298
首長	70	——資本主義	ix, 298, 300
述語的深層の世界	viii	——、伝達、そして理解のコミュニケーションにおける総合	279
述語的世界	11		
述語的世界の深層	19	所記	294
出身階級文化	242	職員の養成	258
出生の権利	102	処遇	106
受容水準	206	職業教師	127, 149
循環	68	職業選択の自由	179
——システム	93	職業倫理	127
——体系	104	職務	229
——の問題	280	——権限	232, 259
生涯学習	v	初等教育	246
使用価値	127, 130	自律性	8, 276
状況の違い	288	試練	31, 49
称号	74	白貝の腕輪	69
上昇手段	254	人格	200
上層階級	247	新奇性	321
象徴	59, 101, 217	人材選別の機構	vii
——関係	87	人生の変化はもとに戻らない	41
——システム	155, 180	深層催眠的	172
——資本	190, 198	深層の諸位相	viii
——体系	60, 179, 218	親族関係	32, 79, 81, 87
——的価値	302	親族組織	82
——的機能	121	親族(の)体系	82, 85
——的再生	44	親族の基本構造	88
——的市場	183	身体	341

368 索引

——化	307
——加工	53
——技法(論)	52, 63, 305
——教育	217
人的資本論	240
心的装置	119
心的秩序	53
シンボル(的思考)	6, 51, 77
心理―身体	53
神話(作用)	51, 297
スケープゴート	322
図式(スキーム)	288
スペクタクル社会	304
生活条件	244
制裁	322
生産諸力	194
生産的教育観	167
生産的労働	166
成熟した青年	102
青少年の問題	iv
精神構造	179
精神財	119
成人式	29
精神集中	197
精神的交通	165
精神的な価値	68
精神的な交流を図る「育て」＝「育ち」の機会	68
精神的な生産	165
生成原理	51, 307
制度(化)	3, 7, 9, 20
生と再生	31
制度的現実	10
制度的な権威	221
制度的な資本	202
制度的な正統性	258
性と年齢と世代による分化	101
制度論的思考	9
生の生産	164
生命現象	7
世界の複雑性	277
世代間における支配と従属	viii
世代間の交換	viii, 92
世代継起	viii, 59, 85
世代組織	100
世代連関	115
前景	160
線型体系	104
潜在的な敵対関係	61
潜勢態	162
全体的な社会事象	106
選抜の度合い	205
選別機能論	240
全面的給付	63
専門家集団	221
専門語	226
専門職員	255
専門的職員の養成	258
専門的職業教師	149
専門的な教職員	231
戦略体系	251
相互依存関係	87
相互行為	57
相互性	v, 68
相互的給付	61
相互内属性	273
創作者	221
相続財産	67
総体人	106
相対的価値形態	138
相対的自治	223, 229
——領域	228
相対的自律性	154, 256
相同性	79, 191
創発特性	321
双分組織	60
贈与	200
かわきりの——	70
機縁にして行われる——	67
教育という——(親による教育という無償贈与)	67, 150
しめくくりの——	70
せがみの——	70
中継ぎの——	70
無償——(対価なき贈与)	59, 68, 71, 93
——論	63
——交換(の心理機制)	63, 64, 68
疎外論	9
属	81

組織(化)	7	中等教育	246	
組織的社会化	57	中立(化)	219, 256	
素質	172	中流の意識	299	
——の体系	191	超自我	119	
素養	160	長老の教育権威	222	

【タ行】

通過儀礼(の三段階〔分離、移行、統合〕) 30, 31, 38

第一次教育	191, 197, 227, 308
——機制(一時的教育機制)	viii, 54, 113
第一の習慣	20
大衆消費社会	299
態度の体系	89
第二次教育労働	225, 227
第二の自然	20
代理機関	233
対立性	68, 71
対話と思考の習慣	349
多形社会人	107
多形倒錯者	107
他者言及システム	276
惰性力	241
脱文化	226
脱魔術化	30
タナトス	332
誕生	199, 331
——からの初等教育	242
男女両性	244
小さな資本	194
地位表示の結晶化	206
知覚―意識体系	120
知覚・評価・行為のシェーマ	181, 224
蓄積資本	190, 193
知識管理	154
知識・技術・情報	150, 153
「知識商品」の価値形態	146
知識人	220
知識と力の等価性	52
知識の商品化	ix, 127
父	102
——親なき社会	337
——方財産	67, 68
知的かつ道徳的な統合	224
知的権力の政治(的機能)	221, 233
中間階級	247

次にうまれたもの	102
テクノクラシー	311
デザインの領域	302
デジタル	342
電子メディア	341
伝承遊び	330
伝達	279
同一化	120
同一性	224, 278
等価形態	138
同期化	16
統合儀礼	38, 42
投資	195
同等	105
道徳性	35
トーテミスム	78
トーテム	75
ドクサ	156
特殊身分的な資本	194
特定共時的	218
ドクト・イニョランス	308
特権的地位	149
トランジション	31
取り違え	143
度量の広さ	71

【ナ行】

習い性	224
慣い性	174
習い学ぶ	162
ナルシスの世代	334
ナルシズム	304
日常行動	101
日常的現実	48
二分法	101
人間教育	29
人間資本	195

認識	77
科学的——	77
認知・思考・行動のシェーマ	192, 194
認知地図（コグニティヴ・マップ）	288
認知的シェーマ	161
ネオ・リアリティ	337
ネットワーク	278
年齢階梯（制）	viii
年齢階梯の三体系	102
年齢クラス	80
年齢集団	39
年齢という社会コード	108
能記	294
能力	173, 224
ノモス	4, 19

【ハ行】

場（場所）	15
背景	160
パイディア	325
ハウ	64
場所の理論	16
発信水準	206
場の情報	274
「場」の理論	viii
母方財産	67, 68
母方のオジ	68
母の兄弟	67
ハビトゥス	ix, 63, 173, 230
パブリック・コミュニケーション	347
反省作用	48
反省的な再構築	324
反対給付	68
範疇型	92
引き込み	16
非正当性	251
否認	259
非平衡システム	273
秘密結社	40
飛躍	160
ピュシス	19
表現形式	294
表象	59, 165
平等性の態度	91
病理現象	vi
フェティッシュな観方	166
付加価値	293
不可逆的な過程	251
複雑性の縮減	277
服従の態度	91
父系出自	215
負担免除	6, 213
復活	331
物象化（論）	9, 12
——的人間関係	166
物神性（物神崇拝）	169
商品の——	12, 127
物神的性格	150
不等価交換	ix
ブラック・ボックス問題	154
プログラム化された内容	255
文化市場	220
文化管理	214, 256
文化コード	250
文化財	74, 102, 214, 221, 256
文化資本	ix, 178
——の分配	257
——を分配する構造	183
文化・知識管理	ix
文化的教育	32
文化的訓練	35
文化的恣意性	219
文化的習慣	33
文化的消費	249
文化の管理者	221, 255
文化の教育	81
文化の再生産	228
文化の深層構造	51
文化の創造者	221, 255
文化または知識の管理	240
分配財産	67
分離儀礼	38, 42
ヘクシス	305
ペルソナ	48
賭けられた——	75
変種	81
弁証法	11
法のオートポイエーシス理論	281

方法的社会化	57	模倣	325
方法的無理	346	紋章入りの銅板	72
母系出自	215		
母系制	67	【ヤ行】	
母系双分組織	67	役柄取得	328
母子関係	16	役割意識	54
ポトラッチ	69	役割交換	328
ポリクロニック	310	役割の転換	46
本源的蓄積	199	優越	105
本源的な社会関係	101	有力者	71
		誘惑性	303
【マ行】		養成(費)	129
マナ	64	欲望	300
学ばれること	159	余剰性	288
学ぶ事態	162		
学ぶための経費	175	【ラ行】	
まね	160	ライフ・サイクル	67
未熟な子ども	102	ラベリング・セオリー	322
身につけられる資本	193	理解	279
身につけられるハビトゥス	199	理想化	48
身分資本	195	リテラシー教育	333
民衆的先入見	170	リネジ分節体系	62
無意識的思考	115	理念	165
無意識的な教育と学習	76, 161	理論的知識	347
無償教育	35	(理論＝)物語＝テクスト	348, 352
命令・禁止関係	116	隣接性の関係	81
メタ・コミュニケーション	47	類似性の関係	81
メタ・メッセージ	48	ルール	4
メタ・レベル	121	ルドゥス	325
メディア環境	338	劣位	105
メディア関連	339	連続する世代	103
メディアの理論	347	連帯	105
メディア・プリミティブ	341	連帯性の交換	65
メディア・リテラシー(教育)	x, 314, 340	労働＝学習＝形成	137
メディア論	338	労働価値説	166
メリトクラティック(業績主義)	254	労働能力	171
面子	75	労働力	171
もう一つのわれわれ自身	115	浪費的な教育関係	160
もう一人のわたし	119		
モードゥス・オペランディ	306, 308	【ワ】	
物化	11	若者の孤立化と自閉化	334
モノクロニック	310	枠(フレーム)	288

【著者紹介】

井上 正志（いのうえ ただし）
　　1943年、愛知県生まれ
　　京都大学大学院教育学研究科教育学専攻博士課程単位取得満期
　　退学。
　　新潟大学教授（教育学部・教育学研究科）、新潟大学大学院現代
　　社会文化研究科教授を経て、現在京都光華女子大学教授。新
　　潟大学名誉教授。

教育制度の構造と機能　　　　　　　　　　　　　＊定価はカバーに表示してあります
2010年2月25日　初　版　第1刷発行　　　　　　　　　　　　　〔検印省略〕

著者 ©井上正志　　発行者　下田勝司　　　　印刷・製本／中央精版印刷
東京都文京区向丘1-20-6　　郵便振替00110-6-37828　　　　　　　発行所
〒113-0023　TEL(03)3818-5521　FAX(03)3818-5514　　　株式会社 東信堂

Published by TOSHINDO PUBLISHING CO., LTD
1-20-6, Mukougaoka, Bunkyo-ku, Tokyo, 113-0023, Japan
E-mail：tk203444@fsinet.or.jp
ISBN978-4-88713-965-7　C3037　©Inoue Tadashi

東信堂

いま親にいちばん必要なこと	春日耕夫	二六〇〇円
大学のイノベーション——経営学と企業改革から学んだこと	坂本和一	二六〇〇円
30年後を展望する中規模大学——マネジメント・学習支援・連携	市川太一	二五〇〇円
大学行政論Ⅱ	近森節子編	二三〇〇円
もうひとつの教養教育——職員による教育プログラムの開発	近川森節子編	二三〇〇円
政策立案の「技法」——職員による大学行政政策論集	伊藤昇編著	二五〇〇円
教員養成学の誕生——弘前大学教育学部の挑戦	杉江原武均一編著	三六〇〇円
大学の管理運営改革——日本の行方と諸外国の動向	遠藤裕敏編著 福島	三二〇〇円
改めて「大学制度とは何か」を問う	小島弘道編著	六八〇〇円
校長の資格・養成と大学院の役割	舘昭	一〇〇〇円
原点に立ち返っての大学改革	舘昭	三六〇〇円
戦後日本産業界の大学教育要求——経済団体の教育言説と現代の教養論	飯吉弘子著	五四〇〇円
アメリカの現代教育改革	松尾知明	二七〇〇円
現代アメリカの教育アセスメント行政の展開——スタンダードとアカウンタビリティの光と影	北野秋男編	四八〇〇円
現代アメリカの教育改革——その実像と変革の軌跡	北野秋男編著	二八〇〇円
現代アメリカのコミュニティ・カレッジ——その実像と変革の軌跡	宇佐見忠雄	二三八一円
日本のティーチング・アシスタント制度——大学教育の改善と人的資源の活用	北野秋男編著	二八〇〇円
アメリカ連邦政府による大学生経済支援政策	犬塚典子	三八〇〇円
アジア・太平洋高等教育の未来像 静岡県総合研究機構 馬越徹監修		二五〇〇円
戦後オーストラリアの高等教育改革研究	杉本和弘	五八〇〇円
大学教育とジェンダー——ジェンダーはアメリカの大学をどう変革したか	ホーン川嶋瑤子	三六〇〇円
アメリカの女性大学：危機の構造	坂本辰朗	二四〇〇円

〒113-0023 東京都文京区向丘 1-20-6
TEL 03-3818-5521　FAX 03-3818-5514　振替 00110-6-37828
Email tk203444@fsinet.or.jp　URL:http://www.toshindo-pub.com/

※定価：表示価格（本体）＋税

東信堂

私立大学マネジメント	（社）日本私立大学連盟	四七〇〇円
ヨーロッパ近代教育の葛藤―地球社会の求める教育システムへ	関啓子・太田美幸編著	三三〇〇円
大学教育を科学する	山田礼子編	三六〇〇円
大学の自己変革とオートノミー―点検から創造へ	寺﨑昌男	二五〇〇円
大学教育の創造―歴史・システム・カリキュラム	寺﨑昌男	二五〇〇円
大学教育の可能性―教養教育・評価・実践	寺﨑昌男	二五〇〇円
大学は歴史の思想で変わる―FD・評価・私学	寺﨑昌男	二八〇〇円
大学改革 その先を読む	寺﨑昌男	一三〇〇円
スクールリーダーのための教育政策研究入門	田中智志編著	二〇〇〇円
学校改革抗争の100年―20世紀アメリカ教育史	ダイアン・ラヴィッチ著 末藤・宮本・佐藤訳	六四〇〇円
大学の責務	ドナルド・ケネディ著 立川・坂本・井上訳	三八〇〇円
大学における書く力考える力	井上千以子	三三〇〇円
グローバルな学びへ―協同と刷新の教育		二〇〇〇円
大学教育の思想―学士課程教育のデザイン	絹川正吉	二八〇〇円
あたらしい教養教育をめざして―大学教育学会25年史編纂委員会編	大学教育学会 25年史編纂委員会編	二九〇〇円
現代大学教育論―学生・授業・実施組織	山内乾史	二八〇〇円
大学授業研究の構想―過去から未来へ	京都大学高等教育研究開発推進センター 土持ゲーリー法一	二四〇〇円
ラーニング・ポートフォリオ―学習改善の秘訣		二五〇〇円
転換期を読み解く―潮木守一時評・書評集	潮木守一	二六〇〇円
一年次（導入）教育の日米比較	山田礼子	二八〇〇円
学生の学びを支援する大学教育	溝上慎一編	二四〇〇円
大学教授職とFD―アメリカと日本	有本章	三三〇〇円
大学教授の職業倫理	別府昭郎	二三八一円

〒113-0023 東京都文京区向丘1-20-6
TEL 03-3818-5521 FAX 03-3818-5514 振替 00110-6-37828
Email tk203444@fsinet.or.jp URL:http://www.toshindo-pub.com/

※定価：表示価格（本体）＋税

東信堂

比較教育学──越境のレッスン	馬越徹	三六〇〇円
比較・国際教育学（補正版）	石附実編	三五〇〇円
教育における比較と旅	石附実	二〇〇〇円
比較教育学──伝統・挑戦・新しいパラダイムを求めて	M・ブレイ他編著/馬越徹・大塚豊監訳	三八〇〇円
世界の外国人学校	末藤美津子・宮田美保子・藤田誠他編著	三八〇〇円
世界の外国語教育政策──日本の外国語教育の再構築にむけて	大谷泰治編著	六五〇〇円
ヨーロッパの学校における市民的社会性教育の発展──フランス・ドイツ・イギリス	新井浅浩編著	三八〇〇円
世界のシティズンシップ教育──グローバル時代の国民／市民形成	嶺井明子編著	二八〇〇円
市民性教育の研究──日本とタイの比較	平田利文編著	四二〇〇円
アメリカの才能教育──多様なニーズに応える特別支援	松村暢隆	二五〇〇円
アメリカのバイリンガル教育──新しい社会の構築をめざして	末藤美津子	三三〇〇円
国際社会への日本教育の新次元	関根秀和編	一二〇〇円
多様社会カナダの「国語」教育（カナダの教育3）	関口礼子・浪田克之介編著	三八〇〇円
中国大学入試研究──変貌する国家の人材選抜	大塚豊	三六〇〇円
大学財政──世界の経験と中国の選択	呂煒編著/成瀬龍夫監訳	三四〇〇円
中国の民営高等教育機関──社会ニーズとの対応	鮑威	四六〇〇円
「改革・開放」下中国教育の動態──江蘇省の場合を中心に	阿部洋編著	五四〇〇円
中国の職業教育拡大政策──背景・実現過程・帰結	劉文君	五〇四八円
中国の後期中等教育の拡大と経済発展パターン──江蘇省と広東省の比較	呉琦来	三八二七円
中国の高等教育拡大と教育機会の変容	王傑	三九〇〇円
中国高等教育独学試験制度の展開──国民統合・文化・教育協力	南部広孝	三三〇〇円
タイにおける教育発展──国民統合・文化・教育協力	村田翼夫	五六〇〇円
マレーシアにおける国際教育関係──教育へのグローバル・インパクト	杉本均	五七〇〇円

〒113-0023　東京都文京区向丘1-20-6
TEL 03-3818-5521　FAX 03-3818-5514　振替 00110-6-37828
Email tk203444@fsinet.or.jp　URL:http://www.toshindo-pub.com/

※定価：表示価格（本体）＋税

東信堂

書名	副題	著訳者	価格
責任という原理	科学技術文明のための倫理学の試み	H・ヨナス 加藤尚武監訳	四八〇〇円
主観性の復権	──心身問題から「責任という原理」へ	H・ヨナス 宇佐美・滝口訳	二〇〇〇円
テクノシステム時代の人間の責任と良心		H・ヨナス 山本・盛永訳	三五〇〇円
空間と身体──新しい哲学への出発		桑子敏雄	二五〇〇円
環境と国土の価値構造		桑子敏雄編	三五〇〇円
森と建築の空間史──南方熊楠と近代日本		千田智子	四三八一円
感性哲学 1～7		日本感性工学会感性哲学部会編	一六〇〇～二〇〇〇円
メルロ＝ポンティとレヴィナス	──他者への覚醒	屋良朝彦	三八〇〇円
堕天使の倫理──スピノザとサド		佐藤拓司	二八〇〇円
〈現われ〉とその秩序──メーヌ・ド・ビラン研究		村松正隆	三八〇〇円
省みることの哲学──ジャン・ナベール研究		越門勝彦	三二〇〇円
精神科医島崎敏樹──人間の学の誕生		井原裕	二六〇〇円
空間の履歴──桑子敏雄哲学エッセイ集		桑子敏雄	二〇〇〇円
バイオエシックスの展望		坂井昭宏・松岡悦子編著	三二〇〇円
動物実験の生命倫理──個体倫理から分子倫理へ		大上泰弘	四〇〇〇円
生命の神聖性説批判		H・クーゼ 訳者代表飯田亘之	四六〇〇円
カンデライオ（ジョルダーノ・ブルーノ著作集1巻）		加藤守通訳	三二〇〇円
原因・原理・一者について（ジョルダーノ・ブルーノ著作集3巻）		加藤守通訳	三六〇〇円
英雄的狂気（ブルーノ著作集7巻）		加藤守通訳	三六〇〇円
ロバのカバラ──ジョルダーノ・ブルーノにおける文学と哲学		N・オルディネ 加藤守通訳	三六〇〇円
食を料理する──哲学的考察		松永澄夫	二八〇〇円
言葉の力（音の経験・言葉の力第Ⅰ部）		松永澄夫	二五〇〇円
音の経験（音の経験・言葉の力第Ⅱ部）──言葉はどのようにして可能となるのか		松永澄夫	二〇〇〇円
環境・安全という価値は…		松永澄夫編	二三〇〇円
環境 設計の思想		松永澄夫編	二三〇〇円
言葉は社会を動かすか		松永澄夫編	二三〇〇円

〒113-0023 東京都文京区向丘1-20-6　TEL 03-3818-5521　FAX 03-3818-5514　振替 00110-6-37828
Email tk203444@fsinet.or.jp　URL:http://www.toshindo-pub.com/

※定価：表示価格（本体）＋税

東信堂

〈世界美術双書〉

バルビゾン派	井出洋一郎	二〇〇〇円
キリスト教シンボル図典	中森義宗	二三〇〇円
パルテノンとギリシア陶器	関 隆志	二三〇〇円
中国の版画——唐代から清代まで	小林宏光	二三〇〇円
象徴主義——モダニズムへの警鐘	中村隆夫	二三〇〇円
セザンヌとその時代	久野美樹	二三〇〇円
中国の仏教美術——後漢代から元代まで	浅野春男	二三〇〇円
日本の南画	武田光一	二三〇〇円
画家とふるさと	小林 忠	二三〇〇円
ドイツの国民記念碑——一八一三—一九一三年	大原まゆみ	二三〇〇円
インド・アジア美術探索	永井信一	二三〇〇円
日本・アジア美術探索	袋井由布子	二三〇〇円
古代ギリシアのブロンズ彫刻	羽田康一	二三〇〇円

〈芸術学叢書〉

芸術理論の現在——モダニズムから	藤枝晃雄編著	三八〇〇円
絵画論を超えて	尾崎信一郎	四六〇〇円
いま蘇るブリア=サヴァランの美味学	川端晶子 P・デューロ他	三八〇〇円
美術史の辞典	中森義宗・清水忠訳	三六〇〇円
バロックの魅力	小穴晶子編	二六〇〇円
新版 ジャクソン・ポロック	藤枝晃雄	二六〇〇円
美学と現代美術の距離——アメリカにおけるその乖離と接近をめぐって	金 悠美	三八〇〇円
ロジャー・フライの批評理論——知性と感性の間で	要 真理子	四二〇〇円
レオノール・フィニ——境界を侵犯する新しい種	尾形希和子	二八〇〇円
アーロン・コープランドのアメリカ	G・レヴィン／J・ティック編 奥田恵二訳	三三〇〇円
イタリア・ルネサンス事典	J・R・ヘイル編 中森義宗監訳	七八〇〇円
キリスト教美術・建築事典	P・マレー／L・マレー 中森義宗監訳	続刊
芸術／批評 0〜3号	藤枝晃雄責任編集	一六〇〇〜二〇〇〇円

〒113-0023　東京都文京区向丘1-20-6
TEL 03-3818-5521　FAX 03-3818-5514　振替 00110-6-37828
Email tk203444@fsinet.or.jp　URL:http://www.toshindo-pub.com/

※定価：表示価格（本体）＋税